青少年社会工作理论与实务丛书

中国青少年司法社会工作理论与实务模式研究

席小华　编著

華東理工大學出版社
EAST CHINA UNIVERSITY OF SCIENCE AND TECHNOLOGY PRESS
·上海·

图书在版编目(CIP)数据

中国青少年司法社会工作理论与实务模式研究 / 席小华编著. —上海：华东理工大学出版社，2019.11
ISBN 978-7-5628-5941-3

Ⅰ. ①中… Ⅱ. ①席… Ⅲ. ①青少年犯罪－司法制度－研究－中国 Ⅳ. ①D926.8

中国版本图书馆 CIP 数据核字(2019)第 143953 号

内容提要

自 2009 年起，在“知行合一、经世致用”理念的指引下，首都师范大学社工系教师和学生团队在青少年司法社会工作领域进行了深入而广泛的实践探索，本书是系统实践探索的研究成果之一。本书共分为四个章节，分别是：社会工作嵌入少年司法的理论研究；各地青少年司法社会工作的实践与探索；青少年司法社会工作服务内容与模式研究；青少年司法社会工作服务案例研究。本书对青少年司法社会工作的发展具有重要意义。既系统总结了过去十多年里全国青少年司法社会工作的发展经验与成效，也提出了未来发展的问题与对策。更为重要的是，本书既有对实践的总结与反思，又有理性的思考与提炼，彰显了所有研究者和实践者对青少年司法社会工作的热情与努力。

策划编辑 / 刘　军
项目统筹 / 刘　军
责任编辑 / 藕　园　刘　军
装帧设计 / 徐　蓉
出版发行 / 华东理工大学出版社有限公司
地址：上海市梅陇路 130 号，200237
电话：021-64250306
网址：www.ecustpress.cn
邮箱：zongbianban@ecustpress.cn
印　刷 / 江苏凤凰数码印务有限公司
开　本 / 710 mm×1000 mm　1/16
印　张 / 26.25
字　数 / 362 千字
版　次 / 2019 年 11 月第 1 版
印　次 / 2019 年 11 月第 1 次
定　价 / 118.00 元

序

每个社会都有自己的社会调节机制。社会调节机制的存在，既有原发性的，如社会风俗、习惯，社会排斥、歧视等；也有后生性的，如社会的各类制度安排、思想观念体系等。这种社会调节机制构建了社会的包容性，形成了相应的社会弹性，建立了社会的自我发展机制，从而保证了社会的有序运行。

随着社会的发展，社会调节机制也发生着相应的变化。在我国社会转型过程中，随着由农业社会进入工业社会、后工业社会，社会调节机制也必然发生相应的变化。社会调节机制在根本上是人的思想及行为的调节机制，对于不同人群而言，其调节机制也各不相同。由于少年既是一个国家面向未来的发展力量，又是一种既定的社会群体，且其行为有着特定的、非成熟的生理基础，其思想及行为的社会调节机制更具有特殊性。随着我国社会转型的不断深入，人们的生存方式、生活方式、思维方式、价值体系、行为方式、权利意识等都发生了深刻的变化，而少年是对这种变化最为敏感、快速的群体。这就要求我们此前面向少年的社会调节机制适应这种变化，进行重构。本书涉及的内容无疑是对这种要求的有效反应。

自2010年成立“首都师范大学少年司法社会工作研究与服务中心”后，席小华教授所带领的社会工作专业团队便在社会调节机制的建设方面进行了不懈的努力，这种努力是卓有成效的，2016年该中心发展为“北京市青少年社会工作研究院”，在有机整合各类资源的基础上，他们关于少年司法社会工作的探索更为深入和广泛，本书是他们对这种探索与实践的总结。

我之前也阅读过席小华教授团队的不少理论成果，相较于已有的成果而言，本书更具系统性，也更为广泛、深入。全书系统地提出了少年司法社会工作的理论基础、各地青少年司法社会工作的实践与探索、青少年司法社会工作服务内容与模式，并以其实践案例为基础进行了深入的实践总结和理论探讨，这使本书的成果超越了北京实践的范围，具有全国性的特征，这意味着一个全新的制度即将诞生。同时，这也使本书的研究具有了理论与实践有机结合的特征，尽管理论与实践相结合是每一个研究者都必须坚持的原则，但这种结合的有机性却各不相同，这将预示着一种新的研究方法的形成。

实践—认识—再实践—再认识，循环往复，以致无穷，这是实践的规律，也是认识的规律，一种全新的面向少年司法的社会调节机制的形成也必然遵循这一规律。这意味着少年司法社会工作的理论成果和实践体制的形成还将有一个过程，尽管这一过程必然充满困难，需要艰辛地付出，但我相信在席小华教授团队及全国少年司法工作者、少年司法社会工作者的坚持和努力下，少年司法社会工作的社会调节机制必将形成。

张　昱

华东理工大学法学院教授

中国社会工作教育协会司法社会工作专业委员会主任

目　录

第一章

社会工作嵌入少年司法的理论研究

当前我国开展少年司法社会工作的理念与政策基础

席小华[①]

摘　要： 社会工作与少年司法合作的基础是理念与制度。在本文中，笔者详细梳理了少年司法的理念与立法基础、犯罪少年的福利政策基础，进而分析了两者得以合作以及合作出现阻抗的根本原因。社会工作与少年司法的合作，是国家法治文明与进步的重要标志，也是社会工作专业化与职业化发展的重要成果。

关键词： 社会工作；少年司法；司法理念

少年司法社会工作是我国司法社会工作的重要组成部分。社会工作者与少年司法机关合作，通过专业服务实现少年犯罪预防，已经得到越来越多司法部门的关注与支持。然而，笔者通过考察发现，国内各地开展少年司法

① 席小华，首都师范大学政法学院社会学与社会工作系教授，首都师范大学北京青少年社会工作研究院执行院长。

社会工作的进程不尽一致，而且实践过程不同程度地受到来自理念与制度的限制。因此，笔者认为有必要对社会工作和少年司法的理念与制度进行梳理，分析两者合作的政策基础以及出现实践困境的根本原因，并在此基础上讨论社会工作与少年司法开展合作的政策可行性，希望本研究可以为国内的少年司法社会工作实践提供有力的政策支持。

一、少年司法的理念基础与实践困境

（一）少年司法的应然理念基础

司法理念是指导司法制度设计和司法实际运作的理论基础和主导价值观，是基于不同的价值观（意识形态或文化传统）对司法的功能、性质和应然模式的系统思考。司法理念是司法的重要组成部分，体现在司法体制、司法组织、司法程序中，并直接作用于司法人员，是形成“行动中的法”，即司法实践的重要因素[①]。少年司法的理念也就是指导少年司法制度设计和运作的信念体系，根据这个体系来指导少年司法的具体实践。

中西方从事少年司法研究的学者们一致认为，现代少年司法制度应在以下司法理念的指引下构建。

首先是国家监护权[②]。即国家是少年儿童的最高监护人，而不是惩办官吏。国家如同少年的双亲一样，应为缺乏管教、缺乏寄托的少年谋福利，并对他们尽一定的扶助义务[③]。作为最高家长，国家有义务去关心儿童的福利、保护儿童的权益、矫正儿童的罪错，而不是对儿童仅惩罚犯错。国家监护权为独立少年司法制度的产生奠定了思想基础，带动了现代少年司法制度的产生。

其次是教育刑理念。教育刑论认为，刑罚的目的不是通过消极的物理强制作用使特定的人丧失犯罪的能力，而是通过积极的教育、矫治使特定

---

① 范愉.现代司法理念的建构[J].检察日报，2001.

② “国家监护权”又译为“国王亲权”“国家亲权”“国亲思想”。

③ 甘雨沛，何鹏.外国刑法学[M].北京：北京大学出版社，1984.

的人不愿再犯罪。即犯罪人的人格可以改变。通过改变，犯罪人就会自觉地去遵守法律，从而预防犯罪的发生。因此，教育刑关注的焦点是教育、矫正、改造罪犯和预防犯罪的再次发生。教育刑理念的产生，带动了西方国家少年刑事司法的重大变革，使非监禁刑成为少年刑事司法改革的潮流。

再次是少年宜教不宜罚思想。其基本含义是：对少年的犯罪与不良行为，应当尽量采取教育性手段，而不宜施以刑罚，惩罚少年只是一种不得已而为之的最后手段①。少年宜教不宜罚的思想涵盖了现代科学关于少年身心特征的研究成果，以更加科学、客观的态度对待少年犯罪问题。

最后是恤幼思想②。除了上述世界各国少年司法制度所共同坚持的基本理念外，中国少年司法制度也有其特有的理念——传统儒家文化的恤幼思想。传统儒家文化的恤幼思想主张国家、社会和长者对少年的健康成长负有不可推卸的责任，主张对少年实行一种异于成年人的特别宽容态度，主张对少年给予更多的关爱。恤幼思想对历朝历代的立法和司法都产生了深刻的影响，也影响着中国现代少年司法制度，如我国少年司法领域一直贯彻的“教育、感化、挽救”的方针，监狱一直倡导监狱民警对待犯罪的孩子“要像父母对待孩子，像医生对待病人，像教师对待学生”，深深刻印着恤幼思想的痕迹。

（二）应然少年司法理念面临的冲突与困境

在现代少年司法理念的指引下，自 20 世纪 80 年代起，中国开始建构少年司法制度，带动了中国刑事司法改革的整体发展。然而，虽然中国少年司法制度改革已经走过 30 年，但在一些重大问题上仍然未取得重大突破。这些重大问题既涉及立法保障、司法程序，同时也包括社会支持体系的搭建。造成这些问题的原因非常复杂，但其中一个至关重要的因素是关于刑罚基本理念的争论。

①② 姚建龙.长大成人：少年司法制度的建构[M].北京：中国人民公安大学出版社，2003.

关于刑罚的理念，报应刑论是源头最远、路程最长、至今生命力最旺的一种学说。报应刑论是立足于分配正义而对刑罚的正当性的一种解说[1]。报应刑论关注的核心是犯罪人实施的道德上或法律上错误的行为，并认为既然犯罪人实施了犯罪行为，就必然要接受刑罚的处罚。因此，刑罚的正当性就在于惩罚犯罪者本身，与此同时，它并没有关注引发犯罪发生的背景和原因，只是为了惩罚而惩罚，而这种惩罚能否预防再次犯罪则不是它关注的焦点问题。它甚至认为刑罚就是为了惩罚犯罪而存在，刑罚只能是以犯罪的施加为前提，以犯罪人为施加惩罚的对象，刑罚的严厉性应与犯罪的严重性相适应。报应刑之所以一直具有强大的生命力，其最深得人心的原因莫过于它强调社会正义的实现，它所倡导的社会正义的提法轻而易举地带动了社会民众对报应刑的信任和遵从。然而从总体上来看，报应刑关注的焦点是对犯罪的惩罚，至于刑罚能否预防犯罪，预防犯罪是否具有彻底性，则不在考虑范围之内。所以从本质上讲，可以说报应刑是为了惩罚而惩罚。社会秩序的维护、社会犯罪的预防则不是其关注的最终目标。

中国的刑事立法和司法体系无不被打上"报应刑"的深刻烙印，少年司法也不例外。传统的报应刑理念在坚持了刑罚公正性的同时，不能兼顾刑罚对犯罪预防的有效性；而教育刑理念能较好地服务于犯罪的预防，但对于如何处理犯罪预防与刑罚公正的关系却没有提出较好的解决办法。在中国少年司法制度改革的进程中，既受到教育刑等现代少年司法理念的指引，又受制于传统报应刑理念的明显制约，两种相反的司法理念共同对少年司法制度的改革产生着重要的影响，一方面鼓励包括社会工作在内的专业力量进入少年司法程序开展相关服务，另一方面又为社会专业力量的介入设置了诸多限制，这是目前中国少年司法改革发展的重要特征，同时也是社会工作介入少年司法领域开展服务既有理念支持又存在实践困境的根本原因。

---

① 邱兴隆. 关于刑罚的哲学——刑罚根据论[M]. 北京：法律出版社，2000.

二、少年司法的立法基础与缺陷

(一) 少年司法的立法基础

毋庸置疑,少年立法是少年司法的唯一依据。也可以说,少年立法是少年司法的准绳。因此,在我们讨论少年司法实践中的相关问题时,需要对立法状况进行考察。而对少年立法状况的考察,必须要关注两个维度:一是国际法律的规定;二是国内法律的规定。

中国作为联合国法律文件的签署国,承诺要遵守相关法律文件的具体规定。联合国关于少年司法的指导性文件中最重要的有三个,分别是《儿童权利公约》、《联合国少年司法最低限度标准规则》(简称《北京规则》)、《联合国预防少年犯罪准则》(简称《利雅得准则》)。以上三个法律文件对世界各国少年司法制度构建的一个总的指导思想是:对于违法犯罪的儿童不应强调监禁和惩罚,而应更多地使用非监禁的社会化手段帮助其顺利回归社会。如《儿童权利公约》第 37 条规定:"对儿童的逮捕、拘留或监禁应符合法律的规定并仅应作为最后的手段,期限应为最短的适当时间"。第 40 条规定:"应采取多种处理办法,诸如照管、指导或监督令、辅导、察看、寄养、教育和职业培训方案及不交由机构照管的其他办法,以确保处理儿童的方式符合其福祉并与其情况和违法行为相称"。《北京规则》在总则中就明确提出:"应充分注意采取积极措施,这些措施涉及充分调动所有可能的资源,包括家庭、志愿者及其他社区团体,以及学校和其他社区机构,以便促进少年的幸福,减少根据法律进行干预的必要,并在他们触犯法律时对他们加以有效、公平及合乎人道的处理"。随后《北京规则》又多次提到要"采用各种各样的处理措施,使其具有灵活性,从而最大限度地避免监禁";"把少年投入监禁机关始终应是万不得已的处理办法,其期限应是尽可能在最短的必要时间",提倡更多地使用非监禁的方式,动员志愿人员和其他各项社区服务。《利雅得准则》提出预防少年犯罪政策的重点为促使所有儿童和青少年尤其是通过家庭、社区、同龄人、学校、职业培训和工作环境,以及各种志愿组织成功地

走向社会和达到融合。应对儿童和青少年适当的个人发展给予应有的尊重，并应在其社会化和融合的过程中把他们视为完全的、平等的伙伴。

我国少年立法与联合国青少年立法一脉相承。其法律文件《中华人民共和国未成年人保护法》，司法保护部分特别强调对违法犯罪的未成年人实行"教育、感化、挽救"的方针，坚持"教育为主、惩罚为辅"的原则。强调了社会力量介入少年司法过程开展服务的必要性。而《中华人民共和国预防未成年人犯罪法》则同样强调了少年犯罪预防工作需要政府部门、司法机关、人民团体、有关社会团体、学校、家庭、城市居民委员会、农村村民委员会等各方面的共同参与，各司其职，为少年身心健康发展创造了良好的社会环境。

为了适应少年司法实践的需要，最高人民法院、最高人民检察院、公安部等司法机关陆续颁布了一些司法解释、通知、意见。其中主要有《最高人民法院关于办理少年刑事案件的若干规定(试行)》(1991)、《关于办理未成年人刑事案件适用法律的若干问题的解释》(1995)、《关于审理未成年人刑事案件的规定》(2001)、《人民检察院办理未成年人刑事案件的规定》(2007)、《公安机关办理未成年人违法犯罪案件的规定》(1995)、《关于办理未成年人刑事案件建立配套工作体系的通知》(1991)。其中也对社会专业力量的介入作了相关规定。

2010年8月中央六部委签订出台了《关于进一步建立和完善办理未成年人刑事案件配套工作体系的若干意见》(以下简称《意见》)，《意见》除了规定司法机关应在刑事诉讼各个阶段采取有效措施，维护涉诉未成年人的合法权益以外，还对法定代理人到场、社会调查、法律援助等制度做出明确规定。另外，要求公安机关、人民检察院、人民法院、司法行政机关在办理未成年人刑事案件和执行刑罚时，应当结合具体案情，采取符合未成年人身心特点的方法，开展有针对性的"教育、感化、挽救"工作。要求有关部门应当配合社区矫正工作部门、专门学校、未成年犯管教所等专业机构，做好相关未成年人群体的日常矫治、收容教养和安置帮教等工作，预防该类群体重新违法犯罪。

2012年修订的《中华人民共和国刑事诉讼法》增加了未成年人刑事案件诉讼程序专章，以强调对涉罪未成年人的司法保护。其中明确规定了合适成年人、社会调查、附条件不起诉等几项特殊制度，这几项特殊制度的确立，是少年司法制度改革的重要成果。既在刑事诉讼过程中强化了对少年权益的保护，同时也对社会专业力量介入少年司法过程提出了明确的需求。

通过对以上少年立法基础的考察我们不难看出，社会工作专业介入少年司法制度是联合国立法和国内立法的内在要求，也是社会工作专业介入少年司法领域开展服务的制度保障。

（二）少年立法的缺陷与不足

少年司法制度的构建需要包括社会工作专业在内的多种社会力量的参与和介入，已经成为国内外少年立法的共识。然而，通过对《中华人民共和国未成年人保护法》（以下简称《未成年人保护法》）和《中华人民共和国预防未成年人犯罪法》（以下简称《预防未成年人犯罪法》）的考察可以发现，虽然它们为社会专业力量介入司法保护问题提供了基本依据，但由于法律的规定过于笼统，缺乏可操作化的制度设计，其无法为社会专业力量参与少年司法过程开展专业服务提供强有力的立法保障。

《未成年人保护法》从家庭保护、学校保护、社会保护、司法保护四个方面强调保护未成年人的身心健康，维护未成年人的合法权益，促进未成年人的全面发展。可以说，《未成年人保护法》的制定对未成年人权益的保护及青少年犯罪预防起到了一定的推动作用。然而就司法保护而言，《未成年人保护法》里面仅一个章节给予了规定，共11个法律条文，其中涉及的内容主要是针对涉嫌犯罪人的司法程序、司法人员、适用法律等相关问题的规定，关于社会专业力量介入司法程序开展犯罪预防工作的问题，除了原则性的规定少年司法活动要坚持“教育、感化、挽救”的基本方针以外，没有做出任何具有操作性的具体规定。

《预防未成年人犯罪法》对预防未成年人犯罪的教育、不良及严重不良行为、未成年人犯罪的自我防范做出了明确的规定。同时对于已经犯罪的

未成年人的司法保护及再次犯罪的预防问题也用专章给予了规定，其中包括5个法律条文。这5个法律条文在规制司法机关工作的基础上，强调司法过程要坚持“教育为主，惩罚为辅”的原则，并规定了开展教育工作的主体是学校、家庭、居民委员会、村民委员会等传统社会组织，对其应承担的教育责任也只是做了原则性的规定。至于传统社会组织以外的社会专业力量介入其中开展工作的问题，囿于当时社会发展基础的限制，没有做出任何规定。

《中华人民共和国刑事诉讼法》设置未成年人刑事诉讼程序专章是近年来少年司法改革的重要成果。其中规定了社会调查、合适成年人等六项具有特色的少年司法制度。但从全国各地的实践来看，并未将这六项制度的实施理解为专业性很强的社会工作，而是由司法机关自行探索实施，导致其并未对社会工作专业介入少年司法程序开展服务做出更加细致的规定。

总之，基于对国内外先进经验的考察，我国少年立法也倡导通过社会化途径实现少年犯罪的预防。但囿于目前我国社会发展的基础，少年立法中缺乏社会力量介入少年司法程序开展专业服务的具体制度设计，也就是说，社会工作等专业力量介入少年司法领域开展服务处于“有立法的宏观支持，但缺乏可行性制度设计”的发展阶段。

以上理念及立法基础，决定了目前我国社会工作等专业力量开始介入少年司法机关开展相关专业服务，但还仅限于一些大中城市。一些发达地区的司法部门虽然已经开始认同和接纳社会工作专业服务，但距离其被制度化确认尚需时日。笔者认为，社会工作介入少年司法领域开展服务，将长期处于这样一种有宏观立法支持，但无具体可操作化的制度支持的发展阶段，这样的阶段性特征一定会为少年司法社会工作实践带来种种挑战。

三、犯罪少年的福利政策基础与缺陷

（一）犯罪少年的福利政策基础

少年司法社会工作不仅受到少年司法理念和制度的影响，同时还受到儿童福利政策的影响，因此，我们在研究社会工作与少年司法开展合作的政

策基础时必须要对犯罪少年的福利政策进行分析。犯罪少年作为一个特殊的儿童群体，其福利保障的状况也得到了社会各界的普遍关注，国家为此也制定了相关的法律和政策，综合而言，目前我国针对犯罪少年儿童福利已经具备了以下基础。

首先，犯罪少年的养育、医疗等基本生存权已经得到有效的保障。对于犯罪少年而言，无论其是处在刑事诉讼的过程中，还是处在行刑阶段，基本的生活及医疗都能得到相应的保障。

其次，犯罪少年的教育权能够得到相应的保障。根据《中华人民共和国监狱法》的规定，犯罪少年能够享受国家九年制义务教育，同时犯罪少年还享受司法行政部门提供的劳动技能、法律法规等相关教育。

再次，犯罪少年能够享受特殊的司法保护。我国刑法和刑事诉讼法对于未成年人犯罪都规定了特殊的保护措施，在司法实践中，基本能够保障未成年人司法机构、司法人员的专门化，同时还制定了相应的司法机制以确保犯罪少年得到有效的司法保护。

最后，非政府的儿童福利组织开始参与犯罪少年司法保护工作。尤其在我国一些大中城市，司法机关已经开始引入非政府组织的专业服务，通过教育、咨询等相关服务帮助犯罪少年反思自己的责任和过错，通过对其认知和行为习惯的有效调整帮助他们顺利回归社会、健康成长，这是犯罪少年福利水平不断提升的重要标志。

总之，自 20 世纪 80 年代以来，伴随着我国少年司法制度的改革，犯罪少年儿童福利的保障水平不断提升。

（二）犯罪少年福利政策的缺陷与不足

我国犯罪少年儿童福利政策还有很大的提升空间，具体来讲，以下几个方面有待提升。

一是犯罪少年福利观需要进一步转变。目前我国关于犯罪少年的福利观正处于一个艰难的转变时期。传统观念认为，对于犯罪少年应强调惩罚而不是教育，所以当需要为犯罪少年提供包括教育和帮助等基本福利保障时，就会遇到来自传统观念、社会资源供给在内的诸多阻碍。近年来，越来越多的人开始接受，犯罪少年也有享受国家福利权利的基本观点，并且认为每个犯罪少年都具有生存和发展等多项需求，其犯罪行为与其需求不被满足具有密切联系，因此，社会应该为满足犯罪少年这些需求提供必要的支持，而且这些少年基本需求的满足，能够有效预防犯罪行为的再次实施。然而，从总体上看，犯罪少年的现代福利观在我国尚不能做到整体性接受，需要进一步加强宣传与倡导。

二是犯罪少年的福利政策分散且不统一，同时缺乏统一的协调机制。笔者在前面说过，在我国现行立法和司法文件中，对于犯罪少年福利问题都有明确的界定，但是各项规定分散且不统一，缺乏一部专门规定犯罪少年福利问题的法律。在实践中，虽然诸多机构都负有保障犯罪少年福利实现的义务，但缺乏一个整体的犯罪少年福利保障协调和监督机构，不能为犯罪少年的福利提供稳定的、持续性的支持和保障。

三是目前我国参与犯罪少年福利保障的社会服务机构欠缺且参与犯罪少年服务的渠道不畅通。在我国犯罪少年福利立法不完善，福利政策相对欠缺的背景下，一些非政府的社会机构难以进入司法体系，为犯罪少年提供专业服务。即使司法机关能够接纳包括社工机构在内的非政府组织为犯罪少年提供专业服务，但因为难以找到稳定的经费支持资源而难以为继！同时，目前在我国的一些大中城市，虽然专业社工机构的数量在不断增加，但专门从事犯罪少年社会服务的社工机构少之又少，其服务的经验、服务的项目设计水平都亟待增加及提高。从总体上看，我国针对犯罪少年开展的社会服务项目单一，仅仅围绕《中华人民共和国刑事诉讼法》的要求开展基础性的社会服务，难以满足犯罪少年的多元化服务需求。其实，犯罪少年从认知水平的提升，到行为习惯的改善；从社会支持网络的搭建，到回归社会的安置等，需要设计大量的项目来满足其各种需要，这些都是社会组织参与犯罪少年服务需要深入探索的空间。

四、社会工作与少年司法开展合作的政策可行性分析

通过上文研究可以发现，社会工作与少年司法开展合作具有重要的理念与政策基础，同时囿于理念与制度的缺陷不可避免地会导致两者在合作的过程中出现阻力。然而，通过社会工作与少年司法开展合作实现少年司法科学化、人性化和规范化的目标，已经成为国内少年司法制度改革与发展的重要方向。而我国的社会工作与少年司法的政策与理念基础也为两者的合作提供了难得的契机。

（一）理念契合：社会工作与少年司法得以合作的本源性分析

众所周知，无论是社会工作还是少年司法都受其价值理念的深远影响，因此，当我们讨论社会工作与少年司法开展合作的政策可行性时，首先应回归到社会工作与少年司法的理念是否契合这一本源性问题进行分析。

上文说过，现代少年司法理念强调的核心观点是：孩子的犯罪问题，可以通过教育的方式得以解决；对于一个已经犯罪的孩子，国家负有教育矫正使其顺利回归社会的责任，这一理念是社会工作得以进入少年司法场域开展服务的根本原因。站在另一方的社会工作是以价值为本的专业，人道主义和社会福利思想是其主要的价值基础。人道主义起源于欧洲15世纪的文艺复兴运动，它强调以人为本，社会的主要目的是实现人的物质和情感的需要，如果人的需要被满足，那么人就会获得善良、成熟、正义的状态，由此，人和社会的大部分问题都将被解决，人和社会最终会达到完美的境界。人道主义思想弘扬了科学和理性的光辉，强调了对人的关注和尊重，并承认人与生俱来的在社会政治、经济、社会、文化等方面享有的一切权利。① 在人道主义理念的引领下，平等、尊重、接纳、自决等社会工作专业操作层面的价值观应运而生。社会福利观念也是社会工作价值的灵魂，社会福利观体现了对人的关怀，提出人是有需要的个体，这种需要首先来源于物质和身体的需

---

① 王思斌．社会工作概论［M］．北京：高等教育出版社，2001．

求，其次是来源于发展及社会功能增强方面的需求，社会也应为满足这些需求提供全方位的服务。社会福利观念的提出同样在强调对人的尊重及社会对公民应尽的责任，而不是将案主遇到的问题归咎于案主本身。

在人道主义和社会福利观念的引领下，社会工作者深入社会生活的各个领域，服务于案主的需求和社会的发展。在少年司法社会工作中，社会工作者会在观念上将犯罪人视为特殊的社会弱势群体，具有特定的服务需要；同时又是需要被尊重的社会个体，能够真正地接纳这些涉嫌犯罪的人。社工尊重、接纳的专业价值观可以使其从犯罪人的处境出发，以亲和的工作态度与犯罪人及其周围的群体和睦相处，了解他们在物质、精神等方面的需求，从人的需求出发分析导致其犯罪的风险因素及其回归社会的路径。在少年司法社会工作服务中，社工的人文情怀会强调对犯罪人需求和成长的关注，会强调对犯罪人权益的保护，而不是仅关注完成工作任务本身，只有这样才能实现社会工作帮助犯罪人健康成长的初衷。

通过以上分析可见，少年司法理念与社会工作基本理念具有很强的一致性。双方都认为人有着与生俱来的权利，而这些权利应该得到社会的尊重，同时，每个人都是有需求的个体，而这些需求应该得到社会的支持和满足，即使是已经实施了犯罪行为的人，他的行为应该被否定，但人的尊严应该被社会所尊重。在以上基本理念的指引下，少年司法和社会工作都坚持通过满足人的需求，通过教育而不是惩罚的方式解决犯罪人的问题，相信需求的满足与教育的方式可以帮助犯罪人顺利回归社会。理念的契合，是社会工作得以进入少年司法场域开展服务的先决条件，也是社会工作与少年司法的关系具有“亲和性”的根本原因。

（二）立法与司法改革：社会工作与少年司法得以合作的先决条件

在上文中，笔者简单回顾了 20 世纪 80 年代以来中国少年立法及司法改革的发展历程，在过去的 30 年里，中国经历了少年立法与司法从无到有的艰难发展历程，虽然缺乏更加细致的制度设计，但已经初步搭建起具有特色的少年司法体系，在少年司法体系中，从宏观上界定了社会支持体系构建的重要意义，并为社会工作专业参与少年司法领域开展服务预留了空间。社会工作专业得以介入少年司法领域开展服务的另一基础是犯罪少年福利政策的发展与进步。这在上文也已经做过说明，此处不再赘述。总而言之，从少年司法与福利政策的角度出发，都为社会工作与少年司法服务开展合作提供了宏观的支持，而这也带动了少年司法对社会工作服务介入强烈需求的产生。

首先，社会工作对少年司法的强烈需求来自基层司法部门的工作需求。前面说过，虽然在宏观层面，我国尚未建立系统、完整的少年司法体系，但基层的实践已经"如火如荼"地开展起来。处于刑事司法开端的公安部门已经开始探索"暂处考察"制度；中端的检察部门，已经开始探索"暂缓起诉"制度；后端的审判机关则开始扩大"缓刑"的适用力度，着力探索"犯罪记录封存"制度。司法机关大量探索的背后，是源于教育刑理念确立及对犯罪少年的人文关怀，司法机关工作人员在大量的司法实践中，观察到了犯罪少年的真正需求，认为通过"非监禁化""非刑事化"的处理方式来解决少年犯罪问题才是最明智的选择。然而，司法人员的努力也遇到了强大的桎梏。除了来自立法和司法的阻力以外，最大的困境则来自社会支持体系的缺失。说到底，假如没有社会支持体系的跟进，少年司法的改革将寸步难行！而在社会支持体系的搭建中，社会专业服务的跟进更是重中之重。少年司法改革的背景是教育刑理念的确立，那么教育刑理念在实践中的落实则需要建立一支具有专业知识背景和专业技能的人才队伍，社会工作者的专业背景恰恰契合了少年司法的现实需求。因此，社会工作专业与少年司法的合作成为历史发展的必然。

其次，社会工作介入少年司法过程，更深层次的需要来自那些已经犯罪的少年。对于司法人员而言，传统的做法是关注孩子们犯罪的行为本身，但是仅对行为的关注并不足以有效实现其再次犯罪行为的预防，要想真正实现犯罪预防，则需要深入其生活环境和背景，体会其生命成长的历程，理解其生命成长中的真正需要，通过个体与环境的有效互动，帮助其搭建良性的社会支持网络。少年的犯罪行为是其成长中的负面事件，需要成人给予其关爱和有效的支持。社会工作者以“助人”为核心目标，具备助人的专业知识和技能，他们走近犯罪的孩子能够帮助其顺利回归社会。因此，从涉罪少年的教育矫正出发，也需要建立起完善的司法社会工作服务体系。

（三）司法社会工作的兴起：社会工作与少年司法得以合作的专业基础

需求是事物发展的动力，任何事物的推动，还需要具备相关的现实基础，也可以将其概括为事物推动的可行性。2009 年前后，我国社会工作的专业化及职业化迅速发展使社会工作进入少年司法场域开展服务具备了可行性。

第一，自 2003 年起，我国已经开展了司法社会工作实践探索，为社会工作进入少年司法场域开展服务积累了相关经验，伴随着国家推动社区矫正的实践进程，一些高校开始为社区矫正实务提供智力支持，在社区矫正实践的过程中，少年司法社会工作的实践也开始了初步的探索。随后，上海、北京等地陆续开展少年司法社会工作的更多探索，比如在未成年犯管教所、工读学校等场域开展了相关服务，虽然这些服务最终没有成为明确的制度安排，但是通过服务积累了两个重要的经验：一是违法犯罪少年服务的实务经验，这是后期少年司法社会工作快速发展的重要基础；二是深刻体验到社工服务的必要性和紧迫性，比如在未成年犯管教所和工读学校的服务，得到了合作伙伴、孩子以及家人的肯定和好评，这给予了行动者巨大的动力，鼓励他们在少年司法领域深入推进社会工作的实践。

第二，2007 年前后，在相关政府部门的推动下，我国社会工作职业化的进程明显加快。比如一些省市相继成立社会工作委员会，决定以此为基础推动社会工作及社会服务体系建设、社会工作人才队伍建设、社会组织的孵化与培育等相关工作，并且争取财政专项经费用于培育和扶持社会组织的建设与发展。社会工作委员会以及民政部门的系列工作为社会工作职业化的推进注入了强大的动力。社会工作介入相关社会领域开展服务得到了更多的鼓励和支持。

总而言之，任何事物的发展都需要具备一系列充分必要条件，对于社会工作与少年司法的合作而言，理念一致是双方合作的先决条件，司法实践的需要是双方合作的动力，社会工作专业发展为双方合作提供了可能。正是以上基础条件的具备，才使社会工作和少年司法从关系亲和到真正互动，促成了双方真正的合作。

五、结语

综合以上研究，现阶段我国社会工作与少年司法场域的合作，既存在机遇也存在挑战。比如有理念支持但也仍存在理念的冲突；有制度倡导但缺乏具体设计；有内在需求的推动但实践经验尚需积累。制度基础与实践的不足导致了在我国很多地区，社会工作与少年司法尚未开展合作或实践水平较低。然而，基于理念与实践的影响，社会工作与少年司法之间存在着合作的强烈需求，少年司法过程引入社会工作专业服务势在必行，这已经成为法治文明和社会进步的必然要求。难能可贵的是，我国有些地区已经积累了两者合作的相关经验。因此，在已有理念与制度的基础上，探索具有我国特色的少年司法社会工作服务模式势在必行。同时希望在成熟实践的基础上建构相关制度，为我国少年司法社会工作的健康发展提供更加有力的保障。

社会工作在少年司法场域的嵌入性发展过程研究

——以B市实践为例

席小华[①]

摘　要： 本文运用质性研究方法研究了B市社会工作嵌入少年司法场域的发展过程。发现理念嵌入、服务嵌入和制度建构是少年司法工作发展的行动逻辑，其中理念嵌入是服务嵌入和制度性建构的基础和前提，服务嵌入是嵌入行动的核心内容，制度性建构是嵌入行动得以稳定持续发展的重要保障。社会工作在少年司法场域的嵌入性发展过程，不是单向的嵌入，而是双方互构的结果。社会工作与少年司法部门的有效合作，一方面可以有效帮助涉罪未成年人顺利回归社会，另一方面可以推动少年司法工作的科学化、人性化发展。

关键词： 嵌入性发展；服务嵌入；制度建构

---

① 席小华，首都师范大学政法学院社会学与社会工作系教授，首都师范大学北京青少年社会工作研究院执行院长。

在少年司法制度相对发达的国家和地区，社会工作介入少年司法场域为涉罪未成年人开展专业服务是明确的制度安排。然而在我国，由于少年司法体系存在结构性缺陷，社会工作在"公检法"三个司法程序内并无法定的位置，涉罪未成年人在长达半年甚至更长的刑事诉讼期间，难以接触到社会工作的专业服务，以帮助他们调整偏差的认知和行为习惯。这种状况既不利于涉罪未成年人再次犯罪的预防，也不利于少年司法制度的人性化建设。基于此，自2009年起，B市开始探索少年司法社会工作模式，取得了显著的成效。社会工作者与少年司法部门形成紧密的合作关系后，帮助了很多涉罪未成年人顺利回归社会，重新过上了健康的生活。为此，我们基于实践经验，试图探讨社会工作者与少年司法部门合作的行动逻辑究竟是什么？期间影响双方合作的相关因素又有哪些？对这些问题的研究既有助于青少年司法社会工作理论和政策的完善，也有助于青少年犯罪预防水平的提高。

一、相关研究综述

自20世纪70年代以来，有关犯罪原因的研究已经走到"整合主义"发展阶段（吴宗宪，1999），相应地，通过社会资源的整合来预防犯罪成为现代犯罪预防策略的基本主张，这也为社会工作介入司法场域开展服务奠定了理论基础。在美国，社会工作与司法机构合作的历史长达一百年，服务领域广泛，服务内容丰富。在少年司法社会工作服务方面，不仅包括针对犯罪少年的服务，还有针对被害少年的服务，而且对提供服务的社工提出了严格的知识训练要求（杨旭，2013）。英国社会工作与司法机构合作为犯罪少年开展服务具有完整的制度设计，承担服务的青少年犯罪工作组的成员专业背景就是社会工作，社工在整个刑事司法过程中始终陪伴犯罪青少年，所开展的服务包括维护犯罪青少年权益、调查青少年犯罪的原因、帮助青少年撰写法庭答辩报告、开展矫正服务、监狱服刑期间探访、回归社会过程中的资源链接等。总体而言，在英国，司法社会工作的法律保障体系、社会福利体系、组织机构体系、人才队伍建设体系已经趋于完善，其在青少年犯罪预防中发挥着重要作用。[①]

我国司法社会工作的开展起源于21世纪初，伴随着实务的推进，相关研究成果不断涌现。关于社会工作与司法模式之间关系的发展态势，何明升提出，随着单一司法模式向多元司法模式的转变，社会工作实现了与司法模式的渐进式亲和，而渐进式亲和的结果便是多个司法社会工作服务领域的出现（何明升，2014）。社区矫正是国内最早启动的司法社会工作实践领域，有学者认为，社区矫正中的司法社工服务模式应包括关系建立、资料收集、资料分析、矫正对象问题研究与诊断、矫正计划的制订、社工介入的理念、社区矫正的评估与跟进等重要环节（张昱、费梅苹，2008）。

关于社会工作与少年司法的整合，姚建龙认为，社会工作介入少年司法领域开展服务的基础是少年司法理念从报应刑向教育刑的转变，少年法庭法官在审判工作中出现了很多"非审判性"工作，而这些非审判性工作的开展则需要积极引入社会工作。具体来说，包括社会工作理念、社会工作方法技巧以及社会工作者的引入（姚建龙，2007）。少年司法社会工作服务的推进，不仅需要对青少年的偏差行为本身进行科学的研究，同时应对其所需的社会工作服务进行完整的设计（费梅苹，2010）。

国内已有的司法社会工作研究为实务的推进提供了重要支持。但总体上，我国的司法社会工作研究仍处于初步发展阶段，已有的研究成果数量少且领域分散。一方面，学者对司法社会工作中一系列基本理论问题尚未达成一致的理解和认识；另一方面，包括司法社会工作价值理念、理论基础、实务模式等一系列重要问题的理论体系尚未形成。在目前的情况下，从宏观和中观的视角出发，在分析社会工作与司法两个场域特征的基础上，研究两者合作的可行性以及互动发展机制是紧迫课题。

近年来，嵌入性理论在中国社会工作研究中得到普遍应用。一些学者认为，波兰尼和格兰诺维特提出的嵌入性概念（波兰尼、格兰诺维特，2007）

---

① 2015年3月，笔者赴英国专门就少年司法社会工作开展调研，其间与司法部，英国皇家检察院、法院，司法社工机构的工作人员进行深入交流，详细了解了英国少年司法社会工作的开展情况。

为社会学的发展提供了新的发展空间，而且这一概念所具有的扩散能力也确实为解释较为复杂的社会现象提供了新思路。关于嵌入性理论与中国社会工作研究的适切性，王思斌认为："专业社会工作从其恢复重建始，就落入传统社会服务模式占统治地位的时空之中，而且至今这种格局并没有发生本质性的改变。可以说，专业社会工作是嵌入原来的社会服务领域之中并谋求发展的。嵌入性是专业社会工作在中国生存和发展的重要特征"（王思斌，2011）。徐永祥在讨论社会工作参与四川灾后重建过程时，将社工与受助对象（组织、个人、社区等）的关系界定为"嵌入"，认为"社会工作者在主观意识和个人行动上要自觉纳入受助对象的关系网络之中去"（徐永祥，2009）。

本文研究的主要问题是社会工作者与少年司法部门间的互动关系，而两者的互动过程正是社会工作在少年司法场域嵌入性发展过程。相对于强大的运转规范的司法体系来说，社会工作是名副其实的外来事物，具有典型的"新生性"和"外来性"。从深层次分析，社会工作与少年司法场域的互动过程，绝不是单纯的物理作用，而是与少年司法场域已有关系网络，比如理念、制度、结构等的全方位互动过程。因此，用"嵌入性理论"来解释社会工作者与少年司法部门的互动关系，具有较强的指导性。

二、研究方法

本研究采用质性研究方法指引研究过程。基本理由如下。首先，笔者是B市社会工作介入少年司法场域开展服务的倡导者和推动者之一，开展本研究的目的就是希望借助研究成果有效推动未来介入的针对性，这与质性研究的目标"不谋而合"。本研究关注的重点问题是社会工作在少年司法领域的嵌入过程，其间主要记录行动主体间的互动以及行动背后的意义，这完全符合质性研究特征。其次，本研究历时6年，其间各种社会现象不断萌生，处于一个"进行时"状态，法律背景、政策环境以及专业基础均发生了重要变化，这些变化可以说对研究者及被研究者都产生了重要的影响。质性研究方法能反映这种复杂性，具有高度的分行性和多样性，除本身应有抽象理论性讨论外，仍然有详细的叙述性或描述性资料来反映复杂的社会现象（范明林、吴军，2009）。

本文选择B市为地点开展研究具有代表性和典型性。因为社会工作介入少年司法领域开展服务在全国都处于起步阶段，形成稳定性工作体系的城市非常少，而B市在过去6年间开展了少年司法社会工作的多项探索，可以为本研究的顺利开展提供丰富的数据和资料。

在研究过程中，采用了目的性抽样法，集中访谈了多位司法人员、政府官员和社工，他们都是B市社会工作介入少年司法场域的亲历者和推动者，非常了解B市推动这项探索的制度背景、法律环境以及各种限制性因素，同时又共同努力克服了一些制度性的障碍，他们是这项探索的行动者。选取他们为样本进行访谈，能够真实回溯实践的过程，同时研究结论也能够代表这一探索会面临的共性问题。表1是本研究具体的访谈对象。

表1　本研究访谈对象

编号	被访谈人	性别	年龄	职　　务
1	G院长	女	73	原B市高级人民法院副院长
2	W检察官	男	63	原H区检察院检察长
3	W检察官	男	52	H区检察院检察长
4	P检察官	女	48	H区检察院副检察长
5	Y检察官	女	40	H区检察院处长
6	F教授	女	60	SD师范大学教授
7	C教授	男	38	SD师范大学教授
8	L教授	男	56	B师范大学教授
9	M检察官	女	38	H检察院检察官
10	L社工	女	28	CY社工事务所社工
11	H书记	女	38	B市团市委副书记
12	Z部长	女	39	B市团市委权益原部长

续　表

编号	被访谈人	性别	年龄	职　　务
13	J 局长	男	50	H 区公安局副局长
14	L 部长	女	38	B 市团市委权益部长
15	L 社工	女	27	CY 社工事务所社工
16	W 社工	女	27	CY 社工事务所社工

本研究使用文献收集、参与式观察和访谈等方法收集资料。在收集资料的基础上，找到资料中的重要信息，进而在描述事件时注重呈现资料背后的法律及社会文化情境、事件讲述人所表达的意义及事件的整体意义；同时，注重分析各个事件间的内在逻辑关系，从而解释 B 市社会工作者与少年司法部门互动的整体关系。本研究兼顾时间、空间、过程的立体性思维框架。时间指社会工作介入少年司法场域开展服务的重要时间节点，空间指社会工作与少年司法部门间的横向互动，过程指社会工作介入少年司法场域的纵向发展过程。在具体研究中，笔者运用重点事件记录社会工作与少年司法部门互动的重要时间节点，运用嵌入理论作为主体理论解释社会工作介入少年司法场域的行动过程与逻辑。

三、社会工作在少年司法场域的服务嵌入

（一）社会工作与少年司法合作缘起

2009 年，最早开启 B 市少年司法者与社会工作部门合作的是 SD 师范大学和 H 区检察院。

多年来，H 区人民检察院一直是全市检察工作的标杆，是司法改革的引领者，在 B 市乃至全国司法机构中都具有重要的影响力。（受访对象 1）

H 区检察院一直重视未成年人案件的检察工作。为此，H 区检察院进行了多项探索，在处理未成年人犯罪案件过程中，积极寻求社会资源的支

持。(受访对象3、受访对象4)

尽管我们非常努力地为涉罪的孩子寻找帮教资源,但还是遇到很多困难,其中最大的一个困难就是找不到稳定支持我们的专业力量。(受访对象5)

通过以上访谈我们可以发现,H区检察院的涉罪未成年人工作具有我国少年司法工作的共性特征,即少年司法机构需要专业力量支持其针对涉罪未成年人开展专业的帮教工作,而注重犯罪少年开展帮教工作的原因则是现代少年司法理念的确立。

在人类刑罚理念中,报应刑拥有悠久的历史传统。报应刑强调对犯罪人的惩罚,其与原始社会的“同态复仇”和奴隶社会的“等量报复”一脉相承。报应刑论者在关注惩罚犯罪的同时,关于这种惩罚能否实现再次犯罪的预防,则不是他们所关心的问题。在人类刑罚史上,报应刑司法理念曾长期在各国刑事司法制度中占据主导地位。自20世纪初以来,世界各国的青少年犯罪问题日益严重,越来越多的人逐渐认识到,传统的报应刑理念对青少年犯罪预防无能为力,再加上相关学科的发展为人类科学的认识和矫正犯罪提供了可能。于是刑事司法者开始接受“教育刑”基本理念,同时注重寻找专业社会力量,运用科学知识和方法教育矫正已经犯罪的青少年(邱兴隆,2000)。因此,社会工作与少年司法场域合作的基础是少年司法理念的转变,正是教育刑理念在少年司法领域的确立,社会工作才有机会进入司法场域开展相关服务。

SD师范大学社会工作专业在全市率先参与涉罪未成年人社会服务,也与学校的办学需求和社会发展的需求具有必然联系。

SD师范大学社会工作系于2002年成立,根据社会发展需要,我们很快将司法社会工作作为我们系的重点发展方向,我们需要与检察院合作,作为学生培养的实习基地。(受访对象6)

作为一所师范院校，我们非常重视青少年问题的研究，我们学校开展青少年司法社会工作实务探索顺理成章。（受访对象 7）

进入 21 世纪以来，我国社会工作的研究与实务都获得了快速发展，与此同时，青少年司法社会工作被一些高校确定为专业发展方向，这与我国犯罪青少年福利政策的发展密切相关。自 20 世纪 80 年代以来，犯罪少年的福利保障状况得到了社会各界的普遍关注，国家也为此制定了相关的法律和政策，比如在立法上，我国刑法和刑事诉讼法对于涉罪未成年人都规定了特殊的保护措施。在司法中，成立了专门的未成年人司法机构，司法人员也力求专门化，以确保犯罪少年得到有效的司法保护。与此同时，非政府的儿童福利组织开始参与犯罪少年司法保护工作，尤其在我国一些大中城市，司法机关积极引入非政府组织的专业服务，通过教育、咨询等相关服务帮助犯罪少年反思自己的过错，并通过对其认知和行为习惯的有效调整帮助他们顺利回归社会。因此，我国犯罪青少年社会福利水平的提升、社会工作专业化以及职业化的发展，为社会工作者与少年司法部门的合作打下了坚实的政策基础与专业基础。

（二）社会工作与少年司法场域的惯习差异

2009 年 9 月 6 日，SD 师范大学六位学生进入 H 区检察院开展专业服务。然而社会工作者与检察官的合作并不顺利，有的社会工作者甚至一度想逃离检察院。

社工来到检察院以后，我安排社工的工作是“打卷”，很快我就发现社工并不喜欢这个工作。（受访对象 9）

“打卷”的工作不能见到涉嫌犯罪的孩子，只是每天守着电脑，将一本本厚厚的讯问笔录敲成电子版，这个工作枯燥乏味。最初我们还硬着头皮干，但时间长了，越来越感觉无聊，后来我就跑回了学校，不想再去检察院实习了。（受访对象 10）

社会工作者逃离检察院的事情很快传开，检察官对社会工作者散漫的工作作风表示不满。毫无疑问，这对双方的合作有负面影响。这种现象可以用布迪厄场域理论的惯习来解释（布迪厄、华康德，1998）。首先是检察院的惯习。检察工作的核心内容是"规范准确地适用法律"，这种检察工作的惯习对检察官的行为产生了重要的影响。表现在日常工作上，就是希望所有的实习生配合其完成"重点工作"，帮助其实现适用法律的规范化，他们分配给社会工作专业学生的"打卷"工作就属于这一类。而社会工作者同样具有自己的惯习。社会工作的核心是关注人、帮助人，将为涉嫌犯罪未成年人提供服务作为自己的价值追求。因此，在确定检察院这一实习地点后，他们内心期待的是可以帮助那些因涉嫌犯罪而陷入困境的孩子。社会工作者带着这一思维惯习走进检察院，但当他们发现自己并不能为孩子提供直接服务，而每天只能处理文案工作时，他们的失望程度可想而知。

布迪厄将惯习定义为持久的、可转移的禀性系统。所谓禀性，是指以某种方式进行感觉、感知、行动和思考的倾向（布迪厄、华康德，1998）。这种倾向是个人由于其生存的客观条件和社会经历而通常以无意识的方式内在化并纳入自身的。所谓禀性的持久性，是指它们也深深地扎根在我们身上，并倾向于抗拒变化，这样就在人的生命中显示出某种连续性（柯尔库夫，2000）。不同的惯习在社会工作者与少年司法部门初始合作时发生了碰撞。笔者发现，在社会工作者与少年司法部门合作的初期阶段，最先处理的困境不是制度性因素的制约，也不是必须面对的资源性困境，而是惯习差异所导致的巨大分歧。面临场域惯习的差异，行动者个人的特质和努力发挥了重要作用，他们进行了积极的沟通，双方的合作非但没有停止，还让危机成为促进两者合作的重要契机。

（三）社会工作者与少年司法部门合作的空间确立

在社会工作者 L 逃离检察院的事情发生之后，Y 检察官开始寻找合适的个案委托社会工作者开展帮教服务。终于，Y 检察官找到了小亮等（化名）三个适合社会工作者介入开展服务的个案，结果三个个案服务都取得了良好效果。不仅实实在在地帮助了处于困境中的涉罪未成年人，同时也给社会工作者与检察院的合作带来转机。

小亮是我们帮教的第一个案主。我刚见到小亮时，他因寻衅滋事被取保候审，生活状态非常差，对前途悲观失望，租住在一间阴暗的地下室里，不敢出门，不敢出去工作。即使实在需要出门，也会戴上一个大大的帽子，很怕别人跟他打招呼，所以我管他叫"不愿摘掉帽子的案主"。后来我们在评估的基础上制订了服务方案，随着服务的推进，小亮的生活状态越来越积极，情况不断改善：他不再时刻戴着一顶大帽子了、他出去找工作了、他真诚地认罪悔罪了……当我们将这些转变告诉给检察官时，检察官也非常高兴，最终对小亮做出了不起诉的决定。（受访对象15、受访对象16）

在针对涉诉未成年人开展帮教服务的过程中，社会工作体现了不可替代的专业优势。首先，社会工作专业的基本价值观。在人道主义和社会福利观念的引领下，社会工作者会在观念上将涉嫌犯罪的未成年人视为特殊的社会弱势群体，具有特定的服务需要，同时又把他们视为需要被尊重的社会个体，真正地接纳他们。社会工作尊重、接纳的专业价值观可以使其从涉罪未成年人的处境出发，以亲和的工作态度与犯罪未成年人及其周围的群体和睦相处，了解他们在物质、精神等方面的需求，帮助他们找到回归社会的路径。其次，社会工作以一系列科学知识和理论为基础，可以保障帮教工作的科学性和针对性。社会工作者在针对涉罪未成年人开展服务的过程中，会运用社会学、心理学等相关理论，分析犯罪原因，据此寻找解决问题的办法。在解决社会问题的过程中，相关的社会科学知识发挥着重要的作用，社会工作者常常综合运用多种科学知识去推进社会工作（王思斌，2001）。最后，社会工作的专业方法可以有效提升涉罪未成年人帮教工作的效果。社会工作专业在发展过程中逐步形成了个案、小组、社区三大工作方法。以上工作方法的共同点是先要与案主建立关系，然后收集资料，在收集资料的基础上确定服务对象的需求，随后选择合适的方法解决服务对象的需求和问题。

司法机关通过以上服务案例认识到社会工作的专业优势，并放心地将原本属于检察官承担的教育功能让渡给社会工作者，而社会工作者也因此找到了自己在少年司法领域的专业价值和功能定位，自此，社会工作者与少年司法部门的合作空间得以确定。

（四）社会工作者与少年司法部门合作机制的形成

H 区检察院的检察长是社会工作者与少年司法部门得以实现长期合作的关键推动者，对于同社工的合作，他也经历了一个从不理解到理解的转变过程。

我最初对社会工作者的工作并不了解，当时我想几个没毕业的大学生，一份简单的调查和帮教报告，要影响案件的处理结果，这实在不靠谱。我对社会工作服务理解并决定给予支持主要有两个原因：第一个是我本人对少年司法工作充满感情，认为应该积极尝试和探索新的工作机制；第二个是在我去瑞典等国交流的过程中，看到有一些人在配合司法机关开展工作，当我问起他们的身份时，他们说自己是“社会工作者”。此时，我突然想起我们检察院好像也有一些社会工作者在提供服务，于是回国后我就及时了解情况并决定努力推动此事。（受访对象 2）

布迪厄的场域分析理论可以帮助我们理解检察院接受社会工作的发展过程。布迪厄认为，对场域的分析，第一步就是要找出司法场域与政治权力场域的关系，确定司法场域在权力场域中的位置；第二步就是要描绘出场域中各个位置关系的客观结构，即描绘出法律行动者所占据位置之间的客观关系（包括支配关系、屈从关系等）（布迪厄、华康德，1998）。

社会工作者在与检察院合作的过程中，最初的推动者是负责未检工作的检察官。但是根据检察院工作机制的安排，检察官并没有最终的案件决定权。对案件具有决定权的是检察委员会(以下简称“检委会”)，而检察长则是检委会的最高负责人。所以在检察院场域中，社会工作者与检察官的合作，必须得到检委会的同意，才能形成名正言顺的工作机制。尤其是在社会工作服务没有明确法律支持、社会工作机构发展相对孱弱的起步阶段，基层检察院检察长的理念和支持对这项探索产生了决定性的作用。正是由于检察长的支持，才解决了至关重要的合作机制和经费保障问题。2010 年春，H 区检察院创新建立了未成年人检察工作的“4+1+N”模式，社会工作服务成为未成年人检察工作的重要一环，有效地嵌入到少年司法体系中(见图 1)。

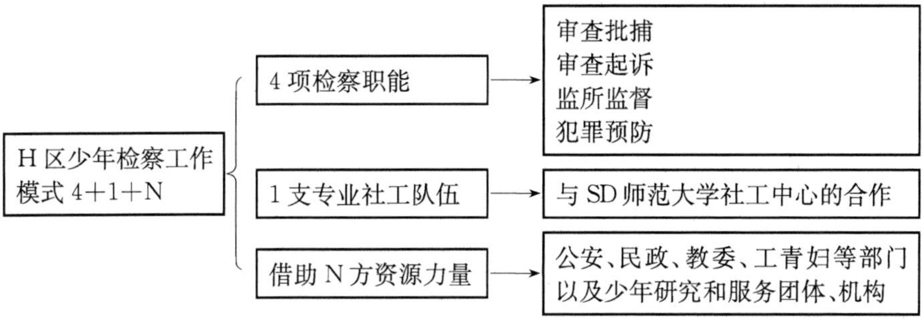

图 1　H 区检察院少年检察工作模式

(五) 社会工作服务在少年司法场域的浅层嵌入

关于中国社会工作的发展路径，许多学者秉持“嵌入性”发展的主张。关于“嵌入”的概念，从物理学角度来解释，嵌入是某一事物(固体 A)卡进另一事物(固体 B)的过程和结果。一般而言，人们把 A 进入 B 的过程称为嵌入，而当 A 已经进入 B 时，我们会说 A 已经嵌入 B(王思斌，2011)。B 市社会工作者与少年司法部门的合作，所经历的也是社会工作(外来事物)嵌入少年司法场域的发展过程。

少年司法是一个独立、完整的系统，其在立法及司法制度等宏观因素的影响下，是一个相对成熟的场域体系。这个场域倾向于规范性与系统性，为了保证规则的统一性，甚至倾向于拒绝变化。相对于社会认知度极高的司法场域而言，社会工作专业是一个名副其实的新生事物，其专业化和职业化的发展皆存在明显不足。社会工作与少年司法部门的合作,完全是新生的专业社会工作在少年司法领域拓展自身生存空间的过程,即在强大的外在推动力和少年司法的内在吸引力的相互作用下,社会工作实现了在少年司法领域的嵌入。嵌入的成果便是少年司法社会工作领域的形成,社会工作通过承担少年司法的部分工作职能,实现了自身在少年司法领域生存空间的拓展(见图 2)。

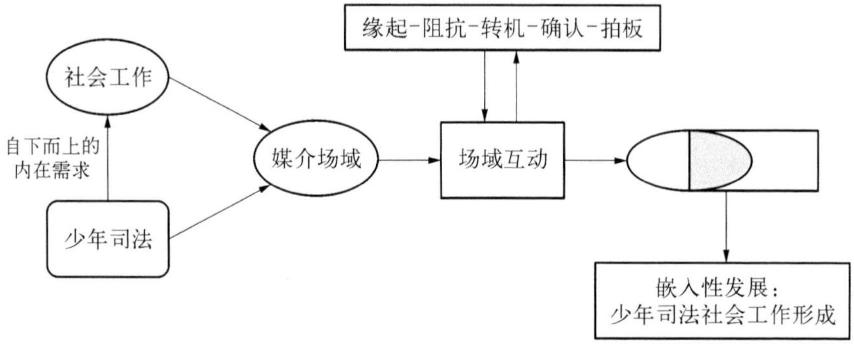

图 2　社会工作在少年司法领域嵌入性发展

王思斌教授认为,根据社会工作嵌入主导体制深度的不同,可分为深层嵌入和浅层嵌入。浅层嵌入是社会工作比较表面地进入社会服务体系,而深层嵌入是深度介入社会服务之中。深浅只是一个程度的概念,指的是专业社会工作和已有服务体系间合作和共事的程度(王思斌,2011)。笔者将社会工作与 H 区检察院的合作称为浅层嵌入。

首先,社会工作与 H 区检察院的合作尚处于初步探索阶段,尚未形成成熟的合作机制和服务体系。2009 年至 2012 年,虽然社会工作与少年司法的合作已历时 3 年,但总体来说,社会工作与少年司法部门的合作具有短期项目制运作的特征,未形成稳定的合作机制。同时服务体系也处于不断完善的探索阶段。

其次,社会工作的合作伙伴是基层司法机关,其合作模式尚未得到上级司法机关的肯定与支持。基于社会工作服务取得的基本成效,社会工作与基层司法机关实现了合作与共事。然而,这种具有区域特色的合作机制和探索尚未得到市级司法机关的认可，而市级司法机关作为基层司法机关的权力场域，对基层司法机关的探索享有随时“叫停”的权力。

最后，与社会工作合作的司法部门具有明显的区域特征，尚不能确定其是否能够成为全市的制度安排。H 区具有良好的政治、经济及文化基础，独特的区域特色也决定了他们的一些实践经验可能在全市不具有推广性。因此，在 H 区所开展的创新性服务在全市推广之前，发展前景尚不明朗。

基于以上分析，虽然专业社会工作已经介入少年司法场域开展服务，但是作为新生事物的社会工作与少年司法部门的合作，发展的根基薄弱，前景不确定。从这个意义上说，笔者用浅层嵌入来形容两个场域在合作初期的关系状态。

四、社会工作介入少年司法场域的制度性建构

2012 年，是 B 市少年司法社会工作发展出现转折的一年，社会工作与少年司法机关的合作得到了市级政府部门和司法机关的关注和肯定，并决定在全市范围内推广。下面，笔者就将这一发展阶段中社会工作与少年司法场域的互动过程、影响因素以及互动结果进行研究。

（一）社会工作在少年司法场域服务的纵向延伸

众所周知，我国公安机关、检察机关、审判机关分别行使刑事案件的侦查权、检察权与审判权。应该说，三个司法机关在刑事司法中行使各自的权力并相互监督和制约，可以更加准确地认定事实和适用法律，从而提升司法的公正性。然而，在教育矫正涉罪未成年人方面，三个司法机关之间形成了坚固的部门壁垒，难以合力开展工作。虽然每个机关都会或多或少针对涉罪未成年人开展帮教工作，但各自的教育矫正工作是完全割裂的，呈现出碎片化的基本形态。也就是说，虽然涉罪未成年人处于不同诉讼阶段，其教育矫正的服务需求是一致的，甚至当事人从未发生过位移（一直羁押在看守所），但是他们在侦查、检察、审判三个司法环节中接受的教育矫正的内容是分散且非系统化的。因此，从涉罪未成年人的需求出发，应打破司法部门间

的壁垒，在公安局、检察院、法院三个司法机关间建立起“以涉嫌犯罪未成年人帮教为核心”的一条龙衔接机制，只有这样，才能实现涉罪未成年人帮教工作效果的最大化。

2012 年 4 月，我们到 SD 师范大学调研后决定通过在全市推动“百例社会调查试点工作”，将 SD 师范大学与 H 区检察院的合作模式在全市推广。(受访对象 11)

本次试点相对于以往的实践有一个重要特点就是在涉罪未成年人社会调查中推动社工帮教服务一条龙模式，希望能够解决涉罪未成年人帮教工作分散化的局面。(受访对象 12)

在以上访谈资料里提到的“涉诉未成年人社会调查百例试点”，就是 B 市未成年人司法保护行动者们探索打破少年司法部门间的壁垒，探索涉诉未成年人一条龙帮教工作体系的具体尝试。帮教涉罪未成年人一条龙服务模式的建立，使社会工作与公检法三个少年司法机关都建立了稳定的合作关系，社会工作者在少年司法部门的服务空间实现了纵向延伸。更为重要的是，社会工作与少年司法中的三个部门的合作，避免了涉罪未成年人帮教工作的分散化、碎片化，整个教育矫正过程实现了有机的衔接和整合，从而给予涉罪未成年人最大限度的人文关怀(见图 3)。

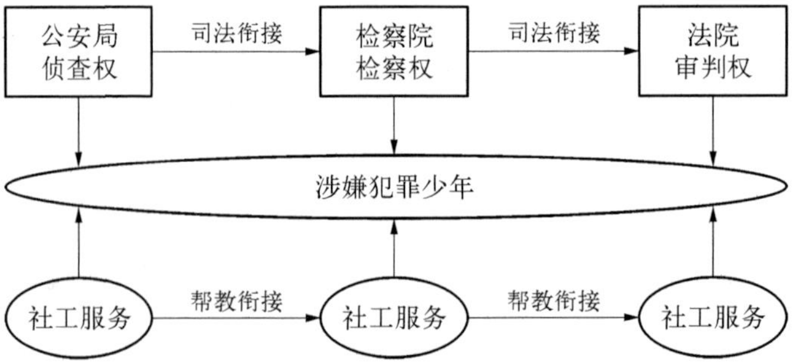

图 3　社工帮教涉罪未成年人一条龙服务模式

（二）社会工作在少年司法场域服务的深度拓展

目前，我国刑事司法只管辖那些已经犯罪的未成年人，对具有严重不良行为或已经违法但尚未构成犯罪的未成年人的教育和干预则没有任何规定。然而如果一个未成年人实施不良和违法行为时，少年司法制度并没有通过相应的制度安排对其开展教育矫正工作，这些未成年人很可能因未得到及时警戒而再去实施更严重的违法犯罪行为。这是目前我国少年司法管辖制度呈现的现实弊端。因此，少年司法制度应在“防患于未然”理念的指引下，既为已犯罪的少年提供服务，也为具有不良行为的少年提供服务，为实现少年犯罪预防做出系统的服务安排。

我们希望借助社会工作者力量为具有不良行为的青少年开展服务是源于一次调研。2013 年，我们委托 SD 师范大学专门针对青少年不良行为的成因开展了相关调研。调研结果发现：犯罪未成年人在犯罪前具有不良行为的超过了六成，而且同时具有两种以上的不良行为。在调研结束后，我们就希望往前延伸，多开展一些犯罪预防的服务。（受访对象 14）

以上访谈中提到的调研，对 B 市的少年司法社会工作发展具有标志性意义。通过调研，市综治办预防青少年违法犯罪专项组（以下简称“预青组”）对青少年犯罪预防工作的思路进行了调整，将青少年犯罪预防工作的关口前移，即在继续做好已犯罪未成年人服务的同时，针对具有不良行为和违法的未成年人开展相关服务工作。在原有矫正和补救类服务的基础上，增加了预防类服务的相关内容。自此，伴随着社会工作在少年司法领域服务内容的不断增加，少年司法社会工作服务的深度不断拓展。[①]

（三）社会工作介入少年司法场域服务的管理机制形成

“项目化运作”是时下非政府组织项目合作的重要形式。项目化运作不

---

① 具体合作项目包括：与专门学校合作，针对具有不良行为的学生开展服务；与公安机关合作，针对具有违法行为的未成年人开展服务；与检察院合作，针对犯罪被害未成年人开展服务。

仅意味着非政府组织能在有限的资源条件下完成工作目标并节约大量的人力、物力，同时，也是其从政府有关部门、企业、其他非政府组织处获得经费支持的必要前提(刘庆元，2009)。在社会工作介入少年司法场域开展服务的初期，因其是创新性探索、经验匮乏、保障能力有限，采用项目化运作的方式是适宜的。但是，随着双方合作的深入推进，合作经验的逐渐积累，持续合作的必要性不断凸显。此时，寻找一种长效化的合作方式，从而促进双方持续稳定开展合作已势在必行。

2012年，团市委委托SD师范大学设计研发涉罪未成年人社会调查和合适成年人两项工作的综治考核指标体系。在考核指标设计的过程中，我们将社会工作专业服务的理念和方法渗透其中，希望各区团委在少年司法保护工作中，重视工作本身的专业化发展，而具体的专业要求则完全依照社会工作的专业标准进行设计。(受访对象16)

综治考核指标发放后，各区团委非常重视，积极协调公检法等司法部门开展相关工作，也努力寻找社工资源开展服务，可喜的是，很快各区都找到了社会工作组织为公检法开展服务。(受访对象14)

B市团市委负责指导和考核各区开展青少年犯罪预防工作，其依托共青团的组织体系实现相应管理，具体的工作机制和手段则是综治考核，因为综治考核排名对区县政府的政绩考核影响很大，所以各区通常会非常重视。假如团市委想推动某项工作，并希望这项工作形成稳定的工作机制，实现常态化发展，就会利用综治考核这一手段推动。因此，市综治办“预青组”利用综治考核这一手段，使社会工作者与少年司法部门的合作不再是一个短期的服务项目，而是一种稳定的工作机制安排。这样的安排，一方面使B市的少年司法社会工作获得了常态化的发展，另一方面也为社会工作介入少年司法场域开展服务的制度性建构打下了重要基础。

（四）社会工作介入少年司法领域开展服务的制度确立

制度建设是服务机制得以稳定持久发展的根本保障，B市市级司法机关和市“预青组”的领导们也深谙这一道理。因此，自2012年起，他们就着手起草制定B市少年司法保护制度。当时B市建构制度需要解决两个具体实践困境：一是社会工作者服务经费的保障问题；二是社会工作者人力保障问题。在社会工作者经费保障的问题解决过程中，市“预青组”采用在全市政协会议上提交“提案”的办法得以落实。在社会工作者人力保障解决过程中，则以SD师范大学为依托，开展了大量专业培训工作，同时要求各区积极培育专业社会工作机构开展少年司法保护服务。

B市“未成年人司法保护1+6文件”：1是主体文件，即《B市关于进一步建立和完善办理未成年人刑事案件配套工作体系的若干意见》；6是B市少年司法保护的6项具体制度文件。签署制度的部门是综治办、预青组、团市委以及公检法司等相关部门。（受访对象14）

截至2015年，B市已经有14家社工机构，180多名社工开展涉罪未成年人的社工服务。自此，B市制定未成年人司法保护相关制度的基础已经具备。2015年5月28日，B市“未成年人司法保护1+6文件”制定完成，召开研讨会向全市发布。这是B市首次针对少年司法保护工作做出统一的制度安排。其中，需要特别强调的是，社会工作专业机构、司法社会工作者被明确界定为开展涉罪未成年人教育矫正的工作主体，社会工作介入少年司法场域开展服务具有了制度保障。

（五）社会工作服务在少年司法场域的深层嵌入

2012年至2015年，当社会工作与少年司法部门的合作经历了市级综治部门和司法部门“自上而下”的推动之后，两者的关系发生了重要变化，社会工作介入少年司法场域实现了从浅入深的发展。笔者这里所说的深层嵌入是指在服务嵌入的基础上不断实现合作内容的纵向延伸和深度拓展，并形成稳定合作机制和制度建构的发展过程，以下将具体介绍。

首先，从两者合作的范围来看，已经不局限于少数区域的创新性探索，而是全市的整体性推动，社会工作者与少年司法部门的合作在B市16个区县被普遍推广。

其次，随着服务内容的不断增加，两者已经形成了不可分割的亲密关系。截至2015年，社会工作介入少年司法场域所开展的服务已经拓展到6项内容，社会工作服务成为少年司法不可缺少的组成部分，这6项服务内容使少年司法的公正性、合法性、规范性有效提升，少年司法机构对社会工作服务的需求越来越强烈，两者成为不可分割的共同体。

最后，社会工作介入少年司法场域开展服务的保障机制确立。比如通过综治考核指标体系建设，让社会工作服务成为B市少年司法保护的工作机制安排。"1+6制度文件"的出台，社会工作在少年司法场域的服务具有了明确的制度保障，这些因素都推动社会工作实现了在少年司法场域的深层嵌入。

五、研究结论

在上文中，笔者基于社会实践，详细研究了社会工作介入少年司法场域的发展过程及影响因素，既关注了少年司法与社会工作开展合作的理念基础与制度环境，同时也从学理上解释了两者在合作过程中出现冲突进而走向合作的缘由。总而言之，从隔离到嵌入、互构、契合，这是少年司法社会工作制度或体制得以初步建构的历史逻辑、现实逻辑及统一进程。

首先，理念嵌入、服务嵌入和制度性建构是社会工作介入少年司法场域的基本行动逻辑。理念嵌入是服务嵌入和制度性建构的基础和前提，而且在整个行动过程中发挥着决定性的影响和作用。服务嵌入是嵌入行动的核心内容，是少年司法部门引入专业社会工作的初衷和最终目标。制度性建构是嵌入行动得以稳定持续发展的重要保障，也是理念和服务有效嵌入取得的必然成果。理念嵌入、服务嵌入、制度性建构虽然具有事物发展的阶段性特征，但这三个方面相互渗透、紧密联结，存在着相互支撑的内在逻辑关系。

其次，从社会工作视角看，其与少年司法场域互动经历的是“嵌入性发展”的过程。然而在研究中，笔者发现，社会工作在少年司法场域的“嵌入性发展”并非“单向嵌入”，而是双方共同推动即互构的结果。也就是说，无论是服务的嵌入，还是制度建构，都是少年司法在接纳和承认了社会工作的专业优势后，吸纳、承认社会工作，进而与其形成互构的局面。本研究应对社会工作和少年司法两个场域的能量和动力给予尊重与肯定。

最后，契合是社会工作在少年司法场域的嵌入结果。所谓契合，是指作为两个独立事物的社会工作与少年司法在内外驱动力的作用下开始互动，在经历了一系列冲突与整合之后，两者最终形成了亲密的关系与结构的契合，实现了场域功能的交叉与契合。其中，契合的基础是“教育刑”理念与社会工作基本理念的契合，契合的实现途径是社会工作的嵌入性行动以及少年司法场域功能的让渡和拓展，契合的目标是关注犯罪未成年人的服务需求，促使其顺利回归社会，同时，“少年司法社会工作”的形成也是两者契合的重要成果。

社会工作在少年司法场域的嵌入性发展结果研究

——基于B市的一项实证研究

席小华[①]

摘　要：本文以B市社会工作在少年司法场域的实践为背景，以嵌入性理论为研究视角，研究了社会工作与少年司法场域互动行动逻辑以及两者互动所带动的结构变化与关系变化。历经7年的实践与探索，从结构上来看，社会工作与少年司法场域达到了初步的契合。从关系角度看，社会工作与少年司法形成了紧密的合作关系。社会工作实现了在少年司法场域的"嵌入性发展"，无论是对社会工作还是对少年司法都产生了诸多积极的效应。

关键词：结构性嵌入；关系性嵌入；场域契合；嵌入性发展

① 席小华，首都师范大学政法学院社会学与社会工作系教授，首都师范大学北京青少年社会工作研究院执行院长。

一、问题的提出

（一）问题的提出

社会工作与少年司法场域的合作，人们最早认知的是社区矫正工作。然而，一个未成年人在犯罪之后直至进入社区矫正或监禁矫正之前，还要经历公、检、法三个刑事诉讼程序，在这长达半年至一年甚至更长的刑事诉讼期间里，涉嫌犯罪未成年人面临着人生最大的困境，普遍感到焦虑、彷徨、无助，因此急需社会工作服务的介入。然而在我国，由于过往司法体系的结构性缺陷，社会工作在公、检、法三个司法程序或领域内并无法定的位置。这种状况既不利于涉嫌犯罪未成年人的社会矫正与社会康复，也不利于少年司法制度的人性化建设。自 2009 年起，B 市开始探索少年司法社会工作模式，取得了显著的成效。从关系角度看，社会工作与少年司法形成了紧密的合作关系；从结构上来看，社会工作与少年司法场域达到了初步的契合。也就是说，社会工作实现了在少年司法场域的嵌入性发展。那么，社会工作在少年司法场域实现了嵌入性发展后两者的结构与关系发生了何种变化？这种结构与关系的变化又使双方获得了何种发展？显然，研究这些问题既有助于司法社会工作理论和政策的完善，也有助于司法社会工作实务水平的提升。鉴于此，上述问题自然就构成了本研究的中心议题。

（二）本研究的理论视角

"嵌入性"这一概念最早由波兰尼（Polanyi）提出，他在《大转型：我们时代的政治与经济起源》一书中指出："人类经济嵌入并缠结于经济与非经济的制度之中，将非经济的制度包括在内是极其重要的""经济作为一个制度过程，是嵌入在社会和文化结构之中的"。[①] 1985 年，格兰诺维特（Granovetter）在他的论文《经济行动与社会结构：嵌入性问题》中指出："经济活动是在社会网络内的互动过程中做出决定的，新古典经济学在分析经

① Polanyi K. The Great Transformation: The Political and Economic Origins of Our Time[M]. Boston, MA: Beacon Press, 1944.

济行为时存在社会化不足，社会学理论中则存在过度社会化，嵌入性理论成了连接经济学、社会学和组织理论的桥梁”。[①] 在波兰尼和格兰诺维特的研究基础之上，很多学者继续开展嵌入性研究，进而提出了嵌入性理论的分析框架，格兰诺维特提出的结构嵌入性和关系嵌入性的分析框架非常经典，被很多经济学家和社会学家所引用。

近年来，嵌入性理论在中国社会工作研究中获得普遍应用。一些学者认为，波兰尼和格兰诺维特提出的嵌入性概念为社会学特别是经济社会学的发展提供了新的发展空间，而且这一概念所具有的扩散能力也确实为解释较为复杂的社会现象提供了新思路。王思斌教授是中国大陆第一个系统运用嵌入性理论开展社会工作研究的学者。关于嵌入性理论与中国社会工作研究的适切性，王思斌教授指出："专业社会工作从其恢复重建始，就落入传统社会服务模式占统治地位的时空之中，而且至今这种格局并没有发生本质性的改变。可以说，专业社会工作是嵌入原来的社会服务领域之中并谋求发展的。嵌入性是专业社会工作在中国生存和发展的重要特征”。[②] 在运用嵌入性理论针对中国社会工作开展研究的过程中，王思斌教授在嵌入性这一基本概念的基础之上，建立了嵌入主体、嵌入对象、嵌入机制、嵌入后果等基本概念，并运用这一系列概念对中国社会工作的发展过程进行了宏观的解读。一方面，从宏观上描述和分析了专业社会工作与传统服务体系之间的嵌入性关系；另一方面，深入分析了专业社会工作嵌入传统服务体系的机制和过程。可以说，将嵌入性理论运用于中国社会工作研究是一个具有突破性的理论创新。徐永祥教授在讨论社会工作参与四川灾后重建时，将社会工作者与受助对象(组织、个人、社区等)的关系界定为“嵌入”“是社会工作者在主观意识和个人行动上要自觉纳入受助对象的关系网络之中去……非此，社会工作者就不可能进入灾后重建工作的核心圈子，相反只会

---

① Granovetter M. Economic Action and Social Structure: the Problem of Em Beddedness[J]. American Journal of Sociology, 1985.

② 王思斌. 中国社会工作的嵌入性发展[J]. 社会科学战线，2011.

徘徊在重建工作的边缘。”[①]随后，中国大陆许多学者运用嵌入性理论针对中国社会工作发展中的相关问题进行了研究。

本研究的主要问题是社会工作与少年司法场域的互动关系，而两者的互动过程正是社会工作嵌入少年司法场域的发展过程。相对于强大的司法体系而言，社会工作是名副其实的外来事物，具有典型的“新生性”和“外来性”。虽然少年司法场域内部存在社会工作嵌入的需求，但其典型的刚性场域特征倾向于拒绝外部事物的介入。因此，用“嵌入”来解释社会工作与少年司法场域的互动关系，非常形象和生动，也就是说，嵌入理论与本文研究的问题具有适切性，因此在本研究的过程中运用嵌入理论的基本视角指导整个研究过程。

（三）本研究的具体方法

笔者采用质性研究方法指引整个研究过程。之所以选择质性研究方法，主要基于以下几点基本理由。首先，笔者是B市社会工作介入少年司法重要的倡导者和推动者之一，开展本研究的目标就是希望借助研究成果有效推动未来介入的有效性和针对性，这与质性研究的目标“不谋而合”。其次，笔者既是实践的参与者，又是实践的研究者，已经完全将自己放置到社会情境中开展相关研究，同时，研究关注的重点问题就是社会工作在少年司法领域的嵌入过程，其间要记录行动主体间的互动以及行动背后的意义，这完全符合质性研究特征。最后，本研究历时6年，其间各种社会现象不断萌生，总是处于一个“进行式”的状态，法律背景、政策环境以及专业基础均发生了重要变化，这些变化对研究者及被研究者都产生了重要影响。质性研究方法提供一个开放性的研究框架，它不是去了解一个所谓的因果关系的社会现象，而是视社会现象为一个多组的、众多的“变量”彼此间相互影响的复杂状况，质性研究方法能反映这种复杂性，具有分行性和多样性，除本身

① 徐永祥. 建构式社会工作与灾后社会重建：核心理念与服务模式[J]. 华东理工大学学报(社会科学版)，2009.

应有抽象理论性讨论外，仍然有详细的叙述性或描述性资料来反映复杂的社会现象。[①]

本研究的地点是B市，包括基层和市级在内的多家司法机关，其中公安局、检察院、法院三家承担刑事诉讼任务的司法机关全部参与，同时团委、社工委在内的政府部门也积极介入。本研究选择以B市为地点开展研究具有代表性和典型性，因为社会工作介入少年司法领域开展服务在全国的探索都处于起步阶段，整体观察下来，形成稳定性工作体系的城市非常少，所以B市的工作探索在全国都具有标杆意义。同时，B市在过去六年里所开展的少年司法社会工作的多项探索，也可以为本研究的顺利开展提供丰富的数据和资料。

在研究过程中，采用了目的性抽样的方法，集中访谈的多位司法人员、政府官员和社会工作者，他们都是B市社会工作介入少年司法的亲历者和推动者，非常了解B市推动这项探索的制度背景、法律环境以及各种限制性因素，同时又共同努力克服了一些制度性的障碍，他们是这项探索的行动者。选取他们为样本进行访谈，能够真实地回溯实践的过程，同时研究结论也能够代表这一探索会面临的共性问题。下面的表1是本研究具体的访谈对象（按访谈顺序排列）。

表1　本研究访谈对象

编号	被访谈人	性别	年龄	职　务
1	G院长	女	73	原B市高级人民法院副院长
2	W检察官	男	63	原H区检察院检察长
3	W检察官	男	52	H区检察院检察长
4	P检察官	女	48	H区检察院副检察长
5	Y检察官	女	40	H区检察院处长
6	F教授	女	60	SD师范大学教授
7	C教授	男	38	SD师范大学教授

① 范明林，吴军. 质性研究[M]. 上海：汉语大词典出版社，2009.

续 表

编号	被访谈人	性别	年龄	职 务
8	L教授	男	56	B师范大学教授
9	M检察官	女	38	H检察院检察官
10	L社工	女	28	CY社工事务所社工
11	H书记	女	38	B市团市委副书记
12	Z部长	女	39	B市团市委权益原部长
13	J局长	男	50	H区公安局副局长
14	L部长	女	38	B市团市委权益部长
15	L社工	女	27	CY社工事务所社工
16	W社工	女	27	CY社工事务所社工
17	S社工	女	30	CY社工事务所社工
18	J社工	女	24	CY社工事务所社工
19	G社工	女	26	CY社工事务所社工
20	W社工	女	31	CY社工事务所社工
21	Z社工	女	24	CY社工事务所社工
22	J社工	女	24	CY社工事务所社工

本研究使用文献收集、参与式观察和访谈等方法收集资料，资料中的重要信息，通过事件的情节对事件进行详细的描述。进而在描述事件时注重呈现资料背后的法律及社会文化情境、事件讲述人所表达的意义及事件的整体意义。同时，注重分析各个事件间的内在逻辑关系，从而解释北京社会工作与少年司法场域互动的整体关系。本研究兼顾时间、空间、过程的立体性思维框架。时间指社会工作介入少年司法场域开展服务的重要时间节点；空间指社会工作与少年司法场域间的横向互动；过程指社会工作介入少年司法场域的纵向发展进程。在具体研究中，笔者运用重点事件记录社会工作与少年司法互动的重要时间节点，运用嵌入理论作为主体理论解释社会工作介入少年司法的行动过程与逻辑，运用场域理论相关概念解释社会工作与少年司法两个场域互动的影响因素和行动策略。

二、社会工作在少年司法场域嵌入性发展的历程回顾

2009 年以前，B 市的社会工作与少年司法场域是相对隔离的状态，即两者未发生过任何形式的互动。历经 6 年的实践与探索，社会工作与少年司法场域的结构关系发生了重要变化。从 B 市社会工作嵌入少年司法领域开展服务的行动逻辑来看，可分为理念嵌入、服务嵌入、制度性建构三个重要发展阶段。

社会工作在少年司法场域“嵌入性发展”的基础是理念的嵌入。少年司法不同于成人司法的最大之处在于其对涉罪未成年人的人文关怀。近现代以来，伴随着犯罪学等学科研究的进步与发展，人们对未成年人犯罪原因的认识更加客观，“教育刑”逐渐成为少年司法的基本理念。也就是说，未成年人犯罪后不应强调对其进行惩罚，而应采用非监禁化、非刑事化的手段给予矫正已经成为人们的共识。以上少年司法的基本理念与社会工作人道主义、社会福利等基本价值理念不谋而合。正是理念的一致与契合，才使社会工作与少年司法的合作顺理成章。

社会工作在少年司法场域“嵌入性发展”的第一阶段是“服务的嵌入”。自 2009 年起，B 市开始了社会工作与基层司法机关的合作，在与基层司法机关合作的过程中，司法人员最关切的是社会工作服务能做什么，这种服务能取得何种效果。也就是说，在社会工作与少年司法场域合作的初级阶段，双方合作的核心是社会服务，社会工作实现的是在少年司法场域的“服务性”嵌入。具体的服务内容则包括社会调查、帮教、合适成年人、刑事犯罪被害未成年人救助服务、违法未成年人社会工作帮教等。行动者希望通过以上服务保护涉罪未成年人和被害未成年人的基本权利，改善他们的生活困境，提升他们的福利水平。

社会工作在少年司法场域“嵌入性发展”的第二阶段实现了“制度性建构”。自 2012 年起，市级司法机关和市“综治”部门开始关注少年司法社会工作在基层的探索，他们在关注基层实践经验的基础上，开始着手相关制度与政策的制定，于 2015 年颁布实施了少年司法保护“1＋6 文件”。在“1＋6 文

件”中，社会工作服务被明确界定为少年司法保护的机制和措施。自此，社会工作在少年司法领域的服务实现了初步的制度性建构。制度性建构的实现，需要具备一系列基本条件，比如完善的组织体系和制度体系、专业化的人才队伍建设、服务资源的配置等。为此，市级司法机关和市“综治”部门开展了大量的工作并做了精心的准备。

理念嵌入、服务嵌入和制度性建构是社会工作嵌入少年司法的基本行动逻辑。理念嵌入是服务嵌入和制度性建构的基础和前提，而且在整个行动过程中发挥着决定性的影响和作用。服务嵌入是嵌入行动的核心内容，是少年司法场域引入专业社会工作的初衷和最终目标。制度性建构是嵌入行动得以稳定持续发展的重要保障，也是理念和服务有效嵌入取得的必然成果。理念嵌入、服务嵌入、制度性建构虽然具有事物发展的阶段性特征，但这三个方面相互渗透、紧密联结，存在相互支撑的内在逻辑关系。

三、社会工作在少年司法场域的结构性嵌入

根据格兰诺维特提出的结构性嵌入研究框架，一方面要强调网络的整体功能和结构，另一方面要关注企业作为网络节点在社会网络中的结构位置。据此，笔者在研究社会工作在少年司法场域的嵌入结构时，首先需研究少年司法的整体结构特征与缺陷，进而研究少年司法与社会工作形成紧密结构关系的过程和机制。

（一）少年司法体系的结构性缺陷及对社会工作的吸纳与承认

1. 少年司法体系的结构性缺陷

图1是少年司法体系的结构，从中我们可以发现，完善的少年司法体系，一方面需要建立有效的司法机制，另一方面需要建立完善的社会支持体系。司法体系服务于公、检、法等司法机关，而社会支持体系的建设则是通过社会资源的链接帮助涉罪未成年人顺利回归社会，提升涉罪未成年人教育矫正的效果。也就是说，社会支持体系是少年司法体系不可缺少的组成部分。然而在现实中，我国少年司法体系的结构并不健全，尤其是社会支持体系部

分。包括社会工作专业在内的社会专业力量对少年司法介入的数量不多，这既有理念及制度的影响，也有实践的不足，但是共同导致的结果就是少年司法体系存在明显的结构性缺陷。换句话说，在少年司法体系中，存在着诸多需要社会工作介入的“结构洞”，这些“结构洞”的存在，是社会工作介入少年司法的基础和前提。

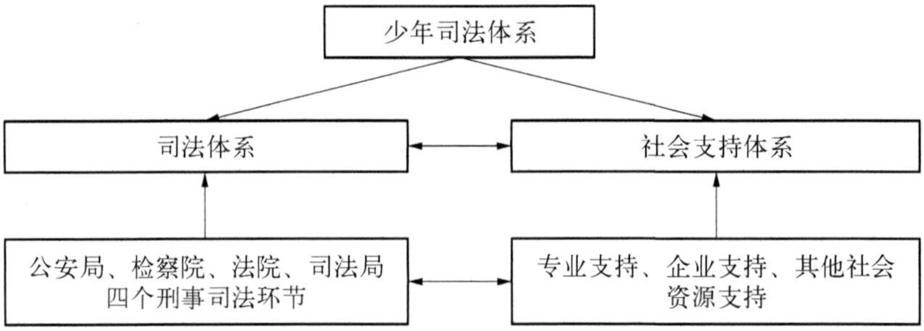

图 1　少年司法体系结构

2009 年以前，虽然 B 市少年司法领域具有社会工作介入的空间，但是并未有社会工作服务的介入。随着社会工作者在少年司法领域服务的探索，这些“结构洞”才得以被填充并对少年司法体制本身产生良性影响。更为重要的是，社会工作服务的介入，不仅填充了未成年人司法领域原有的结构洞，同时还运用自己的专业能力拓展了新的结构洞。新结构洞的拓展，不仅使未成年人司法体系进一步完善，同时也让社会工作在未成年人司法领域占据了更多的空间、发挥了更大的作用，促使两者形成了更密切的结构关系。

2. 少年司法对社会工作的吸纳

这里所指的吸纳，是指少年司法对社会工作介入其中开展服务的接纳。针对少年司法对社会工作的吸纳问题的研究，需要关注两个重要问题：第一，吸纳的空间，即少年司法场域是否存在社会工作介入的空间，这是少年司法吸纳社会工作介入的前提条件；第二，吸纳的动力，即何种动力让少年司法积极引进社会工作服务。

首先，吸纳的前提是少年司法结构洞的客观存在。Burt 在研究结构性嵌入时曾提出著名的结构洞观点，该观点认为，企业在网络中拥有的结构洞的数量越多，其在整个信息传递网络中占据的位置越有利。结构洞的位置体现了企业在网络中的桥梁作用。[①] Burt 的这一观点对本部分研究具有重要启发，当我们研究少年司法吸纳社会工作进入其中开展服务这一问题时，首先应从少年司法体系出发研究其是否存在类似 Burt 所说的需要社会工作介入的结构洞。结构洞是否存在以及数量的多少，直接决定了社会工作进入的可能性及空间。因此，上文我们对少年司法体系和结构进行分析，得出少年司法体系内部存在大量结构洞需要社会工作服务介入的基本结论。

其次，吸纳的动力是行动者的责任、人文情怀与工作需求。结构洞的存在是社会工作介入少年司法的前提。然而社会工作的现实介入还需要强大内在吸引力，笔者将其称为吸纳的动力。在多年的参与式观察中，笔者认为少年司法吸纳社会工作介入其中的最大动力是司法人员的责任感、人文情怀及工作的现实需求。责任感、人文情怀属于精神层面的主观倾向。在 B 市 6 年的少年司法社会工作实践中，少年司法场域中多位行动者的基本理念及人文情怀令笔者印象深刻。这些行动者中既有领导，也有普通的司法人员，但他们拥有几个共同特征。第一，具有强烈的社会责任感。他们不仅将司法工作当成一份工作，而且认为这是重要的责任与使命，他们既要对涉案的当事人负责，也要对国家和社会负责。在这种理念的指引下，他们就会努力地通过司法过程帮助涉嫌犯罪未成年人顺利回归社会。第二，具有强烈的人文情怀。他们不会因为当事人涉嫌犯罪就去歧视他们，反而会关注其行为背后的社会问题及个体需求，同时也愿意尽力调动社会资源去帮助他们。理念是行动的基石，少年司法人员的人文理念和社会责任感是其愿意吸收社会工作进入少年司法场域开展服务的最大动力源。

最后，少年司法场域愿意吸纳社会工作介入其中开展服务的另一动力是工作的现实需要。伴随着中国少年司法制度改革的快速推进，在少年司

---

① Burt R S. Structural Holes：The Social Structure of Competition［M］. Cambridge. MA：Harvard University Press，1992.

法中很多新制度被创立，而这些新制度的探索都需要社会专业力量的参与和支持。从某种意义上来说，社会专业力量是否参与和介入，决定着少年司法制度改革的成败。从目前我国少年司法制度发展的整体情况来看，哪些省市借助社会支持的资源多，其少年司法制度的完善度就越高。这样的发展态势使司法人员达成一个基本的共识：要积极争取社会专业力量的介入，以实现少年司法制度的完善。他们认为这不仅是少年司法过程的现实需要，同时也是促进本地区少年司法快速发展的突破口。因此，少年司法吸引社会工作介入的又一动力源得以形成。

3. 少年司法对社会工作的承认

吸纳与承认是两个不同的概念，具有层次的差异。吸纳是指少年司法与社会工作的初步接纳，承认则代表少年司法与社会工作的全面认可，为社会工作的介入解决一系列保障及制度性障碍。少年司法在与社会工作的互构过程中，经历了从吸纳到承认的发展过程。

在社会科学研究中，许多学者对"承认"问题进行了研究。黑格尔指出，一个主体自我认识到的主体的能力和品质方面必须为另一个主体所承认，从而与他人达成和解。要抛弃霍布斯"人对人是狼"的假设，实际上社会是主体之间的社会关系，因此人与人是相互承认的关系。他认为，一个和解的社会应该是自由公民组成的伦理共同体。霍耐特是当代承认理论的提出者，他在《为承认而斗争》一书中，用社会心理学家米德的理论补充黑格尔的承认理论，指出人与人之间是互相依赖的，这来自人的主体性和社会的主体间性。社会是由互为主体性的人组成的共同体，人们要相互承认、爱、团结。随后，保罗·利科在《承认的过程》一书中指出，研究承认的发展过程包括：作为认同的承认、对自我的承认、相互承认。王思斌教授在研究承认理论观点的基础上，提出了中国社会工作承认关系的基本框架，如图 2 所示。

依据承认关系框架图的指引，笔者展开少年司法对社会工作承认的过程研究。

首先，关于社会工作从自我承认到司法、政府承认过程分析。毫无疑

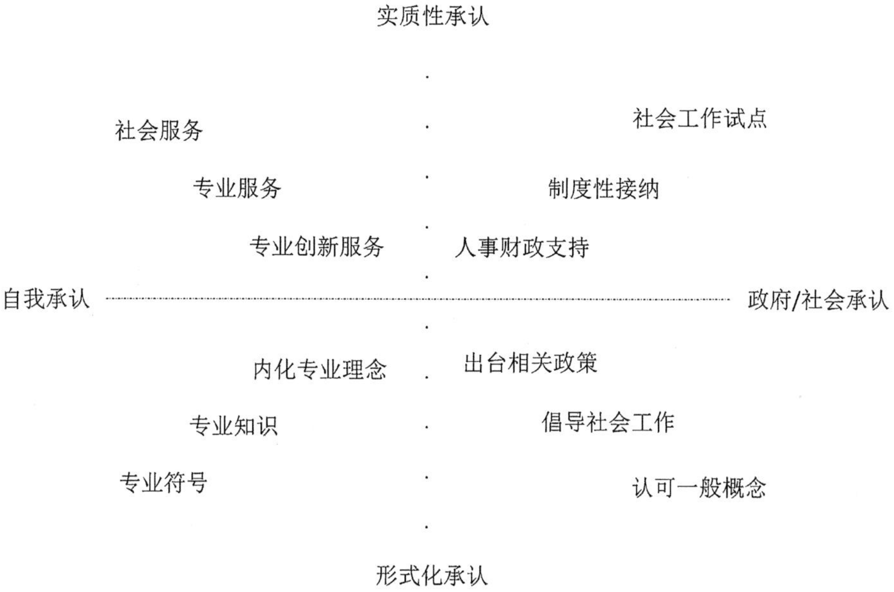

图 2　社会工作承认关系框架①

问，社会工作自我承认是司法与政府承认的重要基础。在 B 市的少年司法社会工作实践中，社会工作的自我承认在 2009 年以前就已经形成。而促成社会工作专业自我承认形成的因素主要有两个。一是通过专业教育形成了坚定的专业信仰。B 市最早嵌入少年司法中的行动主体，是由大学的老师和学生组成的。他们在长期的专业训练中，完全接纳了社会工作的专业价值观，同时对社会工作的知识基础和方法体系具有全面的了解，而且对社会工作专业所具有的助人性完全认同。因此，在社会工作介入少年司法领域开展服务之前，社会工作已经在专业自信的基础上实现了自我承认。可以说，长期的专业教育所形成的专业信仰是行动主体自我承认的基石。二是前期的专业实践成果促进了行动主体的自我承认。虽然在 2009 年以前，B 市缺乏社会工作在少年司法领域的系统实践，但行动主体在其他场域有开展过服务犯罪未成年人的案例，而且在这些案例中，行动者获得过成功的体验。

① 转引自王思斌教授讲稿：《社会管理体制创新与社会工作的发展》。

成功体验对行动者的自我认同和接纳发挥了重要作用。

通过6年的努力实践，社会工作最终获得了司法机关和政府部门的承认。少年司法与政府部门对社会工作的承认基于两个基本理由。一是社会工作服务犯罪未成年人效果的呈现。司法及政府部门最初对社会工作的承认并非建立在对其专业知识系统了解的基础之上，而是在社会工作者服务的基础上，看到了犯罪未成年人的成长与转变，看到了这项服务的社会价值。这是促成司法和政府承认社工的直接原因。二是对社会工作专业优势的整体性理解与接纳。在社会工作服务效果呈现的基础上，司法及政府相关人员开始有意识地去了解社会工作，了解其服务背后的价值观、知识基础和方法体系，在学习基础上逐渐理解了社会工作所具有的整体专业优势，并理性地对社会工作给予了全面接纳。总而言之，B市少年司法社会工作的实践，首先是社会工作专业的自我承认，当司法及政府部门对社会工作服务效果和专业优势全面了解过后，也对社会工作专业给予了全面承认。

其次，关于少年司法对社会工作从形式承认到实质承认的分析。王思斌教授在关于中国社会工作承认分析框架中，提出由形式化承认和实质性承认的分析框架。在B市司法机关及政府部门对社会工作的承认发展路径中，也经历了从形式化承认到实质性承认的发展过程，但其又具有其他领域所不同的发展特征。

第一，形式化承认和实质性承认并无明显的阶段划分。在其他社会工作实践领域，政府对社会工作的承认或许会经历从形式承认到实质承认的转变过程，笔者也曾试图将基层司法机关对社会工作的承认理解为形式化承认。然而依据B市的社会实践，司法机关在接纳社会工作服务伊始，就不是仅停留在接纳基本概念的层面，而是直接开展试点项目，同时很快就落实了专项经费的支持，这两点都是实质性承认的重要特征。因此，B市司法机关对社会工作的承认自开始时就出现了形式化承认和实质性承认相互交织、相互作用的状态和特征。

第二，司法机关及政府部门对社会工作最终实现了实质性承认。现阶段，我国很多社会领域都在开展社会工作服务实践，政府的承认程度也各不相同。在B市少年司法领域的实践中，可以说司法机关及政府部门对社会工作给予了实质性承认，不仅实现了人力、财政的基本保障，同时通过制度制定，让社会工作在少年司法场域获得了持续和稳定的发展。也就是说，司法机关及政府部门对社会工作的实质性承认涵盖了项目、基础保障和政策制定等相关维度。

通过以上分析可见，少年司法对社会工作发展经历了一个从吸纳到承认的发展历程，在这一发展历程中，社会工作与少年司法的结构关系进一步稳固，社会工作与少年司法真正实现了在嵌入中的互构。

（二）互构：社会工作与少年司法体系的结构关系

在少年司法吸纳和承认社会工作的过程中，社会工作与少年司法开始合作，逐渐建构起B市少年司法社会工作服务体系与框架，图3是B市社会工作与少年司法机构合作的整体框架图，其中涉及公、检、法、司等多家司法机关与社会工作的全面合作，如图3所示。

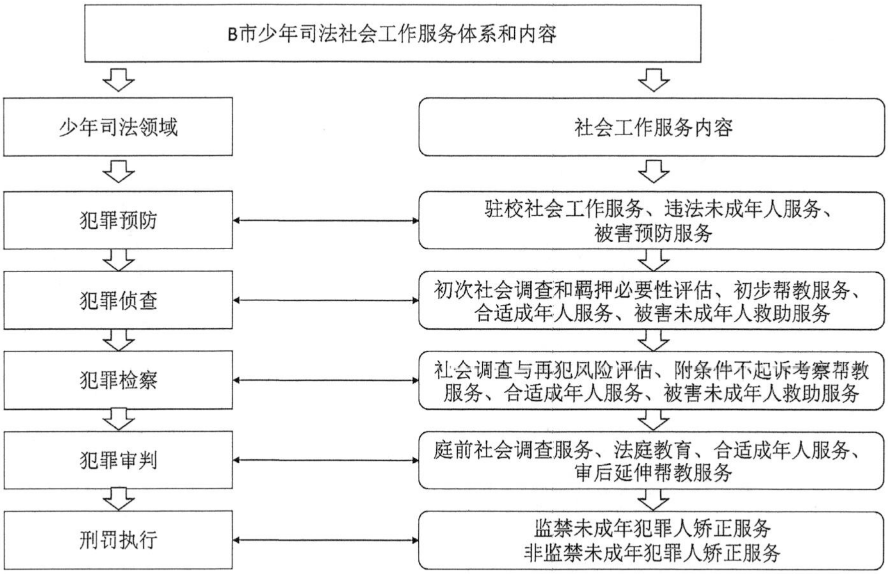

图3　B市少年司法社会工作服务体系和内容

1. 社会工作与未成年人犯罪侦查场域的结构关系

公安机关承担着未成年人犯罪侦查工作，社会工作与这一场域的合作，主要承担三项服务：第一，涉罪未成年人初次社会调查服务；第二，涉罪未成年人合适成年人服务；第三，违法未成年人社会工作综合服务。在多次与公安部门协商交流的基础上，根据侦查工作的内容和程序规定以及社会工作服务的特点，两个场域的合作机制和合作空间得以确立，图 4 通过相关图表对两个场域的合作及结构关系给予展示。

图 4 清晰地显示未成年人侦查场域的整体结构，即在法律规定的时限内开展犯罪侦查活动。社会工作服务嵌入其中所开展的专业服务都与公安机关的侦查活动有密切关系，同时要严格遵照公安侦查工作的基本流程。在上图关于社会工作与未成年人犯罪侦查场域结构关系的描述中，我们既可以发现社会工作在少年司法场域的存在空间，同时也可以发现社会工作与少年司法场域密切的合作关系。

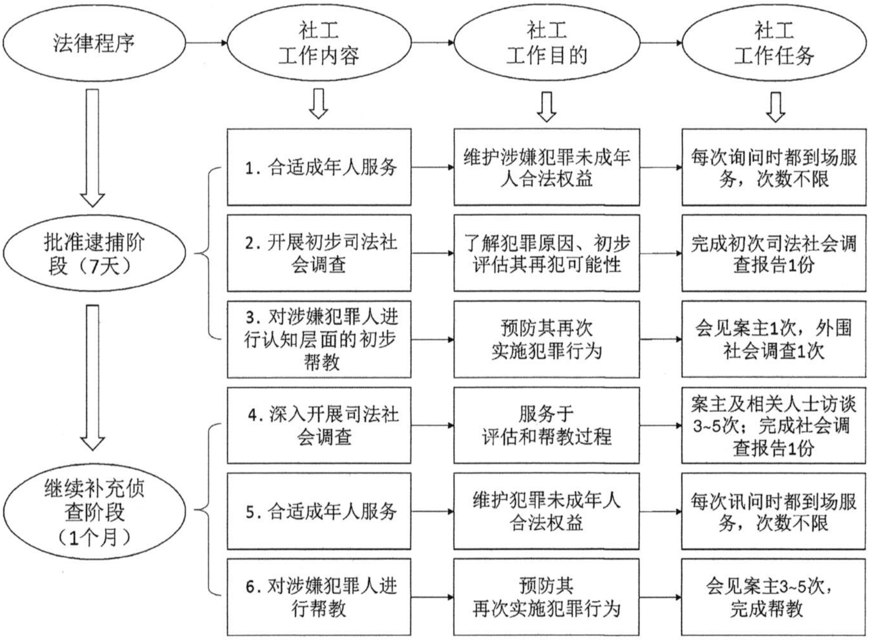

图 4 社会工作与未成年人犯罪侦查场域的结构关系

另外，在两个场域的合作过程中，社会工作者与警察不仅确立了两者合作的空间，同时也提炼出了每项服务的具体流程，在这些流程中，列出了社会工作者的工作内容，同时也表明了警察在其间的角色和任务，体现出社会工作与侦查机关完整的结构关系（见图5）。

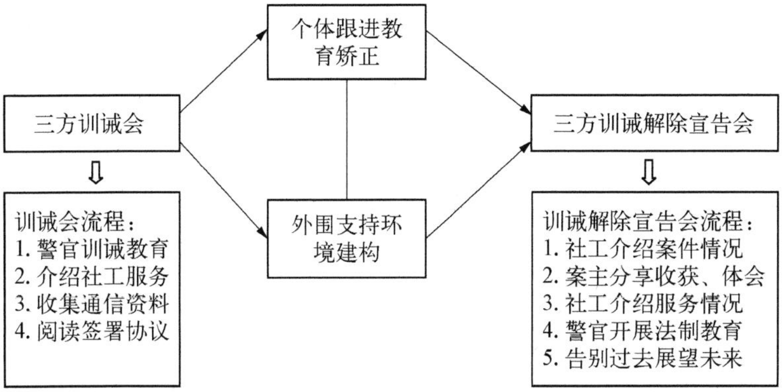

图5　违法未成年人社工服务流程

2. 社会工作与未成年人犯罪检察场域的结构关系

检察机关承担着未成年人的犯罪案件检察工作，社会工作与这一场域的合作，主要承担四项服务：第一是涉罪未成年人社会调查服务；第二是涉罪未成年人合适成年人服务；第三是未成年人帮教服务；第四是犯罪被害未成年人救助服务。在与检察部门多次协商交流的基础上，根据检察工作法律规定、流程以及社会工作服务的特点，两个场域的合作机制和合作空间得以确立，图6通过相关图表对两个场域的结构关系给予展示。

在图6中，我们可以看到未成年人检察工作的整体结构，其间检察机关主要开展未成年人犯罪案件的批捕和起诉工作，在批捕和起诉两项工作中，社会工作者开展社会调查、涉罪未成年人帮教、被害人救助三项服务。值得一提的是，在审查起诉阶段，有一项非常重要的工作是针对适用附条件不起诉服务对象，社会工作服务的时限就会增加，在图中笔者做出了明确的标记。总之，通过该图我们同样可以清晰地看出社会工作与犯罪未成年人检察机关密切的结构关系，社会工作是少年犯罪检察工作中非常重要的组成部分。

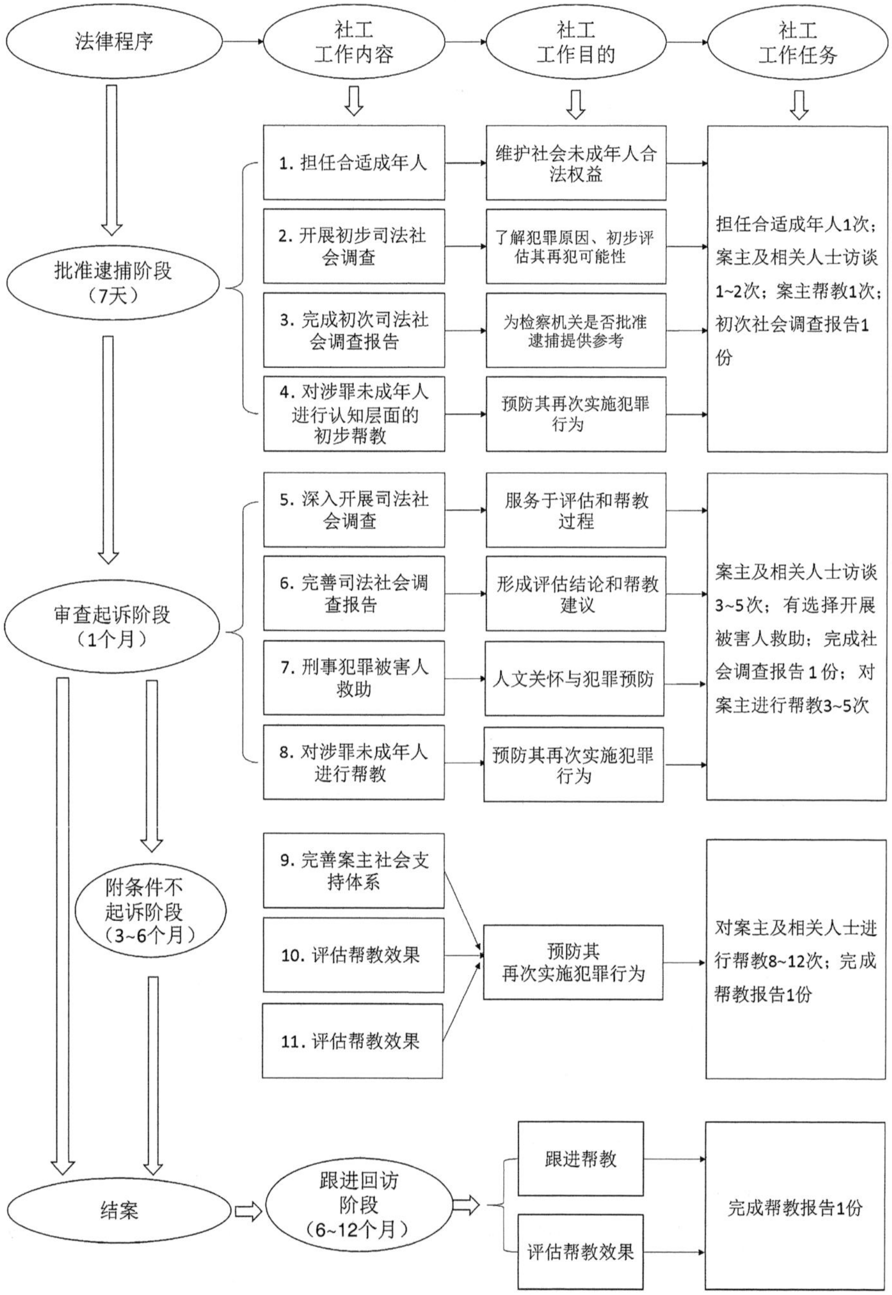

图6　社会工作服务与未成年人犯罪检察场域的结构关系

3. 社会工作与未成年人犯罪审判场域的结构关系

法院承担着未成年人犯罪审判工作，所谓审判工作是指在检察机关刑事起诉的基础上，法院通过刑事判决认定被告人是否构成犯罪的司法活动。社会工作与这一场域的合作，主要承担三项服务：第一是完善涉罪未成年人社会调查服务；第二是在开庭前和开庭中针对涉罪未成年人开展心理疏导与法律教育；第三是犯罪未成年人审后延伸帮教。图7通过相关图表对两个

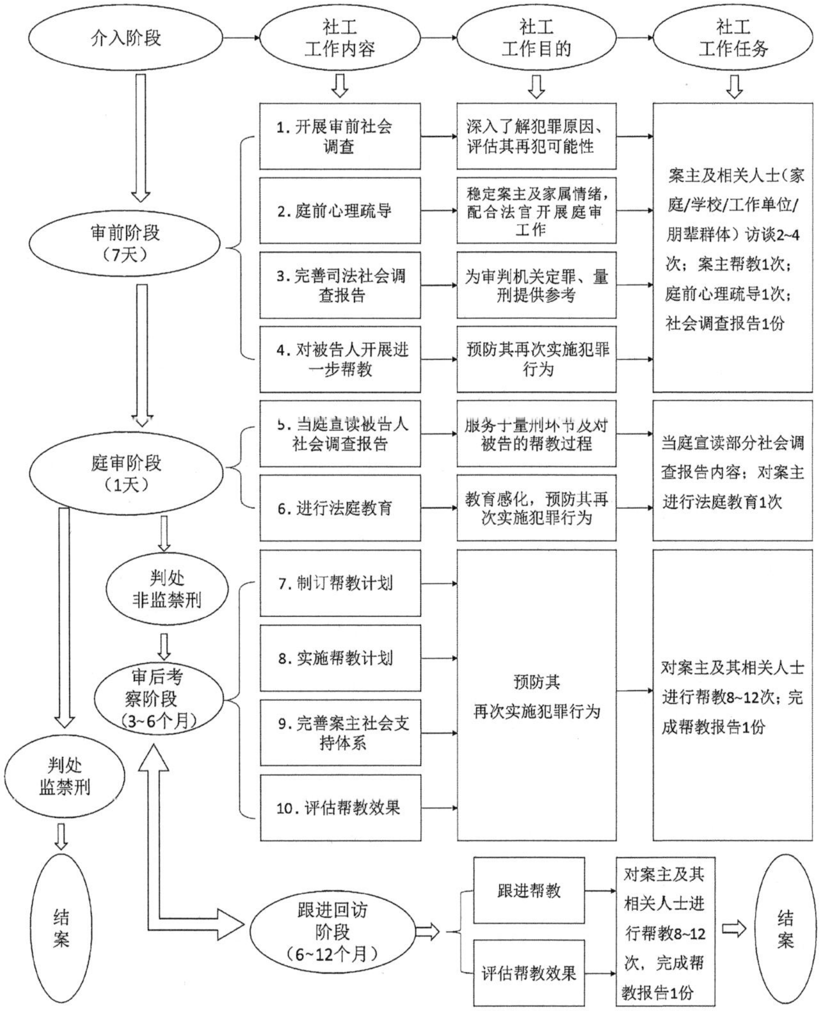

图7　社会工作与未成年人犯罪审判场域的结构关系

场域的结构关系给予展示。

社会工作与未成年人审判场域的结构关系与前面两个场域非常相似，在此就不再赘述。不同的是，在同样亲密的结构关系中，社会工作与不同司法场域合作，服务内容会有所不同，但核心是一致的，那就是关注涉罪未成年人的权利与福利。

通过图7社会工作与公、检、法三个少年司法机关结构关系的展示，我们可以清晰地发现社会工作与少年司法间密切的合作关系，社会工作已经成为少年司法工作机制中不可缺少的组成部分。

（三）社会工作在少年司法场域结构性嵌入的影响因素分析

经过为期6年的实践与探索，社会工作嵌入少年司法场域开展服务并最终确立了自身的生存空间，社会工作与少年司法场域也形成了紧密的结构关系。那么，社会工作与少年司法场域结构关系的形成，又会受到哪些因素的影响呢？这也是需要深入研究的问题。

一是法律规定的职能与时限。司法场域具有典型的刚性特征，法律赋予每个场域的职能及司法时限各不相同。无论是司法人员，还是社会工作者，都需要在法律规定的权限和时限内开展工作。这在图7中已经做出了清晰的呈现，因此我们可以发现，社会工作与各个少年司法场域合作的内容各不相同，服务的时限也存在差异，这些都是法律规定的差异导致的结果。因此，社会工作在少年司法场域的结构性嵌入的首要影响因素是法律的规定。

二是少年司法场域功能的让渡和拓展。在司法场域中，法律对相关服务的开展具有原则性的规定，但并未指明由社会工作者承担服务主体。因此，司法场域将何种功能让渡给社会工作来承担，或者拓展了何种服务功能，司法机关拥有决定权。这是确立社会工作在少年司法场域的服务空间和结构位置的重要因素。

三是社会工作的专业能力。具体来讲，就是社会工作自身的专业能力决定了其在少年司法场域的角色和作用，也最终决定了其承担服务的空间及与少年司法场域的结构关系。研究发现，随着社会工作者服务能力的提升，少年司法领域呈现出的服务需求不断增加，社会工作在少年司法场域的服务空间不断拓展，两个场域的机构关系也越来越紧密。

四是场域中行动者的视野和勇气。即使社会工作与少年司法之间存在着广阔的合作空间，但如果没有行动者的积极探索，两者的合作空间依然无法形成，人的因素永远是合作空间得以确立的重要环节。

四、社会工作在少年司法场域的关系性嵌入

关系性研究视角集中于互惠预期而发生的双向关系。关系性嵌入主要用关系的内容、方向、延续性和强度等指标来测量。格兰诺维特提出可用 4 个指标来衡量关系的强弱，分别是互动的频率、亲密程度、关系持续时间以及相互服务的内容。[①] 依据格兰诺维特提出的衡量嵌入关系的具体指标，笔者对社会工作在少年司法场域嵌入后的互动关系进行了研究。

（一）互动的频率和时间

在少年司法场域吸纳了社会工作服务之后，双方就处于高频率互动的状态，社会工作与少年司法场域之所以进行高频率互动，原因主要有两个。一是少年司法场域服务需求量比较大，让两者不得不频繁互动。上文提及，在中国社会转型过程中，未成年人犯罪的数量不断增加，以 B 市 H 区为例，司法机关每年要处理的未成年人犯罪案件在 200～300 起之间，违法类案件的数量就更大，少年司法机关在处理这些案件时就必须得到社会工作服务的跟进。如果我们单纯依照案件的数量来计算的话，社会工作者每天都需要接受来自司法机关委托来的案件，这样就决定了社会工作与少年司法场域不得不频繁互动。另外，双方的频繁互动是法律的明确规定。这里需要提及的是，2013 年《中华人民共和国刑事诉讼法》修改后设置了 6 项未成年人司法的特殊制度，这 6 项特殊制度的实施成为法律明确的规定，以合适成年人服务为例，假如司法机关在讯问未成年人时，没有合适成年人在场旁听

① Granovetter M. The Strength of Weak Ties[J]. American Journal of Sociology, 1973.

和监督，那么，司法机关讯问的证据将被视为“非法”。也就是说少年司法机关的司法行为必须有社会工作专业服务的跟进，这已经成为法律的明确规定和未成年人犯罪预防工作的机制性安排，是少年司法过程的“规定性动作”，要求两个场域必须频繁互动。

关于关系持续的时间。社会工作与少年司法场域的合作关系已经被B市未成年人司法保护文件所确立，同时也已经成为B市未成年人犯罪预防工作机制之一，因此两者的互动关系会一直持续下去。更为重要的是，这样的一种合作关系还得到了长期稳定的经费保障，为两者关系的长期持续发展提供了基础性的保障。

（二）关系的亲密程度

如果说犯罪数量的增加、法律的规定是两个场域频繁互动的外在原因的话，那么，亲密关系的维系则不能单纯依靠外在力量的强制干涉，能够让社会工作和少年司法场域关系亲密的原因一定是双方发自内心的接纳和吸引。人们常说理念决定态度，态度决定行为。这说明，共同的理念对于共同行为的重要性。这里所说的理念，核心部分就是关于未成年犯罪人的基本看法。在社会工作与少年司法场域的长期互动中，双方的价值理念基本趋于一致，以下为具体分析。

首先，双方都认为应该全面关注人而不是仅仅关注人的行为后果。在现代教育刑理念的指引下，司法人员开始关注涉罪未成年人犯罪行为背后的原因，希望采用更多的方法开展犯罪预防工作，这样的理念与社会工作的理念非常一致，因此两者的合作成为可能，也注定两者在合作中形成志同道合的亲密关系。

其次，两者的亲密关系建立也源于双方合作取得的显著成效。这些成果不仅对司法工作本身的规范化有极大的促进，更为重要的是，通过社会工作服务的成效，司法场域看到了服务的深远价值。司法最大的价值也在于实现社会的和谐与稳定，社会工作服务的介入，能够帮助司法机关更有效地实现这一目标。社会工作专业价值的凸显，让司法机关在接纳的基础上开始尊重社会工作，最终促进两者的合作关系更加亲密。

（三）相互服务的内容

社会工作和少年司法场域的频繁互动，对双方都产生了深远的良性影响，笔者在前面已有所涉及，为了表达社会工作与少年司法场域的关系状态，笔者再做以下简单的描述。

首先，双方的合作使各自的场域结构进一步完善。在前文的论述中，可以发现，社会工作与少年司法两个场域都存在某种程度的结构性缺陷，比如场域中的组织体系建设、运行机制建设、专业性发展建设等，这些需要完善的部分如果没有外力的介入与推动，其发展的过程可能会非常缓慢。场域的持续互动与合作是场域结构不断走向完善的重要动力。

其次，双方的合作使各自的场域功能得到了更好的发挥。对于少年司法而言，只有更好地关注未成年人的合法权益并有效预防其再次实施犯罪行为，场域功能才能得到更好的发挥，社会工作服务的有效嵌入，恰恰帮助少年司法场域实现了这一终极目标。对于专业社会工作而言，嵌入不同的社会服务场域，运用自己的专业理念、知识和方法服务于社会是其功能得以实现的标志，社会工作在实现了少年司法场域的有效嵌入后，走近涉嫌犯罪未成年人群并为他们提供专业支持，在帮助未成年人顺利回归社会提供支持的同时，也实现了自身的专业跨越与成长。

总而言之，社会工作在少年司法场域服务空间的确立，既实现了社会工作在少年司法场域的结构性嵌入，同时，源于一系列内在和外在因素的影响，两个场域形成了紧密的合作关系。两个场域的合作不是机械性动作，而是具有内在吸引力的自觉行动，社会工作与少年司法实现了名副其实的“互惠互利”的关系状态。

五、社会工作在少年司法场域的嵌入结果与效应

（一）社会工作在少年司法场域的嵌入结果

关于社会工作嵌入少年司法的结果，笔者用“契合”这一概念来形容。

关于契合，汉语字典的解释有四个意思，分别是："投合，情投意合""符合""结盟、结拜""泛指结好"。通过这四个意思，我们可以发现，人们通常用"契合"来解释人与人之间的关系，而这种关系已经达到了"默契、相契"的状态。

说到社会工作与少年司法场域的契合，是一个新生的概念，笔者用"场域契合"为关键词在中国知网搜索相关研究成果，发现仅有一篇文章谈到"中西文学思想哲学场域的契合与分野"问题。在社会工作研究领域，尚未有人用"场域契合"这一概念来形容两个领域之间的关系。

在B市少年司法社会工作的发展历程中，社会工作与少年司法原本是两个独立而陌生的场域，处于完全隔离的状态。在行动者的共同努力下，两者开始互动，虽然其间经历了种种阻抗和冲突，但最终实现了两个场域的友好合作。

前面说过，社会工作与少年司法场域的合作是一个典型的嵌入性发展过程，是作为新生事物的社会工作在少年司法场域的嵌入。少年司法场域的特殊性决定了社会工作对之的嵌入必然是紧密的，从服务时限、服务内容到服务流程，都必须严格依照法律的规定。也就是说，在社会工作与少年司法场域合作的过程中，要求两者的契合度非常高。同时，在社会工作与少年司法场域合作的过程中，不仅要求社会工作与司法场域在结构上实现刚性契合，而且两者也形成了紧密的理念联结和情感联结，形成了"你中有我，我中有你"不可分割的亲密关系，就像"契合"概念所指的人与人之间的关系。

总而言之，社会工作与少年司法场域部分功能重合的基础首先是"情投意合"（理念），然后便是通过行动逐渐"结好"，最后实现了"默契与相契"（部分功能重合）。因此，笔者用"契合"来形容少年司法和社会工作之间的亲密关系。

综合以上分析，笔者用"契合"这一概念形容两者合作的结果，"契合"是笔者在本研究中提出的重要概念，所谓"契合"，是指作为两个独立事物的社会工作与少年司法在内外驱动力的作用下开始互动，在经历了一系列冲突与整合之后，两者最终形成了亲密的关系与结构的契合，实现了场域功能的交叉与整合。其中，双方契合的基础是“教育刑”理念与社会工作基本理念的契合，契合的实现途径是社会工作的嵌入性行动以及少年司法场域对社会工作的吸纳和承认，两者契合的目标是关注犯罪未成年人的服务需求，并且促使其顺利回归社会。同时，社会工作与少年司法场域的契合也是社会科学专业化推进与整体化发展过程中的必然反映。

上文所研究的社会工作与少年司法之间的结构和关系是“契合”概念提出的基础。“契合”这一结果的达成，虽然从外在来看是社会工作的嵌入性发展，但整个过程都是社会工作与少年司法双向互构的结果。从这个意义上说，这里所提到的“嵌入”和“契合”的概念不是从物理学意义上所理解的机械运动，而是社会工作和少年司法在共同价值的指引下，共同建构新的生命共同体的发展过程。

（二）社会工作嵌入少年司法场域的效应

嵌入的效应是指专业社会工作嵌入社会服务实践所产生的效应。这种效应包括两个方面：对自身发展的效应和对社会的效应。对自身的效应，是指社会工作进入实际的、由政府主导的社会服务领域，通过互动对专业社会工作自身发展带来的影响。对社会的效应是指社会工作介入实际服务所产生的服务效果，即通过这种介入，服务对象获得了那些益处。① 社会工作在嵌入少年司法场域开展服务的过程中，无论是对社会工作专业自身的发展，还是对少年司法以及整个社会而言，都产生了显著的效应。笔者首先对社会工作自身专业性的发展进行简单梳理。

1. 对自身的效应：社会工作专业化水平的有效提升

社会工作在少年司法场域历经6年的实践与探索，社会工作自身服务的专业性得到了有效提升。自社会工作在中国大陆恢复以来，社会工作专业化问题就一直被学者们所关注。依照学者们的研究，社会工作专业性的分析框架一般应包括以下几个因素：责任感和使命感、知识基础、必需性、排他

① 王思斌．中国社会工作的嵌入性发展[J]．社会科学战线，2011.

性、自主性。笔者依据以上框架对社会工作的专业性提升情况进行了分析（见图 8）。

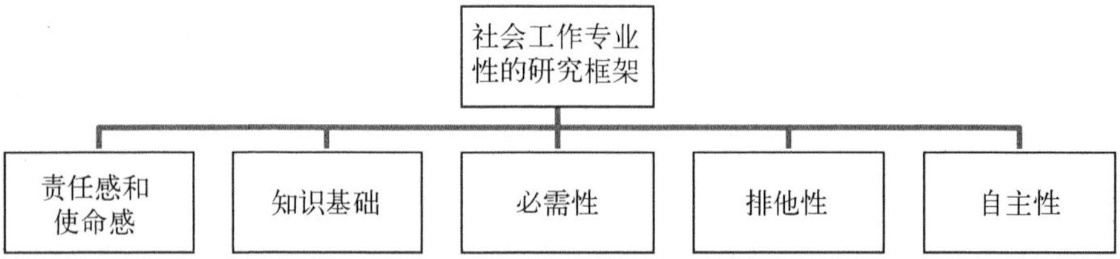

图 8　社会工作专业性的研究框架

第一，社会工作者的责任感和使命感不断提升。

虽然一些学者在概括社会工作专业化的标准时，并没有把服务社会的责任感认定为专业标准之一，但是最早对社会工作专业标准进行研究的学者 Flexner，将“本质上具有较大个人责任感的智力活动”界定为社会工作专业化的首个标准。[1] 在 B 市社会工作嵌入少年司法的整个行动过程中，嵌入主体的责任和使命感一直是实践的重要支撑，处于不断提升的发展状态，假如没有坚固的价值理念基础，根本无法走出不计其数的困境。

很多人到四十岁了还不知道自己想做的是什么，而年仅 22 岁的我，在大学毕业的时候，就已经确立了自己的目标并找到了值得为之奋斗一生的事业，那就是做一名司法社工，去为那些犯罪的孩子服务。（受访对象 15）

曾经有一个故事非常感动我，“有一个小孩儿每天去海边将一条条搁浅的鱼捡回到海里，有人问小孩儿，你每天到海边捡鱼谁会在乎呢？小孩儿回答：鱼会在乎，因为被捡回海里的鱼的生命会变得不同”。我想司法社工就是这样一份工作，不放弃每一个陷入困境的孩子，通过我们的工作，孩子的生命会变得不同，而我们的社会也会变得不同。（受访对象 16）

① Flexner A. Is Social Work A Profession？Research on Social Work Practice，1915.

通过以上访谈可以发现，社会工作者们具有良好的价值基础，具有为社会和服务对象奉献的人文情怀。涉罪未成年人社会工作服务的复杂性和高难度也决定了从事这份工作的社会工作者需要具备较高的素质，其中对价值观的要求更高。笔者认为，在司法社会工作场域，“强烈的责任感和使命感，利他主义的信念”应该成为衡量社会工作专业化的重要标准，这是后续介入策略、介入效果的重要保障。社会工作者们责任感与使命感的形成与他们所经历的大学专业教育密切相关，同时一线社会服务也是培养社会工作价值观的重要途径，在上面的访谈中两位社会工作者就是 BJ 超越青少年社工事务所的一线社工，刚刚走出大学校门时，她们只是怀揣着服务社会工作的朴素理念，经过几年的工作实践，她们已经成为拥有坚定信念的社会工作者，是一线的服务实践以及案主的积极回应坚定了她们的社工情怀。

第二，社会工作者的知识水平不断提升。

一些学者通过对国内外相关研究进行总结后，认为系统的知识和理论并通过长期的教育和培训来获得这些知识和理论几乎是公认的专业的基本特征。[①] 因此，嵌入主体的专业实践是否具有“科学性”的知识基础是衡量其专业化的重要指标。应该说，在司法领域开展社会服务本身就对嵌入主体的专业知识基础提出了很高的要求。如司法社工最主要的工作是了解涉罪未成年人及他们的服务需求，但众所周知，这是一个非常艰难的过程，司法社工必须要在社会学、心理学、犯罪学学科知识训练的基础上才能更清晰地理解服务对象，指引其有针对性地开展各项服务。

因此，专业社工机构对社会工作者的录用必须提出明确的要求，比如必须是社会工作及相关学科毕业并考取了社会工作师资格等，同时也非常注重对社工的专业培训。

自 2009 年起至今，机构一直坚持每周的专业督导和培训工作，在服务案

① 柴定红，熊贵彬. 社会工作专业化的一种理论解释[J]. 中国青年政治学院学报，2009.

例的专业督导中，深入讨论其背后的知识基础。在专业培训环节，则会聘请国内外社工界、法律界的专家学者授课，紧密结合实践系统学习社会学、心理学、法学等学科知识。正是因为对BJ超越青少年社工事务所专业基础的信任，团市委才会委托其为全市司法社工开展专业培训，以便保障各项服务的专业性。（受访对象15）

另外，值得一提的是，B市少年司法社会工作实务还具有一个重要的特点，那就是注重其中的研究工作。研究工作不仅能够提升实务的有效性，同时也是创造新知识的一个过程，下面就举一位社会工作者的描述加以说明。

社工在工读学校开展服务的过程中，发现了一个有意思的问题：工读学校既有初中部也有高中部，高中部的学生基本上是从本校初中部直接升上去的，可是初中和高中的孩子却表现出截然不同的特点。刚来工读学校上初中的孩子，学业成绩不良，喜欢和校内外的孩子结伙打架，同时会认为上工读学校是一种耻辱，是自己所不愿接受但无奈接受的现实……经过三年的初中生活升入高中后，社工发现孩子们的状态发生了巨大的变化，他们懂得尊重老师、团结同学、对学校的归属感增加，同时对自己的未来具有明确的规划，有些孩子开始努力学习，甚至考上了大学。在社工观察的基础上，督导老师鼓励其组成研究团队对以上问题进行深入研究：研究工读学校学生提升抗逆力的具体途径，从中提炼出社工服务和学校管理的有效环节和切入点。社工和督导老师认为这是对我国青少年抗逆力研究的重要补充。（受访对象17）

以上举例谈到了社会工作者在实务中发现问题、研究问题，并且将研究成果有效运用于一线实务的循环过程。在B市6年少年司法社会工作实践中，在社会工作的倡导下，一些少年司法社会工作的服务项目应运而生。而这些服务项目设计的基础是扎实的实务研究。从这个角度上来说，以专业知识为基础并不断创造新的专业知识来指导社会实践，正是B市少年司法社会工作嵌入主体具有专业性并不断提升专业性的重要体现。

第三，社会工作对于少年司法“必需性”不断提升。

“必需性”是社会工作专业得以生存的现实基础，其产生的基础是社会工作对服务对象和社会的实际有用性和不可缺少性。

社会工作的“必需性”首先体现在少年司法工作的必需上。从少年司法过程的需要而言，社工的服务一方面可以帮助其更清晰地理解孩子犯罪的原因和背景，从而能够更加科学地适用法律，另一方面也是刑事诉讼法的基本要求，从而保障了刑事诉讼过程的合法化。

我们能够清晰感受到社工的重要性。我们在办理案件的过程中，如果有社工参与服务，我们心里会非常“有底儿”。因为我们会随时了解涉罪未成年人的基本信息、改善状况、监护条件等，甚至我们找不到涉罪未成年人时给社工打一个电话就可以找到。社工的工作真是给我们提供了极大的支持，既有效帮助了涉嫌犯罪的未成年人，同时也使我们的司法过程更加规范……（受访对象9）

检察官这里所说的“有底儿”是对社会工作者工作的极大肯定，也表达了社会工作已经成为少年司法过程“必需”的组成部分。

其次，社会工作的“必需性”体现在涉罪未成年人的教育矫正工作的必需。对于涉罪的未成年人而言，社会工作者通过对涉罪未成年人开展服务，可以有效调整其偏差、认知及行为习惯，帮助其搭建良性的社会支持网络，从而推动其顺利回归社会。对于这些一时走入迷途的孩子而言，社会工作者及时的服务会对他们的一生产生良性影响。以下是一些犯罪的孩子发给社工的信件的片段，[①]我们可以从中了解社会工作服务的价值和不可缺少性。下面是一位服务对象写给社会工作者LY的信件片段。

① 北京市海淀区人民检察院.守护迷失的青春：社工检察官联动帮教案例精选[M].北京：中国人民公安大学出版社，2014.

LY姐姐：你的来信我已收到，谢谢！今天，我在这个特殊的环境里给你回信，实在感到愧疚，你我相识有半年之久，遇上你是我的缘，我非常高兴。在我人生最低谷和最脆弱的时候，是你帮助我、鼓励我，让我度过了这段灰暗的日子。让我从一个无知的青年慢慢地走向成熟、稳重。虽然我的文化程度有限，但我从中领悟到了很多的人生哲理。人难免犯错误，犯了错误只要从中吸取了教训，找出了问题的根源，想出解决的办法，就不必太在乎别人的看法，正如郑智化所唱的“风雨中这点痛算什么，擦干泪不要问为什么！”虽然这几年的灾难那么多，但和那些在汶川、芦山地震中受灾的人们比起来，我们都是幸运者，所以活着的人一定要活得更幸福、更精彩！从哪里倒下，就要从哪里站起来，我会丢掉包袱，轻装上阵，重整旗鼓从头再来，在磨难中锻炼自己，使自己变得更加成熟。姐姐，你放心，我在这里会好好听干部的话，遵守纪律，团结他人，做一个本分的在押人员，争取早日回归社会。

也就是说，无论是从司法过程而言，还是从涉罪未成年人的教育矫正而言，社会工作服务的介入都是“必需的”，而“必需”也成为衡量嵌入主体专业性与否的重要标志。

第四，社会工作的“专业影响力”不断提升。

在社会工作嵌入少年司法场域开展服务之前，在少年司法场域具有一定影响力的专业是心理学。因为在某些省份，心理学专业背景的人士已经在少年司法场域开展了相关服务，比如心理评估等。尤其是在监狱系统，在司法部的推动下，每个监狱每年都会抽调干警去参加心理学培训，从而提升教育矫正工作的质量和水平。也就是说，在社会工作专业嵌入少年司法场域开展服务之前，其不具有任何的专业影响力，专业“权威性”、专业“排他性”更无从谈起。

经过6年的专业实践，随着少年司法机构对社会工作专业认知度的提高，尤其是社会工作专业服务取得了实实在在的效果后，其在少年司法场域的专业影响力不断增加。少年司法人员逐渐认识到，从少年司法的现实需求来看，虽然心理学也能够为少年司法过程提供专业支持，但是社会工作的专业属性更加贴近少年司法的需求。因为任何未成年人的犯罪行为都是“人与环境”互动的结果，那么，对犯罪未成年人的教育矫正也不能脱离他所处的关系系统，社会工作的知识基础和方法体系可以为犯罪未成年人教育提供更多的支持。由此，社会工作在少年司法场域的专业影响力已经逐步形成。下面的事例可以很好地证明这一点。

自 2015 年起，我们开始鼓励检察官们系统地学习社会工作的知识，我们还打算鼓励检察官们去考取社工师资格。我们要检察官学习社会工作的专业知识不是要他们替代社工，是因为我们觉得学习这些知识对于我们更好地理解涉嫌犯罪的未成年人非常重要，同时也能帮助我们与社工机构更好地合作。（受访对象 5）

以上访谈对象的观点对于社会工作者而言是极大的鼓励。6 年前，在司法场域仅有心理学专业背景的人士参与相关服务。通过 6 年的嵌入性发展，社会工作的专业性得到了少年司法机关的接纳与肯定。

第五，社会工作的专业自主性不断提升。

Forsyth 和 Danisiewicz 认为“权力”是专业的核心概念，这种“权力自主性”体现为从业者对于服务接受者和雇佣机构的自主性，从业者相对于服务接受者和雇佣机构的自主性越高，该专业的专业化程度也就越高。所谓的自主性就是指实务工作者应该被允许在没有来自服务对象、非本专业人士或者雇佣机构的外在压力的情况下作决定。[①] 依据学者们对专业自主性的分类，少年司法场域的社会工作嵌入主体的自主性能够得到满足。

首先，社会工作服务不会受到司法机关的压力和影响。上文提及，司法机关让渡给社会工作机构场域的功能是针对涉罪未成年人开展帮教工作，

① 柴定红，熊贵彬. 社会工作专业化的一种理论解释[J]. 中国青年政治学院学报，2009.

而此服务内容恰恰是司法机关最不擅长的部分。因此，通常来讲，司法机关除了希望社会工作的服务要在司法的时限内完成，对于社会工作服务的内容、方法这些问题不会加以干涉，社会工作完全可以根据自己的专业判断开展相关服务。其次，社会工作服务不会受到非专业人士的压力和影响。在社会工作机构中，社会工作服务的每个案例都会被督导，但督导完全是由资深社会工作者和专家组成，是社会工作服务的有效支持。除此之外，社会工作服务不会受到其他任何非专业人士的影响。

综合以上分析，在服务于少年司法的过程中，作为嵌入主体的社会工作的专业性不断提升，也可以说，是少年司法部门接纳了社会工作服务的介入，而这也极大地促进了社会工作专业的快速成长。

2. 对社会的效应：司法文明与犯罪预防

社会的效应，是指社会工作在少年司法场域开展服务，对少年司法制度及涉嫌犯罪未成年人所产生的系列效果。在B市6年的专业实践中，一方面，促进了少年司法的科学化、规范化及人性化的发展水平，另一方面，有效提升了犯罪未成年人的认知及行为水平，并对其顺利回归社会起到了推动作用。

首先，社会工作介入少年司法场域开展服务，极大提升了少年司法的规范化、科学化以及人性化发展水平。

关于规范化。笔者在前面的论述中已经谈到，社会工作服务的介入已经成为中国刑事司法的明确规定，假如没有社会工作服务的介入，刑事司法的规范性甚至合法性就会被质疑，因此，社会工作服务对少年司法机构而言，是规范其司法行为的重要支持。

关于科学化。在以往的少年司法过程中，司法人员通常是从案卷中了解涉罪未成年人的，在案卷中，除了对犯罪行为的细致描述，司法人员很难看到一个生动的、丰满的、真实的涉罪未成年人的形象，也就是说，案卷为司法人员展示的是一个个刻板的案主。这样的状态其实非常不利于司法人员的定罪量刑工作，我们知道，在刑罚中，每种量刑都会有一个幅度，在这个幅度内，应怎样把握“从重、从轻”等尺度，除了法定情节，司法人员往往是凭经验来把握酌定情节。社会工作服务介入以后，社会工作者以科学知识为基础开展社会调查工作，这样司法人员能够从社会工作的服务中真实地、动态地了解涉罪未成年人，涉罪未成年人真正实现从案卷中还原到现实的生活状态。由此，司法人员也可以在了解涉罪未成年人的基础上，个性化、规范化地适用法律，真正提升其适用法律的质量和水平。

关于人性化。所谓人性化司法，就是在司法过程中给予涉罪未成年人人文关怀，实实在在地走近孩子的生命和生活世界，去了解孩子的需求与渴望，通过相关服务力所能及地给予支持。这样的人性化要求虽然是少年司法的基本要求，但是司法人员囿于时间、精力的限制，往往对这些服务“有心无力”。社会工作服务介入以后，社会工作者承担起服务和关怀的责任与使命，从而实现了少年司法人性化发展的价值追求。

其次，社会工作介入少年司法场域开展服务，极大提升了涉罪未成年人教育矫正工作的质量和水平。

社会工作者对于涉罪未成年人的帮助更是不言而喻。涉罪未成年人是特殊的弱势群体，他们存在诸多服务需求，无论是认知水平、行为习惯，还是社会支持网络，都需要社会工作服务给予介入。通过社会工作服务，很多涉罪未成年人的生命状态发生了改变，重新回归了健康的生活，有效实现了其再次犯罪的预防。下面，截取两封服务对象写给社会工作者的信件的片段，可以看到服务对象在社会工作者的帮助下所发生的积极转变。

信件1：感谢您这段时间的关心和帮助，您这段时间的教导和劝解多多少少我能理解一点，虽然我的理解能力不是那么强，但我会尽力理解您所说的每一句话。和《悲惨世界》里的主人公冉阿让相比，我现在还是太幸福了。里面有一句话让我感触颇深——一朝为贼，终生为贼。这句话是沙威警官说的，我不知道为什么会有这句台词，或是讽刺，或是激励。在别人眼里我们或许永远是个贼，这个污点或许会伴随我们一段时间，一年、三年、五年，甚至十年，随着时间的消磨它可能会在别人的心中渐渐淡去，我想我们是否也应该忘记有过这样的曾经而开始一段新的生活呢?

既然触犯了法律就要承担相应的惩罚,不管最终判了多少年,我都能坦然接受。牢狱之灾未尝不是一件好事,谁能保证以后的人生道路上不犯错呢?面对着铁窗、铁门的生活,至少能专心致志地做某件事情了,比如一门心思地看书,增长一星半点的知识,看一些有关生活的书,从而得知生活的种种不易。可以深深地反省自己的错误,杜绝以后再犯同样的错误。可以怀念以前生活的种种快乐,痛定思痛,才能珍惜以后的每一天、每一秒。

信件2:你好!通过和你的谈话,我明白了很多做人的道理,也明白了人生的道路还很长,也知道了该如何去选择人生正确的道路。你的每次谈话,都给予了我很大的帮助,也使我明白了人生还很长,还有许多路要走,你的谈话使我出去后能够有勇气面对所有的一切,也知道以后怎么面对家人和以后的生活,我现在想明白了,出去后该以正确的方法去对待以后的生活,这么多次的谈话,使我明白了很多,人不能太自私了,应该去善待家人和自己以后的生活,去善待所有人,我要得到家人的谅解。感谢你使我明白这么多,我知道用嘴是不行的,应该用实际来证明,也不是一句感谢的话就能表达的,但是我还是非常感谢你,是你给予我出去后重新做人的希望,也使我知道了该去怎么做人做事,非常谢谢你。

同时,随着社会工作在少年司法领域开展服务的推进,以SD师范大学少年司法社会工作研究与服务中心为代表的社工机构也获得了很多来自中央和地方的奖励,其在一定程度上代表了社会工作嵌入少年司法场域开展服务所取得的社会效应。

六、研究结论

社会工作在少年司法场域"嵌入"过程中,嵌入主体是专业的社会工作,囿于社会工作职业化发展的不足,嵌入主体具有典型的弱势性,嵌入客体是具有刚性和强大传统的少年司法场域。笔者之所以用"嵌入性"来形容社会工作与少年司法场域的互动关系，主要原因是社会工作与少年司法，原本彼此是没有任何互动关系的两个事物。对于少年司法场域而言，社会工作既是一个新生事物，也是一个外来事物。在两者互动之前，少年司法场域内部没有任何社会工作服务元素存在。在强大的内外动力的推动下，社会工作进入少年司法场域开展服务，并成功拓展了自身在少年司法场域的生存空间，因此，这是一个典型的"嵌入性"发展过程。

然而，笔者在研究中发现，社会工作在少年司法场域的"嵌入"并非"单向嵌入"，而是双方共同推动即互构的结果。也就是说，无论是服务的嵌入，还是制度架构，都是少年司法在接纳和承认了社会工作的专业优势后，与社会工作共同建构的结果。

社会工作与少年司法的互构带动了双方结构和关系的重大变化，实现了双方的快速发展，这也是笔者用"嵌入性发展"来界定社会工作与少年司法互动结果的重要原因。在社会工作与少年司法嵌入与互构的过程中，推动其合作的基石是对犯罪未成年人人群"权利与福利"的尊重和认同，正是在这个核心理念的指引下，才带动了随后一系列的合作与互动，最终带来一系列良性的效应。

社会工作嵌入少年司法的实践困境与行动策略

——以B市实践为例

席小华[①]

摘　要：少年司法社会工作的开展，对少年犯罪预防具有重要意义，然而其在我国实践的深度和广度有待推进。在过去的7年里，B市实现了社会工作在少年司法领域的理念嵌入、服务嵌入和制度性建构。笔者以B市的少年司法社会工作实践为背景展开研究，研究结论认为：行动者曾遭遇了合法性、资源性和专业性三类困境。面对以上困境，行动者采取了模糊界限的变通、文化资本的运用、专业价值的回归等系列策略，推动了B市少年司法社会工作的快速发展。

关键词：司法社会工作；实践困境；行动策略

① 席小华，首都师范大学政法学院社会学与社会工作系教授，首都师范大学北京青少年社会工作研究院执行院长。

一、问题的提出

众所周知，社会工作介入少年司法领域开展服务，既有利于推动少年司法程序的公正性与规范性，同时对预防少年犯罪意义深远。近年来，伴随着少年司法制度改革的快速推进，作为少年司法重要支撑的少年司法社会工作也获得社会各界的普遍关注。然而，虽然全国各地少年司法领域对社会工作服务介入的需求强烈，但各地少年司法社会工作推进的深度和广度却不尽一致。也就是说，少年司法社会工作还仅限于部分省市的初步探索。那么，这样一项对法治文明和社会进步具有重要推动意义的社会实践，缘何未能在全国获得普遍性推动？这成为笔者近年来深入跟踪和研究的问题之一。

笔者带领自己的团队在 B 市开展了历时 7 年的少年司法社会工作实践，其间经历了诸多的困境和挑战，在行动者的共同努力下，社会工作实现了在少年司法领域的嵌入性发展。本文中，笔者以 B 市的少年司法社会工作实践为背景，研究我国开展少年司法社会工作的实践困境以及行动者为此所采取的行动策略。希冀本研究能够对其他地区少年司法社会工作的健康发展有所裨益。

二、社会工作嵌入少年司法领域开展服务的实践困境

依据布迪厄的场域理论和帕森斯的行动研究框架，针对场域中行动者的行动困境与策略的研究需要关注三个基础性因素：一是行动者的观念基础，具体来讲就是行动者的价值和信念；二是行动者所处的情景，具体而言包括行动者所处的场域特征、自身在场域中的具体位置等；三是行动者所拥有的资本情况，具体而言包括经济资本、文化资本和制度资本等。这三个因素对于行动者行动策略的选择皆产生了决定性的影响（见图 1）。

基于以上三个因素，笔者首先需要对 6 年来的实践情景与困境进行梳理，将社会工作嵌入少年司法场域开展服务的困境归纳为三类：第一类是合

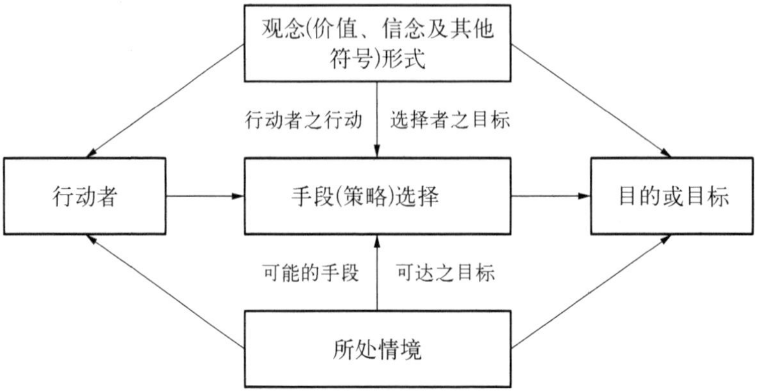

图1　帕森斯行动研究的模式框架

法性困境，第二类是资源性困境，第三类是专业性困境。

（一）合法性困境

合法性困境是指在没有法律明确规定的情况下，因司法场域及社会各界对社工服务的合法性存在质疑而带来的实践困境。这是社会工作与少年司法场域合作初期遇到的一个很现实的问题，这一质疑曾一度令社会工作者的身份和角色处于尴尬境地。社会工作介入少年司法的合法性困境产生的原因主要有以下两个。

一是社会工作介入少年司法场域开展服务没有任何法律给予明确规定。尽管在中国少年司法制度改革中，司法人员已经意识到社会专业力量介入少年司法程序开展专业服务的重要性，但尚未有任何立法对社会专业力量的介入给予明确的规定。2010年，中共中央六部委发布了《关于进一步建立和完善办理未成年人刑事案件配套工作体系的若干意见》(以下简称《意见》)。《意见》是指近年来我国发布的较权威的关于未成年人刑事案件配套体系建设的意见，《意见》中关于未成年人刑事司法配套体系建设的指导意见，强调了要针对未成年人犯罪案件开展社会调查、帮教等相关服务。但关于服务的主体，则指定了“一般由司法行政部门负责，必要时可委托共青团等相关社会组织……”。也就是说，在我国相关法律规定中，介入少年司法程序开展专业服务的主体从未出现过“社会工作”这一概念，这样的法律背景就为社会工作的介入带来一定的阻力。

二是司法场域的行动规则是以法律规定为前提。司法场域与其他传统的社会服务领域不同，是一个相对刻板、灵活性较小的场域。也就是说，司法人员的任何行动都需要以法律的规定为前提，非常强调纪律性和统一性。因此，但凡面临一项新的尝试和探索时，司法人员会首先和立法对话，去寻找立法的依据和支持。虽然司法界对少年司法的态度相对包容，允许其开展一些具有探索性的工作，但是，司法场域的惯性思维依然会让人们不自觉地去思考探索行动背后的法律依据。在这种情况下，社会工作介入少年司法所面临的合法性困境就在所难免了。

（二）资源性困境

资源性困境是指社会工作进入少年司法场域开展服务因经费及相关保障支持不足而带来的实践困境，这是现阶段我国草根 NGO 发展面临的共同难题。在社会工作与少年司法场域合作的过程中，可以说一直面临资源性困境。尤其在双方合作的初期，资源性问题曾一度成为合作能否持续的关键因素。以笔者的观察，社会工作嵌入少年司法开展服务的资源性困境是多种原因造成的。

首先是政府和司法机关对社会工作机构的信任机制尚未建立起来。张樹沁、郭伟和在针对三个草根 NGO 组织质性研究的基础上，提出目前我国草根 NGO 组织所面临资源性困境的根本原因是：“在后总体性社会中，虽然国家放松了对资源的控制，但国家对公民社会的发展依旧抱有不信任的态度。”政府因对草根 NGO 组织的运作模式并不了解，无法对其项目做出准确的评估，虽然逐年增加解决民生问题的投资，但资金多半流向了官办的非营利组织，政府不愿意将资金投入到草根 NGO 中。① 社会工作在嵌入少年司法领域开展服务的过程中也遇到了相似的问题，一方面，因政府并不了解社

① 张樹沁，郭伟和. 去行政主导的草根 NGO 发展策略——基于三个草根 NGO 的社会资本实证研究[J]. 东南学术，2012.

会工作专业服务的过程以及项目资金的测算标准，所以影响了其对社会工作机构服务经费的支持力度。另一方面，相对于官办的非营利机构，草根社工机构组织体系并不健全，资金使用的监督机制尚未形成，这也影响了政府对 NGO 组织信任机制的形成。也就是说，政府对社会工作服务的不了解与不信任是社会工作组织面临资源性困境的重要原因。

其次，从社会工作服务角度来说，因社会工作者在少年司法场域的服务尚处于初步探索阶段，服务内容、服务标准尚未确定，相对应地，服务资源的配备标准尚未统一，这在一定程度上影响了社会工作服务的资源供给。在少年司法制度相对完善的西方国家，围绕少年司法过程的社会工作服务需求非常明确，其中服务内容、服务标准也被明确设计，这样政府就能清晰地知道应该配备何种人力和物力的资源支持社会工作服务。与西方国家相比，我国少年司法社会工作尚处于初步发展阶段，这一阶段性特征也导致了政府难以给予社会工作服务统一性的资源支持，这是社会工作与少年司法场域合作面临资源性困境的另一重要原因。

（三）专业性困境

专业性困境是因专业服务对象和服务过程的复杂性而带来的实践困境。专业性困境伴随着社会工作嵌入少年司法整个行动过程之中，事实上，社会工作者针对涉嫌犯罪的未成年人开展服务具有极大的挑战性。这种挑战主要来自以下两个方面。

社会工作所面临的服务需求确实非常复杂，从社会工作者的视角观察，虽然我们坚信涉嫌犯罪的孩子也是陷入困境的社会弱势群体，但其犯罪行为背后确实存在诸多需要解决的问题，比如偏差的认知和行为习惯，失衡的社会支持系统等。有些孩子在社会上流浪了多年，拥有丰富的社会经验，相对于这些服务对象而言，年轻的社会工作者们则经历简单，缺乏对社会复杂性的了解，有时很难走近服务对象的生命世界。在这种情况下，必然要求社会工作者具有丰富的实务经验，熟练掌握社会工作服务的知识基础和方法技巧。然而，无论是知识的积累，还是服务技能的掌握，都需要一个较长的过程。年轻的社会工作者们要想胜任司法社工的工作，需要经历多年潜心的学习和训练。

因此，针对涉罪未成年人开展服务对社会工作者的专业性要求确实相对较高。社会工作者经常因无法满足服务对象的需求而产生深深的无力感。众所周知，犯罪是多种消极因素的综合反映，这些消极因素既有来自服务对象自身的，也有来自服务对象家庭以及社会的。其中有些服务需求是社会工作者根本无法协助满足的。另外，社会工作者陪伴服务对象的时间相对有限，因此很难在短时间内帮助服务对象解决其面临的困境。长此以往，社会工作者的无力感、职业倦怠必然产生，这是司法社工要直面的困境和问题。

三、社会工作嵌入少年司法开展服务的行动策略

上文分析了社会工作嵌入少年司法场域开展服务的实践困境及产生原因，经过行动者不懈的努力以及有效行动策略的运用，再加上各种情势的变化，行动者的各种困境得到有效改善。下面笔者就对行动者解决各类实践困境的行动策略进行分析。

（一）行动者面临合法性困境所采取的行动策略

1. 模糊界限的变通策略

布迪厄指出："任何场域都将自身体现为各种可能性——报酬、获益、利润乃至制裁的可能性——的结构，但也始终隐含了某种程度的不确定性……即使是在那些充满各种普遍规则和法规的领域，玩弄规则、寻求变通也是游戏规则的重要组成部分。"①布迪厄指出在场域发展过程中，行动者会通过寻求变通策略带动场域的改变。布迪厄这一结论与社会工作介入少年司法初期遇到的情形非常相似。

2010 年前后，随着少年司法理念的转变，全国少年司法机关都在积极寻

① （法）皮埃尔·布迪厄，（美）华康德．实践与反思：反思社会学导引［M］．李猛，李康，译．北京：中央编译出版社，2004.

求社会专业力量介入少年司法程序中来开展相关社会服务，在他们寻求到的专业资源中，也不乏社会工作者的身影。然而，各地实践遇到的相同问题是：如何回应社会各界关于社会工作介入合法性的质疑。

当时行动者能找到的最重要的法律支持是中央六部委发布的《意见》。关于涉罪未成年人帮教服务，《意见》是这样规定的："公安机关、人民检察院、人民法院、司法行政机关在办理未成年人刑事案件和执行刑罚时，应当结合具体案情，采取符合未成年人身心特点的方法，开展有针对性的教育、感化、挽救工作。""公安机关、人民检察院、人民法院应当配合有关部门落实社会帮教、就学就业和生活保障等事宜，并适时进行回访考察。"关于涉罪未成年人社会调查服务，《意见》是这样规定的："公安机关、人民检察院、人民法院、司法行政机关在办理未成年人刑事案件和执行刑罚时，应当综合考虑案件事实和社会调查报告的内容。""社会调查由未成年犯罪嫌疑人、被告人户籍所在地或居住地的司法行政机关社区矫正工作部门负责。司法行政机关社区矫正工作部门可联合相关部门开展社会调查，或委托共青团组织以及其他社会组织协助调查。"

涉罪未成年人社会调查和帮教服务是社会工作介入少年司法场域初期所开展的最重要的两项服务。关于这两项服务的主体，对少年司法具有权威性指导意义的六部委《意见》中一方面指出由司法机关负责，但同时也提出可委托"共青团等相关组织负责"，也就是说，六部委的文件对介入主体的规定相对宽泛，虽然没有提及"社会工作"，但也给社会组织的介入留下了少许空间。

限于六部委文件的规定，对社会工作介入少年司法领域开展服务存有质疑的人士就会强调在六部委的文件里没将"社会工作者"作为服务主体，社会工作介入没有法律依据。但是也有一批行动者，包括社会工作者和少年司法人员也会以六部委文件为基础进行主张，指出六部委文件中也提到了"社会组织可以介入"。两种观点交锋的依据居然是同一部法律。这也从某种程度上说明，正是法律规定的不确定性给行动者提供了变通的机会，让行动者勉强可以说明社会工作者的介入是有法律支持的。

行动者利用法律的模糊规定而采取的变通策略在实践中取得了预期的效果，社会工作实践所面临的合法性质疑暂时得到了部分消解，这为社会工作者的介入赢得了时间和空间。变通策略运用背后需要提醒的是，作为新生事物的社会工作无论嵌入哪个场域开展服务，都首先需要理解场域的基本特征和行动规则，在法律场域开展服务尤其如此，假如对法律场域的相关规则不甚了解，那么，社会工作极有可能无法"进场"，场域合作就更无从谈起了。

2. "你退我进"的积极行动策略

前面说过，利用法律的模糊规定，行动者采取变通策略，让社会工作者介入少年司法场域开展服务获得了合法性解释，也为社会工作介入少年司法场域开展服务赢得了时间和空间。然而，因为法律规定的服务主体主要是司法行政部门，社会工作在少年司法领域开展服务所面临的合法性危机并未根本消除，此时，一个事件的出现给社会工作的服务嵌入提供了有利条件，并间接帮助了社会工作服务在少年司法领域站稳脚跟。

在六部委的文件中，明确指出司法行政机关是承担涉罪未成年人社会工作服务的主体，然而在实践中他们却不愿意承担这些服务。司法行政部门对涉罪未成年人社会服务的推诿态度在某种程度上为社会工作介入提供了机会。在这种情形下，社会工作者态度积极，主动与检察院、法院等司法机关沟通合作开展服务，一方面，努力通过服务提升涉罪未成年人社会调查和帮教服务的质量和水平；另一方面，积极探索与司法机关合作的工作机制。在社会工作者的积极努力下，基层检察院、法院对社会工作专业服务的接纳度越来越高。而且，有些区域的司法局虽然承担了少量的涉罪未成年人社会调查服务，但因其专业基础和专业训练的不足，其所完成的社会调查报告难以让检察院和法院满意。因此，基于专业性的考量，基层司法机关更愿意跟社会工作机构合作，社会工作机构与少年司法机构的合作关系也越来越稳固。2015 年 B 市在制定"1+6 文件"时，对实践的情况进行了详细的调研，出于对实践的尊重，文件在界定相关社会服务主体时，“社会工作者”终于成为相关司法社会工作服务的法律主体，社会工作服务的合法性问题最终得到有效解决。

总而言之，尽管具有明确的法律支持，但司法行政机关因一系列主客观原因让其不愿承担额外的工作，而社会工作因勇于承担相关服务并最终在少年司法场域中寻求到了自身的生存空间。也就是说，在司法行政机关的“退让”中，社会工作勇于“前进”，就是这“一退一让”使社会工作服务有效嵌入到司法场域之中，并赢得了自身的专业成长。在这一过程中，行动者的积极行动策略并非仅指某种方法和手段，而是积极实践的精神与气质，正是社会工作的积极行动与作为，让社会工作服务最终赢得了在少年司法领域的合法空间。

3. 服务效果的推介策略

在欠缺合法性身份的背景下，行动者们在变通法律解释、司法行政部门不断退让的情景中积极行动，最终让社会工作赢得在少年司法场域服务的机会。然而，社会工作在少年司法场域得以落足并最终赢得合法身份过程中，还运用了另外一个重要策略：即一方面通过努力实践赢得良好的服务效果，另一方面积极将服务效果进行推介，让社会各界了解和接纳，转而对社会工作服务给予支持。

在社会工作服务效果推介过程中，社会工作专业机构建立了“精品案例沙龙评议制度”。精品案例评议沙龙一方面提升了社会工作服务的效果，另一方面对社会工作服务的效果进行了推介。在社会工作与少年司法场域合作的初期，社会工作机构每个月都会组织精品案例评议沙龙，邀请司法机关、政府部门、法律学界、社会工作学界、新闻界的人士参与讨论，这一制度坚持了两年多，合计邀请了几百名社会各界的人士参与讨论。可以说，社会各界的很多人士就是通过社会工作的案例分享了解社会工作服务的，他们就是在了解中开始慢慢接纳并逐渐支持社会工作服务的。社会工作服务精品案例的推介不仅影响了与社会工作者合作的司法人员，也影响了很多领导，甚至影响了领导的某些决策。

服务效果宣传与倡导是社会工作发展初级阶段不可忽视的行动策略。这样的倡导与个人名利无关，而是推进专业发展必不可少的工作环节。依托这种行动策略的有效运用，少年司法场域最终完全接纳了社会工作服务的介入，社会工作在少年司法场域开展服务的不稳定状态也得到了有效改善。

（二）行动者面对资源性困境而采取的行动策略

作为一项全新的实践与探索，社会工作在介入少年司法过程中面临资源性困境在所难免，而且这种困境将长期存在。在过去的 7 年里，为了消除服务过程中的资源性困境，行动者也采取了一些有效的行动策略。

1. 文化资本的运用策略

因笔者所在的 BJ 超越青少年社工事务所是 B 市社会工作与少年司法合作的主要倡导者与行动者，因此 BJ 超越青少年社工事务所获取资源的策略具有代表意义。BJ 超越青少年社工事务所在为社会工作服务争取资源的过程中，所采取的策略主要是文化资本的有效运用。

文化资本是布迪厄场域理论研究中的重要概念，是指借助不同的行动传递的文化物品，它是以教育资格的形式被制度化的。文化资本的三种存在形式分别是具体的形态、客观的形态和体制的形态。[①]

BJ 超越青少年社工事务所在为社会工作机构争取资源的过程中，体制化状态的文化资本运用是前提。所谓体制化状态文化资本是指通过学术资格和教育凭证制度加以认定的文化能力。笔者在其他文章中曾分析过大学老师举办社会工作机构的初衷，在社会工作服务初始化探索阶段，大学教师的参与不仅是服务专业性的重要保障，其中还有一个重要的理由是大学教师所拥有的文化资本可以帮助社会工作机构争取到更多的资源。相对而言，政府更加信任大学老师所拥有的学术能力和文化资格，如果大学老师出

① P Bourdieu, L D Wacquant. An Invitation to Reflexive Sociology[M]. Chicago: University of Chicago Press, 1992.

面与政府相关部门沟通资源的配备问题，也更容易得到解决。笔者拥有大学老师的身份，同时拥有多年在少年司法领域开展研究的学术背景，相关研究成果也被社会各界所了解，所以笔者作为服务的倡导者去与政府部门沟通，提出的资源性问题很容易得到政府的重视。因此，社会工作与少年司法场域合作以来，几乎所有的资源性问题都是笔者出面协调，这与体制化背景下，社会对大学老师文化资本的认同有密切关系。

另外，除了体制化文化资本的运用，文化能力的运用也是文化资本的重要方面。文化能力可以说是“精神和身体持久的性情形式”。布迪厄认为文化能力是社会性生成的，包括语言能力、沟通能力等相关部分，内化于个体之中，具有不可剥夺性。[①] 笔者所在机构的几位骨干社会工作者多年的教育经验培养了良好的思维能力和语言表达能力，可以与社会各界人士进行良好的沟通，从而争取相关资源的支持。这些能力与素质对联络社会工作服务资源产生了重要影响。

2. 社会资本运用策略

社会资本是某个个人或群体凭借拥有一个比较稳定，又在一定程度上制度化的相互交往、彼此熟悉的关系网而累积起来的资源总和。[②] 在过去的7年里，行动者争取资源的又一策略是社会资本的有效运用。

BJ 超越青少年社工事务所的注册曾一度是个难题，社工组织如果无法独立注册，就意味着没有独立的身份，这不仅会影响与合作伙伴合作关系的深入推进，同时也会因没有独立法人资格而无法去申请相关服务项目，获取经费支持。与B市综治办预防青少年违法犯罪专项组办公室相关领导结识后，笔者将机构希望独立注册的诉求给予了反映，并希望他们可以在BJ超越青少年社工事务所注册问题上给予支持。笔者的诉求得到综治办预防青

① P Bourdieu, L D Wacquant. An Invitation to Reflexive Sociology[M]. Chicago: University of Chicago Press, 1992.

② 陈宇光. 论布尔迪厄社会实践理论的三个核心概念[J]. 南通职业大学学报(综合版), 2003.

少年违法犯罪专项组办公室领导的积极回应，他们及时找到B市民政局，利用其在长期工作中形成的良好关系，请求民政局在BJ超越青少年社工事务所注册中的相关问题给予协助。在市综治办预防青少年违法犯罪专项组办公室领导的推动下，B市民政局社团管理中心积极配合，BJ超越青少年社工事务所在很短的时间里就完成了注册程序，成为独立法人的社工机构。这对于BJ超越青少年社工事务所而言是个重要事件，因为其拥有了独立法人身份，就可以在B市社会建设办、B市民政局申请各类社工服务项目，而这些社工服务项目可以为机构获得宝贵的经费支持。

以上事例只是社会工作介入少年司法开展服务过程中遇到的两个典型事例之一，7年间，社会工作服务资源的获得或多或少地都与社会资本的有效运用密切相关。在中国这样一个注重关系、注重人情的社会环境中，“有关系好办事”体现在社会行动的各个方面，社会工作服务在少年司法场域服务的顺利推进，并获取相关资源的支持，也必然不能忽视社会资本运用这一重要途径。

3. 权威者的运用策略

场域中的权威者是影响场域发展的重要因素，社会工作者在与合作伙伴共同推进少年司法社会工作服务的过程中，具有丰富行政经验的官员们深谙要推动某项实践的快速发展，必须要与权力场域中的权威者进行沟通，并通过这些权威者的推动以获取更多的支持资源。以下事件可以表现出权威者在B市少年司法社会工作推动中所发挥的重要作用。

社工与H区检察院的合作在得到检察长的支持之后，为得到稳定的经费支持，检察长需要争取H区的专项经费给予保障。在解决这一问题的过程中，检察长秉持的理念就是要与行政机关的最高领导沟通。于是在检察长的协调下，社工与检察院双方共同向H区区委书记进行了工作汇报，赢得了区委书记对社工服务实践的理解和认同。在区委书记的支持下，H区财政部门积极跟进，社工介入 H 区检察院的服务经费得到了解决，这是社工服务在 H 区检察司法机关持续推进的重要基础。

以上事例体现出权力场域中权威者的角色和作用，与社会工作者合作的行政机关领导经常用“要学会顶层设计”这一提法来说明必须要与权力场域的权威者进行沟通，倘若得到权力场域中权威者的支持，实践中任何问题的解决都会“事半功倍”，资源性困难的解决尤其如此。在社会工作与少年司法场域合作的过程中，司法机关和行政机关的领导正是有效运用了权力场域中权威者的作用，才推动了实践中资源性困境的有效解决。

(三) 行动者面对专业性困境而采取的行动策略

因此，无论是从社会工作者主观的经验技能来说，还是从服务对象的客观需求来讲，司法社会工作服务都充满了极大的挑战。这些挑战对社会工作服务的专业性提出了很高的要求，需要社工机构给予解决，否则必然会影响社会工作与少年司法场域合作的深入推进。在社会工作与少年场域合作的过程中，社工机构运用了多种行动策略解决以上问题。

1. 专业价值的回归

价值观的训练不仅是社会工作学生专业学习阶段需要重点关注的问题，同样是社会工作职业生涯中需要时时跟进的重点，尤其是在相对艰难的涉罪未成年人服务领域，关于价值的讨论与回归尤为重要，从某种程度上来说，社会工作服务最坚强的支撑是社会工作的专业价值与信仰。

在涉罪未成年人社会工作服务中，通过价值的训练与培养来提升社会工作服务能力的事例非常多，社会工作者所面临的问题正是价值困境。其根本的价值核心是：你到底是否坚信人是可以改变的？当这种价值困境出现的时候，社工机构的督导要做的就是帮助社会工作者价值回归。在帮助社会工作者价值回归的过程中，社工机构需要运用犯罪学、心理学、社会学等学科知识作为督导的基础，帮助社会工作者改变的是对青少年犯罪行为的认知，并让社会工作者在对科学知识理解的基础上重塑“相信人是可以改变的”这一基本理念，而社会工作基本理念的回归是解决实践困境的重要途径。在社会工作介入少年司法领域开展服务的过程中，督导与社工一起讨论的大部分情形是价值理念的冲突。因此，通过价值训练与回归提升社会工作服务的动力感，并有效解决实践困境是社工行动者的重要策略。

2. 专业督导与培训

越是艰难的服务，对服务专业性的要求越高，专业的督导与培训就更加重要。在社会工作介入少年司法场域开展服务的过程中，社会工作者的专业培训与督导具有两个重要意义。

一是提升社会工作服务的专业化水平。社会工作服务的专业化是合作伙伴的基本要求，正是看到了社会工作服务的专业化带来的服务效果，才让司法机关愿意接纳社会工作的服务，并希望与社工机构建立长期稳定的合作关系，社会工作与少年司法场域的契合正是因此而来。

二是社会工作专业培训的价值。目前，在少年司法场域服务的社会工作者年龄都偏低，这也是我国社会工作以及司法社会工作职业化刚刚开始发展的结果。这些年轻的社会工作者们在决定以社会工作为自己的职业时，他们一方面看重的是这个职业能否满足自己的精神追求，即价值理念。另一方面，他们更看重这份职业能否让自己实现专业成长。相对于物质追求，年轻的社会工作者们更在意的是价值实现与专业成长。

基于以上两个事实的基本观察，关注培训和督导，从而提升社会工作者的专业能力就成为社工机构重要的行动策略，这不仅是解决社会工作专业性困境的基本途径，也是影响社工机构人力资源是否稳定的重要问题。

3. 专业服务的绩效考核

绩效考核是社工机构管理需要依靠的基本手段，同时也是社会工作服务要求的基本风向标。在社会工作者专业性提升的过程中，一方面，需要此前讨论过的价值信仰的坚定、社会工作者专业能力的提升；另一方面，通过绩效考核这一管理手段来提升社会工作服务的专业化水平也是行动策略之一。绩效考核是一个管理手段，也是鼓励社会工作专业化开展服务的鼓励手段。相对于专业价值的回归和专业培训手段的运用，绩效考核策略只是一个外在的补充手段，外在手段与内在激励综合运用才能达到良好的效果。

总而言之，保障社会工作服务的专业性是社会工作服务过程中的重要问题，这是两个场域能否稳定合作的前提和基础，同时也是社工机构面临的难题，这个难题的解决需要多项措施的综合运用。但总体来讲，内外兼修，社会工作内在动力的激励与外在管理手段的综合运用是基本的行动策略。

四、研究结论

少年司法社会工作是司法社会工作的重要组成部分，因此，针对我国开展少年司法社会工作的实践困境和行动策略开展研究，对于推进司法社会工作健康发展具有重要的现实意义。

B市在过去7年的少年司法社会工作实践中，曾遭遇三大困境：合法性困境、资源性困境和专业性困境。合法性困境是行动者首先遭遇的问题。合法性困境产生的原因有两个：一是社会工作介入少年司法场域开展服务并没有任何法律的明确支持；二是在司法场域中，特别强调司法人员的行动都需要以法律规定为前提，即非常强调纪律性和统一性。基于以上两个原因，在社会工作介入少年司法场域开展服务初期，社会工作者常常面临身份及服务合法性的质疑。在克服这一困境的过程中，行动者采取了模糊界限的变通策略、“你退我进”的积极行动策略和服务效果的推介策略，实践证明，这些策略有效帮助行动者缓解了其所面临的合法性困境。

资源性困境是现阶段我国草根NGO发展面临的共同难题。在社会工作与少年司法场域合作过程中，也一直面临资源性困扰。资源性困境的产生主要源于两个现象：一是政府和司法机关对社会工作机构的信任机制尚未建立起来；二是从社会工作服务角度来说，因社会工作者在少年司法场域的服务尚处于初步探索阶段，服务内容、服务标准尚未确定，相对应地，服务资源的配备标准尚未统一，这在一定程度上影响了社会工作服务的资源供给。面对资源性困境，行动者有效运用了文化资本、制度资本以及场域中权威者的作用和影响，使得社会工作嵌入少年司法的资源性困境得到了有效解决。

专业性困境伴随社会工作嵌入少年司法整个行动过程之中。专业性困境的产生首先源于服务对象服务需求和服务过程的复杂化，导致这类服务对社会工作的专业性要求较高，需要社会工作者具备很高的专业素质。在以上专业困境不断出现的过程中，社会工作专业机构使用了帮助社会工作者实现专业价值回归、专业培训和督导以及专业绩效考核等策略，内外兼修，将内在动力的激励与外在管理手段加以综合运用，有效克服了专业性困境，从而推动社会工作服务的顺利开展。

社会工作在不同社会服务领域嵌入性发展的过程中，行动者采用何种策略克服实践困境是需要关注的重要问题，B市社会工作之所以顺利嵌入少年司法场域开展服务，并带动双方的共同发展，是行动者有效采取行动策略的结果，这是社会工作、少年司法以及政府行政等多个部门行动者共同智慧的结晶。

第二章

各地青少年司法社会工作的实践与探索

上海青少年司法社会工作的发展与反思

费梅苹　王琼蕾　汪鸿波[①]

摘　要： 本文主要对上海青少年司法社会工作的发展进行了基本介绍，从缘起、法律及政策依据、服务内容、专业化发展、制度安排、机构设置和衔接机制、工作成效等方面呈现出上海青少年司法社会工作发展的社会制度条件和社会工作专业服务体系概貌。

关键词： 上海；青少年司法；社会工作服务

一、上海青少年司法社会工作的缘起

1984 年 10 月，上海市长宁区人民法院成立了第一个少年法庭，标志着我国少年司法制度的起源。作为我国少年司法的发源地，上海少年司法工

① 费梅苹，华东理工大学社会工作系教授，博士生导师；王琼蕾，华东理工大学社会工作博士生；汪鸿波，华东理工大学社会工作博士生。

作较早形成了公、检、司法“政法一条龙”和多部门参与的“社会一条龙”的“上海经验”。

2003年，上海社区青少年(即具有本市户籍，年龄16～25周岁，没有固定工作和收入，没有进一步就学，缺乏监管的青少年)有6.3万名。2003年，上海抓获的25岁以下青少年违法犯罪人数达到了12 066名，且升幅逐年增大。由于缺少社会足够的关爱与支持，社区青少年封闭在自我环境中与社会隔离，自信不足、情绪低落甚至对立，给社会、家庭、个人带来诸多矛盾。相关政府部门反思，长期以来在预防青少年违法犯罪工作重“战术”缺“战略”，缺少针对边缘青少年源头的预防工作；单纯依靠行政组织，只重严管忽视服务，这种传统的社会控制方法正面临越来越大的挑战。在充分调查研究的基础上，上海市提出了预防和减少社区青少年违法犯罪的综治工作新模式。① 上海市委在2003年、2004年连续两年转发市委政法委关于推进预防和减少犯罪工作体系建设的文件，使这项工作迅速全面地转变为全市性的预防社区青少年犯罪的基础性工作。2004年2月，上海市阳光社区青少年事务中心注册成立，上海社区青少年社会工作服务正式全面开启。同时组建的还有上海市自强社会服务总社、上海市新航社区服务总站。上海市阳光社区青少年事务中心主要为14～25周岁的社区青少年开展预防性社会工作服务，其他两家社会组织主要开展青少年社区矫正服务、社区戒毒康复服务以及青少年毒品预防宣传教育。这种将青少年工作纳入预防犯罪工作体系中，并提出以政府购买服务的方式建立专业的青少年社会工作者队伍，管理、服务和协助青少年发展的社会化运作模式，为上海青少年司法社会工作的发展奠定了制度基础。

二、上海青少年司法社会工作的法律及政策依据

早在20世纪末期，《联合国少年司法最低限度标准规则(北京规则)》和

① 江宪法.上海社区青少年工作与预防和减少犯罪工作体系建设[J].青少年犯罪问题，2006.

《联合国预防少年犯罪准则(利雅得准则)》指出防止青少年违法犯罪,应发展以社区为基础的服务和方案,不把青少年放在司法系统中处置。并且,联合相关组织和人员,在社区范围内并尽可能在家庭内改造少年犯。

《中华人民共和国预防未成年人犯罪法》明确指出在各级人民政府的组织领导下,实行综合治理。21 世纪初期,《最高人民法院关于审理未成年人刑事案件的若干规定》和《人民检察院办理未成年人刑事案件的规定》将人民团体和社会团体纳入未成年人保护组织体系之中,共同做好教育、挽救和预防未成年人犯罪工作。这可以看作社会组织或社会力量参与未成年人保护工作的雏形。2014 年团中央等六部委颁布《青少年实务与社会工作人才队伍建设意见》之后,2015 年,最高人民检察院发布的《检察机关加强未成年人司法保护八项措施》第 8 条规定:"推动建立未成年人司法借助社会专业力量的长效机制。大力支持青少年事务社会工作专业人才队伍建设工作,主动与青少年事务社会工作专业机构链接,以政府购买服务等方式,将社会调查、合适成年人参与未成年人刑事诉讼、心理疏导、观护帮教、附条件不起诉监督考察等工作,交由专业社会力量承担,提高未成年人权益保护和犯罪预防的专业水平,逐步建立司法借助社会专业力量的长效机制。"这一规定为社会工作作为社会专业力量介入未成年人司法正式奠定法律基础和政策依据。

1987 年 6 月,《上海市青少年保护条例》(已废止,2004 年修订为《上海市未成年人保护条例》)正式实施,距今已有三十年的历程。这部地方条例是新中国首部关于未成年人权益保护和犯罪预防的地方性法规,对于上海市未成年人权益保护机制建设和保护体系建设起到了引导作用,开启了中央和各省市通过专门立法保护未成年人权益的先河,对上海乃至大陆未成年人权益保护都起到了巨大的引领价值和标杆作用。《上海市未成年人保护条例》对于我们国家的未成年人权益保护工作起到了重要的引领价值:条例中关于家庭保护、社会保护、政府保护等保护体系已经为中央层面立法和其他省市立法所吸收和借鉴,成为国内未成年人权益保护立法的模板;条例中关于未成年人保护的倡导性理念规范与操作性制度规定，适应了不同地方省市未成年人保护工作的发展水平，对于培育社会公众重视未成年人保护工作的意识和规范政府履行未成年人保护工作的职能具有重大价值；条例中确定的市教委负责未成年人保护工作的独特机制与全国大多数省市不同，各地开展未成年人保护工作从实际出发、从本地出发、从具体情况出发，尊重本地特色，解决本地问题，保持地方特色，从而为增强各地方条例的生命力和指引价值提供了重要借鉴。

2003 年 9 月 15 日，中共中央上海市委办公厅转发《中共上海市政法委关于构建预防和减少犯罪工作体系的意见》的通知，明确了构建预防和减少工作体系，从源头上预防和减少犯罪是加强社会管理、维护社会稳定的重要举措，上海市在 2003 年、2004 年、2009 年、2013 年、2014 年等连续多年发布关于推进预防和减少犯罪工作体系建设的相关文件，使这项工作迅速全面地转变为全市性的预防社区青少年犯罪的基础性工作。2005 年，上海市综合治理办公室出台了《关于对违法犯罪情节较轻的未成年人实行考察教育制度的意见》(沪综治办〔2005〕2 号)，公安局出台了《关于公安派出所对违法情节较轻的未成年人实行缓处考察制度的实施细则(试行)》(沪公发〔2005〕206 号)，团市委、上海市青少年事务办、上海市阳光社区青少年事务中心联合出台了“关于印发《关于青少年事务社工参与对违法情节较轻的非在校未成年人实行‘缓处考察教育’的实施细则(试行)》的通知”(沪团委联〔2005〕19 号)，上海市检察院和团市委联合出台了“关于印发《关于涉罪非在校未成年人实施‘诉前考察教育’工作的实施细则(试行)的通知》”(沪团委联〔2005〕20 号)，上海市高级人民法院与团市委联合出台了“关于印发《关于对非在校未成年被告人实施‘判前考察教育’的实施细则(试行)的通知》”(沪团委联〔2005〕21 号)。2011 年，上海市综治委、共青团、公检法司等部门联合发布《上海市关于进一步建立、完善和规范办理未成年人刑事案件配套工作体系的若干意见》，2013 年印发了《上海市进一步推进重点青少年群体服务管理和预防犯罪工作实施意见》，2013 年市公安局、市检察院、市高级人民法院和市司法局等有关部门制定了《附条件不起诉工作实施细则(试行)》、《未成年人羁押必要性审查工作细则(试行)》、《关于未成年人案件实施法律援助的若干规定》、《关于附条件不起诉案件管理工作的通知》、《涉罪未成年人帮教与维权工作合作备忘录》(市事务办与市检察院会签)等规范性文件,2014 年印发了《关于加强预防和减少犯罪体系青少年事务社工队伍建设的通知》(沪团委联〔2014〕36 号),2016 年市法院与团市委签署了《关于建立上海市青少年事务社工参与涉青少年家事纠纷解决机制的合作协议》,2016 年市检察院与市预青专项组签署了《关于建立上海市未成年人检察社会服务体系的合作协议》。这些政策文件为上海青少年司法社会工作服务的有效开展奠定了制度保障。

三、上海青少年司法社会工作的服务内容

(一) 青少年服务和权益保护

上海市青少年司法社会工作在青少年服务和权益保护方面开展了青年就业"启航"计划,"爱心上海"青少年公益志愿行动,青少年应急安全支持计划,重点青少年群体工作,"共青团与人大代表、政协委员面对面"活动,"青少年维权岗"创建活动,青少年法治宣传教育等重点工作。①

1. 青年就业"启航"计划

该计划重点对长期失业的青年群体,通过抓基础信息、导师队伍、政策扶持、服务资源、主题活动和媒体宣传等多种手段,长期登记失业青年人数,探索中职生职业生涯导航工作。将社会工作引入启航计划,充分发挥专业社会工作者在帮助青年提升就业意愿和就业能力方面的优势,帮助一批"积底"失业青年走上就业岗位。

2. "爱心上海"青少年公益志愿行动

"爱心上海"青少年公益志愿行动旨在为全市弱势青少年群体解决实际

① 上海市青少年服务和权益保护办公室:http://www.shyouth.net/html/shsqb/shsqb_xdxm/List/index.htm.

困难。“为了生命的希望工程”——上海青年造血干细胞捐献志愿者行动更是深入广大青年之心。该活动自2001年起，由上海团市委与市红十字会联合开展，发动广大上海热心青年共同参与中国造血干细胞捐献者资料库(上海市分库)的建设。

3. 青少年应急安全支持计划

由上海共青团联合相关部门，依托学校和专业机构、专业社会组织等力量，分年龄段开发各类课程，举办一系列青少年公共安全知识和应急培训，建设一个市级公共安全教育实训基地。加强与应急救助专业机构的合作，加强应急安全青年志愿者队伍建设，通过举办青少年应急安全挑战赛等形式，加强社会宣传，不断普及青少年应急安全自救、他救的基本技能。

4. “共青团与人大代表、政协委员面对面”活动

“共青团与人大代表、政协委员面对面”是共青团组织维护青少年合法权益工作的一项重要活动载体。共青团组织通过深入调查研究，在了解、掌握广大青少年普遍性利益诉求的基础上，代表青少年向各级人大代表、政协委员集中反映并提出建设性的意见和建议。人大代表、政协委员按照法定途径进行呼吁，推动有关青少年普遍性权益问题的解决。

5. “青少年维权岗”创建活动

此活动始于1999年，按照团中央及相关部委的要求，在市创建活动组委会的领导下，统一部署、扎实推进，13家成员单位从实际出发，制订了周密细致的工作计划，采取切实有力的措施，创建活动在全市范围内卓有成效。

6. 青少年法治宣传教育

上海共青团通过深入开展“春天的蒲公英——小法官网上行”、“上海大学生法治辩论赛”、“青苹果”社区青少年禁毒教育计划、“青春解码”防艾宣传、“青苗成长”青少年自护教育活动等多种形式的宣传教育和实践活动，形成涵盖禁毒、防艾、安全自护的法治宣传教育体系。在青少年中广泛宣传以宪法、未成年人保护法等为核心的法律法规，积极培育青少年法治理念、法治思维和法治信仰，践行社会主义核心价值观，不断扩大青少年法治宣传的

影响力、实效性、覆盖面。

（二）青少年司法社会工作服务

青少年司法社会工作服务主要指为重点青少年群体开展的社会工作服务。重点青少年群体主要是指不良行为或严重不良行为青少年、闲散青少年、服刑人员未成年子女、流浪乞讨未成年人和农村留守儿童五类青少年群体。上海坚持以预防青少年违法犯罪专项组为制度引领，坚持政府购买社会组织专业服务工作模式，充分发挥青少年事务社工、社区工作者、太阳花志愿者等队伍的工作力量，紧紧把握青少年犯罪超前预防、临界预防和再犯预防的关键环节，做好重点青少年的服务管理和预防犯罪工作，从预防青少年违法犯罪为发端，扩展到青少年当事人的刑事案件与家事案件的处理中。

1. 青少年犯罪预防服务

犯罪预防阶段的主要群体应是少年犯罪高发群体，国家综治委将“闲散青少年群体、有不良行为或严重不良行为的青少年群体、流浪乞讨青少年群体、服刑在教人员未成年子女群体、农村留守儿童五类重点青少年群体”[①]作为少年犯罪预防的工作重心。在犯罪预防阶段，社会工作者的服务内容主要是重点跟踪这五类重点青少年群体，评估问题与需求、提供辅导和服务、帮助他们健康成长、预防犯罪。在上海，青少年事务社工从家庭、学校、社区三个层面为青少年及其家庭提供服务：为家长提供关于亲子沟通相处的知识与技巧，使其熟知青少年成长的特点，增强对青少年的情感支持和引导；为学生提供各种形式的小组活动，协助学生解决校园生活中遇到的困难或行为偏差问题，使其获得充分的发展性支持；利用社区资源，开展各类新颖活动，为社区青少年提供就业、培训的平台。青少年事务社工由点及面形成了青少年服务网络，不仅协助青少年个体达到生理、心理、社会的平衡，也在专业服务中形成了青少年权益维护、预防青少年犯罪的良好基础。

---

① 综治委预青联字〔2010〕2号，《关于开展重点青少年群体教育帮助和预防犯罪工作试点的通知》。

2. 青少年司法服务内容

在现有政策法规的指引下，社会工作介入少年司法领域的实践逐渐形成氛围，公安机关、检察机关、法院、司法机关与社会工作正在逐步搭建一个多方参与的未成年人司法保护实践系统。

(1) 担任“合适成年人”

“合适成年人”是指未成年犯罪嫌疑人在侦查讯问、开庭审理等刑事诉讼活动中应有合适的成年人到场参与，作为其法定代理人不能到场的替代措施，这是对未成年人的一种特殊保护。

社会工作者以“合适成年人”的身份参与对未成年人的审讯，首先，可以对未成年人进行专业的心理调适服务，稳定未成年人的情绪，减少疑虑与对抗；其次，可以有效消除司法人员和涉罪青少年之间的沟通障碍，缓解两者之间的矛盾；可以承担监督职能，防止发生诱供、非法取证等问题，更好地保护未成年人的合法权益免受侵害；最后，社会工作者还可以与潜在的服务对象建立初步关系，为日后专业服务工作的开展建立良好的基础。上海检察机关从 2004 年开始，就探索建立了由老师、青保干部、共青团干部、社会工作者等组成的“合适成年人”队伍，如浦东新区检察院未成年人检察处，引入浦东中致社区服务社的青年社工担任合适成年人，在得到家长同意后，旁听检察人员对未成年嫌疑人进行讯问。

(2) 开展“社会调查”

社会调查报告是指社会观护调查员在未成年人权益纠纷案件判决前开展的一系列社会调查、实地走访、心理评估分析后，为法院裁判提供重要参考依据的调查报告。调查报告一般由原被告基本情况、家庭结构、心理干预对象(未成年人)基本情况、心理干预目标与措施、心理干预情况评估及小结、原被告谈话记录、与案件相关的社会关系调查、综合评估与结论等若干部分组成。在面对来沪涉罪未成年人的烦琐、复杂的社会调查工作中，检察院主要委托社会工作者进行调查，实现了对涉罪未成年人委托社会调查的全覆盖。自 2014 年 9 月起，上海闵行区启动了社会工作者担任调查员对“涉少民事审判抚养权变更案件”进行“判前介入判后跟进”，运用社会工作技巧、心理干预等方法进行未成年人权益保护，减少了未成年人在案件进行中受到的不利影响。

（3）开展“社会观护”

涉罪未成年人社会观护是指对已涉嫌犯罪的未成年人尽量适用非监禁措施，在开放的社会环境中，通过教育、感化、挽救的方法，改善行为、预防再犯，为司法处理提供依据。如上海的浦东、长宁、闸北、徐汇等区都建立了观护站，观护基地、社会工作者积极参与，形成观护合力。经过制订和实施帮教计划、一段时间的社会观护、评估帮教效果，为检察机关作出结案结果提供参考。尤其是上海市闵行区，在 2003 年就尝试在莘庄镇设置取保候审观护点对涉罪少年进行观护，2004 年之后，探索建立了各方力量共同参与的涉罪未成年人社会观护体系。其中就由专业社会工作者具体负责社区涉罪未成年人的观护帮教工作的开展，在实践中逐渐形成了一套完整的工作流程，涉罪未成年人在观护期间要接受教育考察、心理矫正、行为矫正、参加团体活动与公益劳动、接受知识技能培训等帮教活动，使他们免受因羁押而带来的不良影响。观护期满后，社会工作者将根据观护对象的综合表现形成处理建议提交检察机关，被检察机关作出相对不起诉的观护对象则继续开展跟进观护工作，而被起诉后进入社区矫正流程的观护对象，则转至由专门从事社区矫正工作的观护人员开展跟进观护工作。

（4）实施“考察帮教”

上海市各区检察院依托本区的青少年事务社工站、观护基地等，与青少年社工链接社区资源，根据观护对象的具体情况，开展有针对性的专业帮教，通过落实各种形式的帮教措施，在考察期满前形成观护报告提交检察机关，作为检察机关作出司法处理决定的重要参考依据。

（5）执行“社区矫正”

未成年人社区矫正工作是青少年司法社会工作的重要组成部分。社会工作者在为社区矫正未成年人提供服务时，采取区别于成年人的、符合未成年人身心特点的工作方法。由司法干警、专职干部、居委会成员、社会工作者、志愿者、家人等组成工作小组，为未成年人开展了形式多样的教育矫正、就学辅导、法律知识和意识提升、行为规范训练、家庭关系调和等多项专业服务，有效实现了青少年的身心健康成长和回归社会。

（6）提供“所内服务”

目前社会工作者进入监所为少年犯提供心理辅导、情绪疏导、行为规范等矫正服务的方式主要分为两种：一是在所内设社会工作点，提供驻所社会工作服务；二是通过项目合作、购买服务的方式，成立社会工作队伍进入所内提供服务。驻所社会工作服务实践已经在上海广泛地开展起来，如浦东新区拘留所与中致社共同成立了驻所社工点，安排社会工作者常驻所内为青少年拘留人员提供情绪疏导及帮教工作。上海闵行区从 2011 年起，配备专业社会工作者 10 名，包括青少年社工 6 名、禁毒社工 2 名、矫正社工 2 名，为两所内 35 周岁以下严重不良行为青少年、吸毒对象、留所服刑人员提供心理疏导，情绪支持，行为纠正，社会环境改善等一系列专业服务。

（7）家事审判服务

社会工作者在家事案件中主要负责开展社会调查、承担对未成年人的陪护工作。在家事案件中，涉及未成年人的抚养权、监护权和探视权等调查时，需要对涉案未成年人的家庭背景、父母的抚养能力、孩子及父母心理状况、孩子的学习等情况进行实地调查，特别是需要充分听取未成年人的意愿。社会工作者通过审前调查形成独立的调查报告并提交给法庭，法官可以参考调查报告后作出更符合未成年人利益的判决。此外，承担陪护职责的社会工作者，还需要在家事案件庭审时出庭，为在庭的未成年人提供情绪安抚服务，在法官的引导下，适度参与法庭调解，为家事案件中的未成年人争取最大的权益保护。社会工作者将专业的价值理念、工作方法融入家事案件的调解、审判中，在判后追踪保护、观察裁判效果、对未成年人权益维护情况进行考察，并在观察期结束后提供相应报告时，实现未成年人权益保护的全程参与，也积极预防未成年人因遭受家庭纠纷而出现偏差行为。

（三）特色青少年服务

上海市阳光社区青少年事务中心面向14～28周岁的社区青少年，开展教育、管理和服务工作，经过多年的摸索和积累，形成“青苗成长计划”“联校工作”“高危青少年服务”“青苹果禁毒”四大品牌服务。①

1. 青苗成长计划

主要面向社区青少年，围绕家庭、学校、社区、综合四大板块设计编制统一的教材，内容生动、形式活泼，包含相应的自护技巧、法律知识、心理常识，通过互动体验的方式，帮助青少年进一步巩固认识，拓展其健康发展的能力。

2. 联校工作

面向在校学生、家长、老师等，运用社会工作的专业方法，深入学校和社区，建立家校社联动的预防服务平台，为在校学生及家长开展能力训练、自护教育等项目，缓解学生在校生活适应不良等情况。同时，积极改善学校、家庭的沟通模式，促进学生、家长及老师的良性交流。

3. 青苹果禁毒

为了加强社区青少年禁毒宣传教育，除平时积极开展“青苹果禁毒教育”之外，每年6月“禁毒宣传月”和“6·26”国际禁毒日，举办各类社区青少年禁毒系列主题活动，掀起集中宣传教育高潮，进一步普及毒品预防知识，从而增强社区青少年禁毒、抵御毒品的意识和能力，促进他们健康快乐成长。

除此之外，各区站利用站点所在地的优势形成了一系列具有本土特色的服务，通过项目运作，不断探索和尝试满足青少年需求的新兴领域服务，达到“超前预防、临界预防、再犯预防”的青少年违法犯罪预防的目的。

四、上海青少年司法社会工作的专业化发展

青少年社会工作服务专业化发展程度较高，主要体现在专业方法的发

① 上海市阳光社区青少年事务中心：http：//www. scyc. org. cn/? type＝product&S_id＝7&lang＝cn.

展，服务目标的改变，服务对象、场域和内容的拓展，专业服务实践模式的创新等方面。

（一）专业方法的发展

社会工作者依据对青少年服务对象的风险需求评估结果，对重点服务对象，以及有需求的服务对象，全部开展个案服务。依据青少年的需要，开展了如人际沟通技能提高小组、就业面试技巧训练小组、职业生涯规划辅导小组、青春期知识及交往小组、自我探索类小组工作、心理及情绪治疗小组、调适家庭关系的亲子并行小组等多层面小组服务。通过举办宣传类、服务类、仪式类、娱乐竞技类、参观类、讲座类社区活动，实现了青少年的社会参与和社会连接，使青少年进一步融入社会。社会工作者还通过社区资源整合，逐渐构筑起社会服务组织与街镇职能部门、街道社会保障中心和社区服务中心、街道办事处相关部门、居委会、派出所、学校、企业或社会服务组织等各类政府和非政府机构之间的合作联系网络。社会工作者通过志愿者队伍建设，在社区层面动员了更多的资源加入社会工作服务之中。2009 年以后，项目化运作方式成为社会工作者提供专业服务的主要形式，社会工作方法更是依托项目得到系统和全面的运用。近期，以“固定阵地服务流动青少年”的方法成为社会工作方法实施的新探索。

（二）社会工作目标的变化

青少年社会工作服务发展之初，补救是其最直接的服务目标。但随着服务的开展，如何激发青少年的动机和能力，成为社会工作者考虑的重点。社会工作者通过举办各类自我探索、社会参与、公益实践等服务活动，实现了青少年潜能和优势的激发，发展成为青少年服务的最主要服务目标。同时，社会工作服务进入家庭、学校、社区开展了大量预防性专业服务活动，青少年社会工作服务实现了由初期的补救性，向预防性、发展性尤其强调发展性的目标转变，激发青少年的主体性、发挥青少年的自身优势去解决青少年问题，成为青少年社会工作服务的核心目标。

（三）服务对象、场域和内容的拓展

青少年服务对象的年龄由原来的16岁前移至14岁，将沪籍青少年拓展到来沪青少年。明确了重点青少年服务对象的类别。服务领域由原来的社区，拓展至学校、监所、大型市场、城中村。同时，青少年社会工作者参与涉罪未成年人帮教和维权工作，如取保候审观护帮教、附条件不起诉监督考察、合适成年人参与未成年人刑事诉讼、社会调查等工作，青少年司法介入服务已经进入制度建设的程序之中。服务内容也拓展至正面联系、临界预防、行为矫治、社会关护等各个方面，建构成系统性、系列化的专业服务体系。

（四）专业服务实践模式的创新

经过多年探索，社会工作者逐步积累起对社会工作实践的专业悟性和实践智慧，形成了三种类型：一是基于实践经验归纳总结得出的原创性服务模式，如网络脱瘾五步法；二是对富有特色的专业方法引入和运用，如艺术疗法；三是在经典治疗模式应用基础上实现本土化拓展，如“亲情驿站项目”中的家庭关系重构三部曲。这些基于实践探索形成的服务模式及理论积累，突破了专业服务初期社会工作者对专业知识概念的简单、机械和表面化的套用，进入在对青少年更为个性化、积极和系统化理解基础上的处境化、本土化综合运用，从而使专业服务更具科学性和规范性。

五、上海青少年司法社会工作的制度安排、机构设置和衔接机制

（一）制度安排

上海青少年社会工作是在预防和减少犯罪工作体系建设的总体设计下根据“政府主导推动、社团自主运作、社会多方参与”的原则，以及政府购买服务制度保障下实施和开展的。经过10多年的发展，在政府、社团、社会等各方面均有明显改变。

1. 政府主导的推动力度不断加大，政府购买服务制度更趋完善

在上海青少年社会工作服务发展之初，政府主管部门通过掌握面上工

作的基本情况、协调社会资源、确保各项保障措施落实到位和进一步扩大宣传等工作来行使主导推动的职能。在市委政法委和市综治办的支持下，市社区青少年事务办会同市检察院、市高院、市司法局、市教委、市青少年保护委员会、市公安局等单位先后下发了多项文件，为社区青少年社会工作开展提供政策支持。经过10多年的发展，市、区县、街镇各级政府对专业社会工作的共识性认同不断提高，政府和社会工作机构间的分工合作日趋明晰。主管部门扶持社会工作机构及支持社会工作专业人才队伍建设的力度不断加大，政府购买服务制度日趋完善。目前，上海市正积极推动区县层面购买社会工作服务的机制完善，通过进一步明确区县层面政府在预防和减少青少年犯罪工作中的职责及实现政府职能转换，促进政社合作关系在市、区县甚至街镇等不同层级政府之间的构建，为青少年社会工作服务创造了良好的制度环境。

2. 社会服务组织的自主运作能力不断提升，青少年社会工作服务的专业化程度显著提高

上海市阳光社区青少年事务中心遵循政府购买服务要求和社会组织能力建设要求，在建章立制及组织建设、社会工作专业人才队伍建设、社会资源整合、良好政社关系构建等各方面不断探索，逐渐具备了较强的自主运作能力，建立了青少年事务社会工作专业人才队伍建设、管理、运行机制，提供了优质的专业服务，成为上海预防和减少青少年犯罪工作体系不可或缺的组成部门。

3. 社会多方参与力度和规模明显提高

上海青少年社会工作服务开展之初，社会、社区，甚至青少年及家人，对社会工作认知度很低，社会工作服务难以获得社会广泛的参与。经过10多年的发展，社会工作已经得到广泛的社会认同。如企业界的捐赠和项目资金支持、各类基金会的支持、社区各界的资源支持、青少年群体及家庭的广泛参与、志愿者队伍的扩大等，上海青少年社会工作已经构建起了社社联动、社企联动的良好格局，形成了社会各方紧密结合的良好社会资本，为青

少年健康发展提供了充分的社会条件。值得一提的是，上海高校专业教师团队在青少年社会工作发展过程中的全程参与，通过担任理事、顾问、督导、研究者等多重角色，为青少年社会工作服务的专业化、本土化发展做出了贡献。高校、政府、机构之间的紧密结合，成为上海青少年社会工作发展的重要特色。

（二）机构设置

为有效开展青少年司法社会工作，上海市成立了综治委预防青少年违法犯罪专项组、预防青少年犯罪研究会、青少年社会工作专业委员会，①以指导青少年司法社会工作的顺利开展。

1. 上海市综治委预防青少年违法犯罪专项组

上海市综治委预防青少年违法犯罪专项组成立于 2012 年，是上海市综治委下设的 8 个专项组之一，由团市委、市综治办、市高级人民法院、市公安局、市人民检察院、市司法局、市民政局等 27 家成员单位组成，团市委是组长单位，承担专项组办公室工作。专项组主要职能是领导全市预防青少年违法犯罪工作，负责制定全市预防违法犯罪工作政策和文件，统筹协调全市各职能单位做好工作的推动和落实，有效预防和减少青少年犯罪工作。

2. 上海市预防青少年犯罪研究会

上海市预防青少年犯罪研究会（以下简称“研究会”）于 2013 年 9 月正式成立，是一家民间非营利性社会组织。研究会的登记管理机关是上海市社会团体管理局，业务主管单位是中国共产主义青年团上海市委员会。研究会接受登记管理机关、业务主管单位的监督管理和业务指导。研究会是由从事青少年犯罪研究的专家学者、实务工作者及有关单位自愿组成的学术性的非营利性社会团体法人。研究会的宗旨是遵守国家的法律、法规和政策，遵守社会道德风尚，以构建和谐社会、创新社会管理为目标，坚持法学研究与法律实践相结合的原则，全方位开展有关青少年法制建设的立法、司

① 上海市青少年服务和权益保护办公室：http：//www.shyouth.net/html/shsqb/shsqb_gzjz/List/index.htm.

法、执法研究和青少年犯罪问题研究，开展青少年法律教育和法律服务，维护青少年合法权益，预防和减少青少年犯罪。

3. 上海市社会工作者协会青少年社会工作专业委员会

上海市社会工作者协会青少年社会工作专业委员会（以下简称“专业委员会”）是上海市社会工作者协会（以下简称“协会”）所属的分支机构，不具有独立的法人资格，在协会的统一带领和管理下开展工作。该专业委员会的宗旨是遵守宪法、法律、法规和国家政策，贯彻上海市关于青少年社会工作相关的政策和规定，在协会与专业青少年社会工作者之间发挥桥梁和纽带的作用，坚持社会工作的价值理念，对青少年社会工作者提供继续教育、开展业务指导、进行日常管理等工作，促进青少年社会工作向职业化、专业化方向发展。

（三）衔接机制

上海市成立青年工作联席会议，应对不断变化的青年需求和青年问题。在联席会议之下，编制青少年发展规划与开展指标检测，为青少年工作的评估和决策提供有效的依据。同时，发挥广大青少年的主体性，发动青少年参与规划编制工作。[①] 这也成为青少年司法社会工作能够有效运行的工作衔接机制。

1. 上海市青年工作联席会议

上海市青年工作联席会议制度于2002年专门为促进青年工作和青年发展而设，是市委、市政府统筹规划和指导全市青年工作、提出青年政策、协调青年事务的指导、协调和督查机构，受市委、市政府的直接领导，包含63家成员单位，各区也全部设立了相应制度。联席会议旨在发挥共青团组织在青年工作中的核心作用，加强相关党政机关、人大、政协、人民团体、社会组织之间的沟通和联系。针对不断变化的青年需求和青年问题，以会议的形式，加强交流、促进合作、达成共识、完善政策。

① 上海市青少年服务和权益保护办公室：http：//www. shyouth. net/html/shsqb/shsqb_gzjz/List/index. htm.

2. 上海市青少年发展规划与指标监测

编制实施规划和开展指标监测是市青年工作联席会议的重要任务。上海市青少年发展规划是系统谋划和整体推进青少年事务的重要举措，是指导青少年发展的蓝图和工作纲领。上海将“青少年优先发展”作为重要的理念，编制实施了本市青少年发展“十一五”规划和“十二五”规划。“十三五”时期又提出“青少年积极发展”的理念，提出了“价值体系、核心能力素质、协调包容环境”三个重点领域的发展任务和举措，设定了8个重点项目和16项核心指标，继“十二五”规划后再次列入市专项规划。指标监测以上海市青少年发展状况指标体系为依托，通过人口与基础信息，以及其他一些与青少年生存发展密切相关的重要领域的指标测量，准确、客观、全面地呈现青少年发展的现状和整体特征，为青少年发展规划的实施和评估提供数据支撑，为政府青少年事务的决策提供参考依据。

3. 青年汇智团

上海市青年工作联席会议办公室、团市委于2015年4月24日在全市启动招募青年汇智团，为让广大青少年更深入地参与到上海市青少年发展“十二五”规划的编写制作、宣传推广中来，真正实现“开门办规划”“青年规划青年编”的指导思想，广泛招募9～35周岁上海青少年参与规划编制工作。此外，汇智学员还分成价值引领、青年创业、青年文化、教育与“互联网＋”等9个调研组，自行设计调查问卷并开展项目调研，形成了近5万字的可行性调研报告，为规划编制提供了重要参考。

六、上海青少年司法社会工作的成效

上海市在司法社会工作领域，尤其是青少年司法社会工作领域起步探索较早，在全国一直处于领先地位。尤其是在近十年，社会工作快速发展的大趋势下，上海的青少年司法社会工作顺势而为，在服务制度建设、专业人才培养、组织孵化、专业服务等方面做了诸多努力，积累了大量经验，取得了卓越的成效。

（一）建立了专业服务制度体系

上海司法青少年社会工作在探索发展的过程中，积极贯彻落实《中华人民共和国未成年人保护法》《中华人民共和国预防未成年人犯罪法》和“宽严相济”的刑事政策和中央综治委预防青少年违法犯罪工作领导小组等《关于进一步建立和完善办理未成年人刑事案件配套工作体系的若干意见》。上海市在出台的《上海市未成年人保护条例》《上海市预防未成年人犯罪条例》《上海市关于进一步建立、完善和规范办理未成年人刑事案件配套工作体系的若干意见》《上海市社会工作者协会青少年社会工作专业委员会工作条例》《上海市青少年发展“十三五规划”》等法律法规和政策中均把青少年社会工作、青少年司法社会工作写入其中，以指导社会工作实践的开展，逐渐建立并完善了青少年司法社会工作服务体系。

1. 建立了以问题为导向的服务体系

当前，上海青少年司法社会工作服务强调以问题解决为主要出发点，即服务的焦点还是集中在问题上。这就要求司法社会工作服务不是从社会工作者角度出发，而是从服务对象的需求出发，提供适合的服务。为落实这一举措，上海市不断深化服务对象的调研制度，围绕市青少年发展指标监测所反映的青少年发展关键环节和重点问题、青少年权益保护中的社会热点和普遍性问题、特殊特困青少年群体生存发展问题等展开。同时，开展专题性的问题研究，为党政决策部门关于推进青少年司法社会工作服务体系建设重要决策提供参考。

2. 出台了服务评估体系

专业评估是保障服务专业性、提高服务效率的重要手段。上海市出台了《上海市预防青少年违法犯罪工作考评办法》《上海市预防青少年违法犯罪工作考评指标》等评估政策，还制定了预防青少年违法犯罪工作标准；明确区县预防青少年违法犯罪工作流程标准、工作对象标准、信息来源与采集标准，实现了社工驻所工作全市覆盖。在此基础上，还建立了一套客观、公正、科学、透明的社工工作评估体系、社工组织的市场准入评估系统、政府合同的评估系统、社工组织履行合同绩效的评估系统、社团对社工履行合同的评估系统等，这对社会工作服务的质量进行了有效评估，并促进了司法社会工作行业的规范发展。

3. 组建了一套组织结构体系

组织机构是开展青少年司法社会工作服务和指引青少年司法社会工作发展的主要阵地，也是确保其能得到顺利发展的重要保障。上海市在组织建设上，以团市委为主要载体，形成了“9+1+X”的部门设置架构，即9个内设机构和上海市青少年服务和权益保护办公室，“X”是重点工作项目组。共青团的工作主阵地将聚焦社区、学校、新兴领域和网络。在社区，重点加强青少年事务社工和志愿者队伍建设，形成“团干部＋社工＋志愿者”的工作格局。此外，还在法院、检察、公安、司法、防范办、禁毒办、团区委、区妇联等部门和各街镇一级部门设立了青少年司法社会工作部门。如选派司法社工进驻法院少年庭和刑庭开展工作；在司法局设立以社工为主体的社区矫正社会调查办公室和社区矫正工作中心，专门从事社会调查工作和社区矫正服务工作等。

（二）培育了一支专业的社会工作人才队伍

在“政府主导推动，社团自主运行，社会多方参与”指导思想的指引下，上海的青少年社会工作人才队伍得到持续建设，在“十二五”期间，上海实现了每10万名青少年配备的青少年事务社会工作专业人才数达17人，“十三五”期间每10万名青少年配备青少年事务社会工作专业人才预期80人。

上海市各部门牵头主动联系高校、社工培训部门和行业内社工专业人员，对社工开展业务培训和继续教育，以在实践中不断提升社工的服务能力和业务水平。近年来，上海加强了青少年社工队伍总体规划和制度建设，建立了社工工作格局的制度安排、配套政策和工作体系，推进了社工移动办公系统、在线培训系统等的建设。在激励机制上，开展评优评先活动，建立了社工工资动态调整机制。

（三）有效预防和减少了青少年犯罪

上海青少年社会工作经过多年的发展，协助青少年在提升就业就学能力、改善家庭关系、控制行为情绪、适应社会环境、建构社会支持网络等多方面获得改变，健康成长。通过专业服务提供，协助政府及共青团组织进一步完善社会化运行机制、事业化发展路径，成为政府及共青团组织扩大工作覆盖面和提升专业化服务水平的有效手段，取得了较好的社会认同、政府认同。

截至 2015 年，上海社区青少年人口总数约为 11.7 万人，其中沪籍社区青少年群体总数约 3.1 万，与 2004 年统计的 6.3 万相比，11 年来沪籍社区青少年的总人数已减少近一半。2010 年，25 周岁以下和 18 周岁以下违法犯罪青少年总数分别同比 2006 年下降了 25.45％和 39.98％，下降速度好于上海总体违法犯罪状况。2009 年以后，社会工作的服务范围逐渐向来沪青少年延伸。从近 4 年法院对常住人口青少年犯罪判决数量来分析，25 岁以下犯罪青少年占犯罪总人数比例由 2009 年的 39.1％下降到 2014 年的 23.1％，未成年人犯罪比例由 2009 年的 6.6％下降到 2013 年的 2.0％。这些数据表明，上海市预防和减少青少年违法犯罪工作从总体上说，取得了显著的成效。

七、总结

上海青少年社会工作的发展历程，清晰地显示出社会工作发展是社会制度条件、服务对象需求、社会工作者系统三者交互作用的结果。

从社会制度条件来看，政府购买服务制度的构建及完善对青少年社会工作专业发展至关重要。政府职责明晰及职能转换明确，政社关系合理，政策、资金及资源支持充分，能够给青少年社会工作发展创建良好的制度条件。

从青少年需求来看，无论其自身的心理、情绪、行为的矫正，还是人际关系、家庭关系的调适，个人社会适应能力的提升，就业就学等服务需求，都对社会工作服务提出了日益多元和富有挑战的诉求。深入理解和把握青少年个体，社会环境及青少年与环境互动的现状、问题、优势和潜能，满足多层面服务需求，是青少年社会工作服务的基本前提。

青少年社会工作者系统，包括社会服务组织及社会工作者，其专业服务管理和专业服务实践能力，既受制于社会制度条件和服务对象需求，又取决于其自身的专业素养。从上海青少年社会工作发展经验来看，社会工作者系统的专业服务能力，是建构有利于青少年健康发展的社会工作制度环境的重要力量。

云南省青少年司法社会工作情况介绍

姜 敏 陈怡璇[①]

一、云南省青少年司法社会工作开展的背景

此处所指的青少年司法社会工作，是社会工作中专门以青少年[②]为核心服务对象的部分。与其他的社会工作一样，青少年社会工作秉持利他主义价值观，以专业理念、知识为基础，运用科学方法针对社区、家庭、个人开展服务活动，起到预防和解决相关社会问题的作用。青少年司法社会工作者与司法机关合作，提供相关服务，发挥维护青少年合法权益、保护青少年健康成长、预防减少青少年违法犯罪、帮助青少年回归社会等作用。

云南省的青少年司法社工包括共青团体系下孵化建立的青少年事务社工机构的专业工作者、关工委系统下开展未成年人司法项目的专兼职人员，

① 姜敏，国际救助儿童会儿童保护与司法项目，项目经理。陈怡璇，云南省人民检察院第九检察部副主任。

② 尤其是跟诉讼过程有接触的青少年群体，这个群体在司法办案程序或其他工作中被发现，他们或者因为违法犯罪，或者因为权益受到侵害，又或者因为监护缺失、不当等造成生存或成长风险等。

以及其他领域专业或非专业的青少年工作参与者。①

云南省青少年司法社会工作发端于昆明市盘龙区的司法分流国际合作项目。随着改革开放的深入发展，未成年人违法犯罪问题逐渐成为影响社会稳定的突出问题，云南省也不例外，尽管连续多年未成年人犯罪人数在总体犯罪人数中的占比连续下降，但未成年人犯罪的绝对人数在全国始终居于前列。随着20世纪80年代中期我国少年审判制度的起步和发展，有关诉讼程序中对涉罪未成年人权益保护的理念和实践经验不断出现，加强对涉罪未成年人诉讼权利的保护日益引起理论界与司法界的关注，加之立法方面的原因，司法实践中对涉罪未成年人权益保障替代性机制的探索也在各地逐步展开。基于云南未成年人违法犯罪的形势，2000年初，昆明市盘龙区法院、检察院建立了少年审判庭和未成年人起诉组，负责专门办理未成年人犯罪的案件。

2002年5月，通过盘龙区法院少年庭的引荐，盘龙区人民政府与英国救助儿童会合作，就未成年人的司法保护和犯罪预防共同签署了司法分流试点项目合作备忘录。由盘龙区党委政府牵头，公、检、法、司、教育等各部门作为执行单位，建立由副区长担任组长、公检法司各部门领导担任成员的项目领导小组，下设常态开展工作的项目办公室，开始了为期7年的未成年人司法保护与分流试点。

盘龙区的司法分流项目将“儿童利益最大化”“国家亲权”“平等保护”等国际少年司法先进理念引入到项目中，以国外“合适成年人参与”制度和恢复性司法的理念为指导，于2005年初建立了国内第一支兼职“合适成年人”队伍，由34名经过培训和筛选的来自社区的工作人员组成。服务于辖区所有涉嫌犯罪的未成年人，业务包括合适成年人到场维权、社会调查和跟进帮教，但是，随着项目的运行，兼职“合适成年人”队伍无法适应司法机关办案需要的问题逐渐凸显出来。

专职合适成年人队伍成为青少年司法社会工作服务的样板。为解决兼

① 比如心理工作者、教育工作者、医务人员等，也会参与到司法社工的工作中来。

职合适成年人在履职方面出现的工作时间冲突、专业不足等问题，2005 年 5 月，项目设置了合适成年人全职岗位，在兼职人员里进行筛选聘用，成立了一支由 10 人组成的专职合适成年人队伍，他们成为全云南乃至中西部地区第一支青少年司法社工队伍，与上海等其他地方的探索不同，这支队伍在司法程序中为违法犯罪的未成年人提供帮助，对所有涉嫌犯罪的未成年人，无论是否监护人到场，都提供首次询问/讯问时的到场维权，并对符合客观条件的未成年人进行社会调查和跟进帮教。随着项目推进和经验的推广，省内很多地方司法机关对司法服务的需求量越来越大，但完全由专职人员担任合适成年人的做法在成本和队伍规模上渐渐与现实的司法需求不匹配。

以“五老”为代表的兼职合适成年人队伍成为弥补专职力量不足的主要途径。在项目推进的过程中，合适成年人制度的落实和可持续性发展成为试点项目新的目标，专兼职相结合组建队伍是试点的主要内容，也就是从盘龙区实行两期之后的 2011 年起，云南省关工委与救助儿童会合作，在地处滇中、滇西、滇南的玉溪市红塔区，大理州大理市，红河州蒙自市开展新的试点，“五老”[①]成为参与司法程序中维护未成年人合法权益、程序后帮教矫正的主力军，他们成为未成年人司法保护社会工作的重要补充力量。在省关工委领导们的重视和推动下，“五老”接受未成年人司法保护理念和操作上的培训，跟专职的合适成年人分工合作，承担合适成年人到场维权、社会调查、跟进帮教和预防宣传等工作，成为关工委体系下的准青少年司法社会工作者。

省市两级共青团孵化培育的青少年事务社工组织成为青少年司法社工专业发展的基础。作为各级共青团的一项重要工作，孵化建立青少年事务社工机构，并通过这些事务中心更好地维护青少年的权益、预防青少年犯罪、促进青少年发展，在我省各地得到有效落实，短短的几年里，建成近百家青少年事务中心，[②]这些事务中心中可提供青少年司法社工服务的占不少比

---

① “五老”是指老干部、老战士、老专家、老教师、老劳模。

② 到 2017 年年底，共青团在全省推动建立了 96 家青少年事务中心，其中在昆明团市委孵化建成的有 15 家。

例，而且有进一步发展扩大的趋势，在青少年司法社工的各项服务中，这支队伍发挥着越来越重要的作用，以其专业度在办案机关中获得肯定，并引领了全省青少年司法社会工作向专业、专职的路径发展；此外，各级团委也通过综治委领导下的预青专项组充分发挥组织、协调作用，积极牵头各成员单位参与，在链接资源、协调资金、衔接办案部门、进校园、社区宣传等方面起到不可或缺的作用。云南的省市各级共青团在推动青少年司法社会工作的专业化发展上处于领导和推动的地位。

未成年人司法项目在全省推广成为目前云南青少年司法社会工作的便捷可及模式。盘龙区项目和关工委试点的经验成效得到了云南省、市两级党委政府的肯定，云南省政法委与云南省关工委于 2014 年召开全省推广未成年人司法保护的电视电话会，开启了在全省范围通过关工委系统对未成年人进行司法保护的工作。截至 2017 年年底，全省 16 个地州的 129 个县市全面建立了未成年人司法保护项目办公室，从关工委系统或办案部门协调项目资金，建立领导小组，组建专兼职相结合的队伍，以盘龙模式和关工委前期试点为模板，在全省范围内全面推广未成年人司法项目工作。此间青少年司法社工的一些基本理念在省级关工委分片区组织的定期培训和指导检查中得到宣传，在制定的相关文件和执行办法中“五老”的职责作用得到明确。关工委的老同志们在链接资源、协调多部门合作、解决未成年人及其家庭问题等方面有效地弥补了年轻社工的不足，特别在经济条件比较落后、社工专业化程度较低的云南省各县市，关工委“五老”参与青少年司法社会工作的模式对未成年人保护和犯罪预防起到了积极的作用。

评析：少年司法的国际合作项目奠定了云南省青少年司法社会工作的理念和实践基础，青少年事务司法社会工作服务的需求和供给从两端提供了发展的动力。从发展过程看，经历了个别地区的专职队伍模式到多数地区的兼职队伍模式，再到全省范围专兼职并行的发展过程，呈现了从无到有，从有到好更专业的方向发展路径。从服务的本质和内容看，体现了从关注司法程序到更关注儿童本身的价值取向的变化趋势，多维度解决儿童问题的综合保护模式成为司法部门和司法社工机构的共识。[①]

二、云南省青少年司法社会工作的法律及政策依据

云南省在少年司法领域的探索所依据的法律政策依据包括了三个层面：一是我国参加并签署的国际公约、非约束性规则；二是国家法律、法规、司法解释以及政策性文件；三是各地各部门分别或联合制定的规范性文件或工作机制性文件。

（一）我国签署的国际公约以及非约束性文件

云南青少年司法社工发展的特点之一，就是在初期引入了国际少年司法的先进理念、实践经验，以国际公约等有关少年司法保护的相关规定和先进理念作为探索的重要依据。

1. 联合国《儿童权利公约》。1989 年 11 月 20 日第 44 届联合国大会第 25 号决议协商一致通过，并向各国开放供签署、批准和加入。迄今为止已有 190 多个国家批准履行，我国政府于 1990 年 8 月 29 日正式签署了该公约。[②]该公约明确了儿童的基本权利，明确了家庭，政府对儿童生存、发展、保护、参与等方面应当承担的责任，也规定了对触法儿童处遇的原则，包括促进其尊严、价值和回归社会的考虑，认为逮捕、拘留、监禁等应是处理触法儿童的

---

① 2013 年年底，云南省人大召集省级公、检、法、司各部门的专门会议，专题研究未成年人刑事案件特别程序中社会调查制度的贯彻落实问题，但很快发现核心问题就在于司法机关本身无法承担大量针对涉罪未成年人司法程序中的辅助工作和权益保护方面的专门工作。这也从另一个侧面反映出司法机关对青少年司法社工的需求是十分迫切且需求量巨大，但由司法部门承担社会工作缺少专业能力和持续发展的基础，需要从制度设计层面解决青少年司法社工的服务提供问题。与这一时期司法的需求相呼应，全国社工人才发展规划和共青团孵化和培育青少年事务社工的任务，很大程度上在司法程序中对社工服务的需求和服务的提供做了制度安排上的匹配，自此，青少年司法社工的发展有了双向发展的动力。

② 《儿童权利公约》第 2 条：缔约国应尊重本公约所载列的权利，并确保其管辖范围内的每一儿童均享受此种权利，不因儿童或其父母或法定监护人的种族、肤色、性别、语言、宗教、政治或其他见解、民族、族裔或社会出身、财产、伤残、出生或其他身份而有任何差别。第 3 条：关于儿童的一切行动，不论是由公私社会福利机构、法院、行政当局或立法机构执行，均应以儿童的最大利益为一种首要考虑。第 40 条：缔约国确认被指称、指控或认为触犯刑法的儿童，有权得到符合以下情况方式的待遇，促进其尊严和价值感并增强其对他人的人权和基本自由的尊重。这种待遇应考虑到其年龄和促进其重返社会并在社会中发挥积极作用的愿望。

最后手段。

2.《联合国少年司法最低限度标准规则》，又称《北京规则》。1985年12月联合国大会通过，同年，我国正式签署《北京规则》。《北京规则》是一套专门针对犯罪少年的规则，要求会员国采取的社会改革应努力促进少年的福利，尽量减少司法干预，考虑其未来的发展，对触犯法律的少年给予有效、公平、合乎人道的处理，既保护青少年的健康成长，又维护社会的秩序。

3. 联合国《预防少年犯罪准则》(利雅得准则)。该准则是1991年8月27日至9月7日联合国第八届预防犯罪和罪犯待遇大会通过的重要法律文件之一，这个文件是世界各国预防少年犯罪的经验、政策、法律的高度概括和总结，强调了福利对预防方案的重要性，规定了政府及社会应当对少年、家庭承担的责任，青少年在社会政策上应当被优先考虑，规定了教育、社区、传媒等在预防青少年犯罪上的作用，这对在全世界范围内预防少年犯罪、保护少年健康成长，具有普遍的意义。

4.《联合国保护被剥夺自由少年规则》。该规则是1990年12月24日第45/113号决议通过的一整套针对被剥夺自由少年的处遇规则，明确少年司法系统应维护少年权利、安全、身心福祉，监禁只应当作为最后手段，时间应尽可能短；并且应当避免监禁性处置带来的有害影响，促使其回归社会等，本规则为少年司法系统专业人员处遇这些少年提供了详细的参考标准和指导原则。

(二) 云南地方各级制定的规范性文件

除了国家层面制定的相关法律、法规、司法解释以及政策性文件外，[①]云南省各级预防青少年犯罪专项组成员单位都从各自工作职能出发单独或联合其他部门制定了关于未成年人权益保护的相关规范性文件，其中，检察机

① 包括民事、刑事法律、法规、司法解释中有关未成年人司法保护的法律规定之外，一些国家层面制定的政策性规范也是实践中规范、推动青少年事务社会工作发展的重要依据，如《中央综治委预防青少年违法犯罪工作领导小组等六部门未成年人配套意见》《最高人民检察院加强未成年人保护八项措施》等。

关在推动建立司法机关借力社会专业力量相关机制方面力度更大。云南省检察院在发展未成年人检察工作的过程中，一直将推动少年司法社会支持体系的建设作为工作重点之一，先后在制定下发的《云南省检察院进一步加强未成年人检察工作的意见》《云南省检察机关未成年人刑事案件社会调查实施办法》等规范性文件中，对于联合或委托专业第三方力量参与检察机关未成年人刑事案件办理作出了规定，特别是明确要推动社会专业第三方力量成为未成年人司法保护社会支持体系的主要力量。

市、县两级就联合青少年司法实务社工组织开展未成年人权益保护、落实新刑诉法未成年人特别程序等方面的工作联合制定的文件涉及的内容有：帮教矫正、心理支持、救济救助等。如昆明市社管综治委、预防青少年违法犯罪专项组、昆明市公检法司、共青团昆明市委出台的《关于进一步建立和完善办理未成年人刑事案件配套工作体系的实施意见》、市级多个相关部门共同制定签发的《昆明市未成年人刑事司法工作联席会议制度》《关于合适成年人参与刑事诉讼的实施办法》等，昆明市检察院与昆明市红嘴鸥青少年事务服务中心签订开展《涉案未成年人帮教合作方案》，明确检察机关委托青少年事务社工机构协助开展对未成年人案后五年的社会调查、心理评估、心理疏导、服刑期间的心理辅导、公益活动、跟踪回访等；玉溪市检察院、司法局、教育局、关工委、团委、妇联会签《关于检察阶段合适成年人参与刑事诉讼联动实施意见》，明确包括司法项目办专兼职社工在内的未成年人保护组织代表在诉讼过程中为涉罪未成年人提供到场维权等支持；德宏、保山等多地就建立完善未成年人刑事案件配套工作体系、未成年人观护、附条件不起诉监督考察等活动中委托和联合青少年事务社工组织提供专业支持的问题也出台了多部门的工作规范，确保在未成年人刑事案件办理过程中青少年事务社工力量介入的规范性、合法性、必要性。

（三）项目试点实施层面各司法部门、群团组织、关工委系统会签的文件

主要是在盘龙区及随后云南省关工委系统下实施未成年人司法保护项

目试点过程中，区级各部门联合制定的有关“司法分流”“合适成年人参与”，加强部门之间、部门与社会组织之间衔接配合等方面的规范性文件。

三、云南省开展青少年人司法社会工作的服务内容

目前，云南省开展青少年人司法社会工作服务主要有以下几类。

（一）配合落实特殊法律制度

合适成年人到场维权。作为合适成年人参与讯问并开展维权服务是目前青少年司法社会工作中数量上占比最大、覆盖最广、普及率最高的服务。这项服务主要由三类主体来完成，一是专门的青少年事务社工机构派出的专兼职工作人员；二是关工委未成年人司法项目办公室的专兼职人员；三是由社区、共青团组织、学校等单位的工作人员充任。合适成年人在上岗服务前一般有培训，基本能达到合适成年人到场维权的主要目的，即见证询问、讯问的过程，安抚未成年人的紧张焦虑情绪、协助联系未成年人的家人及依法回应其合理的需求。从全省的情况看，合适成年人到场制度呈现出从强制要求到自觉落实、从阶段性介入向全程性参与的发展趋势。

社会背景调查。检察机关与共青团是推动云南青少年司法事务社工参与社会背景调查工作的主要力量。云南省检察院2013年开始将社会调查明确为未成年人检察工作主要业务评价项目之一，2016年下发的《云南省检察机关未成年人刑事案件社会调查实施办法》规定检察机关办理未成年人刑事案件开展社会调查的途径包括：委托或联合公安机关调查、委托或联合专业第三方调查、检察机关自行调查。基于云南省内各地特别是基层地方专业第三方力量的分布不均衡、发展不充分，加之云南涉罪未成年人群体情况的特殊性，因此采取了多种调查主体并存的方式，但在司法实践中各地检察机关都在积极推动委托专业青少年司法事务社工组织开展社会调查。如昆明市的红嘴鸥、向阳花等社工机构均部分或全部接受当地司法机关委托，为办理未成年人刑事案件提供社会调查服务。但是由于成本、调查人员专业度、社工机构分布等方面的限制，目前在云南省委托开展此项青少年司法社

工服务的数量和占比均不多，以 2013 年为例，全省未成年人案件开展社会调查 3 565 人，其中由司法体系外的独立第三方承担的社会调查只有 120 人，仅占案件总人数的 3.37%。此后，虽然各地委托进行社会调查的数量在不断提升，但还远远没有达到完全或多数由专业机构提供此项服务的地步。从办案部门反馈的信息看，社工机构提供的社会调查服务更加专业、全面，能够为案件办理提供心理、社会危险性、再犯可能性方面的评估建议。

（二）监管、帮教服务

基于“教育、感化、挽救”的办案原则，办案部门在对涉罪未成年人做出的阶段性或最终的司法处置期间应当对未成年嫌疑人进行监管辅导、帮助矫正，具体对象包括被决定取保候审、附条件不起诉、相对不起诉、缓刑等的未成年犯罪嫌疑人，被告人。

附条件不起诉监督考察在立法上有明确的要求，是目前一项具有代表性的青少年司法社工服务。目前，云南省受委托开展此服务的第三方机构包括青少年事务社工机构和未成年人司法项目办公室，从数量上看，通过关工委未成年人司法项目体系提供的服务占绝大多数。在附条件不起诉考验期内，检察机关作为监督考察主体，与社工组织、司法项目办签订监督考察协议，由这些主体负责具体的监管、帮教工作，检察机关定期、不定期向受委托机构了解该未成年人的表现并根据其表现做后续的决定。未成年犯罪嫌疑人除服从监管之外，最重要的内容是接受思想和行为的教育矫治，而青少年司法社工能够提供比家长、学校、社区更加专业细致的教育矫治方案，包括心理、行为等方面的干预都更具有针对性，能个别化施教，在实践中办案的部门更希望将监管帮教的任务交给专业社工服务机构，在目前的发展期，各地以检察院为主的司法部门正在积极努力促进当地青少年事务社工机构的建立和服务水平的提升。

在青少年司法社工参与司法程序中的监管帮教上，不能不提涉罪未成年人观护基地。涉罪未成年人观护基地主要服务于缺乏有效监护但又需要进行一定时段监管帮教的涉罪未成年人，观护基地提供生活食宿、接受监管、提供实习的场所和辅导人员，对象包括非本地户籍的未成年人、家庭监管不力或缺失的未成年人等，非本地户籍未成年人群体在全省各地未成年人触法案件总数中占大多数，临时观护是对这些未成年人提供平等司法保护最有力的支持，除了观护基地本身提供的基本照顾和监管服务外，社会工作者也进入观护基地开展工作。在有些地区，观护基地的工作人员要接受培训提升青少年社会工作的理念和能力，如昆明的野鸭湖观护基地，这个专门提供拓展训练、餐饮、住宿、会议的商业机构也为特殊青少年提供公益性的服务，他们指定了两名优秀的拓展训练教练作为观护考察的负责人，教练们得到国际救助儿童会和办案部门提供的培训和学习机会，他们跟专业社会工作者一起为接受监管考察的未成年人服务。目前，云南省有观护基地或观护条件的地区包括昆明、德宏、保山、曲靖等，还没有覆盖全省各地州，在观护基地中进行附条件不起诉监督考察或取保候审的涉罪未成年人也仅为少数。

（三）刑罚执行阶段未成年人的回归支持

对于刑罚执行阶段未成年人的帮教特别是帮助其顺利回归社会，是在少年司法发展过程中逐渐受到重视的领域。除传统的缓刑、假释涉罪未成年人社区矫正外，在监狱内对接受教育改造的未成年人提供专业帮教逐渐成为社工机构服务的内容之一。在云南唯一一所关押未成年人服刑人员的监狱——云南省未成年犯管教所，执行机关、执行监督机关与社会工作者正在探索开展以帮助未成年人进行行为矫正，心理矫治，回归社会为主题的服务。最具有代表性的就是昆明市检察机关与红嘴鸥社工机构联合进行的“向日葵青春课堂”，以及 5 年案后跟踪帮教计划。5 年案后跟踪帮教的具体内容是：昆明市检察院委托红嘴鸥青少年事务服务中心，对昆明市检察院办理的未成年人刑事案件中的涉罪未成年人提供“1＋2＋2”模式的五年专业社工帮教服务，即从检察机关受理案件开始，在 1 年的帮教期内提供社会调查、心理评估及辅导服务；在 2 年帮扶期内开展心理访谈、心理辅导、帮扶服务；在 2 年的观护期内，进行帮教效果的巩固。专门针对服刑在押的未成年人，组成“检察官＋社工＋狱警＋志愿者”的帮教小组，结合在押未成年犯的身心特点，开展情绪管理、认知矫正、法律帮助、回归帮扶等服务，特别是为保证未成年犯回归后能够获得就业机会，与爱心企业联动建立了“重返社会计划”解决刑释未成年人的就业问题。将青少年事务社工机构纳入服刑未成年人帮教支持团队中，帮助未成年犯搭建社会支持网络、恢复社会功能、获得全面发展的机会，可以为这一群体提供更为长效、专业、系统的服务。

（四）违法犯罪预防、儿童保护宣传

对青少年的违法犯罪预防和儿童保护宣传是很多司法部门、教育部门和群团组织长期关注、参与的一项工作，但由青少年社工机构和司法项目办组织实施的宣传教育更具规划性和系统性。比如盘龙区新天地未成年人保护中心、泸水市红木棉青少年事务服务中心等社工机构，通过在学校、社区粘贴海报的形式，介绍儿童权利和儿童保护的知识，介绍青少年违法犯罪的后果和如何避免受侵害等；盘龙区新天地未成年人保护中心还在一所小学举办预防校园欺凌的预防宣传周活动，计划2018年在更多中小学推广校园宣传周活动；关工委司法项目办也通过学校、社区、家庭讲座、座谈等开展中小学预防犯罪、保护儿童的宣传，在一些边境地区，如德宏州芒市，关工委则采取制作宣传材料进行巡回展览、编排戒毒防艾遵纪守法文艺节目在村寨巡演；此外，云南省各地关工委系统下开展的网吧监督也具有特色，作为关工委长期的一项重点工作，很多地方网吧在制止未成年人进入不当场所方面成效显著。

未成年人法治教育基地在云南的覆盖和普及程度较为理想，全省各地结合本地情况和资源条件，建立了各种类型和规模的法治教育基地和法治教育机制，在法治教育基地中，青少年司法社工开展未成年人犯罪预防、安全保护等方面的宣传，更可以通过模拟演练等互动环节增加儿童参与的积极性，增强宣传效果。法治教育基地的建设和专业社工的参与使得预防宣传有了更多的形式和内容，与传统的展板、知识竞赛、以案说法等相比更加灵活生动，更符合未成年人的身心特点，易于接受。

（五）救助保护

在云南青少年司法社工机构中逐渐出现了可以回应儿童受暴力侵害等问题的专业人员，将他们归入青少年司法社工的服务群体，一方面，因为这些服务基本上都是司法渠道发现的，且对这些未成年人的救助保护离不开司法的作用和介入，另一方面，解决这些孩子的问题需要社工的服务及必要时的临时安置。接受服务的对象大致包括未成年被害人和监护缺失、监护有较高风险的未成年人。

在被害人的救助保护方面，除了司法程序中通过合适成年人到场维权帮助实现讯问等司法环节的保护，在个别地区社工机构还会根据需要为家庭和被害人转介心理专业的人员进行疏导、链接资源为家庭和被害人提供后续帮助。在本研究撰写期间昆明盘龙区的一站式性侵未成年人保护中心已经建成，形成了跨部门跨专业的介入合作机制和相关规范，从最大程度上减少了询问未成年人次数到最大范围提供后续帮助，形成一体化的保护。

在监护问题上，昆明由于其特殊的区位和历史原因，涉毒违法犯罪一直居高不下，很多涉毒违法犯罪的成年人为流动人口，他们的未成年子女往往在父母双方或单方进入司法程序或被执行后，成为生活无人照管的流浪儿童，云南省家馨未成年人救助保护中心为这类儿童群体提供了不可或缺的帮助，他们提供临时的食宿和生活照顾，为办案部门赢得时间查找其他成年亲属起到重要的作用，也积极协调办案部门和民政部门，对未成年人的后续监护提供衔接过渡期间的社工服务。

（六）其他服务

心理评估。目前昆明的部分青少年司法事务社工机构开展了罪错未成年人的心理评估，比如昆明市西山区的向阳花青少年事务服务中心就受区法院委托，对辖区内每个涉罪的未成年人在法庭审理前提供心理疏导、进行心理评估，专业心理工作者的介入让庭审时未成年人的心理更加稳定，帮助未成年人认识到自己的问题，以更积极的态度做好思想和行为转变的准备。

昆明市检察院对重罪未成年嫌疑人也开始进行心理评估的探索，一方面，通过心理评估了解未成年嫌疑人涉罪行为前后的心理状态和再犯风险，另一方面，也是为后续的矫正提供更为科学客观的参考。

服务进驻学校。在昆明唯一的一所针对行为偏差未成年人设立的中学，昆明市红嘴鸥青少年社工服务中心和西山区向阳花青少年事务服务中心都入驻该校，对学校学生进行个人、团体工作、生活辅导等，用专业的社工理念和方法减少未成年人的社会问题，帮助其形成良好的生活学习习惯，矫正不良行为。在昆明市盘龙区，新天地未成年人保护中心（社工机构）于2017年分别在辖区一所小学和一所中学开展驻校社工的试点，社工除了开展预防性的宣传，更是通过个案和小组对校园的儿童保护、犯罪预防进行回应，通过驻校社工，有望搭建更安全、更友好的儿童学校，建立更有效的儿童保护问题发现、报告、处置和预防机制。

四、云南省开展青少年司法社会工作的机构设置和衔接机制

云南省青少年司法社工机构主要有以下几种形式：一是在关工委组织领导下覆盖全省所有县区的未成年人司法项目办公室，这是由云南省政法委为解决云南未成年人犯罪预防问题而在全省强力推行的组织形式；二是分布于各地的专业青少年事务社工机构，如昆明市红嘴鸥青少年事务社工组织、西山区向阳花青少年事务社工组织等；三是其他未成年保护组织、照顾服务机构，如盘龙区未成年人保护中心、云南省家馨社区儿童照管服务中心等。青少年司法社会工作机构与司法机关等相关部门的衔接配合主要有以下几种形式。

1. 通过全省性工作平台建立联结

包括省综治办领导下的云南省预防青少年违法犯罪专项组、省民政厅主导下的农村留守儿童保护部门会议、云南省关工委体系下与司法部门合作的司法项目等，其优点是统一部署、自上而下推动，从专业力量、专门机构发展的角度促进了青少年事务社工力量与司法部门的衔接。如设定任务目

标、明确服务及委托内容、组织服务统一培训。但也存在因涉及部门较多引起的责任稀释问题。

2. 通过司法程序需求建立联结

主要是司法机关在办理具体的案件过程中，因对未成年人司法保护产生专业性需求，与青少年事务社工机构通过签订服务协议等方式，形成委托关系，这样的合作一般具有较好的稳定性和规划性。

3. 因共同目标形成的合作衔接

基于未成年人权益保护和犯罪预防的共同目标，司法机关与青少年事务社工机构会因共同任务而走入合作，如开展法治宣传、临时安置、司法救助等方面分担投入，共享资源，这样的衔接往往是自动的、灵活的。

4. 司法程序之外的专业性合作

青少年事务社工组织与司法机关在未成年人保护和犯罪预防领域各自具有不同的专业优势，相互之间在理论研究、对策研讨或针对特定专业需求等工作中开展合作，合作方式包括项目合作、课题合作、类案合作等。

五、云南省开展青少年司法社会工作取得的成效

昆明市盘龙区的司法项目及形成的司法机关与专业第三方合作的“盘龙模式”，是云南省青少年司法社会工作的标志性成果，由此发展而来的覆盖全省的未成年人司法项目是云南省开展青少年司法社会工作及构建司法借力社会支持体系的代表，取得了显著成效。

第一，在未成年人司法程序中树立起未成年人特殊保护的先进理念和关注儿童问题的综合解决思路。通过十多年的积累和经验传播，司法人员、司法社工力量及司法项目参与者通过参与项目和接受培训，亲身经历并全面了解了有关未成年人特殊保护的理念、原则、要求，将其运用到实践中。开展未成年人司法项目的地方普遍将司法分流作为触法未成年人优先考虑的处置措施，把加强教育及预防、减少未成年人触法案件的发生作为工作目标，对于涉罪未成年人，秉持“教育、感化、挽救”的方针和“教育为主、惩罚为

辅”的原则;对于被侵害的未成年人,关注他们生理、心理、生活各个方面的需求,链接资源、提供服务,采取综合保护措施;对于因为家庭监护缺失、保护职能履行不到位、社会环境影响等原因造成未成年人权益易受侵害或者特殊未成年人群体临界违法犯罪的情况,重视自护教育和法治宣传、团体辅导,提供综合性预防措施。

第二,促进未成年人特殊司法制度的形成、创新和完善。自 2002 年开始的未成年人司法项目试点,参考国外未成年人司法保护的先进理念和实践经验创造性建立了一系列未成年人司法保护特殊的制度机制,并在实践过程中不断丰富完善。建立了有关未成年人刑事案件办理的系列操作规程;将“合适成年人”制度从最初讯问(询问)时到场维权发展为集社会调查、心理干预、跟踪帮教、教育矫治为一体的特殊制度;创新地将“暂缓起诉”制度与“社区公益服务令”相结合,在探索“司法分流”制度的同时将社会力量引入涉罪未成年人监督考察和综合服务的工作机制,这些特殊司法制度的形成和完善,为新刑诉法未成年人特别程序的制定提供了丰富的实践样本。之后,在针对流动触法未成年人的平等保护问题、校园欺凌防治、性侵害未成年人保护上,陆续开展了观护基地、少年警务、一站式取证中心等活动,这些制度的探索和完善也是在与少年司法社会工作的相伴发展过程中取得成效。

第三,搭建司法机关、专业社工组织以及其他社会力量有效衔接的平台将服务提供给更多的未成年人群体。我省青少年司法虽然有借助国际项目高起点、较早开展的有利因素,但存在经济和社会发展较落后、社会支持体系薄弱、建立专业社工队伍困难比较多等不利现状,但通过发掘、寻找可用资源,通过关工委系统来推行未成年人司法项目,起到了有限资金迅速惠及全省大部分地区的效果,通过全省各地设立项目办公室,成立专兼职合适成年人队伍等方式,在司法机关和社会专业力量之间搭建衔接配合的平台。以 2016 年为例,[①]全省开展未成年人司法项目第四期试点的 45 个县(市、

---

① 数字来自《云南省未成年人司法项目指导小组文件》,关于 2016 年开展未成年人司法项目考评情况的通报,云未司〔2017〕1 号。

区)共发生未成年人触法 3 128 人,项目办派出工作人员参加办案机关首次讯问 2 180 人,后续讯问 2 416 人,进行社会背景调查 1 302 人,参加未成年人庭审 406 人,案后跟进帮教触法未成年人 1 070 人,这些工作有力地维护了触法未成年人在司法程序中的合法权益,有利于其获得资源,更好地回归社会,也促进了司法机关从社会支持体系中获得更多的支持。

第四,推动未成年人司法保护问题得到关注并推动解决。开展未成年人司法项目的部门在开展日常工作的同时,重视对未成年人触法问题的调查研究,不仅清楚地掌握辖区内未成年人犯罪的方式、原因,本区及外来未成年人触法的情况,以及未成年人司法保护中存在的问题。如昆明西山区检察院与西山区向阳花青少年事务社工机构联合对办案中发现的校园欺凌案件高发的问题进行摸底调研,提出防治校园欺凌的对策建议;德宏芒市未成年人司法项目办公室在工作中发现本地未成年人受毒品、艾滋病影响的问题,组织广泛、持续、富有地方特色的宣传。发展过程中相伴而生的教育形式,比如进入村寨巡回展览、文艺演出、宣传教育。这些做法,促进了党委、政府、人大等各方力量更为重视未成年人权益保护及犯罪问题,为制度化解决打下基础,也有效推动了公众和社会各界对未成年人问题的关注和支持。

六、云南省青少年司法社会工作存在的问题和对策

青少年司法社会工作是未成年人司法社会支持体系中的重要力量,但由于各方面原因的影响,云南省青少年司法社会工作发展中存在一些明显的问题。

1. 专业的青少年司法社工机构数量不足,发展缓慢

目前,云南的青少年司法社工机构呈现出弱、小、散、乱的特点,由于没有专门的经费保障,也缺乏稳定持续的业务支撑,因此人员流失严重,机构成长艰难。全省各地开展青少年事务、服务于儿童及家庭的社工机构总体数量少,其中能提供与青少年司法相关服务的更为有限。全省截至 2017 年

底共建成96个青少年事务社工中心，其中大约六分之一的机构集中在省会昆明，①但真正提供司法社会工作的不足一半，机构之间的合作也很少见，缺乏整合能力，这显然难以满足司法程序中的维权保护、跟进帮教和程序后的未成年人矫正辅导等社工需求。这些为数不多的机构目前面临缺少工作经费和专职工作人员的问题，此种情况不仅在昆明，在云南各地州县市更加严重。②

2. 青少年司法社工机构缺少资金投入

我省青少年司法社工机构发展滞后、专业队伍成长缓慢的一个重要原因在于缺少资金的投入，无论是政府购买社工服务还是社会资金的投入都远远不够，对青少年司法社会工作重要性认识和关注的欠缺是重要原因；囿于政府采购服务资金整体不足，投入到青少年司法社工服务领域的就更少，社会对此问题存在认识上的盲点，基本没有慈善资金的投入。

3. 群团组织在开展青少年司法社会工作时定位不准、服务有欠缺

云南省关工委系统承担的未成年人司法项目体系是目前省内主要的青少年司法社会工作内容，虽然在整合资源等方面有优势，但其缺陷也是明显的，比如"五老"人员整体从专业手法到应对年轻人问题新思路上都难以跟专业人员相比。另外，一些地区青少年司法社会工作由共青团组织发动志愿者承担或者由团委直接组织和管理，建立了独立社工机构，但实际上机构与共青团是两块牌子一套人马，不仅提供青少年事务社工服务还要承担团委的事务性工作，两方面的角色交叉并存，纷杂的事务和并不富余的人员，使其难有明确的机构定位和专业的发展规划，也正因为如此，机构的服务难

① 在这个常住人口672.80万，省内政治经济文化及资源最为集中的城市，据初步统计，从事青少年社会事务的社工机构也仅有二十多个，其中在市区两级由共青团作为主管单位的有十五家，加上为数不多其他主管单位的、其他级别注册等情形的。

② 原因在于：一方面政府购买社会服务的措施在基层落实情况不佳，财政预算、采购清单等还没有明确的制度性安排；另一方面，政府之外的社会资金没有有效发动投入这个领域，因此仅从资金的投入上就极大限制了专业青少年司法社工机构的发展。此外，公共服务领域，除了共青团的干部人员，全省在政府职能部门体系内，并没有设置真正意义上的青少年司法社会工作岗位，社会工作专业的毕业生也因为不看好本专业就业机会和职业前景，而纷纷转行从事别的工作。

以深入到司法社工的核心技术部分而多停留在组织合适成年人工作、宣传倡导等方面。

4. 青少年司法社工的专业性不足

缺乏统一的工作规范和技术标准，缺乏相应的专业人员，是目前云南青少年司法社工专业化建设中的突出问题。在全省青少年司法社会工作中，提供服务占比最大的是专业性要求较低或法律强制规定必须完成的内容，如担任合适成年人，但即便如此，服务的质量仍有待提高，在缺乏足够的岗前培训和跟师资实习的情况下，无法为涉罪未成年人提供专业的精神抚慰、维护其诉讼权利、回应其需要，目前全省没有系统提供合适成年人在职培训的课程及师资力量。同时，对于更具专业难度的其他服务，如进行社会调查，除应当具备社工知识能力，还要求有儿童工作知识、心理学、教育学知识。目前全省未成年人刑事案件社会调查报告中普遍存在报告形式不统一、报告内容千篇一律、没有体现个体特征、调查内容与结论矛盾等问题，办案部门难以从中获得可以信赖的信息来支持是否分流的决定；不专业的情况也出现在触法未成年人的跟进帮教上，没有规范系统的帮教流程和帮教内容。青少年司法社会工作的专业度跟学校社工教育有不可分割的联系，以昆明为例，目前本地六所[①]具有社会工作本科教育专业的高校并没有专门针对青少年司法社会工作统合设置专业课程，在选修课，讲座上同时涉及青少年、司法、社工这几个关键词的内容也很少，青少年司法社工教育基本还是空白，高校难以从理论和实践层面给学生综合务实的教育，也难以为在职社工人员提供相应的培训。不难看出，社工教育上的欠缺是青少年司法社会工作专业性发展滞后的一个主要原因，而实务领域欠缺有经验的青少年司法社工作为实习的师傅、工作的督导等，进一步拉大了在专业上理想与现实的差距。

5. 青少年社工机构与办案部门的合作、衔接机制不完善

全省大部分地区少年社工机构与办案部门还多是各自为政，在办案部

① 截至 2017 年 8 月，云南省有社工专业的高校有：云南大学、云南农业大学、云南财经大学、云南民族大学、云南警官学院、云南大学滇池学院。

门辖区内已有青少年事务中心的情况下，办案机关与青少年社工机构也存在沟通不足、合作不够的情况。[1] 从办案部门角度看，主要原因有三：① 对本地的青少年事务社工机构的了解程度低、没有足够的信心将业务委托给这些机构、没有足够资金购买服务；② 从青少年事务社工机构的角度看，认为青少年司法社工服务领域专业性要求高、完成难度较大、缺乏工作经费等认识偏差，阻碍了与司法部门的对接合作，对办案部门需要哪些服务不清楚，更没有通过提高专业能力参与青少年司法社工服务；③ 从衔接机制看，司法机关之间在使用外部服务上沟通不够、协作欠缺，导致司法社工服务无法在多个司法环节有效使用，以致司法程序中提供的社工服务不连贯，也因此难以发展出共同完善的目标方案，无法进行及时的质量监测控制，无法促进地区青少年司法社工的进步和发展。

针对上述问题，我们有以下建议和对策。

一是通过人大、政协提案、专题调研等引起全省各级政府关注，重视青少年司法社会工作在未成年人保护、犯罪预防中的重要作用；在省级层面组织青少年发展问题专家顾问组，定期召开会议，研讨全省青少年发展的需求，为相关部门制定青少年司法社工发展的相关政策规划提供咨询建议。

二是促进省级层面司法机关与民政、财政、共青团等部门联合梳理全省青少年事务社会工作的状况，制订政府购买社会服务中涉及青少年、家庭事务方面的中长期计划，鼓励从办案经费和政府购买社会服务渠道建立可持续的青少年司法社会工作发展与资金预算规划，为青少年司法社工机构发展、社工人才发展奠定基础。

三是建立省级青少年司法社工协会，联合司法部门和社工机构制定全省青少年司法社工各项业务标准的规范，成立全省性的未成年人司法工作专家组，由专家组制定操作指导意见，比如社会背景调查如何进行，报告如

---

① 比如红河地区共有 18 个青少年事务中心，但除了蒙自院、开远院与辖区内青少年事务中心开展合作外，包括州院在内的其他院均未利用辖区内资源开展司法社会工作上的合作（2017 年初情况）；临沧的临翔、耿马两地，以及昆明的富民、禄劝等地均有青少年服务中心，但均未开展合作。

何撰写，附条件不起诉帮扶的方式和要求等，设立普及推行的具体方案，对各地州开展定期督导、检查和评估，促进各地按照标准和规范实施。

四是大力推动青少年司法社工教育发展，在有社工专业的高校促进青少年司法专业课程和在职培训的开展，完善优化青少年司法社工的课程，设立试验实践基地，鼓励学者与实务工作者合作开展行动研究，整体提高教学和实务的能力。

五是建立云南省青少年司法社会工作的资源中心和资源地图，并推进机构间的合作。也可以考虑由高校研究团队及其他组织牵头，推动在昆明及条件具备的地区集结资源，形成协作支持交流商讨的平台，并将这些区域的资源和信息形成可便捷查询的地图索引。在资源中心组织活动，促进青少年司法领域共识的形成，推动整体共同发展，倡导政策和制度建设，共享资源提供效率，发展多样化的服务，建设不同服务间的转介、合作机制。

山东省青少年司法社会工作的实践探索与反思

付立华[①]

摘　要：青少年犯罪问题一直以来受到社会的关注。近年来，司法体制的改革，由重刑罚向重教育转变，社会工作开始介入青少年司法领域的一些环节，并起到了较好的矫正、教育和社会融入的作用。本文梳理和总结了近年来山东省青少年司法社会工作在未成年人检察、未成年人审判、社区矫正、社区戒毒和家事审判等不同司法领域和环节的探索实践，概括了其发展特点，并从司法社会工作与社会力量的关系、司法社会化、司法社会工作的地位以及司法社会工作的专业化的角度进行了反思。

关键词：青少年；司法社会工作；社会力量；司法社会化

① 付立华，山东大学哲学与社会发展学院社会工作系副教授，山东大学司法社会工作研究中心常务副主任。

一、社会工作介入青少年司法领域的必要性和可行性

（一）社会工作介入青少年司法领域的必要性

1. 司法体制的改革为社会工作的介入提供基础

随着社会的发展和司法的改革，传统意义上的司法矫治理念遭到质疑和批判。在青少年犯罪问题上，应遵循对青少年犯罪问题实行教育、感化、挽救方针的前提，结合我国青少年犯罪的实际情况，最大限度地推动青少年司法制度的不断完善。这和社会工作“助人自助”的价值观相契合。社会工作介入司法领域，可以凭借专业的价值观和科学的理论和方法，帮助犯罪青少年进行心理辅导、情绪管理、改变错误的认知和行为习惯，发现其存在的价值和优势，使其顺利融入社会。

2. 青少年犯罪的现状及特点为社会工作的介入提供条件

近年来，青少年犯罪率不断增高，犯罪呈低龄化、暴力化和团伙化的趋势，且未成年人自制力差，犯罪呈现盲目性。青少年是区别于成年人的特殊群体，在这个时期，青少年的身心尚未发育成熟，猎奇心重，缺乏辨别是非和控制情绪的能力，很容易冲动犯罪。青少年犯罪的特点有：主观性大、可塑性强，大部分青少年犯罪后十分后悔，易于接受治疗和矫治。社会工作的介入，可以为青少年营造一种安全、舒适、自由的氛围，通过接纳和尊重建立良好的专业关系，打消青少年的戒备心理，为接下来的矫治工作做准备。

（二）社会工作介入青少年司法领域的可行性

社会工作利他主义的价值观、科学的理论和专业的方法以及整合多方资源、构建支持网络的优势，为其介入司法领域提供了可行性。

1. 利他主义的价值观

社会工作的价值观包括尊重、接纳、平等，社会工作关注每个人的价值和权利，在服务中尊重案主自决，相信案主有自我改变的能力。注重保护案主隐私，这些都与司法领域中保护未成年人的基本权利、促进其健康成长的理念相一致。

2. 科学的理论和专业方法

社会工作有专业的方法。对于犯罪青少年的矫正可以根据不同问题选择不同的方法，例如通过个案方法，尊重了个体差异和独特性，帮助其心理辅导和情绪治疗；通过小组工作方法，使案主通过与其他成员的互动沟通得到成长，增强其归属感；通过社区工作方法，做到服务对象和社区之间的相互适应，增强其适应生活的能力。除了这三大直接方法之外，社会工作还有一些间接方法和多元性的技巧等，这些多元化的方法和技巧为解决服务对象多样化的问题提供了可能。

3. 构建社会支持网络

社会工作可以通过倡导和整合多方资源，为案主建立社会支持网络，可以通过连接政府、社区、学校、家庭等多方面，促进其沟通交流，解决犯罪青少年的社会排斥问题，为青少年的健康成长搭建沟通的桥梁。

二、司法社会工作的概念

1. 司法社会工作的概念

在国内，司法社会工作的概念尚没有清晰的界定。通常将矫正社会工作称作司法社会工作。

张昱认为，矫正社会工作指社会工作实施于矫正体系中，它是指专业人员或志愿人士，在专业价值观的指引下，运用社会工作的理论知识和方法技术，为罪犯(或具有犯罪危险性的人员)及其家人，在审判、监禁处遇、社会处遇或刑释期间，提供思想教育、心理辅导、行为纠正、信息咨询、就业培训、生活照顾以及社会环境改善等，使罪犯消除犯罪心理结构，修正行为模式，适应社会生活的一种福利服务。①

范燕宁认为，司法社会工作也称司法矫正工作，是司法社会工作者在社会工作价值观的指导下，综合运用社会工作专业知识、方法、技巧，为社区矫

① 张昱. 矫正社会工作[M]. 北京：高等教育出版社，2008.

正对象，安置帮教对象及边缘青少年等弱势群体提供戒毒康复、心理疏导、职业技能培训、就业安置等社会工作服务，以提升自我机能、恢复和发展社会功能，最终达到预防犯罪、稳定社会秩序的专业服务过程。①

2. 少年司法社会工作的概念

席小华认为，所谓的少年司法社会工作，是拥有法律和社会工作双重知识背景的社会工作者，以少年权益保护和犯罪预防为目标，与刑事司法机关合作而开展的社会调查、教育矫正、合适成年人、被害人救助等各项服务的统称。②

自2009年起，北京市开始探索少年司法社会工作模式。2010年，在政府的推动下，建立了首都师范大学少年司法社会工作研究与服务中心。推动北京市海淀区少年检察处形成了“4＋1＋N”的工作模式。2012年成立了超越青少年社工事务所。社会工作介入到公、检、法、司各个领域，其服务内容由原来的“1－2－4”扩大到“1－5－7”的少年司法社会工作模式，司法社会工作的服务由嵌入式发展到制度性建构，实现了社会工作与司法机关的深度合作和服务内容的纵向延伸。北京市少年司法社会工作服务的有益探索取得重要的社会效益，有效改善了涉罪未成年人的偏差认知和行为习惯，帮助其顺利回归社会，也为山东省青少年司法社会工作的发展提供了宝贵的经验。

三、山东省青少年司法社会工作的实践探索

为维护社会稳定，保障青少年合法权益，以人性化的方式解决犯罪青少年问题，在司法行政部门政策和制度的支持下，社会工作介入司法领域，在山东省的实践探索目前涉及刑事司法领域和民事司法领域，主要有未成年人检察、未成年人审判、社区矫正、社区戒毒和家事审判等不同司法审判环

① 范燕宁．社区矫正的基本理念和适用意义[J]．中国青年研究，2004.

② 席小华．从隔离到契合：社会工作在少年司法场域的嵌入性发展[M]．北京：中国人民公安大学出版社，2017.

节和领域。

（一）司法社会工作介入未成年人刑事检察领域

1. 山东省未成年人刑事检察工作现状

自2012年以来，山东省有7个市级院成立未检处，占市级院总数的38.9%；有75个基层院成立未检科，占基层院总数的52.4%；其余市县两级院成立了未检办公室或专门办案组。在未成年人检察工作领域，山东省积极建立专业化的未检工作团队，在法制宣传、社会观护、司法救助、关爱留守儿童等方面进行了探索，打造集“捕、诉、监、防、帮”于一体的未成年人工作模式。

山东省人民检察院下设未成年人刑事检察处，针对未成年人身心发育还不健全的特点，山东省人民检察院探索建立和完善特殊制度和办案程序，坚持“教育、感化、挽救”方针和“教育为主，惩罚为辅”的原则，宽容而不纵容，依法慎重办理未成年人犯罪。2016年山东全省共受理提请批准逮捕未成年人犯罪案件927件，涉及1 325人，不捕337件，涉及515人，不捕率38.87%；受理审查起诉1 191件，涉及1 857人，不诉165件，涉及256人，不诉率13.78%。该部门针对性侵害未成年人案件多发及留守儿童合法权益易受侵害的现状，积极组织开展严厉打击性侵害未成年人刑事案件法律监督、维护农村留守儿童合法权益法律监督专项活动。

2. 司法社会工作介入未成年人刑事检察工作的实践探索

(1) 探索司法社会工作服务内容，保障涉事未成年人权益。为促进未成年人检察工作专业化、规范化，保障涉事未成年人权益，山东省近年来将社会工作引入未成年人刑事检察工作中，主要是依据刑事案件程序，对涉事未成年人提供的专业服务，包括开展社会调查、担任合适成年人等。司法社工担任社会调查员，通过对涉事未成年人个人、家庭与社会交往状况、违法犯罪原因等信息收集和进行综合分析，为检察机关对刑事案件的处理提供依据。司法社工以合适成年人的身份，作为涉事未成年人的法定代理人，在检察机关和涉事未成年人之间搭建沟通的桥梁，一方面，为其进行心理调适、情绪疏导，缓解其焦虑；另一方面，监督审讯过程是否适当合法。其中，烟台市芝罘区成立未成年人检察社会事务共创中心，专门建立少年司法社工队伍，担任合适成年人、不起诉成年人的帮教工作；山东省的济宁市、青岛市和聊城市基层检察院也尝试与社会工作机构合作，通过购买服务的方式，委托社工担任社会调查员和开展帮教、心理疏导等工作。

(2) 整合多方资源，建立未成年人观护帮教基地。近年来，山东省由检察机关牵头，与涉罪未成年人所在辖区的企业、社工机构、公益组织等部门合作，发挥辖区内各职能部门的资源优势，为涉事未成年人建立系统化的帮教支持社会网络。目前，山东省人民检察院共建立法制教育基地66个，观护帮教基地49个，对560名涉罪未成年人进行了跟踪帮教，促使其顺利回归社会。如菏泽市的巨野县院与当地企业和福利机构合作共建未成年人观护帮教基地，对做出附条件不起诉和非监禁刑事判决的涉罪未成年人，围绕“帮、学、矫、察、访”五大方面，帮助涉罪未成年人顺利度过帮教考察期，促使“零障碍”回归社会；青岛市的城阳检察院与企业共同建立观护帮教基地，充分发挥帮教企业管理规范和团队建设的优势，为青少年回归社会自力更生做相关准备。

(3) 创新未检工作机制，搭建未检信息化平台。山东省各市积极探索未检工作新机制，运用“信息化+”的理念，开辟未成年人保护新路径，使社会群众反映侵害未成年人权益问题更加便捷。例如德州武城未检平台，依托互联网构建起民事、刑事、行政、预防、救助“五位一体”的未成年人权益保护大格局，最大限度地聚合社会力量，实现未检社会化；福山区院建成了涵盖“青樱护航线综合门户网站”“未成年人成长数据库”“未成年人不良行为预警机制”功能于一体的青樱网上综合平台，为未成年人各项工作提供大数据支持，加大对全区未成年人健康成长的监管力度；任城区院充分利用自主研发的“阳光未检平台”，搭建检察宣传新窗口，并通过检察护航等板块畅通权益保护新渠道，实现对未成年人法律咨询、申请的实时答复、快速转单、全程建档，实现求助者与爱心志愿者的网上互动和帮扶救助。

（二）司法社会工作介入未成年人审判领域

1. 山东省未成年人审判工作现状

山东省的未成年人审判工作始终坚持未成年人特殊、优先保护原则，积极探索创新少年法庭审判模式和工作机制。山东省的未成年人审判工作以保障青少年合法权益，预防未成年犯罪为目标，积极创新维权工作机制，拓宽维权服务领域，把教育、感化、挽救工作贯穿于审判全过程，形成了社会调查、庭审帮教、判后跟踪回访以及轻罪犯罪记录消灭等一系列独具特色的审判经验和帮教做法。

2. 司法社会工作介入未成年人审判的实践探索

(1) 组建司法社工队伍，明确工作职责和标准。针对目前执法办案案多人少、司法服务力量薄弱、司法服务制度不完善、司法服务措施不到位等现状，山东省立足司法服务社会化、专业化和规范化，专门组建司法社工队伍。以山东省德州市夏津法院为例，成立"阳光司法社工服务中心"，初步建立了以聘任制书记员、司法警察、人民陪审员、内退返岗法官和社会志愿者为骨干力量的司法社工服务队伍；出台"司法社工职责"，订立了司法社工服务计划书，对司法社工的工作职责、工作内容作出了详细的规定，明确了组织架构和工作流程；初步形成了以便民诉讼为主要内容，以调解、和解为工作目标，以法律服务、少年维权、司法救助和志愿活动为工作延伸的司法社工职能体系。

(2) 寓教于审，完善未成年人审判方式。第一，推行"圆桌审判"方式。将少年审判庭的布局设计为椭圆形，给案件审理创造平和的氛围。第二，全面实施社会调查员制度。增加社会调查员参与工作的深度，从社会调查延伸到法庭教育、考察回访和判后帮教。通过调查帮教，有效地消除了未成年被告人紧张恐惧的心理，减轻了心理压力。第三，积极开展"未成年人前科消灭"行动。摘掉失足少年的犯罪标签，为他们营造学习、就业的宽松环境，帮助他们顺利回归社会，有效预防再次犯罪。第四，拓展司法社会工作的服务内容。山东省未成年人审判领域的司法社会工作服务还将审判职能向后延伸，如提供社区矫正合作机制和法律救助等延伸服务。特别对判处社区矫正的未成年被告人，同未成年人所在单位、社区签订帮教、管护协议，利用社区矫正等多种形式，做到有信必回、有难必帮、建立档案、跟踪教育。另外，由司法社工开展法律服务和志愿活动两方面的内容。如选派审判经验丰富的司法社工担任法制联络员，定期到企业、社区、乡村、学校、机关提供法律咨询和法律服务。开展阳光志愿活动，充分利用国家法定节日，积极开展“义务献血”“扶贫帮困”“见义勇为”“义务助学”等主题活动。

(3) 加强司法社会工作载体建设。一是打造便民诉讼平台。社会工作者负责引导，做好导诉、信访接待和算清诉讼成本的工作。落实诉讼案件和信访案件的合理分流，加强思想疏导，通过明理释法，化解当事人的心结。对诉讼风险进行合理评估，引导群众冷静、理智地分析解决问题。二是设立“握手言和桌”。在社工服务中心设置专门的“握手言和桌”，无缝对接立案工作。由司法社工合理引导当事人选择诉前调解，由当事人自愿填写诉前调解申请书，暂缓立案而启动诉前调解程序。在诉讼阶段根据案件的不同类型，由审判庭法官引导具有教育、团委、妇联等背景的司法社工参与调解，充分利用司法社工自身的威信、人格魅力以及熟悉当地风土人情的优势，从情、理、法的角度进行疏导劝解，化解当事人之间的矛盾纠纷。

（三）司法社会工作介入未成年人社区矫正

1. 山东省未成年人社区矫正工作现状

社区矫正是指将管制、缓刑、假释、暂予监外执行的罪犯置于社区内，由专门的国家机关在相关人民团体、社会组织和社会志愿者的协助下，矫正其犯罪心理和行为恶习，促进其顺利回归社会的非监禁刑罚执行活动。山东省作为全国首批开展社区矫正试点的六个省(市)之一，坚持教育、感化、挽救的方针，初步构建了具有山东特色的未成年社区服刑人员执行体系。我省社区矫正工作从 2004 年起经过试点、扩大试点、全面试行，目前已进入全面推进阶段。截至 2016 年 2 月底，全省在矫未成年社区服刑人员 924 人，约占全省在矫社区服刑人员总数的 1.4%，占比较少。截至 2017 年 9 月底，全省在册未成年社区服刑人员642名，在押未成年犯168人，再犯罪率低于0.1%，是全国最低的省份。目前山东高校、司法部门、社会力量共同参与未成年人的社区矫正工作，取得了一定的进展。

2. 司法社会工作介入未成年人社区矫正的实践探索

（1）制定政策措施，保障社区矫正工作顺利开展。2013年，省政府办公厅印发了《政府向社会力量购买服务办法》，将社区矫正岗位纳入政府购买服务范畴。2014年司法部等六部门出台了《关于组织社会力量参与社区矫正工作的意见》，对社会工作者、志愿者、社会组织、基层组织、企事业单位等社会力量参与社区矫正工作的形式和内容作出了具体规定。自此，社会工作作为专业的社会力量介入社区矫正工作。为使未成年犯尽早回归社会，各基层法院坚持审判矫正并重，少审法官将未成年犯作为社区矫正的重要帮扶对象，设立个案记录，在“教育为主、惩罚为辅”的原则下，社会工作者通过个案咨询、访谈等方式进行定期回访，关怀、接纳失足未成年人，帮助他们进行自我觉察与自我觉醒。

（2）健全完善教育矫正制度，创新未成年人社区服刑人员的教育矫正模式。山东省在全国较早出台教育帮扶工作规范，将未成年社区服刑人员教育作为单独章节，明确规定教育矫正的内容、形式及要求；积极配合省预防青少年违法犯罪专项组，起草未成年人犯罪条例，对未成年社区服刑人员教育帮扶作出规定，健全完善教育矫正制度；实施集中教育与个别教育、分段教育与分类教育、心理矫治与行为矫治、社会教育与自我教育“四结合”的教育模式，提高教育矫正效果。

另外，山东省司法厅社区矫正处还组织编写全省社区矫正的相关教材，包括了社区矫正常识教育、法律法规教育、心理健康教育、中华传统文化教育和思想政治教育五个系列，六本教材，旨在提高对未成年服刑人员的教育矫正质量。

（3）司法部门与高校开展合作，共同推动未成年社区矫正工作的开展。在山东大学社会工作系老师的推动下，山东大学与济南市历下区司法局达成合作，建立“山东大学社区矫正理论与实践基地”。自 2009 年起，山东大学每年派出社工专业 MSW 学生到司法所实习，以实习的方式参与未成年人社区矫正的工作。采用集中教育、个案工作、心理辅导等方式，利用社会工作多元化的工作方法，充分运用专业知识提供服务，实践与研究相结合，共同探讨山东省的本土化社区矫正模式。

(4) 促进志愿者等社会力量广泛参与未成年人的社区矫正工作。2016 年，山东省司法厅联合团委制定《关于组织青年志愿者、青少年社工参与社区矫正工作的意见》，促进青年志愿服务参与社会治理、充实社区矫正基层工作力量。借助大学生、青年志愿者的自身优势对青少年社区服刑人员进行帮教，充分利用大学生志愿者的专业知识和方法，协助司法所制定未成年人社区服刑人员的矫正个案，在专业价值观的指导下，参与开展个别谈话、集中教育、心理矫治、社区服务等活动，开展“一对一”的网络帮教，实现实体帮教平台、网络帮教平台、社会帮教平台相结合，最大限度地提高帮教效果。

(5) 各市对未成年社区服刑人员社会工作服务的有益探索。在司法社会工作介入未成年人社区矫正的实践探索中，各地积累了一些好的经验和做法，主要集中在对未成年服刑犯人的感化教育和帮扶服务上。济南市槐荫区实行爱心、细心、耐心和重塑信心的“四心”感化教育；枣庄在全市开展“忏悔演讲”巡回法制教育报告会；淄博市运用中华优秀传统文化教育未成年社区服刑人员；滕州市司法局注重“三结合”，即将教育矫正和心理矫正相结合、社会力量和家庭监管相结合、监管教育与帮扶救助相结合；即墨区建立未成年人社区矫正审前社会调查制度，加强审判与社区矫正工作联动；章丘区司法局坚持“三个强化”：强化走访监管，建立信息档案，量身定做社区矫正个案；强化教育引导，调整矫正方案，实行分类矫正、个案帮教，奖惩并举；强化帮扶救助，建立社区矫正心理矫治室，协调有关单位和部门为未成年社区服刑人员完成义务教育、职业技能培训、就业指导和岗位推荐等方面提供服务，促使其顺利回归社会。

（四）司法社会工作介入社区戒毒与社区康复

1. 山东省社区戒毒与社区康复工作现状

近年来，山东省高度重视社区戒毒与社区康复工作，认真贯彻落实国家禁毒委系列决策部署，开展全省三年禁毒人民战争。创新采用了“一二三四”工作法，即“纳入一个全局”“突出两个重点”“用好三个抓手”“做好四个结合”的全面规划；对吸毒人员进行分级管控，实施网格化管理；创建省级社区戒毒与社区康复工作示范单位、示范点，推广临沭等地先进经验，以点带面；不断加强社区戒毒与社区康复工作办公室软硬件建设、禁毒社工配备管理、戒毒康复人员帮扶救助等工作。其中，针对青少年的司法社会工作以毒品预防教育为主，青少年禁毒意识明显增强，新滋生吸毒人数明显下降。

2017 年以来全省的社区戒毒和康复工作颇有成效，各级公安机关责令社区戒毒社区康复 3 773 人，决定强制隔离戒毒 3 021 人。通过扎实开展社区戒毒社区康复工作，新滋生吸毒人员速度明显减缓，毒品蔓延势头得到初步遏制，脱管失控吸毒人员减少 54%，戒断三年未复吸人员增加 7%，社区戒毒社区康复执行率达到 85%，同比上升 20%。值得注意的是，2017 年全省有 22 071 名吸毒人员得到戒毒服务和帮扶救助，其中，2 428 名吸毒人员被安置工作岗位，378 名吸毒人员纳入低保，2 万余名吸毒人员成功戒除毒瘾，回归社会。

2. 司法社会工作介入社区戒毒与社区康复的实践探索

(1) 加强禁毒社工人才队伍的能力建设。目前，全省各地通过政府购买服务、提供公益性岗位等方式配备大量专职禁毒工作者与专兼职社工。全省建成了覆盖 1 826 个乡镇、街道办事处的社区戒毒，社区康复工作机构，95.6%达到了基本建设标准。各地通过政府购买服务、提供公益性岗位等方式配备专兼职社工 3 880 名，其中专职社工 2 937 名。

山东省注重戒毒社工的培训和能力建设。首先，通过专题培训的方式，邀请国内知名专家学者对各级社区戒毒业务骨干、禁毒社工进行培训，提升禁毒社工的能力水平。其次，建立禁吸戒毒工作联席会议制度，重点研究解决禁毒社工管理培训、戒毒人员帮扶救助等制约社区戒毒工作发展的瓶颈问题。最后，重视优秀社工的示范引领作用，2017 年 3 月，省禁毒办、省妇联联合评选出了“山东省十佳禁毒女社工”，起到了树立典型的模范带头作用。

（2）打破传统戒毒工作模式，实现社区戒毒康复工作的无缝对接。司法社工以人性化的服务介入社区戒毒与社区康复的工作中，逐步建立起集生理脱毒、心理康复、就业安置、回归社会于一体的戒毒康复模式。在前期阶段，社工与社区戒毒社区康复人员建立专业关系，通过会谈、走访摸清服务对象的个人、家庭状况，吸毒原因及戒毒情况，建立戒毒和康复目标。中期阶段，缓解与家人的矛盾，对其进行心理辅导，改善其错误的认知和偏差行为，促进其逐渐融入社区。后期阶段，对服务对象开展心理脱毒，为其提供就业技能培训，引导其规划好未来生活，巩固戒毒效果，防止复吸。

（3）提升戒毒康复人员生计发展能力，促进社会融入。就业安置是戒毒康复人员回归社会、融入社会的关键环节，也是山东省社工参与社区戒毒与社区康复的出发点和意义所在。针对戒毒康复人员就业难的问题，山东省禁毒办制定出台了《山东省禁毒社工工作职责》，其中第 3 条明确规定，“禁毒社工要会同有关力量和志愿者为戒毒康复人员及其家庭提供服务，协助其解决生活困难，提升生计发展能力，促进社会功能融入。”明晰了社工在促进戒毒康复人员就业方面的职责。另外，山东省还从法制保障、政策规定等方面，联合人力资源和社会保障厅、民政部与高校等多方力量，通过政策支持与鼓励、提供就业信息、拓宽就业渠道、加强职业技能培训和就业指导等多种方式帮助戒毒康复人员实现就业。

（4）加强禁毒宣传与预防教育，提升青少年识毒防毒拒毒意识。山东省针对青少年的社区戒毒与社区康复工作以预防教育为主。为促进青少年毒品预防教育，山东省各地先后开展了形式多样的禁毒宣传教育活动。如临沂市临沭县在社区戒毒工作办公室旁开办禁毒展览馆，突出未成年人禁毒宣传;泰安市开通“禁毒邮路”,发挥广大投递员深入社区的工作优势,通过邮政包裹将禁毒宣传手册等刊物送到社区居民手中,从而形成禁毒宣传的常态化机制。

(五)司法社会工作介入家事审判

近年来,司法社会工作在山东省的探索不仅仅局限于刑事司法领域,也开始步入民事司法领域。

1. 山东省家事审判工作现状

2016 年 4 月最高人民法院发布《关于开展家事审判方式和工作机制改革试点工作的意见》,同年 5 月最高人民法院统一部署在全国范围内选择了 118 个中基层法院开展为期两年的家事审判改革试点工作,此次改革试点的工作机制主要包括探索引入家事调查员、社工陪护及儿童心理专家等多种方式,不断提高家事审判的司法服务和保障水平,探索家事纠纷的专业化、社会化和人性化解决方式等。2016 年山东省高级人民法院积极推进全省家事审判改革,落实“人身安全保护令”制度,促进家庭关系修复,审结婚姻家庭纠纷 14.2 万件。全省有四个基层法院被确定为全国家事审判改革试点单位,包括济南章丘法院、青岛即墨法院、泰安东平法院和潍坊潍城法院。截至 2017 年底,山东省大部分法院已设立专门的少年家事审判庭或家事审判庭和家事审判团队,注重吸纳家事调查员、家事调解员、心理辅导员等参与案件调查和审理。

2. 司法社会工作介入家事审判的实践探索

(1) 规范家事调查员制度,保护家庭成员合法权益。为了依法保护家庭成员的合法权益,维护妇女、未成年人、老年人的合法权益,促进家庭和睦、社会和谐,促使家事案件得到妥善处理。2017 年 9 月,济南市历城区人民法院与山东大学司法社会工作研究中心、历城区检察院、历城区妇联、律师事务所等多单位合作,建立历城区家事少年案件维权中心。历城区法院尝试委托山东大学司法社工研究中心对家事少年案件审理中的特定事实问题提供相关调查服务,并向法院提交《家事调查报告》。此外,维权中心还涉及对有家庭暴力、未成年人抚养权的家事案件进行维权服务、心理辅导和判后追踪服务。

(2) 创新实施“社工＋”模式，提升调解纠纷质效。山东省德州市夏津县法院积极推进家事审判机制改革，创新实施“社工＋法官”审判工作新模式，通过“社工＋法官”“社工＋调解”“社工＋法庭”三种参与方式，在家事案件立案前，对涉及婚姻、赡养、抚养、继承等家事案件，如果法律关系明确、基本矛盾不激化、当事人争议不大，诉讼前优先选择司法社工进行调解，有效化解了千余件家庭矛盾纠纷。目前，该县司法社工分成 5 个工作组，分别与 5 个基层法庭实行对接，每天两人轮流派驻值班，将司法防线延伸到第一线，稳固了家事审判前沿阵地。

此外，山东省潍城法院也组建了家事调解员、心理咨询师和社会义工等家事审判辅助团体，形成家事审判整体合力，从调解纠纷、心理辅导等方面协助家事审判工作。尤其是在涉及未成年人抚养的案件中，一律邀请心理专家提供心理咨询、参与调解，确保青少年的健康成长。

(3) 引入社工陪护机制，回访帮扶特殊困难家庭。在将司法社工引入家事审判诉前调解、诉中维和的基础上，进一步大胆探索，创新实行司法社工跟踪回访机制。如山东省夏津县的家事社工在法官的指导下，为有特殊困难的家事案件当事人提供心理辅导、回访帮扶等适宜由社工从事的服务。在涉及未成年人抚养权的离婚案件中，司法社工主要在案后协助双方理性对待孩子的抚养权问题，纠正错误认知，构建新行为和沟通模式，学会尊重双方应有的权利和应该履行的义务，通过心理疏导、困难照顾等方式，抚平创伤、缓和关系、促进家庭感情修复。社工既当“调解员”“和事佬”，又当“联络员”“监督员”，基层实践效果更加明显。

四、山东省青少年司法社会工作的基本特点

山东省青少年司法社会工作正处于初步探索阶段，创新社会治理，深化司法体制改革，社会工作者的力量必不可少。山东省自推动司法体制改革

以来，社会工作介入司法领域，以社区矫正为主体，逐步向预防犯罪、家事审判、未成年人犯罪检察、未成年人审判、社区戒毒等领域渗透。在社会工作介入司法领域的过程中，既要借鉴国外司法社会工作的发展经验，又要立足本土化的发展，在实践的基础上，将理论研究和实务相结合，探索适合山东省的司法社会工作模式。

（一）阶段性：处于初步探索阶段

目前，山东省青少年司法社会工作的实践，正处于初步探索阶段，尚未形成一套成熟的司法社会工作机制。一方面，山东省的司法社会工作主要涉及刑事司法领域和民事司法领域，包括未成年人检察、未成年人审判、社区矫正、社区戒毒和家事审判等。在预防未成年人犯罪、保障其权利、改变其偏差行为和认知、化解纠纷和矛盾方面发挥了作用，但只是在部分地区的试点工作，还处于初步探索经验的阶段。另一方面，山东省目前没有专门的比较成熟的青少年司法社会服务机构，主要是一些综合性的社工机构来承担司法服务工作。

（二）综合性：整合多部门力量，链接各方资源

山东省青少年司法社会工作的开展，改变了过去以强制、惩戒为主，靠少数部门单打独斗的做法，而是联合高校，由司法、公安、民政、人社等部门共同合作，为青少年成长提供健康的环境。在司法领域，充分挖掘与整合当地多方社会资源，搭建社会支持网络，初步形成了以犯罪预防、法律服务、少年维权、司法救助和志愿活动为工作延伸的司法社工职能体系。

山东省司法社会工作发展的一个特点，是在高校科研机构、高校教师与司法领域公、检、法、司各部门共同合作推动下发展的。首先，高校教师将科学理论体系介绍给司法行政领域的工作者们，指导其有效地开展司法社会工作，扩大司法社会工作服务的深度和广度。其次，通过开展实务研究，总结司法社会工作发展的实务模式。最后，高校学生以社会工作者的身份在基层司法所、法院等实习，可以将理论运用到实践中去，更好地回应理论和实践的需求。例如在理论、实践和实习基地的基础上，在山东省人民检察

院、山东省高级人民法院和山东省司法厅等多部门的支持下，山东大学成立了司法社会工作研究中心，该中心整合了社会学、社会工作、法学、心理学、行政管理和信息学等多方专业力量，整合各方资源，旨在搭建山东省的司法社工研究、实务和服务平台，推动社会工作参与到山东省的多个司法实践领域，共同探索司法社工在山东省的发展模式。

（三）广泛性：多方社会力量共同参与

社会力量在司法领域和社区矫正领域的深入发展，为山东省青少年的健康成长提供了有利的保护环境。山东省的司法社会工作服务通过广泛动员社会力量的参与，在未成年人检察工作中，与爱心企业、职业学校联合，建立观护帮教基地；在少年审判领域，形成了法院主导、专业引领、社会参与的服务架构；在社区矫正领域，鼓励社会团体、民间组织、企事业单位、大学生和青年志愿者参与未成年人社区矫正工作。志愿者利用自身的专业优势，在社区矫正宣传、社区矫正调研、心理教育、技能培训、法律咨询和就业指导等方面为未成年社区服刑人员提供服务。

（四）创新性：推动司法社会工作工作方式创新

社会工作在介入司法领域的过程中，为保障青少年的基本权利，促进青少年顺利回归社会，不断创新工作方法，也积累了一定的实务经验。在未成年人检察工作中，坚持以“信息化＋”的理念为先导，创立青樱等网上综合平台；在未成年人审判工作中，创新阳光少年维权，选取司法社工担任社会调查员，青少年犯罪案件施行圆桌审判时，全部邀请司法社工参加，可以说司法社工积极投入到法庭教育、考察回访和判后帮教的各个环节中；在社区矫治，实施集中教育与个别教育、分段教育与分类教育、心理矫治与行为矫治、社会教育与自我教育“四结合”教育模式，提高教育矫正效果；在社区戒毒工作中，强力推进社区戒毒社区康复“8・31”工程，创新采用了“一二三四”工作法；在家事审判工作中，创新实施“社工＋法官”审判工作新模式，通过“社工＋法官”“社工＋调解”“社工＋法庭”的三种参与方式，有效地缓解了家庭矛盾纠纷。

五、对青少年司法社会工作的反思

（一）关于青少年司法社会工作的专业性

社会工作介入司法领域，主要开展社会调查、教育矫正、合适成年人、被害人救助等服务。目前，专业社会工作者提供的社会调查工作因其科学、专业、中立等内在属性而具有其他社会调查主体不具备的优势，而逐渐得到司法机关的关注以及民众的认同。[①] 但是，目前中国社会工作有时会出现这样的现象：社会工作好像什么都会做，但什么又都做不好，使社会工作者经常在实务工作中产生无力感。因此，社会工作的专业性是什么？如何提高社会工作的专业性？如何评估社会工作在青少年司法领域工作的专业性？社会调查是否能真实、客观、科学地反映涉案青少年的各方面情况？在做好社会调查的同时，是否还要积极开展其他方面的专业服务？如何提高司法社会工作的专业性？这些问题随着司法社会工作服务的深度和纬度的发展也逐渐显露出来。

张昱认为，“社会工作就是以个体社会关系为对象，遵循助人自助的理念，运用多元方法，达至人与社会和谐的社会技术。”青少年司法社会工作应该关注青少年群体的特殊性，从个体社会关系着手，将社会工作的专业性尤其是多元的专业方法体现和运用在青少年司法领域，探究青少年犯罪的原因，了解个体与家庭、环境如何互动，通过多方链接资源，搭建社会支持网络，尽快地融入社会。

（二）明确社会工作者和一般社会力量的关系

社会力量在司法领域的参与过程中，弥补了基层司法部门工作人员的短缺，利用专业优势链接多方资源，在犯罪预防、审判以及帮扶矫正过程中发挥了作用。社会工作者是社会力量的重要组成部分，但社会工作者作为专业的社会力量介入到司法领域与其他社会力量是有区别的。社会工作是

① 席小华，张洁. 涉罪未成年人社会调查实务指南[M]. 北京：中国人民公安大学出版社，2012.

以利他主义为指导,以科学的知识为基础,运用科学的方法进行的助人服务活动。[①] 社会工作者与其他社会力量存在三个区别。第一,社会工作者在与未成年罪犯接触时,能够保持一种尊重、平等、接纳的价值观。在安全、温馨的环境下,能够消除未成年罪犯的警惕心,很快建立信任关系。第二,社会工作者拥有科学的知识理论体系。作为社会力量参与到司法领域的各项工作,需要的不仅仅是热情和奉献的精神,更需要有专业的知识理论作为基础。专业的司法社会工作者能够对青少年犯罪的原因从个人、家庭、社区、社会等层面进行科学的分析,从而能够准确地界定青少年犯罪的原因和制订出科学的服务方案。第三,社会工作者在介入司法领域时,有专业的工作方法。尤其是个案工作方法,注重案主的个别化和独特性,根据青少年独有的特点,提供多样化的矫正服务,增进其自我改变的主动性。

（三）如何正确认识司法社会化

司法社会化,即在司法中注入社会因素,使司法有效回应民众的需求,让民众切实地走近、参与、监督和评价司法,消除司法与社会之间的隔阂和疏离,实现司法与社会的有效沟通和良性互动,提升人们对司法的信赖。司法与社会的双向互动是社会发展到一定阶段的产物,社会工作者凭借专业的价值观和科学的理论知识和技术介入到司法体系的各项活动中,形成了与司法体系的良性互动。但是,在司法社会化中,司法社会化的主体如何选择、司法社会化过程中遇到的一些难题还需要我们进一步实践和反思。

第一,民众对于司法是缺乏理性和客观视角的,对于社区中的犯罪青少年群体,往往将其标签化并心存防备。第二,司法社会化和职业化之间的冲突。为回应社会需要,创新社会治理体制,司法社会化的道路要坚持,过程中要制定严格的法律程序以及明确具体职责,同时不能丢掉司法的职业化,丢失司法的公信力。第三,在司法社会化过程中,社会工作和司法体系的关系是一种从属性的,是对部分司法事务的替代和补充。社会工作虽然具有

① 王思斌. 社会工作概论[M]. 北京：高等教育出版社,1999.

专业优势,却处于未被社会认同的阶段。

（四）如何恰当把握社会工作与司法矫正体系之间的张力

在社会工作介入司法体系的过程中,两者表现出重要的张力。如何协调两者之间的张力,如何既能够推动司法社会工作的建设,又能保持社会工作在司法体系中的价值观是必须回答的问题。

1. 合法性张力

司法及司法行政管理主要是以国家公权力的行使和强制力来解决问题,是经过公众授权,有法律的规定的。而社会工作介入司法体系,是通过一种助人的活动来解决问题,是没有经过法律授权的,是司法部门的临时委托。也就是说,司法社会工作作为司法体系中的一部分是存在合法性的争议的。通过政府宣传,增强社会工作专业的认可度,将部分权力让渡给司法社会工作机构,使其在服务过程中具有合法性,在可调控的范围内也要保障司法社会工作机构不失活力,利用自身的专业优势推动司法社会工作的发展。

2. 目的性张力

人民法院的司法目的是实现司法公正,维护社会的公平正义。司法社会工作的目的是提升自我机能、恢复和发展社会功能,最终达到预防犯罪、稳定社会秩序的专业服务过程。在司法社会工作中,社会工作是尊重并接纳服务对象的,关注的是“人”而不是“问题”,两者之间是平等的关系,而不是对立的关系。

3. 实施手段张力

司法行政部门实施手段单一,强制执行的监禁教育,强调快速高效,在规定时间内需要达成目标,没有考虑青少年的心理承受度,缺乏人道主义精神和科学性。社会工作是通过个案、小组、社区或综合几种工作方法来促进个人,家庭,社会环境中的互动,提供一种人性化的服务以促进问题的解决。社会工作通常强调案主自决,认为青少年自身存在潜能和优势,有自主选择的权利。不仅包括某一段时间内的矫正帮扶,还包括跟踪回访等服务,服务效果不能在短期内显现。

（五）司法社会工作的职业合法性问题

在构建和谐社会、促进社会治理体系的创新过程中，司法社会工作发挥了重要的作用。但是，司法社会工作的概念和理论并不清晰。在司法体系中，社会工作应居于什么样的地位也没有明确的规定。提高社会工作在司法领域的职业合法性，要做到以下三点。

1. 加强政策立法，建立一套司法社会工作制度体系

首先，通过立法的形式，自上而下推动司法社会工作的合法化，明确司法社工的地位和职责。加大政府对司法社会工作的支持力度，通过资金投入，将购买项目服务的形式体制化。其次，司法部门要增加司法社会工作的岗位，给优秀的社会工作者提供机会。山东省在这方面有一些有益的探索，如济南市历下区司法局在高校的推动下，已连续几年招收社会工作专业的本科生和研究生进入司法行政队伍。最后，社会工作者不能被动地参与到法律体系中，要积极地倡导和影响法律，推动社会工作者角色立法，将社会工作的角色、功能写入法律中，建立与其他部门的伙伴关系。

2. 加强社会工作人才的培养，建立专业的社工人才队伍

推动社会工作的专业化，要大力发展社会工作教育，要增强个人的能力，具备综合知识体系。司法社会工作者不仅要具备社会工作的知识，而且要了解相关的法学、社会学、心理学知识，这样才能在司法的框架下开展相关的服务。为了适应社会工作发展的需要，在工作岗位中，还需要继续培训、职业训练和督导以保证自身的专业性。

3. 细化岗位分类，提升服务的专业性

通过细化岗位分类，明确司法社会工作的服务性质和服务内容，针对各个岗位的要求进行专业化的训练，不断提升自身的专业知识和技能，提升服务的质量。

湖北省检察机关引入司法社会工作的现状

夏　红　资晓露①

一、湖北省未成年人检察工作引入司法社会工作的背景

（一）未成年人检察工作理念、工作模式促使湖北省青少年司法社会工作不断发展

2012 年修改后的《中华人民共和国刑事诉讼法》，设立了未成年人刑事案件诉讼程序，确立了对犯罪的未成年人实行教育、感化、挽救的方针，坚持“教育为主、惩罚为辅”的原则。最高人民法院、最高人民检察院、公安部相继出台相应司法解释、办案规定来不断加强对未成年人的司法保护。2013 年 7 月，湖北省人民检察院为了实现未成年人检察工作（以下简称“未检”）的专业化发展，成立了未成年人检察办公室（以下简称“湖北省未检办”），指导全省检察机关的未检工作。2014 年，湖北省检察院在全省 16 个基层院开展

① 夏红，湖北省人民检察院未成年人检察办公室主任；资晓露，武汉市汉阳区人民检察院公诉部检察官。

未检"捕诉一体化"的试点工作，取得圆满成功。2015年，湖北省未检办在全省全面推行"捕诉监防"一体化办案机制，由同一检察长分管未成年人刑事案件的捕、诉、监、防工作，专业化发展为社会化发展提供了有力的制度、人才、机构保障。2017年，湖北省未检办按照上级部署，结合本省办案实际，吸收借鉴兄弟省份的先进经验，将建立健全完善未成年人检察工作社会支持体系，努力形成党委领导、政府支持、社会协同、公众参与的、完善规范的未成年人犯罪预防帮教社会化体系，作为2017年未检工作的要点，不断提高湖北省未检社会支持体系运作的质量与效果，实现未成年人检察工作与社会支持体系的无缝衔接。截至目前，在全省15个地市州，共有17个检察院建立了少年司法引入社会专业力量机制。

（二）湖北省开展青少年司法社会工作的法律及政策依据

2012年，湖北省综治委预防青少年违法犯罪工作领导小组、湖北省高级人民法院、湖北省人民检察院、湖北省公安厅、湖北省司法厅、共青团湖北省委员会联合制定了《湖北省关于进一步建立和完善办理未成年人刑事案件配套工作体系的若干意见》，明确规定社会工作者可以担任未成年人的合适成年人、协助对未成年人进行社会调查、社区矫正可行性评估等工作。该规定成为湖北省较早对社会工作者参与少年司法领域的原则性规定，对具体操作制度尚不明确。2014年，湖北省全面启动未成年人社会保护试点工作，出台《湖北省未成年人社会保护试点工作总体方案》，明确了引导社会力量参与试点工作，加速培育专业社会力量的要求。2015年，湖北省人民检察院、湖北省公安厅联合印发了《办理未成年人刑事案件工作办法(试行)》，明确规定了未成年人刑事案件各项具体制度操作办法，其中明确了社会调查制度可以委托机构或者组织调查、委托社会调查的内容、受委托的社会调查员的基本要求、调查的程序、法律责任等；对合适成年人资源库建设明确了人员选聘的条件、合适成年人权利及义务、参与讯问时的法律责任和目的；对检察机关附条件不起诉监督考察帮教小组成员明确规定可以由司法社工或者其他社会帮教机构等组成；同时在对未成年人进行教育、矫治过程中均可以委托社工开展相应工作，对社工的工作进行监督。该规定系湖北省司法机关首次将司法社工的工作开展情况进行细化规定，为全省公安机关、检察机关引入司法社工开展未成年人刑事工作提供了具体操作的蓝本。2015年4月《武汉市未成年人社会保护试点工作方案》规定了“引入专业社会力量”开展未成年人保护工作的要求，在分类帮扶干预中提出“市、区民政部门督导以政府购买服务的方式引入的专业社会组织，通过心理咨询治疗、家庭监护服务，心理咨询师、心理医生等专业机构及人员对困境未成年人实施‘一对一’专业心理干预与疏导，帮助其增强心理正能量，促进自身康复和社会功能恢复，提高自我抗压、自我解压能力，并视具体情况协调相关职能部门介入帮扶”。2016年12月，《湖北省预防未成年人犯罪条例》出台，第四章详细规定了社会预防的内容，并对社会力量参与未成年人犯罪预防作出了规定。

通过上述法律、制度和政策的梳理发现，少年司法制度对司法社工制度的发展有着举足轻重的作用，少年司法制度发展完善到一定程度就会需要社会专业力量的介入以实现其社会化属性，而司法社工队伍不断发展壮大，又大大弥补了少年司法机构中人力、专业知识不足等问题，司法社会工作的专业理念和方法与少年司法理念是一致的，两者相辅相成、相互促进，共同实现少年司法的目的。树立正确的少年司法理念、构建独立的工作机构及一体化的工作模式都加速了少年司法社会化发展的步伐，最终建立起专业社会力量参与未成年人司法工作机制。从湖北省少年司法制度引入专业司法社工的发展态势看，在湖北省司法系统中，检察机关成为积极推动该制度不断规范完善的中坚力量，这得益于检察机关少年司法工作理念和工作模式的积极转变。①

① 从未成年人检察工作三十余年的发展历程来看，检察机关经历了从单纯的“国家公诉人”到兼具“国家监护人”身份的转变，报复性司法逐渐被恢复性司法理念代替，基于儿童福利考虑，实施教育、感化、挽救未成年人的刑事政策达到了法律效果和社会效果的双赢。在认清和克服诸多挑战和质疑之后，检察机关对自身在未检工作中的角色定位更加清晰，只有不断践行先进司法理念、完善保障未成年人运作模式、构建特殊未检办案机制，才能充分发挥未检职能，承担起保护未成年人的使命。另外，我国检察机关在未成年人司法程序中所享有的权力范围之广、内容之丰富，世界上大多数国家都难以比肩；与公安机关、法院相比，检察机关在未成年人司法程序中跨越时间最长，参与诉讼阶段最多，帮教责任也最重。检察机关秉承何种理念、遵循何种政策处理未成年人案件，对涉罪未成年人的成长与发展将产生关键性甚至决定性的影响。

二、湖北省检察机关引入司法社会工作的特点

2014年，湖北省委组织部、湖北省民政厅等18部门联合出台了《湖北省关于加强社会工作专业人才队伍建设的实施意见》，大力推进社会工作人才队伍建设。从2006年至2016年，湖北省各地、各部门社会工作岗位设置有序推进，民办社工服务机构、社会工作行业组织稳步发展，目前全省共开发设置社会工作岗位2 500余个、登记注册的民办社会工作服务机构74家，全省有1个省级、3个市州级、15个县级社会工作行业组织。武汉市各区均有区级社工协会，在试点街道成立了街道社工协会，初步形成了从市级到街道的社会工作行业组织体系。但青少年社会工作发展水平仍然无法满足司法实践需要。[①] 湖北省检察机关对下属130个单位开展深入调研，总结了各地引入司法社会工作的特点和做法。

1. 检察机关未检专业化程度影响未检社会化发展进程

目前，湖北省检察机关未成年人检察机构建设逐步完善，省、市两级检察院均成立了未成年人检察机构，实行单独列编，全省15个市州分院均成立了未成年人检察部，基层院均配备了专门未成年人检察办案组或者专司未检工作的检察官，29个基层院建成独立的未检办案区，检察机关在专门办案机构、专门办案场所、专门办案人员上不断发展完善，为充分贯彻落实未检办案理念、原则、制度和程序提供了组织保障。由于未检工作的目的是促使未成年人再社会化，未成年人检察制度中的社会调查、心理评估、帮扶教育、附条件不起诉监督考察、对其家属进行亲职教育等需要具备心理学，社会学，教育学等专业人才的介入，青少年司法社工所具备的专门知识和技能可以弥补未检人才不足问题，实现办案目的。已经实现专业化发展的检察院对青少年司法社工的需求也会同步增加。据统计，已经探索实施引入专业社工开展未检工作机制的17个检察院均为具有未检独立编制或者独立办案

① 《湖北省社会工作十年发展报告》：http：//mzzt. mca. gov. cn/article/sggzzsn/jlcl/201611/20161100887279. shtml 2016 - 11 - 07.

组织形式的检察院。

2. 检察机关引入青少年司法社工受当地社工发展水平制约

目前，从全省检察机关引入专业社工调研情况看，各地出现发展不平衡的问题。武汉地区由于社会工作发展较快，检察机关引入司法社工开展未检工作取得了良好的效果。武汉检察系统引入社工机制的覆盖率达53%以上，且多数已形成长效机制，其中汉阳区检察院、江汉区院、江岸区院等6个区院，都与社工组织形成了长期合作的模式。这与武汉市社工机构蓬勃发展不无关系。自2011年8月，武汉市首家民办社工机构武汉楚馨社会工作服务中心注册登记以来，武汉地区把握社工人才队伍建设试点的契机，依托高校专业力量，以政府购买服务为支撑，培育和发展了20余家民办社工机构，3家社工行业性协会，占全省行业协会总数的三成以上，社工持证上岗比率达到77%。[①] 丰富的社工资源为检察机关储备了良好的司法社工后备力量。相反，在省内其他社工机构发展迟缓的地区，检察机关仍然面临社会支持体系建设的困境，甚至有些地方还是空白。

3. 检察机关引入司法社工参与未检工作的方式多样

通过前文关于湖北省检察机关引入社工主要功能是参与未检特殊制度，如社会调查、心理测评、附条件不起诉监督考察、帮扶教育、合适成年人到场、亲职教育等工作的开展。从全省17个单位引入司法社工的现状分析，是否由社工全程介入涉案未成年人的帮教，是否建立了长效合作机制，做法不一，如武汉市6个引入社工机制的检察院，采取政府购买服务的方式，建立了长期合作模式，由专业社工全程介入同一未成年人的帮教过程，实行“一对一”的介入。有的地区则采取临时聘请的方式，对个案需要社工介入的聘请社工参与，由社工开展某一项特殊制度的介入，如十堰市丹江口市检察院在合适成年人到场制度中引入社工参与。还有的地区采取组建专业队伍的方式，选拔一批符合条件的社工组成一个社工团队参与未检工作，如十堰市检察院。

① 邓泽宏，杜磊. 武汉社工机构发展的问题及提升对策分析[J]. 科技创业月刊，2016.

三、湖北省检察机关引入司法社工开展未检工作的主要服务内容

在全省15个地市州，共有17个检察院探索建立了司法引入社会力量的机制，对未检特殊制度的贯彻落实起到了促进作用。其中，武汉市汉阳区人民检察院于2016年5月，采取以政府购买服务的方式，引入专业社会组织，启动涉案未成年人“重返社会”公益服务项目，取得了良好的法律效果和社会效果。该项目受到武汉市检察机关的表彰，并作为先进事例被湖北省人民检察院向全省推广。在该项目中，司法社工对涉案未成年人做心理测评，介入司法社会调查，开展个案服务，帮助违法犯罪未成年人顺利重返社会。同时司法社工联结家庭、学校、社区，促进其发挥教育与监管的职能，从而预防再犯罪，具体内容如下。

（一）心理测评工作

1. 心理测评的必要性

年龄在十二三岁到十七八岁这一阶段，正是个人生理、心理发展的第二个高潮期，也称“危险期”。处于这个危险期的青少年将面临五大高峰，即体力高峰、智力高峰、社会需要高峰、创造高峰以及超常行为高峰。然而在这五大高峰下，由于未成年人生理发展的程度明显快于心理发展的程度，从而出现生理发展与心理发展不平衡。许多青少年因长期处于生理、心理失衡状态，无法有效调节，从而产生逆反心理与偏差行为。因此，司法社工可以通过心理测评诊断涉罪青少年的心理状态，分析其心理因素是否是导致偏差行为产生的成因。

另外，当涉罪青少年偏差行为的产生并非心理问题，但偏差行为产生的后果使其心理状态失衡的情况，心理测评能够帮助司法社工分析涉罪青少年的心理需求，从而有针对性地开展心理辅导工作。

2. 主要使用的量表

心理测评是通过一系列手段，将人的某些心理特征数量化，来衡量个体心理因素水平和个体心理差异的一种科学测量方法。司法社工在开展心理

测评工作时主要使用艾森克人格量表(EPQ)与SCL－90症状自评量表。

艾森克人格量表有儿童与成人两版,分别适用于7周岁至15周岁与16周岁以上的人群。它由影响人格特征的三个基本要素内外向性(E),神经质(又称情绪性)(N),精神质(又称倔强、讲求实际)(P),以及掩饰性(L)四部分组成,具有较高的信度与效度。

附:谢某艾森克人格量表测量结果

家族精神病史:无

EPQ量表测量结果

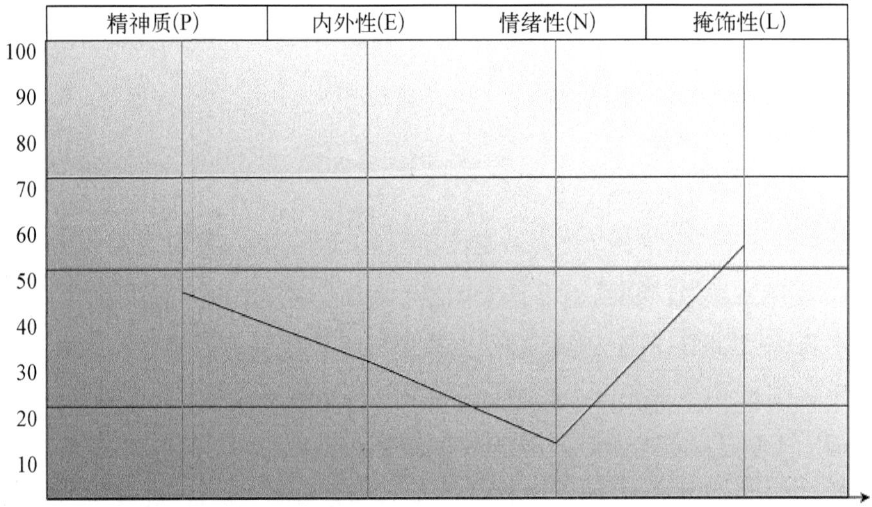

编　号	因　　子	原　始　分	标　准　分
1	精神质(P)	11	55
2	内外性(E)	2	4
3	情绪性(N)	15	30
4	掩饰性(L)	13	65

精神质(P):中间分。这表明在一般情况下,测试者喜欢关心别人,帮助别人,不过比较有原则,不会为了他人而违背自己的原则,兼有感性和理性,

有较强的是非观念，对事情有比较全面的认识，一般能预测自己行为的后果，并且在一定程度上，不太会感情用事，能控制自己的行为，以符合社会的要求。总体而言，能与别人进行感情交流，对别人能表现出一定的关怀，大多数时候能够考虑别人的感受。

内外向(E)：E 分很低。测试者的性格是典型的内向型，表现安静，不喜欢与各种人交往，善于自我省察，对书的兴趣更甚于人，除非对很亲密的朋友。受测者往往对人有所保留或保持距离；做事之前先制订计划，瞻前顾后，不轻举妄动，不喜欢兴奋的事，待人接物严肃，生活有规律；善于控制情感，很少有攻击行为，但一旦被激怒则很难平复。办事可靠、偏于保守、非常看重道德价值。

情绪性(N)：N 分很低。受测者情绪比较稳定，不易焦虑、紧张。常能保持心灵的平静，因此睡眠正常，较少有身心疾病。能较好地控制自己的情绪，因此在做决定时，较少受一时冲动的影响，处事比较客观、全面，对别人较少抱有偏见。

掩饰性(L)：中间分。就本次的作答情况而言，受测者大多数时候能够按照自己的真实想法去回答问题。但是涉及一些不太愿意回答的问题时，有试图掩饰或者敷衍的嫌疑，所以本测验有一定的可信度，但并不是很高。

根据 EPQ 心理测评结果，谢某是典型的内向性格，情绪较为稳定，思维深刻，富有内敛。

根据访谈时的言语、动作观察，谢某与人交谈时能够注视对方的眼睛，思维清晰，语言富有逻辑，饮食、睡眠状况正常。交谈时十指紧扣，稍显紧张，有时会抖腿以舒缓紧张的氛围。

谢某身体健康，无躯体或精神病史。案发前社会功能正常，能较好地工作与学习，有自己的社交圈，各方面较为正常。因此，综合诊断，谢某心理正常，具有较为准确的自我意识，能够对自己的行为有所控制与反思。

SCL－90 症状自评量表适用于 16 岁以上的对象，是当前使用广泛的精神障碍和心理疾病检查量表，其中包括 90 个条目，共 9 个分量表，即躯体化、强迫症状、人际关系敏感、抑郁、焦虑、敌对、恐怖、偏执和精神病性。该量表容量大、反映症状丰富，涉及全面，从感觉、情感、思维、意识、行为、生活习惯、人际关系、饮食睡眠等多种角度，评定一个人是否有某种心理症状及其严重程度如何。

需要注意的是由于该量表是测量个体近期（一周）范围的心理症状，并不是得分高就一定说明个体出现了很严重的心理问题，某些分量表上的得分较高有可能只是个体当时遇到了一些难题。特别对于涉罪青少年而言，被逮捕后情绪不稳定，陷入恐慌，是正常表现。SCL－90 症状自评量表测量的结果还应该作进一步的了解。

（二）司法社会调查工作

1. 司法社会调查的范畴

为了形成规范，司法社工同检察官经过研究、分析共同制定司法社会调查表。司法社工在司法社会调查表的基础上，有依据地开展青少年司法社会调查工作。司法社会调查表主要由个体基本情况、家庭情况、成长经历、社会交往情况、心理性格特征、犯罪前表现以及综合评估七大类构成。其中，每大类设置了具体、延伸的调查内容，以便我们全面、清晰地调查涉罪青少年的生理，心理，社会发展状况。

司法社会调查范畴如下。

(1) 调查对象的基本情况。包括调查对象的姓名、性别、出生日期、籍贯、身份证号、职业、案由、户籍地址、常住地址等。

(2) 家庭情况。包括家庭成员及其基本信息、家庭经济状况、家庭结构、家庭关系。其中家庭关系包括夫妻关系、父子（女）关系、祖孙关系、兄弟姐妹关系等。

(3) 成长经历。包括调查对象的成长轨迹（成长各阶段、大事件、转折点等），在校经历或工作经历。

(4) 心理性格特征。包括调查对象的心理特征、性格类型以及爱好特长。

(5) 社会交往情况。包括调查对象的业余生活、邻里关系、同学关系或同事关系。

(6) 犯罪前表现。包括调查对象家庭生活表现、学校生活表现或工作表现、业余生活表现及其他日常表现。

(7) 综合评估。包括家庭、学校(或工作单位)、社区的评估与意见及受委托调查单位的调查结论。通过收集资料评估调查对象与家庭、学校(或工作单位)、社区的交互关系,评估其是否有监管的条件、意愿及意见。最后,受委托调查单位整体评估,预测调查对象可能的危害性。

2. 司法社会调查工作的方法

司法社工开展司法社会调查主要采取访谈的方法来收集资料,主要以个案访谈、小组访谈以及电话访谈三种方式进行。开展访谈工作一般配备两名社工,一名主要负责访谈,一名全程笔录访谈内容,且在访谈对象知情、同意的条件下进行录音。

(1) 个案访谈。个案访谈适用的调查对象广泛,可以是涉罪青少年本身、家庭、同伴、邻里等。司法社工在一个粗线条访谈提纲的基础上与访谈对象面对面进行半开放式访谈。在司法调查过程中,个案访谈所收集的资料具有独立性,代表着调查对象个人所反馈的信息,通过与其他信息进行对比分析,整合出有参考价值的资料。同时,遵循青少年保护原则,个案访谈能减少不必要的传播,维护其社会形象。

(2) 小组访谈。小组访谈可以在较短时间内收集到大量有效可靠的资料,不仅可以节省时间,还能提高效率。由于小组访谈是通过多方座谈,在交谈过程中相互启发,能够引出更深入的资料。司法社工对涉罪青少年的学校、社区或工作单位进行司法社会调查有必要时会使用到小组访谈。

(3) 电话访谈。在司法调查过程中遇到涉罪青少年其监护人不在身边或短时间内难以接受面对面访谈时,我们会采用电话访谈来进行资料收集。

(4) 其他。另外,个别资料由一些特定机构提供原始记录的复印资料,如警察局、学校、社区的档案记录等。

3. 司法社会调查报告的作用

司法社会调查是青少年刑事案件审理过程中不可忽略的环节，也是司法社工介入青少年司法社会工作的重要领域。司法社工整合社会调查收集而来的资料，完成司法社会调查报告，并将其作为诊断涉罪青少年偏差行为成因的关键性线索；可以作为介入帮教前的综合评估，有助于司法社工开展针对性帮教、干预工作；还可以作为司法社工进行效果评估时衡量介入后与介入前变化的依据。

在审理案件过程中，司法社会调查报告中详细的个人情况，成长经历，教育经历以及家庭、学校、社区评估意见等内容能有效限制检察官的自由裁量权，为其公正合理审理案件提供参考依据，规范了青少年刑事案件审理程序。

（三）系统性帮教工作

系统理论认为所有的组织体均为一个系统，人也是环境中的一个系统，又由其他系统组成。同时，在环境中各系统相互影响，相互促进，推动人类平衡发展。一旦环境中某系统出现问题，必然影响其他系统，从而导致发展失衡，出现偏差行为。因此，涉罪青少年偏差行为的产生不仅与自身因素有关，还与所在的环境因素密不可分。司法社工开展系统性帮教，能更全面地改善涉罪青少年各系统的交互关系，帮助其恢复平衡，达到适应状态，为涉罪青少年重返社会提供良好的环境。

1. 个人系统方面

司法社工以个案工作的方法开展帮教工作，运用社会工作专业知识和技能，对涉罪青少年提供心理疏导，通过一对一访谈，以同理心技巧去感受涉罪青少年的心情，疏导消极、沮丧情绪，引导其认识到自己的错误认知。

司法社工协助涉罪青少年发展正确的认知与行为，通过法制教育增强法律意识，思想道德教育树立正确认知，矫正不良行为；通过整合资源满足涉罪青少年的需求，以挖掘潜能增强解决困难和适应社会的能力。

2. 社会支持系统方面

个人在自己的社会支持系统中能获得来自他人的物质和精神上的支持与帮助。一个良性发展的社会支持系统能够为涉罪青少年提供顺利重返社会的环境，帮助涉罪青少年有效地解决困难与危机，更好地适应日常生活。

司法社工通过家庭支持系统的重建，帮助涉罪青少年调动与家庭成员互动的积极性，一般以家庭会议的方法改善家庭沟通方式，转变家庭决策模式，营造和谐家庭氛围，密切家庭成员关系。借力专业机构，开展“家访式”亲职教育。检察机关通过与专业社工组织、心理咨询机构签订帮扶协议，聘请专业社工、心理咨询师通过上门走访的方式对未成年人及其家庭提供专业而有效的指导。武汉市汉阳区检察院在办理龚某(男，时年 17 周岁)盗窃一案时发现，龚某因沉迷网络游戏，多次在其姑父家盗取两个表兄弟的笔记本电脑、香烟等物品换钱上网打游戏。龚某的父亲和亲戚一起报案，要求对龚某进行处罚。为阻止其上网，龚某的父亲还剪断家中电脑网线，父子两人为此发生争执甚至打斗，后龚某出走到朋友家居住，家庭关系十分紧张。为缓和龚某与其父亲的关系，更好地实现教育、感化、挽救的目的，该院专门聘请了一名专业社工兼心理咨询师，在未检检察官的陪同下，采取家访的形式对龚某及其父母开展亲职教育，促使龚某与其父亲重归于好，为后续帮教奠定了良好的家庭教育基础。该院对龚某做出附条件不起诉决定后，在考察期间龚某能遵守承诺书及附条件不起诉的相关规定，向被害人赔礼道歉，取得被害人的谅解，定时向检察机关递交思想汇报，按照要求每周到观护基地报到，完成观护任务，接受心理疏导、不断减少玩手机游戏的时间，不再进入网吧，给父母早餐店做帮工，为父母分担家务。龚某考验期满后，鉴于其表现良好，该院依法做出了不起诉决定。

通过“学校—同伴群体”支持系统的重建，引导涉罪青少年积极正面与同伴群体交往，帮助其更好地融入班级；联结班主任一起帮助涉罪青少年参与班级、学校活动，增强其自信心与集体归属感，从而顺利重归校园。通过整合社区资源，参与社区活动，从而收获归属感，挖掘潜能，使其更有自信、自尊地回归社区生活。

（四）评估工作与跟踪服务

1. 评估工作

在帮教工作后，评估工作以司法社会调查报告为依据，系统评价社会工作的介入效果，考察社会工作的介入是否有效。司法社工主要从涉罪青少年的个人评估及其社会支持系统评估两部分进行。其中，个人评估主要通过他人评估与自我评估来呈现，司法社工从悔罪态度、认知情绪、沟通情况以及行为规范四个方面进行评估，运用访谈法和观察法，记录涉罪青少年帮教后的进步情况。社会支持系统评估是对涉罪青少年的家庭、学校、同伴群体、社区等系统的评估，评估其社会支持系统改善或重建的效果，能否为涉罪青少年重返社会提供良好的社会环境。

2. 跟踪服务

结案并不代表服务就此结束，司法社工在一段时期内进行跟踪与回访，重点了解涉罪青少年结案后的情况，有必要时提供一定的帮助。跟踪服务可以使司法社工了解帮教服务是否真正有效果，也使涉罪青少年感受到他人的关爱，增强其继续改变的信心与动力。

跟踪服务主要实施的方法有：电话跟踪、个别会谈、集体会面以及跟进涉罪青少年的社会支持系统。

（1）电话跟踪。在结案后一段时间内司法社工通过电话继续联络涉罪青少年，了解其重返社会的基本情况。这种方式简单易行，虽不能亲眼见到涉罪青少年的情况，但也能让他们感受到关心和支持。

（2）个别会面。在结案后一段时间内，司法社工进行回访或者约定在帮教基地会面，以面对面了解涉罪青少年的情况。

（3）集体会面。这种方式适用于小组跟踪。在集体会面中，可以通过共同回顾小组的经历，分享小组结束后的情况，交流各自经验，密切关系和促进相互的支持。

(4) 跟进涉罪青少年的社会支持系统。司法社工通过跟进社会支持系统(包括家庭、同伴群体、邻里、学校、社区等)来了解服务对象的情况,以便及时提供相应的服务。

四、湖北省检察机关开展青少年司法社会工作取得的成效

自 2013 年 7 月成立湖北省未检办以来,湖北省检察院积极推进未检社会支持体系建设,通过统筹指导和重点指导相结合,推动地市州积极开展专题调研和实践探索,在条件成熟的地区推行引入专业社工机制,树立典型事例,不断完善未检借助社会力量的长效机制。近三年,全省检察机关引入司法社工共对 70 余件未成年人案件开展了专业工作,涌现出多个引入司法社工工作取得良好效果的优秀事例,武汉市检察院引入司法社工,在全省率先实现了未成年人社会调查率百分之百。其中,武汉市汉阳区检察院探索建立的政府购买社工组织服务的工作模式就是其中的典型,主要做法如下所述。

(一) 完善保障措施,夯实专业力量服务基础

一是选聘专业人才。与专门的社会工作服务机构建立合作关系。比如汉阳区检察院与汉阳区清露社会工作服务中心(以下简称“清露服务中心”)合作,该中心拥有一批获得职业资质的社工队伍和心理师团队,专业素养高、实践经验丰富,为涉案未成年人重返社会公益服务项目提供了有力的人力资源保障。二是明确职责要求。与社会工作者签订合作协议,明确服务内容,通过政府购买服务等方式,聘请社工、心理专家开展部分涉案未成年人的社会调查、心理测评、跟踪帮教等工作。同时,合作协议明确了清露服务中心开展工作时的权利义务、工作流程和工作内容,确保合作项目的顺利开展。三是提供资金保障。将合作项目经费纳入预算编制,为项目的顺利开展提供资金保障,并在合作协议中明确具体开支项目,包括调查费、聘请专家费、后期矫正服务费、交通补贴费、项目管理费等,费用支出以涉案未成年人的人数计算,价格标准以涉案未成年人所在地域不同划分不同服务价格。

（二）建立配套机制，规范项目工作流程

一是建立协商启动机制。通过与公安机关协商，逐步将社会调查、心理测评端口前移至侦查阶段，从公安机关立案侦查之日起3日内，便委托清露服务中心为涉案未成年人开展社会调查、心理测评，缓解审查批捕阶段调查时间紧张、调查内容不全面等难题，为决定是否批准逮捕、是否补充调查、是否作出起诉、附条件不起诉、不起诉决定提供重要参考。二是建立规范运行机制。项目要求未检检察官受理未检案件后应及时向清露服务中心发出委托，清露社工、心理专家应及时开展心理测评、社会调查，心理测评时间为三天，社会调查时间一般为（市内）三天、（省内）五天、（省外）七天，若遇到调查障碍要及时向检察院反馈调查结果，再次调查后再出具调查表。同时要求清露社工及心理专家对在开展社会调查、心理测评工作时知悉的涉嫌未成年人隐私、案件信息等内容不得对外泄露，否则将追究相关人员的责任，并进一步明确在社会调查、心理测评过程中形成的涉及未成年人的相关材料均归入统一档案，进行加密管理。三是建立监督制约机制。为保障社会调查、心理测评等工作客观和有效开展，建立项目实施情况实时监督机制。在审查逮捕、审查起诉阶段，未检检察官除对清露服务中心出具的《未成年人社会调查表》和《未成年人心理测评报告》进行审查外，还对形成这些意见的原始材料进行审查，必要时对原始材料进行进一步核实，保证调查、评估工作客观公正。在审理阶段，若案件诉讼参与人对案件调查、测评意见有异议，可申请相关调查员、心理专家出庭作证，确保社会调查、心理测评既有质量又有效率。

（三）注重加强创新实践，提升未检工作实效

一是积极搭建工作平台，确保观护帮教落实到位。2016年10月，武汉市检察院、汉阳区检察院和汉阳区社会福利院联合建立了“心港湾”未成年人观护基地，为保障观护效果，汉阳区检察院委托清露社工担任观护基地的观护员，委托清露服务中心负责人担任观护基地辅导员，对于附条件不起诉、不起诉、未羁押的涉案未成年人在“心港湾”未成年人观护基地实行“一

对一”的观护，既有效解决了长期存在的“观护难”问题，又实现了与项目前期的社会调查、心理测评工作的有效衔接。目前，汉阳区“心港湾”未成年人观护基地已对6名涉案未成年人进行了持续观护，其中4人已成功回归社会。二是扩大适用范围，促使服务项目价值最大化。为进一步凸显项目价值，该院与清露服务中心协商后，确定该项目服务对象从原来的附条件不起诉、不起诉、未羁押的涉案未成年人扩大至判后矫正，服刑的涉案未成年人，将项目服务时间从原来的审查批捕、审查起诉阶段向前延伸至侦查阶段，向后延伸至审判阶段，推动建立健全公、检、法全程借助社会专业力量的长效机制。

五、湖北省未检工作引入司法社工存在的问题

（一）司法社工面临法律及政策支持不足

1. 仅有原则性规定，缺乏具体操作规程

从目前湖北的司法实践来看，司法社工参与未检工作在不同地区、不同检察院有不同的做法。这种积极的探索和尝试，有利于推动该项制度蓬勃发展，但因为没有具体的操作规程，导致各地存在重复探索、浪费司法资源的情况。社工参与未检工作的制度设计在于充分考虑通过社会力量和专业力量的参与，适应未成年人的生理和心理特点，更好地开展教育、挽救、感化活动，有效地保护未成年人、预防未成年人重新犯罪、促使其更好地回归社会。因此，社工参与未检工作应当有其自身的客观规律和工作特点，为更好地发挥此项制度的功能、防止此项制度被异化，应当对社工参与未检工作的法律地位、法律后果、法律程序、评估标准等具体工作内容及评价标准进行规范。

2. 仅有司法系统内部的规定，缺乏社会工作领域的政策支持

最高人民法院和最高人民检察院相继出台了《关于审理未成年人刑事案件的若干规定》和《人民检察院办理未成年人刑事案件的规定》，明确了“人民法院，人民检察院要加强同政府有关部门、共青团、妇联、工会等人民团体以及未成年人保护组织等有关社会团体的联系，共同做好未成年罪犯的预防和挽救工作。”这些规定表明了预防未成年人犯罪不仅仅是司法系统

的内部工作，更需要充分发挥社会各界的力量。而随着司法社会工作在司法实践中的不断推进，2015 年最高人民检察院发布的《检察机关加强未成年人司法保护八项措施》对此作出了更为具体的规定："大力支持青少年事务社会工作专业人才队伍建设工作，主动与青少年事务社会工作专业机构链接，以政府购买服务等方式，将社会调查、合适成年人参与未成年人刑事诉讼、心理疏导、观护帮教、附条件不起诉监督考察等工作，交由专业社会力量承担，提高未成年人权益保护和犯罪预防的专业水平，逐步建立司法借助社会专业力量的长效机制。"由此，社会工作作为社会力量的一支重要专业队伍已得到司法系统的认可。但这仅仅是司法系统的内部规定，对于社工参与司法工作的资金、技术、人才等方面均没有相关政策支持，导致司法社工在司法工作中面临诸多困境。

（二）专业的司法社工力量无法满足司法工作现实需求

1. 目前，湖北省检察系统内部探索引入专业社工的机构仅为 17 个单位，司法社工介入未检工作覆盖率不足 13%，司法社工在数量上无法满足司法机关的需求

同时，司法社工在法律专业知识方面存在不足。司法社工开展帮教矫正服务的时候，除了是社工的身份，还是案主及其家人法律咨询的顾问，对案主开展法律知识的教育。司法社工没有丰富的法律专业知识，将难以准确、及时解答案主的法律困惑，会使案主产生不信任感；难以进行正确的法律知识教育，会直接影响帮教的效果。经过对检察机关开展社工引入制度的调研，我们发现，司法社工在开展帮教矫正时，虽然介入案主环境中的各个系统，但是每个系统介入层面较浅，还不够深入。而且在介入的过程中，司法社工很多时候扮演着说教者的角色，导致对案主的帮助有限。而且缺乏专业督导的指导与统一的培训，使司法社工对帮教矫正工作的实践处于探索中，使用的一些技巧与方法还不够专业化。

2. 社工在介入司法工作后容易面临人情与法治的困境

在人情社会中，司法社工想要收集客观、理性的资料存在一定的难度。

调查对象在访谈时一般都会有所保留、有所顾忌，对于调查的问题，回复得比较抽象、带有个人情感色彩，甚至有的调查对象婉转地以“不清楚”“不知道”来回避，其中，家庭调查的时候情感与法治冲突最为明显，由此造成调查资料的真实性不够高。为了使未成年人社会调查更加具有真实性、客观性，保障社会调查报告的规范性与专业性，司法社工仅开展一次社会调查是不够的，需要从初次调查逐步到深入调查，弥补法律、政策困境造成的不足与限制。

此外，目前从事司法社工的人员较少，具有法学、心理学、犯罪学相关专业背景的司法社工人才更是匮乏。而且这类职业的工资水平较低，培训、学习机会少，导致人才严重流失，人才队伍建设动力不足。

（三）司法系统与社会工作系统衔接机制不畅

我国少年司法社会工作可以说是在“司法一条龙”与“社会一条龙”合作机制下产生的一项新的制度安排，是司法系统与社会工作系统共同关注我国未成年人犯罪以及未成年人保护的结果。一方面，儿童最大利益原则是少年司法制度的指导性原则，当前各项少年司法制度及其相关的政策法规也都是对这一原则的具体实践与诠释，而社会工作作为一门以弱势群体的利益为实践目标的专业，有着促进儿童在更好的社会环境中健康成长的历史传统，这使得两者在一定程度上具有某种契合性。因此，社会工作作为一支重要的专业力量参与少年司法实践并承担一定的职责与作用，是两个系统在“保障未成年人的权益”这一点上所达成的共识，有其理论必然性。因此，推进未成年人犯罪综合治理，不仅要建立司法一条龙工作体系和社会一条龙支持体系，更需要建立“两条龙”的合作机制以形成挽救的合力。服务的转介机制和承接机制尚不健全，阻碍了两个系统合作治理机制的构建。另一方面，未成年人司法系统一条龙服务在湖北省尚未成型，在引入社工参与未成年人犯罪预防、帮扶教育过程中，检察机关和法院的态度比较积极，但公安机关尚未形成统一的思想认识、制度支持。

（四）司法社会工作物质保障不足

任何制度的良性运转都无法离开物质保障，社会工作者介入司法工作，必然产生耗损和费用支出，应当采取必要的职业保障措施。目前，司法社会工作属于比较新的领域，国家与大众对其重视程度不足，在我国还未形成一个完整的社会服务体系，缺少专门的司法社会工作机构与岗位，能介入的领域较少，开展司法社会工作时一般为辅助性的服务。而且当前国家对司法社会工作的扶持有限，人力、物力投入少，购买服务的方法也难以开展，严重影响了司法社会工作的发展。

六、推动湖北省未检工作引入司法社工发展完善的对策和建议

（一）制定专门性地方规章，弥补制度空缺

在充分调研公安机关、检察机关、法院、司法部门和社工组织合作的问题和现状的基础上，可参照兄弟省份的有效做法，制定全省统一适用的《湖北省司法社工介入司法程序实施条例》，逐步推进司法社工制度的法治化进程。该条例应当明确以下内容。

第一，明确司法社工组织的登记、注册制度。保障司法社工组织规范运作，同时，为该组织的成立提供宽松的政策环境。

第二，明确司法社工组织介入未成年人犯罪领域的方式。可以鼓励通过政府购买服务的方式签订购买协议，约定权利义务。目前，湖北省部分检察院已经采用该方式引入社工开展未成年人的工作，形成了办案专业化和帮扶社会化相结合的未成年人工作新模式。可以鼓励通过公开招标的方式开展工作，该方式可以增强社工组织的竞争性，提高服务质量。

第三，明确司法社工介入司法领域的基本原则、社工资质和服务内容、法律责任、流程等具体内容。

（二）建设一支能满足司法需求的社工人才队伍

司法社会工作的有效开展需要人才队伍促进发展，不仅仅需要社会工作本专业背景的人才，还需要培养有法学、心理学、犯罪学等专业知识的全

面人才做支撑。首先，人才培养工作是当务之急，通过加强对法律知识、心理学的系统学习，定期进行培训与研修，全面提高司法社工的能力。其次，在就业方面放宽政策，适当提高司法社工薪资水平、扩大福利待遇，吸引社会工作专业或心理学、法学专业背景的应届高校毕业生从事司法社会工作，避免人才流失。最后，鼓励从事司法社会工作的人员自我学习，积极参与社会工作资格考试、心理咨询师、司法考试，提升个人专业能力。

（三）构建少年司法“两条龙”合作治理机制

应当处理好司法系统和社会工作系统两大合作主体之间的关系，建立起双方合作的共享机制、权责分配机制、行动机制、协商机制和监督评估机制。通过共享机制和权责分配机制，司法系统可以将应该由社会组织、社会力量承担的服务转介出去，通过明确双方的权利义务实现专业化办案和社会化帮教之间的有效联动；通过行动机制和协商机制，可以实现社会工作服务与未成年人刑事诉讼流程之间的衔接，探索针对不同类型服务对象的分类服务、不同司法程序服务对象的分类转处、不同评估等级服务对象的针对性服务；通过监督评估机制，可以建立起少年司法社会工作服务的质量评估体系，对青少年犯罪问题的合作治理效果进行评价，并且能够及时纠正合作治理过程中出现的问题。

（四）加大对司法社工介入司法领域的投入力度

充分发挥政法委的牵头作用，建立公、检、法、司各部门与社会力量共同协调联动的“司法—社会一条龙”式未成年人犯罪预防社会支持体系，从资金、技术、人员方面保障该支持体系不断完善，共同实现预防未成年人犯罪、促使未成年犯罪人员再社会化的目的。可以将购买司法社工的服务经费列入政府预算，明确资金配置。购买服务的经费包括社会力量参与未成年人工作的社会调查、合适成年人、附条件不起诉监督考察、社会观护、判后矫正等服务内容的经费及固定支出。

陕西司法社会工作机构的发展状况分析

刘仁琦　宋志军[①]

一、司法社工参与未成年人刑事司法的法律依据

2011年2月25日，十一届全国人大常委会第十九次会议审议通过《中华人民共和国刑法修正案（八）》，明确规定了对判处管制、缓刑以及假释的罪犯依法实行社区矫正。2012年修正的《中华人民共和国刑事诉讼法》（以下简称《刑事诉讼法》）第258条规定："对被判处管制、宣告缓刑、假释或者暂予监外执行的罪犯，依法实行社区矫正，由社区矫正机构负责执行。"这标志着我国社区矫正法律制度的确立，也是我国司法社工参与刑事诉讼的法律依据。2014年9月26日，司法部、中央综治办、教育部、民政部、财政部、人力资源社会保障部联合发布《关于组织社会力量参与社区矫正工作的意见》规定，进一步鼓励引导社会力量参与社区矫正工作。一方面，引导政府向社

① 刘仁琦，西北政法大学副教授，律师学院副院长，陕西指南针司法社工服务中心主任；宋志军，西北政法大学教授，刑事法学院副院长，陕西指南针司法社工服务中心副主任。

会力量购买社区矫正社会工作服务。另一方面，鼓励引导社会组织参与社区矫正工作。鼓励社区矫正机构将疏导心理情绪、纠正行为偏差、修复与家庭和社区的关系、恢复和发展社会功能、引导就学就业等项目，通过多种方式向具有社区矫正服务能力的社会组织购买服务。司法行政部门通过建立完善社会组织参与社区矫正工作的机制和渠道，及时提供需求信息，为社会组织参与社区矫正创造条件、提供便利。《刑事诉讼法》第 270 条规定："对于未成年人刑事案件，在讯问和审判的时候，应当通知未成年犯罪嫌疑人、被告人的法定代理人到场。无法通知、法定代理人不能到场或者法定代理人是共犯的，也可以通知未成年犯罪嫌疑人、被告人的其他成年亲属，所在学校、单位、居住地基层组织或者未成年人保护组织的代表到场，并将有关情况记录在案。到场的法定代理人可以代为行使未成年犯罪嫌疑人、被告人的诉讼权利。"《刑事诉讼法》第 272 条确立了附条件不起诉制度，该条规定："在附条件不起诉的考验期内，由人民检察院对被附条件不起诉的未成年犯罪嫌疑人进行监督考察。未成年犯罪嫌疑人的监护人，应当对未成年犯罪嫌疑人加强管教，配合人民检察院做好监督考察工作。"《刑事诉讼法》还规定了公检法机关可以对未成年人犯罪案件进行社会调查，并且可以委托有关组织开展社会调查。这就为司法社工组织社区矫正、合适成年人到场参与诉讼、社会调查及附条件不起诉制度的推行，在一定程度上为司法社工介入未成年人刑事司法提供了法律依据。2015 年 5 月 27 日最高人民检察院发布的《人民检察院加强未成年人司法保护八项措施》第 8 项规定："推动建立未成年人司法借助社会专业力量的长效机制。大力支持青少年事务社会工作专业人才队伍建设工作，主动与青少年事务社会工作专业机构链接，以政府购买服务等方式，将社会调查、合适成年人参与未成年人刑事诉讼、心理疏导、观护帮教、附条件不起诉监督考察等工作，交由专业社会力量承担，提高未成年人权益保护和犯罪预防的专业水平，逐步建立司法借助社会专业力量的长效机制。"根据该司法规定，检察机关应以政府购买服务等方式，将社会调查、合适成年人参与未成年人刑事诉讼、心理疏导、观护帮教等工作交由专业社会力量承担，由此社会力量参与未成年人刑事司法有了明确的法律依据。

二、陕西省司法社工机构的发展现状

（一）陕西司法社工机构简介

陕西司法社工机构尚处于初步发展阶段。到目前为止，在民政部门注册成立的司法社工机构有陕西指南针司法社工服务中心和西安市小兵社会工作服务中心。

1. 陕西指南针司法社工服务中心

2014年12月，由西北政法大学刑事法学院刘仁琦副教授、宋志军教授等老师发起，在陕西省民政厅注册成立了省内第一家司法社工机构——陕西指南针司法社工服务中心，到目前为止也是陕西省唯一的青少年司法社工机构。该中心的主要业务是合适成年人参与诉讼、社会调查、观护帮教及社区矫正等涉罪未成年人的社会服务项目。成立之初只聘用了2名专职社工，日常管理工作由西北政法大学刑事诉讼法学专业的几名研究生辅助进行。中心有理事11名，副主任5名。聘用了4名专职社工，1名专职办公室工作人员，同时有4名兼职研究生辅助人员，120名左右的研究生、本科生志愿者。

2. 西安市小兵社会工作服务中心

西安市小兵社会工作服务中心成立于2016年7月6日，是在西安市民政局登记注册的慈善公益类社会组织，主要专业发展方向：协助政府开展常规普法教育工作，并针对司法社区矫正群体、未成年人观护对象，以心理学加社会工作模式，运用专业的知识、技能和方法，提供社区融入、艺术增能、职业技能训练、就业咨询指导、生活和心理辅导等方面的服务，促使其社会支持体系得以恢复并不断完善。在陕西省福彩公益金的支持下，该中心开展了“向日葵观护计划”，是针对涉罪的未成年人以及闲散青少年开展的普法教育、文化心理辅导以及赋能等方面的帮扶项目。

陕西司法社会工作重心集中于未成年人司法社会工作，社区矫正工作仅处于萌芽阶段，禁毒社会工作基本未予开展，但有西北政法大学等高校组成的大学生志愿者在从事禁毒宣传等工作。未成年人司法社会工作开展得较为成熟，已经形成以专职社工为核心，大学生志愿者为主要力量的工作团队。大学生志愿者主要负责合适成年人到场维权，专职社工负责社会调查及观护帮教。西安市长安区司法局、未央区司法局以横向科研项目的形式与西北政法大学合作，由西北政法大学哲学与社会发展学院的司法社会工作专业的师生及陕西指南针司法社工服务中心的社工、志愿者到司法局下属的司法所开展社区矫正活动。

（二）陕西司法社工机构的主要特点

目前，陕西省西安市已经基本实现了未成年刑事司法领域的政府购买服务，运行良好。本文主要以陕西指南针司法社工服务中心在西安市的服务内容为例，说明未成年人刑事司法社会工作服务的特点。

1. 政府购买主体的多元化

陕西指南针司法社工服务中心在实行专业化服务的基础上始终坚持与当地公安、检察院、法院、司法、教育、民政、妇联、团委、高校以及其他社会组织联系，积极促进建立政府主导、多部门合作、社会力量广泛参与的服务模式。该中心积极建立和加强同政府、司法部门之间的协作，充分激发政府、司法部门在困境未成年人保护中的主导作用，并积极促进服务模式的更新，倡导“网络式转介服务”体系建立。为此，陕西指南针司法社工服务中心主动走访、联络西安市相关政府、司法部门，主动与西安市政府司法部门建立合作，签订合作协议，以政府、司法部门力量推动困境未成年人保护体制机制的构建和发展。现阶段，陕西指南针司法社工服务中心已经与团省委、团市委、西安市临潼区检察院、雁塔区检察院、未央区检察院、新城区检察院、碑林区检察院等区检察院签订了购买服务协议，与西安市公安局雁塔分局的10余个派出所签订了政府购买社会组织服务协议。

2. 服务内容的多元

陕西指南针司法社工服务中心主要集中于未成年人司法社会工作领

域，因此，政府购买的服务领域主要包括：合适成年人在场维权服务、社会调查服务和观护帮教服务等。服务内容基本涵盖未成年人司法社会工作全部领域。当然，基于服务领域与服务对象的特殊性，又可分为侦查阶段、审查起诉阶段和审判阶段的合适成年人在场维权服务；侦查阶段、审查起诉阶段和审判阶段的社会调查服务；侦查阶段、审查起诉阶段、审判阶段与执行阶段的观护帮教服务；解矫后的观护、安置与帮教等服务内容。除此之外，陕西司法社工的服务领域还包括社区矫正及青少年禁毒宣传教育。西北政法大学哲学与社会发展学院的司法社工专业教师与西安市长安区司法局合作，开展司法社工参与社区矫正的项目，社工专业教师带领司法社工专业本科生实质性参与到长安区司法局所辖司法所的日常社区矫正工作中。陕西司法社工组织也正在积极探索扩大服务范围途径，在社区矫正及禁毒工作上争取资金支持，不断探索，将这两项工作纳入服务范围内。汲取之前与各司法机关签署服务协议的经验，尝试与当地司法局交涉并签署合作协议是开拓社区矫正及禁毒业务的可行途径。陕西司法社工服务机构的服务空间尚未完全覆盖西安全市，并逐渐渗透至陕南、陕北等地。当前仍有部分司法机关未与中心签署合作协议，因而陕西司法社工服务机构无法为其提供服务。但是，随着陕西司法社工服务机构与各司法机关业务交流的深入，签署协议从而扩大服务范围是必然趋势。

3. 参与主体的多样

在我国，与未成年人权利保护相关的部门众多，但仍经常出现未成年人权利保护不济的状况，因此，虽然西安地区已经基本实现在刑事司法领域的政府购买服务，但陕西指南针司法社工服务中心为加大未成年人权益保护力度、提高权益保护水平，仍坚持与教育、民政、妇联、关工委等政府部门签订合作协议，以利于服务品质的提高。综上，在西安市的司法社会工作服务模式中，参与主体除司法部门外，政府部门也是重要的参与主体。除此之外，有近10家企业、社会机构与陕西指南针司法社工服务中心建立了联合帮教关系，开展转介服务、技能培训、心理辅导和培训等联合帮教服务，建立附条件不起诉的社会服务转介机制，从根源上预防未成年人犯罪。

4. 未成年人司法保护与行为干预项目多样化

陕西指南针司法社工服务中心与国际救助儿童会联合在西安市实施“未成年人司法与保护干预”项目，国际救助儿童会提供资金支持，提升项目实施地区的少年司法社会综合保护及具有严重不良行为未成年人的早期干预水平。陕西指南针司法社工服务中心于 2015 年 12 月获批“2016 年度陕西省福利彩票公益金培育发展社会组织项目”，核拨经费 10 万元，全部用于西安市范围内的涉罪未成年人司法保护和社会保护。指南针中心与团省委、团市委开展了多个合作项目。2016 年共青团西安市委“守护青春——涉罪未成年人司法保护与行为干预项目”及“青少年禁毒宣传教育项目”，2018 年共青团陕西省委“青春灯塔——青少年远离毒品与暴力行动计划”。2018 年 7 月共青团西安市委通过政府购买服务的形式与指南针中心开展“未成年人司法援助公益项目”。

（三）陕西司法社工机构的主要服务内容

1. 合适成年人现场维权

陕西司法社工服务中心的服务范围覆盖西安市雁塔区、新城区、莲湖区、未央区、碑林区、临潼区等地区。在雁塔区，新城区实现公安、检察院、法院讯问（询问），审判时在未成年人法定代理人无法到场或者不能到场时，合适成年人到场参与讯问（询问）、审判的全覆盖，在其他区实现检察院讯问（询问）时的全覆盖。根据合适成年人以及办案人员的反馈，合适成年人到场维权服务在保护未成年人合法权益、促进办案人员规范化和促进办案机关顺利讯问（询问）上起到了很好的作用。

截至 2018 年 6 月，陕西指南针司法社工服务中心共接受公安机关、检察院和法院合适成年人到场委托 1 500 余次，服务未成年人 1 200 余人。为保障合适成年人到场的及时性，社工机构设立了“合适成年人专线”，办案人需要合适成年人时，直接拨打“合适成年人专线”联系值班员，由值班员从合适成年人库中选取符合条件的合适成年人，携带指派函在规定时间内到达讯问(询问)场所。

2. 社会调查

陕西指南针司法社工服务中心共接受检察院、法院委托共进行社会调查120余人,平均对每个未成年人进行家访、对未成年人访谈等社会调查活动4次。社会调查工作主要由中心的专职社工负责,西北政法大学司法社工专业本科生和西北大学社会工作专业硕士研究生实习生协助开展。中心开通社会调查热线(同社会帮教热线),接受办案机关的委托,独自开展社会调查,出具社会调查报告书。通过家访、走访学校、所在社区或村委会、邻居、工作场所、心理评估、面谈等方式全面调查涉法未成年人的成长经历、犯罪原因、心理倾向、性格、社会危害性等方面情况,最后向委托单位出具社会调查报告。从中心接案到出具社会调查报告周期平均为7个工作日。陕西指南针司法社工服务中心出具的社会调查报告专业性得到了办案单位的高度评价,办案机关的采纳率也较高。

3. 观护帮教

自成立至今,陕西指南针司法社工服务中心共接受办案单位委托为50余名触法未成年人进行社会帮教,其中平均为每名未成年人帮教6次,顺利完成办案机关委托进行社会帮教的全部未成年人的社会帮教工作,取得了良好的法律效果与社会效果。中心提供的社会帮教服务,为办案机关顺利适用刑事诉讼“附条件不起诉”程序创造了条件,促进了刑事诉讼程序的顺利进行。经过帮教,全部未成年人在法律、道德、行为养成、团队意识、心理等方面得到提高。同时陕西指南针司法社工服务中心同陕西新育心理培训学校、西安晟林园艺公司、安康援助未成年人中心、宝鸡市青少年社会工作协会签订协议,共同开展对触法未成年人的社会帮教。通过中心的社会帮教,被帮教对象社会帮教工作主要由专职社工负责,志愿者、实习生协助模式开展。中心开通社会帮教热线接受办案机关的联系并与帮教对象联系,中心通过心理咨询辅导服务、一对一的帮教,以及小组活动进行社会帮教,帮教主题主要涉及法律、心理、交友、道德、良好行为习惯养成、家庭、教育、技能培训、团队合作等内容。(1) 定期开展小组活动、城市历奇等活动，发现案主的问题，并制订有效帮教方案；(2) 组织帮教服务对象开展“初夏行动”“红色之旅”等活动，走访慰问苦难家庭，感受山区贫困生活并对帮教服务对象进行心理辅导；(3) 结成“帮教联队”，通过社工之间的分工确定各自负责的服务对象，制订帮教计划书，实施帮教计划，跟进回访服务对象；(4) 选取志愿者参与社会帮教，中心每次社会帮教工作都从社会帮教志愿者队伍中选取志愿者进行帮教，社会帮教志愿者来源主要为在校研究生，其中也包括心理医师等，志愿者负责活跃气氛、观察案主行为等。

4. 法治进校园活动

中心每年承担西安市法学会、共青团西安市委权益部及各区检察院委托的法治进校园活动，内容涉及校园暴力防范、禁毒教育、法律常识宣传、违法犯罪预防宣传等方面。在形式上丰富多样，针对不同年级和年龄段的学生特点及主题，采用情景剧演出并吸纳学生参与互动等形式，增强普法活动的吸引力和效果。三年来，共进行校园普法宣传 30 余场次，受益的中小学生超过 1 万名。普法宣传的形式和效果得到了合作单位和师生的高度评价。

(四) 未成年犯罪嫌疑人观护帮教工作流程及经验

1. 接案建档

观护帮教工作是从受理委托单位《委托函》开始的。该《委托函》一般附有案情简介和犯罪嫌疑人的基本情况简介。确定接案后，工作人员要对委托案件进行登记，给予委托单位回函，制作专门的个人档案并进行妥善保存。

通过阅读委托单位提供的帮教对象基本资料以及与办案人员进行良好的沟通，帮教工作者对帮教对象会有一个初步的了解，包括该涉罪未成年人的性别、涉罪行为性质、涉罪基本情况、目前的司法处置情况以及家庭情况等，做到心中有数。在此应当注意的是，帮教工作者需要明确现阶段的基本资料是传来资料，真实恰当与否无法确定，很可能具有明显的倾向和主观因素，因此这些资料仅仅是提供参考，应当谨慎看待，避免先入为主。

2. 社会调查和评估

(1) 社会调查收集的信息

个人情况，如性别、年龄、监护人、文化程度、性格特点、户籍所在地、现在居住地、有无不良记录以及有无沉迷网络、抽烟、喝酒、吸食毒品等不良嗜好等；涉嫌犯罪情况，如所涉罪名、是不是共犯、是否自首、是否认罪、是否悔罪、是否赔偿、是否取得被害人谅解、有无妨碍作证行为等；家庭状况，如父母是否离异或再婚、与父母的关系、家庭成员之间是否和睦、父母工作情况以及家庭经济状况等；学校表现情况，如学习成绩、是否遵守学校或课堂纪律、师生关系、是否有逃课辍学情况等；社会交往情况，如同伴交往情况、朋友多寡、与朋友的关系、结交朋友的渠道、是否恋爱、是否与有不良记录的人关系密切。

(2) 信息收集的方法

一是与帮教对象交流谈心。这种交流不仅包括面对面的直接交流，还可以通过电话、网络等方式交流。在进行交流前，帮教工作者要准备好需要了解的问题，设计好询问的方式并组织好语言，把握好双方交流的逻辑和节奏适当引导，但又不能太过死板和严肃，应当让这种交流在轻松的氛围下进行。帮教工作者以谈话方式从未成年人那里收集第一手资料的方法，了解其思想观念，包括价值观念、人生态度、曾经历或目睹的对其产生重大影响的事件以及其对善与恶、好与坏、对与错的认识等，因为有些内容只有帮教对象本人最具有发言权。通过聊一聊个人理想、兴趣爱好、个人特长等可以走进帮教对象的内心世界，发现该涉罪未成年人的闪光点与自信点；通过聊一聊他的父母、亲人、老师、学习情况等可以更直观地发现家庭教育与学校教育的得失情况；另外，也可以询问帮教对象最尊敬的人、对其影响最深的人，在今后的帮教工作中请这些重要的相关人参与。这种直接交流的方法，由帮教工作者主导，鼓励帮教对象自由表达，所收集的资料全面而直观，是缺之不可的资料收集方式。

二是走访的方法。帮教对象是社会中的个体，因此应将其放在社会环境中进行全面的了解。其父母、关系密切的亲属、朋辈群体等都是帮教对象的重要他人，多多走访这些重要他人，可以得到更立体、更全面的资料。帮教工作者应当关注涉罪未成年人家庭结构的完整性和家庭氛围、经济状况等，寻找导致其行为偏差或人格缺陷的可能因素。美国著名犯罪学家萨瑟兰认为，"犯罪行为是在一种交往过程中与别人的相互作用中学会的。"①因此，应当走访帮教对象的朋辈群体，"物以类聚，人以群分"，通过了解其同伴的个性特征与行为方式，可以间接了解帮教对象的情况。此外，还应关注学校对涉罪未成年人的影响。学校是社会化的重要场所，承担着对青少年进行文化教育和道德教育的任务。学校的有效监管和教育是未成年人健康成长的重要保障，学校良好的人文风气会对未成年人产生积极正面的影响。帮教工作者可以通过走访涉罪未成年人所在的学校，了解该生在学校的学习情况、融入情况以及在校表现等。

3. 制订帮教计划

(1) 帮教计划的内涵。帮教计划，是指根据涉罪未成年人所具有的内在条件与外部环境，为实现涉嫌犯罪未成年人情况的改善，解决其核心问题，促进其顺利回归社会而设定的工作目标和方法。其有效性取决于前期资料的搜集情况。通过对未成年人的个人情况、家庭状况、朋辈群体等资料分析，确定帮教对象亟待解决的核心问题、帮教目标、帮教方案、帮教频率、调动哪些资源以及计划的可行性等。

(2) 帮教计划的要求。帮教计划要尊重帮教对象的意愿，内容尽可能详细具体，具有可行性，有阶段性的目标和评价标准。同时，帮教计划要具有灵活性。计划制订后并非一定要严格遵守，如果帮教对象情况有所改变，必要时帮教工作者可以对帮教计划进行调整。

(3) 帮教计划的内容。帮教目标，即帮教工作者期望达到的状况，制订恰当可行的帮教目标，可以调动未成年帮教对象的积极性，使其了解应该努

① 张杰.萨瑟兰与犯罪学[M].北京：法律出版社，2010.

力的方向。通常帮教目标有以下几个类型：改善未成年人与家长之间的关系，获得学习和工作机会，学会控制情绪以及培养更积极向上的世界观、人生观、价值观。帮教方案，即在确定帮教的核心问题之后，帮教工作者确定的干预方法、干预时间、阶段性任务等。帮教频率与时长，即帮教对象在帮教阶段接受帮扶教育的次数与每一次的持续时间。为了强化帮教效果，每周一到两次为宜，也可以根据帮教对象的学习和工作情况、居住地远近等进行调整，但每位涉罪未成年人的帮教次数应不少于五次，否则难以保证帮教效果，也不会引起帮教对象的重视。每次帮教的时长应适宜，若时间过短，则难以保证效果；若时间太长，又不能保证帮教对象的注意力集中，反而会引起其厌倦和反感的情绪。

4. 结案

当涉罪未成年人的问题得到妥善解决，帮教目标基本完成时，帮教工作者应当考虑正式与涉罪未成年人终止专业关系。帮教工作者在充分考虑帮教对象实际情况的基础上，分析判断其是否满足结案条件，从而进行相关准备，适时结束专业关系。

(1) 结案的情形

① 帮教工作者和帮教对象都认为帮教目标已经达成，涉罪未成年人已经具备独立面对问题和处理问题的能力。比如未成年人已经真正认识到了先前的错误行为，已经真诚悔过，并且正积极地回归家庭、学校与社会。

② 帮教工作者和帮教对象都认为双方建立的帮教工作专业关系并不理想，希望结束帮教关系。因为种种原因导致双方不能相互信任、和谐相处等，也就没有继续下去的意义，可以考虑提前结案或进行转介。

(2) 结案程序

① 提前通知结案时间，及时调整帮教对象的离别情绪。因为帮教对象具有知情权，所以应当提前知会涉罪未成年人及其家长预计结案的时间，使其做好心理准备。在实践中，由于帮教工作者与帮教对象的长期相互接触，帮教对象已经不自觉形成习惯且有了感情，因此当得知帮教阶段即将结束

时，内心会有失落和恐惧，甚至出现反常过激的离别情绪。这时帮教工作者要对其进行鼓励和开导，以便顺利结束帮教工作专业关系。

② 对帮教工作进行回顾，总结工作中的得与失。在帮教工作即将结束时，双方共同总结帮教工作的成果。涉罪未成年人书写自我总结，对自己进行客观、理性的分析，评价其本人在此次帮教过程中的收获，也可以对帮教工作提出建议。同时，帮教工作者也要对自己的工作进行回顾总结，查找亮点，发现需要改进之处，在今后的工作中予以注意。此外，还应思考如何巩固已取得的成果。

③ 及时与办案人员沟通，撰写帮教报告。办案人员需要通过帮教工作了解涉罪未成年人近来的情况，从而做出更科学更公正的决定。帮教工作者应当及时向其汇报帮教对象行为或心理上的变化，在帮教工作结束时，全面、细致、及时地撰写帮教报告。

④ 结案仪式。通过结案仪式，郑重宣布帮教工作的结束，体现了帮教制度的正规性与重要性。比如结案仪式邀请涉罪未成年人的父母、亲友、相关办案人员、被害人、律师等关键人物参加，让这些人共同见证涉罪未成年人的转变，具有很强的仪式感和庄严感，使得涉罪未成年人明确帮教工作已经告一段落，一切可以重新开始，从此以后，不能再依赖他人，而是需要自己面对和处理所遇到的问题和困惑。

(3) 与司法程序的衔接

在规定时间内完成帮教工作前，帮教工作者应当定期向相关办案人员讲述帮教效果以及涉罪未成年人的改变。当涉罪未成年人出现不稳定或反复现象时，帮教工作者也应与办案人员沟通，确定结案时间。在帮教工作结束后，由帮教工作者撰写观护帮教评估报告，在约定期限内送达。

(五) 未成年犯罪嫌疑人观护帮教的内容和方法

1. 心理咨询与访谈帮教

实践发现，未成年人的独特心理特征是导致其走上违法犯罪道路的重要原因。部分未成年人在潜移默化中形成了反社会英雄主义、冲动莽撞、暴躁易怒等性格，还有一些未成年人逆反心理较强，过于封闭自己，不愿与他人沟通。未成年人的心理因素与其他社会因素相互作用，促使未成年人产生了违法犯罪行为。因此，在观护帮教工作中，应当重视对未成年帮教对象的心理引导，并向专业化、规范化发展。心理咨询与访谈帮教应以专职心理医生为主，帮教人员做好配合，协调心理医师做好帮教工作。可以借助《艾森克人格测试》《明尼苏达多相人格测定》等专业软件，对帮教对象的性格特点、自我意象及气质类型进行测试和评价，以科学的方法对被帮教人员进行心理咨询，帮助未成年人化解心理障碍，使他们尽快走出违法犯罪阴影，恢复未成年人正常的阳光健康的精神状态，充分发挥积极的作用，为未成年人早日回归校园、家庭，重返社会奠定良好的基础。

这种心理咨询与访谈帮教应贯穿涉罪未成年人观护帮教体系的始终。在社会调查阶段，接受心理咨询，与专业的心理老师沟通交流，便于及时发现帮教对象是否存在严重的心理疾病或心理障碍，有利于确立后续帮教工作的重点。同时，由专业人士出具的心理鉴定可以作为判断涉罪未成年人社会危险性的参考。在未成年人附条件不起诉考验期内，定期进行心理沟通，可以及时跟踪未成年人的心理变化、心理态度的转变，为帮教工作提供参考。在附条件不起诉考察结束时，对未成年帮教对象再次进行心理评测，该结论可以为检察院做出不起诉决定提供参考。

在实践中，通过转介的形式将需要心理疏导的案主转由专业的心理咨询机构进行服务，通过聘请心理学专家，为未成年帮教对象提供专业科学的心理辅导。对于有心理障碍和困惑的未成年人，根据其成长经历、个人性格，委派心理专家与之交流、加强沟通、注重排解，促使其建立积极健康阳光的心理状态，顺利回归社会。

2. 法律知识教育

法制教育，即法律认知教育，不仅包括对法律常识的了解情况，还包括重点法律条文的了解、法律意识教育，对法律的尊重与服从等。实践发现，法制意识不强与未成年人犯罪紧密关联，许多涉罪未成年人犯罪都是由于法律知识的缺失或误解而导致的。笔者走访时发现，在西安市未央区关工委负责帮教的19名涉罪未成年人中，有11人表示并不知道自己的行为已经触犯了法律，其中2名涉罪未成年人并不了解触犯法律的后果，可见当前法制教育的缺失。因此，向未成年帮教对象普及法律知识、培养守法精神，是十分必要的。

法制教育可以采取多种帮教方式。一方面，充分发挥法制课堂的作用。帮教工作者可以邀请高校法律系教师、法学研究生志愿者、司法社工、公检法机关工作人员担任法制课程的主讲人，以简单的语言、生动的案例，对法律概念、犯罪与刑罚以及重点法律条文等进行深入浅出的讲解，帮助未成年帮教对象真正读懂法律、理解法律，使其真正感受到法律的威严性与不可逾越性，引导帮教对象感受违法犯罪行为给国家、社会和个人带来的危害，培养社会责任感，教育未成年人遵纪守法、明辨是非。同时，也帮助未成年人学会用法律保护自己，增强法律意识，保护自身安全与不受伤害。另一方面，在课堂教学的基础上，积极安排涉罪未成年人旁听法院庭审、到公检法等机关参观学习。组织涉罪未成年人及其家长到法院旁听公开审理的刑事案件，可以发挥真实案例的震撼和警示作用，增强涉罪未成年人对法律的敬畏感，教育和引导未成年人懂法守法，使其真正受到领悟和启发，增强遵纪守法的意识，吸取教训，同时也增强家长对孩子的教育责任感、紧迫感、使命感。

3. 人生观价值观教育

人生观价值观教育，不同于一般的文化知识教育，侧重对人思想的改造、人格的塑造。人生观和价值观教育不能以灌输、说教的方式进行，作为思想道德教育的一部分，不能急功近利，要渗透到具体的实践中。通过走出课堂，参与社会实践的方式，达到心灵改造的目的。

例如陕西指南针司法社工服务中心经常开展的扶贫献爱心教育活动是人生观价值观教育的重要方式。中心主任、社会帮教志愿者、检察院未检办、心理咨询专家带领部分正在接受观护帮教的涉罪未成年人，深入农村，通过为贫困家庭适龄儿童捐赠学习用品，为贫困家庭捐赠米、面、油等，让涉罪未成年人参与献爱心的活动，通过身临其境的体悟，让帮教服务对象感受山区贫困儿童和贫困家庭的生活状况，来进行教育和辅导，引导他们积累正能量，以达到更好的帮教目的。在活动中，每位帮教对象都有一对一的心理辅导老师陪同，走进贫困家庭，与贫困家庭的乡亲、儿童进行交流，被帮教的未成年人负责协助工作人员搬拿、分发捐赠物品，将捐赠的衣物、生活用品、书籍等送到他们的手中。贫困家庭的生存环境和生活条件，特别是贫困儿童求知若渴的学习劲头，对同是青少年的涉罪未成年人冲击很大。充分了解到贫困家庭的苦难生活后，大部分帮教对象都能够真正有所感悟，珍惜现在的生活。

此外，创新人生观价值观教育的课堂形式也十分必要。有教育意义的电影、动画片、课堂小游戏等，可以充分调动帮教对象的积极性，比如在西北政法大学的研究生志愿者参与未成年人的帮扶教育活动时，他们充分发挥了创新精神，带领未成年帮教对象一起观看《当幸福来敲门》《放牛班的春天》等正面励志电影，培养未成年帮教对象健康、积极向上的价值观，志愿者们还从大学图书馆里借阅《小王子》等书籍与帮教对象一起分享，让孩子们感受纯真、执着和热爱。这种寓教于乐的教育方式可以让接受帮教的青少年在轻松愉快的氛围中有所感悟、学有所获。

4. *劳动技能培训帮教*

帮教工作不仅要重视对罪错少年的教育矫治，还应当注重为涉罪未成年人提供社会支持，帮助其提高社会适应能力，因此，劳动技能培训帮教具有重要的意义。在实践中发现，部分涉罪未成年人并不愿意继续学习，他们已经厌倦了学校的生活状态，想要早日步入社会，独立挣钱养活自己，事实上，现实生活中确实有许多未成年人早已辍学工作或在初中毕业后外出打工。针对这些面临不能重返校园、准备步入社会的涉罪未成年人进行帮教时，应考虑其意愿与自身条件，开展有意义的帮教工作。对这一部分帮教对象进行劳动技能培训，主要是希望其掌握一定的劳动技术，不仅可以使帮教对象学会一技之长，增强生存技能，而且可以提高其自信心和自我肯定意识，提高社会适应能力，帮助其更好地回归社会，成为有能力、有价值、对社会有用的人。需要注意的是，为帮教对象提供劳动技能培训服务，是在其同意的前提下，不能强迫其为之，与劳动改造严格区别。帮教工作者根据帮教对象的兴趣爱好、体质体能等情况的不同，为其确定和安排不同的个人劳动技能培训，落实帮扶措施，同时还应重点进行安全生产常识方面的教育。在劳动技能学习期间，可以给予适当的劳动报酬，增强其成就感和劳动的积极性。通过实践探索的创新与发展，培训方式也变得纷繁多样。职业技术学校、汽修学校也参与到帮教活动中来，与检察院共建帮教基地，提高观护对象的劳动技能培训的专业性和实用性。

未央区检察院与陕西伊势威丰图置业有限责任公司合作帮教过一个男孩小梁（化名），16 岁，机械爱好者，经常自己拆卸组装一些小型机械，父母由于忙于生计，对小梁疏于管理和教育，他初中毕业后即不再上学。某天小梁和伙伴在河边玩耍时，对停在河边的一艘快艇动了心思，想要将其发动机拆下，给自己组装一辆摩托车来玩。于是等到夜幕降临，小梁与伙伴一起带上扳手、菜刀等工具，悄悄拆下了那艘快艇上价值近两万元的发动机，其后被公安机关认定为涉嫌盗窃罪。在审查批捕时，未央区检察院的办案人员，鉴于小梁属于临时起意，有帮教改正的可能性，于是决定对小梁进行帮扶教育。根据小梁父母不在身边、爱好机械等情况，未央区检察院选择了陕西伊势威丰图置业有限责任公司作为小梁的帮教机构，由陕西伊势威丰图置业有限责任公司对小梁进行观护教育。陕西伊势威丰图置业有限责任公司规模大、管理完善，又是热心公益的爱心企业，其经营范围包括摩托车及配件、机械配件等，是进口克莱斯勒、吉普、欧宝等知名汽车品牌在陕西省的经销商。由于可以近距离接触汽车、机械，小梁对帮教工作也充满了好奇和热情。陕西伊势威丰图置业有限责任公司不仅为小梁提供饮食、安排住宿，还根据小梁的个性特点，为其制订了合理科学的帮教计划，主要分为学习课程和实践课程。除了法制教育、心理咨询外，小梁最喜欢的是实践课程。公司将其安排在洗车间工作，锻炼其吃苦耐劳的意志，培养劳动光荣的观念。小梁如果高效率、高质量地完成自己的工作，公司还允许小梁进入汽车修理间观摩学习。这充分调动了小梁的积极性，在帮教过程中，他严格遵守公司的各项规定，工作勤勤恳恳，任劳任怨，从不拈轻怕重，而且还经常帮助他人，脏活累活抢着干。完成本职工作后，就跑到汽修师傅面前学习汽车修理，和师傅探讨之后小梁发现自己自学的机械知识远远不够，还有很多的经验和实际操作要学习。公司看到小梁如此认真的学习态度，特意为其安排每周三上午和周五下午的专门劳动技能培训时间。帮教工作结束后，小梁申请留在公司继续学习，公司负责人表示，欢迎小梁以后能成为其公司的正式员工。小梁一改往日桀骜不驯、不可一世的傲慢模样，变成了谦虚、诚恳、踏实的小学徒，让检察院的办案人员大为惊喜，对他的表现给予了充分的肯定。小梁也对自己在以后的生活中自食其力、顺利回归社会充满了信心。可见劳动技能培训帮教具有很强的现实意义。

5. 对家庭支持系统的帮教干预

有关调查数据表明，在导致未成年人犯罪的因素中，父母不能尽职尽责地履行监护职责占非常大的比重。家庭是未成年人的第一个课堂，未成年人在与父母、家庭成员的相处过程中不断学习。在我国，相当数量的涉罪未成年人的成长环境不利于其健康成长，其重要原因就是监护人无法有效地进行监护和教育。家庭教育存在问题，往往表现在家庭缺乏有效的监管和教育措施，如父母对子女溺爱、家庭强制力度过强、家庭经济条件较差、家庭气氛不和谐、亲子关系疏远等。有些父母不能以身作则，对子女严加管教却不能严于律己，语言粗鲁、行为粗暴；有些父母忙工作忙赚钱，外出打工把孩子托付给老人，隔代教育使孩子放任自流。家庭环境存在问题，将非常容易导致对未成年人成长不利的情况：夫妻关系不佳、闹离婚等会给孩子造成严重的心理伤害；平时忙于工作，与孩子交流甚少，会造成两代人之间的隔阂与误解；过分迁就则会助长青少年唯我独尊的性格；对孩子的正常需求以家庭经济困难为理由拒绝，造成孩子为金钱铤而走险，盗窃、抢劫等；另外，家长的打骂给孩子造成了心理阴影和恐慌。

干预家庭关系的方式要根据具体情况来确定。有些家庭存在的问题可以在短期内得到改善,如父母长辈溺爱、过于压制、一味斥责或置之不理等。帮教工作者要调动所有家庭成员的积极性,在与涉罪未成年人的父母、长辈交流的过程中,引导他们对其教育方式进行反思,寻找其中可能存在的不当之处,使其认识到这些教育方式对孩子成长起到的负面作用,并与之探讨改进目标和计划。需要注意的是,很多家长在孩子触犯法律后容易产生消极情绪,可能对孩子的事情置之不理或拒绝承担对孩子的监管教育责任。此时,需要帮教工作者对家长进行劝慰和疏导,及时缓和家长对孩子涉嫌刑事犯罪的气愤、抵触情绪。另外,还有一些家庭存在的问题不能够在短期内得到改善,如单亲家庭或再婚家庭的组成方式、父母文化水平、家庭经济水平等。在这种情况下,就需要帮教工作者引导未成年人转变心态,不再逃避和挑剔,而是正确看待自己所处的家庭环境,积极面对,自觉承担家庭责任。

未央社区活动中心曾经帮教过一个14岁的男孩小桢(化名),社工与小桢的第一次见面相约在未央社区的活动中心进行。当社工让小桢帮忙将场地打扫一下时,小桢表现出满脸的犹豫。通过沟通,小桢拿起笤帚开始扫地。社工发现小桢拿扫把的方式和扫地姿态都是怪怪的,经过与父母沟通之后才发现小桢的家庭条件非常优越,父母对其非常溺爱,从没有让他做过家务,连扫地、倒水这种小事都没做过。不仅是家务做的少,对小桢的待人接物等也疏于教育。社工及时与小桢的父母进行练习和沟通,指出他们对孩子教育方式的问题,向其父母讲述了家庭教育的重要性,并在后续的帮教过程中及时进行引导和教育,经过一段时间的帮教活动后,小桢明显有了进步,见到师长主动问好,主动帮忙端茶倒水,收拾场地。虽然在外人看来,这是青少年必要的素养,但是在他的父母看来则深受触动,对其以往家庭教育的不足进行了反思。可见,对家庭支持系统的帮教并非泛泛而为,而是体现在细节之中。

6. 对朋辈群体的帮教干预

未成年人步入青少年阶段后,社会交往方面的需求逐渐浮现,青少年急需要在社会交往中得到认可和尊重。朋辈群体是由青少年自主选择的交往对象，因此，其相互影响作用相较于家庭因素而言，更容易产生深刻效果。在朋辈群体中往往存在着类似的认知偏差和不良行为，如往往会把“不顾一切帮助朋友”“为朋友两肋插刀”当作自己“义气”的体现，将朋友的利益凌驾于法律法规和社会道德规范之上。在这种情况下，帮教工作者可以与未成年帮教对象展开讨论，分析错误认知的负面影响，引导其接触更积极向上的群体，摒弃认知偏差对其造成的不良影响。此外，帮教工作者努力发现帮教对象的朋辈群体中普遍贯彻的群体规则，对其进行重点干预，挖掘朋辈群体的正能量，协助该群体建立积极正面的群体规范，尽量降低朋辈群体对未成年人的负面影响。

小西（化名）和小凡（化名）是一起寻衅滋事案件的共犯，在生活中两个人是非常好的朋友，常常一起在校园里欺负同学、破坏公物，被学校处分了许多次也不以为然。一天，小西要帮他的朋友教训一个同学，也把小凡叫了过去，最后两人一起被公安机关追究刑事责任。在帮教过程中，社工认真开导小西和小凡，告诉他们“朋友”的意义更重要的是阻止朋友不做冲动事，与朋友一起成为互相帮助成为更好的两个人。在得知两人是因为受了香港电影古惑仔故事的影响后，参与帮教的大学生对其进行了正确的引导，努力让小西和小凡转变观念。后来两人受到了社工们的重点表扬，因为两人在回家的路上碰到了一起交通事故，一个骑自行车的阿姨被车碰倒在地，阿姨疼得动弹不了，汽车司机却没有停下救人。两人见状迅速记下了肇事汽车的车牌号码，还打了一辆出租车一起把倒地的阿姨送到了医院。小西和小凡从一起惹是生非到现在一起助人为乐，确实有了不小的进步。可见，对涉罪未成年人朋辈群体的帮教效果明显。

三、陕西省司法社工机构的进展及面临的问题

（一）陕西司法社工机构发展的有利条件

1. 以高校为依托，专业资源丰富

陕西指南针司法社工中心依托西北大学和西北政法大学的社会工作专

业的力量，具有丰富的学术资源和专业力量支撑。尤其是在指南针中心开展司法社会工作的初始阶段，大学教师的参与不仅是服务专业性的重要保障，而且大学教师所拥有的文化资源可以帮助机构争取更多的资源。在陕西类似高校除西北政法大学开设司法社会工作本科专业之外，还有陕西师范大学、西北大学等数所高校开设社会工作专业本科并招收研究生，以高校为依托可以给予司法社工机构足够的专业支持、技术支持和督导支持。指南针中心的副主任及常务理事中有半数来自西北大学、西北政法大学社会工作专业的教师，这些专业教师还担任中心社工的督导。中心聘用的4名专职社工均毕业于陕西师范大学的社工专业及西北政法大学的司法社工专业，具有社会工作专业硕士学位或学士学位。

西安小兵社会工作服务中心依托西北大学法学院的专业力量，加强中心队伍专业化建设。该中心邀请了西北大学法学院作为顾问，与西北大学法学院的法律援助中心建立长期的合作关系。同时还邀请了公检法司、市律协未保委和省社工协会等方面的专家老师，对社工和志愿者开展系列专题培训会，涵盖未成年人保护法、社区矫正制度、社会调查、未成年人心理基础知识以及社会工作法规与政策等方面的内容。

2. 社工团队人员配置合理，专业水平高

由于当前社工组织规模有限，专职社工数量远远不能满足司法实践的需要，所以具有一定专业背景的志愿者就成为弥补专业社工数量不足的重要力量。在陕西指南针司法社工服务中心，专职社工4名，志愿者200余名，办公室兼职人员2名。陕西指南针司法社工服务中心根据现有情况，对服务内容进行了明确的分流：合适成年人现场维权工作交由志愿者完成即可；专职社工专注于社会调查及观护帮教工作；有社工学习背景的本科生、研究生，可作为社工的助手参与社会调查和观护帮教活动。

3. 司法社工机构与当地司法机关合作交流多

陕西指南针司法社工服务中心的创立者，在西安市检察院、法院系统均有挂职经历，且经常为西安市司法机关多次开展培训活动，夯实的理论基础和丰富的实践经验，促使西安市多家司法机关愿意与机构签订合作协议，也愿意与机构签订多部门的协议文件。通过履行协议，陕西指南针司法社工服务中心与当地司法机关的合作将更加深入，项目合作也不断拓展。目前，仍有数家司法机关与中心进行磋商，预计在2018年年末，服务范围将覆盖全西安市。

（二）陕西司法社会工作的进展

1. 司法机关购买司法社会工作服务已成常态化

司法机关购买司法社会服务得到了立法上的认可。2014年财政部、民政部和工商总局联合发布的《政府购买服务管理办法(暂行)》，将法律服务、法律援助、社会调查、安置帮教等纳入政府购买的指导性目录。依托相关政策的支持，陕西指南针司法社工服务中心已与多家单位相继签署了服务协议，提供司法社会工作服务。陕西指南针司法社工服务中心与司法机关具有紧密的联系，司法机关讯问涉罪未成年人及观护帮教人需要社工现场监督并确认程序合法；司法社工完成的涉罪未成年人社会调查，为办案机关了解案主犯罪原因、成长经历、教育背景、家庭情况、悔罪情况、回归社会情况提供了可参考的因素。基本成型的购买服务模式，不但节省了办案机关的时间与精力，更为其提供了专业的智力分析与帮助，受到办案机关的普遍欢迎，从而推动了司法机关购买司法社会工作的常态化发展。

2. 司法社会工作队伍不断扩大，业务水平有显著提升

司法社会工作的稳定性不大，是全国的共性问题。原因之一在于司法社会工作者的工作理念有时会出现偏差，对司法社会工作的热情度有时会减弱，甚至是消除。通过近几年的发展，司法社会工作理念认同度越来越高，司法社工队伍也在不断扩大。以陕西指南针司法社工服务中心为例，在创建初期的2014年专业社工只有1名，现有专业社工4名。为提升司法社工自身的发展，除日常的司法培训、社会工作培训外，陕西指南针司法社工服务中心给社工配有在地督导3名，远程督导1名，以解决司法社工实践中遇到的技术性、伦理性等问题。经过培训的司法社工，业务能力有显著提

升，社会调查报告被司法机关采纳的频率较高，帮教活动也获得了案主和司法机关的一致好评。

3. 帮教手段多元

传统的帮教活动，限于对涉罪未成年人的帮扶、心理辅导和交流，无法从根本上解决涉罪未成年人的犯罪原因问题。为防止涉罪未成年人重新犯罪，针对不同触法涉罪情形，陕西指南针司法社工服务中心联合公安、检察院、法院、团委、关工委等多部门，采用心理疏导、普法教育、技能培训、城市历奇、拓展训练等多种方式进行帮教。多元化的帮教手段解决了传统说教式帮教的弊端，较容易与案主间建立信任关系，效果比较显著。

4. 业务领域扩展到西安市之外的部分地市

指南针中心通过在陕西宝鸡、汉中、商洛等地市与当地高校社工专业教师、青少年社会服务机构、共青团青春驿站等合作的形式拓展服务领域，探索多种形式的异地服务工作机制。目前，中心与宝鸡市青少年社会服务中心、宝鸡文理学院签订了合作协议，在社会调查、帮教及校园法治宣传等方面开展合作。中心与商洛市检察院及有关部门已经达成了合作意向，拟在商洛市注册成立陕西指南针司法社工服务中心的分支机构。

（三）陕西司法社会工作所面临的困难

在已经取得一定成绩的基础上，陕西司法社会工作也暴露了非常严重的问题，这些问题掣肘陕西司法社会工作的长远发展，制约着服务质量的提升。

1. 工作经费不足

经费问题是困扰司法社工组织发展的瓶颈。未成年人司法社会工作是职业化的专业助人活动，需要有专业机构并且聘用一定数量的社工，由此带来了社会工作者的薪酬待遇、服务机构的维持和发展等经费来源等问题。陕西司法社会工作比较明显的劣势之一是经费不足，司法社会组织的发展受制于当地经济状况。虽然陕西指南针司法社工服务中心与多家司法机关均签订了合作协议，共青团陕西省委、共青团西安市委也通过未成年人权益保障项目的形式购买指南针中心的服务，但是经费数额还比较小，并且购买服务项目支持的是办案经费和具体维权活动经费，即合适成年人维权补助、社会调查及观护帮教等，并不包括工作人员工资和办公场所租赁费用。经费短缺，致使司法社会工作的进一步发展受到最为严重的制约。

2. 社会支持体系的运行效率不高，服务有效性有待提升

在社会支持体系的有效性方面，存在三个问题。首先，服务供求信息共享平台缺位，增加了办案人员寻找服务承接者的工作量，同时不能保障服务的及时性，降低了社会支持体系的效率。其次，跨机构、跨区域协作及资源链接机制不健全，使社会力量在发挥各自优势并形成合力方面存在一定的障碍，影响了社会参与的综合效益。最后，青少年社会工作等专业人才缺乏，导致社会调查、帮教、行为矫治、社会适应能力提升等专业性较强的服务项目的效果受到影响，在一定程度上降低了社会支持的整体效果。解决上述问题，需要建立社会支持体系有效运行的保障机制，通过建立信息共享及资源链接机制、实现未成年人刑事司法与社会工作相结合，以保障社会支持的有效性。

3. 社会力量参与的法律规范不健全、负责统筹社会支持体系建设的政府部门缺位、政府购买社工组织服务等配套措施不到位，严重制约了社会支持体系的可持续发展

仅以经费保障不到位所导致的问题为例，资金短缺往往成为制约公益性的社会组织持续参与的瓶颈。因此，通过制定社会力量参与的规则、设立统筹社会支持体系建设的政府部门或专门机构、探索多元化制度化的资金支持途径，是社会支持体系可持续发展、实现社会力量常态参与的重要保障。

四、促进陕西省司法社会工作发展的对策建议

（一）建立未成年人刑事司法服务供求信息共享平台

笔者调研发现，未成年人社会服务供求信息沟通不畅，是导致社会支持

不成体系或者体系效率低的重要原因。社会力量和公检法机关分别处于未成年人司法服务的供、求两侧，由于社会力量分散在社会各个层面，它们大部分与公检法机关没有交集且缺乏沟通渠道，因此公检法机关有服务需求时，办案人员往往通过个人关系或单位关系去寻找能提供服务的社会力量，如通过关工委、团委、社区等推荐爱心企业成立观护帮教基地，推荐“五老人员”等志愿者组成帮教团队或“合适成年人队伍”。这就可以理解为何“合适成年人专门队伍”这一社会力量参与刑事司法的“先头部队”多由关工委和团委等有“官方背景”的社会组织主导，同时也可以解释为何至今各地基本上都是由检察院牵头或主导社会支持体系。迄今为止，有能力、有意愿参与未成年人刑事司法的社会力量的潜力仍然没有得到有效激发，瓶颈就是未成年人社会服务信息的平台尚未建立。笔者认为，建立该信息平台有两个作用：其一，当办案机关有需求时即可选择最合适的参与者，通过委托函的方式授权其提供相应的服务；其二，不同专业领域的社会组织也可以在信息平台上及时获悉自己可以服务的事项，以便与相关机构或人员联系，这就保证了社会力量能够在第一时间介入，提高不同部门、机构之间协作的效率。在实践中，有的地方成立由司法社工服务中心承担搭建信息共享平台的任务，通过与公检法机关会签文件或者签订协议的方式建立信息收集和资源链接的机制，将社会调查、观护帮教及其他社会服务信息、能够提供上述服务的机构、组织及志愿者联系起来。陕西指南针司法社工服务中心与西安市各区县公检法机关签订委托服务协议，由中心为公检法机关办理未成年人刑事案件提供合适成年人在场、社会调查、观护帮教的免费服务。在委托协议中即载明了信息共享和转介服务的方式和内容。实践证明，这种信息共享和转介机制的建立，可以大幅度提高办案效率，减少办案人员的额外负担，办案人员可以将更多精力用于办案。另外，在实践中还经常出现异地协作进行社会调查和帮教的需求，如果没有信息共享平台，则很难实现异地司法机关或社会组织之间的有效协作。笔者认为，可以利用共青团的青春驿站、12355 热线所建立起来的信息服务网络，在社会组织、公检法机关的共同努力下，搭建起信息共享平台。在司法社工组织相对发达的地区，也可以探索由社工组织负责搭建信息共享平台的模式，或者由公检法机关与社工组织共同搭建信息共享平台。需要特别注意的是，未成年人的供求信息通常包含未成年人违法犯罪情况及其个人隐私，在信息共享和资源链接的过程中应建立信息筛选、处理、保管和保密的细则，以保护未成年人的个人隐私及其家庭的信息不被泄露和侵犯。

（二）建立跨机构、跨区域协作及资源链接机制

之所以要建立跨机构、跨区域协作及资源链接机制，是因为未成年人刑事司法的服务需求是多元化的，为了提高服务的有效性，就需要多个部门、机构来协作完成，有时甚至是不同地区的政府部门、机构之间的协作，建立服务资源链接机制非常必要。

1. 建立跨机构、跨区域协作的工作机制

基于社会力量和社会资源的分散性，通过协作机制将不同职能、不同专业的机构、部门联系起来，可以大大提高服务未成年人的效率。其中，跨地区的政府部门、社会组织之间的协作，可以在很大程度上解决外来涉罪未成年人无法进行异地社会调查、附条件不起诉监督考察、社区矫正和观护帮教的问题，可以为流动未成年人提供更综合的服务，实现本地和外来未成年人在刑事司法中的平等保护。2015 年 4 月，西安市雁塔区检察院接到了南京市某区检察院请求协助异地考察帮教的函。考察帮教的对象是一名户籍为陕西某县、在南京打工期间犯罪的未成年人小王。在附条件不起诉考验期内，小王想回西安跟随其表哥一起打工、生活。检察院与陕西指南针司法社工服务中心沟通之后，中心接受检察院考察帮教的委托，指派社工依附条件不起诉的要求对小王进行了为期 6 个月的服务和帮教，取得了非常理想的效果。南京市某区检察院依据小王在考察期间的良好表现及中心出具的帮教评估报告，已经作了不起诉决定。

2. 建立社会服务的资源链接机制

资源链接是社会工作中常用的方法和服务内容之一。在社会工作领

域，资源链接是社工组织为案主所提供的社会服务中的一种，也是个案社会工作的常用方法，它是针对一些非本机构或者工作者所能提供服务的个案，经过必要的程序，将其介绍、转送到其他机构或者个人，使求助者能够得到适当的服务。通常有下列两种情况可以提供资源链接服务：一是工作者判定求助者所需解决的问题不属于本机构服务的范围；二是服务机构仅仅为某一些区域的人提供服务，而求助者不属于这个区域。[①] 未成年人刑事司法中的社会服务也经常面临上述问题，同样需要进行资源链接。例如一个未成年人往往同时需要心理咨询、技能培训、日常照管和陪伴等服务，任何一个机构、部门都不可能全部包揽，这就需要发挥社会支持体系的功能——在司法社工、心理咨询、技能培训等机构之间进行资源链接。通过建立资源链接机制来规范委托、交接的流程，将会大大提高社会支持体系的综合效益。未成年人刑事司法中的社会服务资源链接机制由四个要素组成。(1) 资源链接发起主体，即由哪一个或哪些主体来启动、转移服务事项。(2) 服务的承接主体，即政府职能部门、社团和社会组织，例如民政部门承接公检法机关或者社工组织移交过来的特困未成年人救助事项、撤销或者变更监护权的事项。再如心理咨询机构承接司法机关或社工组织移交的性侵害案件被害人的心理疏导等服务事项。(3) 资源链接的内容，即服务事项。(4) 服务需求者与服务提供者之间、不同服务提供者之间的衔接机制。[②] 笔者建议这个平台的搭建最好由专门的政府部门负责，在某些社会组织尤其是青少年司法社工组织发展较为成熟的地区，由某一个社工组织来做也是较为现实的选择。

(三) 提高未成年人刑事司法社会支持的专业化程度

未成年人刑事司法既需要一般层面的社会参与，又需要专业组织和专业人员的参与。《检察机关加强未成年人司法保护八项措施》首次明确“社会专业力量”“青少年事务社会工作”在参与未成年人刑事司法中的地位，并

① 许莉娅. 个案工作[M]. 北京：高等教育出版社，2014.

② 宋志军. 附条件不起诉社会支持的深化[J]. 国家检察官学院学报，2017.

且提出推动建立未成年人司法借助社会专业力量的长效机制。在一些专业化较强的领域,如心理疏导、观护帮教等,如果由没有受过专业训练、不具备专业资质的爱心人士从事,那么很可能达不到预期的效果。因此,由专业青少年社工组织和专业社工来承担是非常必要的。这就需要将未成年人刑事司法与司法社工紧密融合。从国外少年司法的发展历程来看,基本上都有青少年司法社工的参与。青少年司法社工和少年司法两个领域尚未形成有效融合,这是严重影响未成年人刑事司法社会参与效果的重要因素之一。因此探索青少年司法社会工作的专门人才的培养机制,是保证社会力量参与有效性的重要措施。一方面,青少年司法社会工作具有较强的专业性,经过专业培训的社工在理念、价值观和工作方法上对于社会参与未成年人刑事司法的科学性和有效性均具有重要的保障作用。例如心理疏导、严重不良行为矫治、戒除网瘾毒瘾等服务,必须由经过专业训练并具有一定资质的人员从事,否则非但不能起到应有的效果,反而可能给未成年人造成一定的伤害。另一方面,青少年司法社会工作除了社会工作专业知识和技能之外,还需要心理学、教育学、行为矫治等专业知识,这就需要对社工专业背景的人和上述相关专业背景的人员进行多学科知识的培训,以提高未成年人刑事司法社会服务的专业化程度。笔者认为,应当通过人才培养机制建设实现未成年人刑事司法与青少年司法社会工作的融合。司法社工组织与开设社工专业的高校之间,既可以共建社会工作技能实训基地、学生实习基地,又可以聘请社工系教师作为社工组织的督导专家,实现社会工作理论与实践的常态化互动,提高社会工作专业师生的应用能力和司法社工的业务水平。此外,司法社工组织的资深社工可以受聘为社工专业学生授课、担任实习指导或者督导。这样做不但可以解决其当前面临的专业人员缺乏的问题,也可以为社会工作专业的师生提供实践的平台,促进专业教育的发展,真正实现未成年人刑事司法与社会工作的整合。

根据国外少年司法社会化的经验,青少年事务社会工作者在少年司法中扮演组织者、转介者、协调者、教育者等多种角色,整合家庭、学校、政府部门、司法机关、非政府组织、媒体等各方通力合作，编织困境少年的社会支持网络，同时激发青少年自身的正能量，实现其社会环境和自身能力的改善，达到正常融入社会的目标。在青少年司法社工组织发展程度较高的地区，可以由青少年司法社工组织牵头推动公检法机关与政府部门、未成年人保护组织等多个部门合作，构建社会力量有序参与少年司法的长效机制。在这种模式的发展中，需要注意避免过度专业化所带来的副作用。美国青少年司法社工从20世纪80年代之前的辉煌到当今时代的踟蹰不前，明显是专业标榜在作祟。① 美国的经验表明过度强调少年司法社会参与中的“社工专业性”可能会损害少年司法社会工作的长远发展。笔者认为，在强调司法社会工作专业性的同时，还要加强社工专业与其他专业组织和机构之间的协作，形成社工组织主导与其他社会力量协调发展的共生模式。陕西指南针司法社工服务中心的4名专职社工，其中1名是硕士学历，另外3名是本科学历。就目前而言，拓宽司法社工知识面是提升其教育水平的可行途径。陕西指南针司法社工服务中心位于西北政法大学，具有良好的法学学术氛围，因此中心可邀请刑法学、刑事诉讼法学、犯罪学心理学等专业的教师为专职社工提供法学方面的指导，但省内其他机构获取类似资源的途径非常有限，可通过课程共享、导师共享、督导共享、成果分享等方式，提升本区域内司法社工总体服务水平，也可通过网络平台、教育平台的搭建，利用较少资源的投入，让更多司法社工获益。

提升司法社工服务的专业化水平，还需要建立制度化司法社工服务的标准。陕西司法社工机构虽有服务标准，但并未制度化。司法社工机构的服务标准应包括信息反馈表上司法机关给予的评价以及与案主电话回访中案主反映的信息。第一，评价标准的全面化建设。评价司法社工服务质量不可仅凭司法机关工作人员及案主的主观意见，还应包括客观标准。例如社会调查报告被司法机关采纳的比例、经观护帮教的未成年人再犯罪比率

① 杨旭.美国司法社会工作的发展及借鉴[J].学术交流，2013.

等。第二，建立服务质量跟踪与监督体系。根据现有评价标准难以发现司法社工自身存在的问题，因为司法机关在信息反馈表中的评价均是满意，未提出任何意见。目前的服务标准必须做出改进并且将其制度化、规范化，司法社工、中心主任及其他相关工作人员应共同参与，保证制度的客观性、合理性。同时，制定的服务标准应包括服务时间、司法机关采纳社会调查的比例等指标。

（四）探索制度化、多元化的资金支持途径

笔者通过实践发现，司法社工组织可以通过以下三种途径获得稳定的资金支持。

1. 探索吸纳社会公益慈善资金的途径

随着我国公益事业的发展和公益捐助立法进程的加快，青少年社工组织通过吸纳社会公益资金的机制获得资金支持是可行的。2016 年 3 月 16 日《中华人民共和国慈善法》的颁布，为青少年司法社会公益事业的发展创造了非常有利的条件。在民政部门注册登记的司法社工组织可以通过两个途径获得公益资金支持。（1）通过设立专门服务于青少年的慈善组织或者将公益性的社工组织变更为慈善组织的方式，获得依法募集慈善资金的资格。根据《中华人民共和国慈善法》第 10 条规定，已经设立的社会组织，可以向原登记的民政部门申请认定为慈善组织。在获得慈善组织资格后，青少年社工组织就有权依据该法第 20 条的规定进行公开募捐和非公开的募捐活动，吸纳社会资金用于未成年人刑事司法中的社会服务活动。[①]（2）通过与公益基金会等慈善组织合作，以项目合作或者受委托从事面向困境青少年的慈善服务活动等形式，获得资金支持。根据《中华人民共和国慈善法》第 57 条、第 59 条的规定，慈善组织开展教育培训、社会工作等慈善服务，可以自己提供，也可以委托有服务专长的其他组织或者招募志愿者提供。由此可知，未成年人司法社会工作与慈善机构的慈善服务相结合是有法可依的，

---

① 《中华人民共和国慈善法》第 20 条规定："本法所称慈善募捐，是指慈善组织基于慈善宗旨募集财产的活动。慈善募捐，包括面向社会公众的公开募捐和面向特定对象的非公开募捐。"

也是未来公益性的司法社工组织获得资金支持的重要途径。

2. 探索以未成年人司法保护项目形式获得经费的途径

笔者认为，通过未成年人司法保护项目获取长期发展的资金途径有两个。(1) 设计实施未成年人司法保护项目。司法机关和社会组织可以合作实施未成年人司法保护项目，在办案经费中列支项目经费用于支持社会组织为未成年人提供服务。(2) 申报政府专项资金。中央财政和省级财政、民政部门每年都有社会服务项目并且配有专项资金，社会组织可以通过申请这些专项项目获取社会服务的资金。例如中央财政支持社会组织参与社会服务项目、各省民政厅福利彩票基金培育发展公益性社会组织项目等。具有法人资格的社工机构可以涉罪未成年人保护、青少年不良行为矫治等为主题申请上述项目，将获取的资金用于所申报的服务对象，实现通过科研项目和政府专项项目经费持续支持社会力量参与未成年人刑事司法的目的。

3. 推动政府购买未成年人司法社会服务制度化

在社会组织发育不成熟的情况下，通过购买公共服务的形式扶持社会组织成长、提升其服务质量，是保障社会力量参与未成年人刑事司法可持续性的重要措施。政府购买服务有两种主要途径。一是政府购买社工岗位，即在公检法机关及司法行政机关设置相应的司法社工岗位，或者通过设立公益性岗位，招聘具有社工专业背景和社工专业资质的人员充实到未成年人司法保护岗位，以解决办案单位社会工作专业力量不足的问题。二是政府购买社会工作服务，即政府利用财政资金，采取市场化、契约化方式，面向具有专业资质的社会组织和企事业单位购买社会工作服务的一项重要制度安排。2012 年 11 月 14 日，民政部、财政部联合下发《关于政府购买社会工作服务的指导意见》，明确将为“有不良行为青少年”提供纠正行为偏差、缓解生活困难、疏导心理情绪、改善家庭和社区关系、恢复和发展社会功能等服务纳入政府购买范围。2014 年 12 月 15 日，民政部、财政部和工商总局联合发布《政府购买服务管理办法(暂行)》，将法律服务、法律援助、儿童福利服务、社会调查、安置帮教、社区矫正等纳入政府购买服务指导性目录，为各地购买未成年人刑事司法社会服务提供了法规依据。司法机关、司法行政部门、民政部门可根据职责分工，按照有利于转变政府职能、有利于降低服务成本、有利于提升服务质量和资金效益的原则，公开择优向社会力量购买社区矫正及涉罪未成年人的社会工作服务。要明确购买服务的数量、质量要求以及服务期限、资金支付方式、违约责任等，加强购买服务资金管理，指导督促服务承接机构履行合同义务，保证服务数量、质量和效果。提供司法社工服务的社会组织符合规定条件的可以享受相应的税收优惠政策。

推动政府购买社工组织服务的制度化，应设定科学合理的承接政府购买项目主体的资质及审查制度，制定规范的招投标程序，保证在充分竞争的前提下实现规范化。规范购买服务合同管理、制定专业服务、资金管理等方面指导标准。加强过程监管，按照政府购买社会工作服务的合同要求，对专业服务过程、任务完成和资金使用情况等进行督促检查，建立规范的效果评估机制。[①] 通过完善上述管理和监督考核制度，促使政府购买社会服务制度化、规范化，以保障司法社工组织进入良性发展的轨道，为未成年人刑事司法社会支持体系的可持续发展奠定良好的物质基础。

① 宋志军.论未成年人刑事司法的社会支持体系[J].法律科学，2016.

第三章

青少年司法社会工作服务内容与模式研究

社会工作在涉罪未成年人社会调查服务中的应用

王璐倩[①]

一、问题的提出

随着现代少年司法理念的确立,加强未成年人司法保护,实行“教育、感化、挽救”的方针,坚持“教育为主、惩罚为辅”的原则,成为社会各界的共识。一方面,未成年人司法保护工作的开展和优化,能够维护未成年人应有的权利不被侵犯。另一方面,运用保护的视角开展未成年人司法工作,能够更有效地帮助未成年人改变自身行为,从而避免犯罪行为的再次发生。

社会工作介入未成年人司法过程开展专业服务是未成年人司法保护工作的重要组成部分。社会工作专业的介入一方面能够解决司法人员碍于身份、时间、精力等原因产生的“心有余而力不足”的现实问题。另一方面社会工作专业以尊重、接纳、非评判等为价值基础,拥有一系列专业的理论储备

① 王璐倩,首都师范大学北京青少年社会工作研究院国际交流部主任。

和工作方法，具备介入未成年人司法工作开展服务的专业优势。

针对犯罪青少年开展司法社会工作服务，是很多发达国家及地区的普遍做法，在预防未成年人犯罪方面发挥了不可替代的作用。但在我国，社会工作专业介入未成年人司法工作，尚处于起步、探索的阶段。其中，具有典型意义的探索是北京地区对涉罪未成年人开展的社会调查服务。

2009 年，北京市海淀区人民检察院与首都师范大学少年司法社会工作研究与服务中心合作，将社会工作专业引入未成年人刑事案件审查起诉工作中，开展社会调查服务。社会调查服务的开展，一方面为检察官处理案件提供了参考依据，另一方面也为后期的深入帮教工作打下基础。

2012 年，在首都综治办预防青少年违法犯罪专项组的推动下，"涉罪未成年人百例社会调查试点工作"在北京顺利开展、运行。试点工作将涉罪未成年人社会调查工作前沿至公安侦查阶段，后延至法院审判阶段，形成"公检法一条龙"的帮教联动模式。

经过多年的探索和实践，涉罪未成年人社会调查服务的"北京模式"不仅在北京市全面推开，在全国多个省市也得到复制、推广，成为我国社会工作介入未成年人司法工作的创新性、突破性举措，也为践行未成年人司法保护理念、降低未成年人犯罪率做出了贡献。

然而，在实践工作中我们发现，尽管未成年人司法保护工作越来越受重视，社会工作专业介入未成年人司法工作开展社会调查服务取得了显著成效，但在服务的推动过程中仍然存在很多困难和问题，也面临着诸多挑战。例如社工人才队伍不稳定、社工专业性参差不齐、缺少制度保障和稳定资金来源等。这些问题的出现，使得未成年人司法保护的目标、司法机关的需求无法得到充分的实现和满足。

面对这样的情况，对于涉罪未成年人社会调查服务的标准化研究便显得尤为重要。对服务模式、服务标准的探索和研究，能够帮助一线工作人员理清服务思路、把握服务框架、明确服务内容和操作方法，从而推动服务的规范化、专业化提升以及进一步的发展与完善。因此，本文尝试以北京市为例，研究社会工作在涉罪未成年人社会调查工作中的应用与发展，梳理涉罪未成年人社会调查服务的法律依据、理论基础、衔接机制、服务内容和方法等，反思存在的问题，提出解决建议，为涉罪未成年人社会调查服务的推广和发展提供参考。

二、研究方法和框架

（一）研究方法

本文试图以参与式行动研究为主要研究方法，对社会工作在涉罪未成年人社会调查服务中的应用进行追踪、梳理和总结，形成服务标准、提出改善建议。

行动研究（Action Research）自 20 世纪 30～40 年代以来，被广泛应用于教育研究、组织研究、城市社区研究、发展研究、医务护理研究、酒店管理研究、国际技术转移研究、信息技术开发研究、未来研究和心理、行为研究等多个领域。由于行动研究的复杂性和应用领域的广泛性，迄今为止，学术界对于行动研究尚没有统一的界定。在国外文献中，美国著名社会心理学家、同时也是行动研究最早的倡导者之一 Lewin（1944）认为，行动研究指的是“研究课题来自实际工作者的需要，研究在实际工作中进行，研究由实际工作者和研究者共同参与完成，研究成果为实际工作者理解、掌握和实施，研究以解决实际问题、改善社会行动为目的”。Strenger（1996）强调，“行动研究可以产生纯学术的成果，为建立理论提供丰富、完全的基础和创造知识，但最基本的，它是一种解决实际困难的工具，即用来解决个人、专业或社区的问题。”Wallace（1998）则进一步明确指出，行动研究就是在研究者、实际工作者和其他工作人员共同合作下，在现实环境中，发现问题并予以解决，从而提高实际工作中的行为质量。①

也就是说，行动研究注重实践工作者与研究者的共同参与，在实践工作中进行研究，使研究成果为实践工作者所理解、掌握和应用，从而达到解决实际问题、改变社会行为的目的。

---

① 陈向明. 什么是行动研究[J]. 教育研究与实验，1999.

本文的研究重点是社会工作在涉罪未成年人社会调查工作中的应用，希望通过对涉罪未成年人社会调查服务相关经验的梳理、总结，研究形成服务模式和标准，从而解决目前该服务推动过程中遇到的困难和挑战。这与行动研究的路径不谋而合。

在社会工作介入未成年人司法工作开展专业服务的推进过程中，一线社会工作者的投入和参与起到了至关重要的作用，对服务的探索、推动和改进做出诸多贡献。笔者便是一名一线司法社会工作者。从 2009 年至今，笔者参与了北京地区引入社会工作专业进入未成年人司法工作开展服务的整个过程，既是实践工作者，也是研究者。因此，笔者能够清楚地了解整个涉罪未成年人社会调查服务推动发展的过程，运用行动研究的研究方法，将研究工作投入到实践服务当中，以行动研究的视角参与实践活动，在实践工作中发现研究问题、尝试解决策略、总结服务经验，从而解决问题、改变社会行动。

（二）研究框架

本文将以北京市为例，对社会工作介入未成年人司法工作开展社会调查服务的路径进行梳理。研究框架包括价值基础、法律基础、理论基础、衔接机制、服务内容、服务方法、成效与反思七个部分，以价值基础为前提，对涉罪未成年人社会调查服务的法律依据、理论基础、衔接机制、服务内容、服务方法等内容进行总结，提炼服务成效和问题，提出建议和策略，以期推动涉罪未成年人社会调查服务的完善和发展（见图 1）。

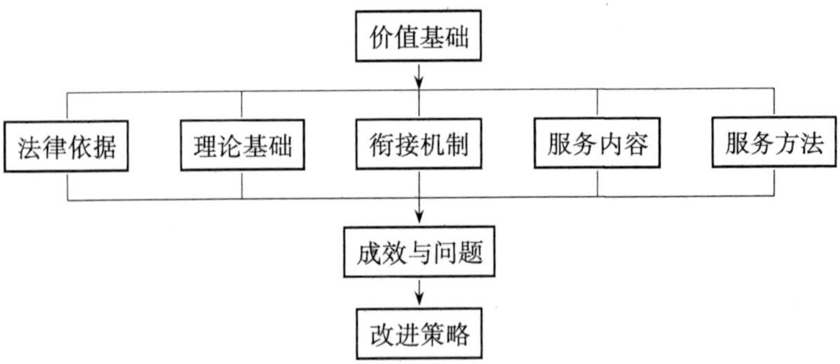

图 1　社会工作介入未成年人司法工作开展社会调查服务的研究框架

三、涉罪未成年人社会调查服务的价值基础

价值基础是社会工作者开展专业服务的重要前提，它对社会工作者与服务对象、社会工作者与服务机构，以及社会工作者同行之间的关系进行了详细的规定，也决定了专业社会工作者在特定的情形下采取的工作手法和干预策略。价值基础的确立能够保障社会工作服务的专业性，促进社会工作者与服务对象专业关系的正向发展，促进社会正义和社会福利水平的提升。

社会工作介入未成年人司法工作开展社会调查服务，是维护儿童权益的一种做法。在开展社会调查时，社会工作者需要明确开展社会调查的对象是什么人、为什么要开展社会调查、如何开展等内容。在这些问题上的不同看法和取向，将会导致工作者不同的策略和行为。[①]

涉罪未成年人社会调查服务的价值基础包括两个方面：一方面，是道德上的考虑，即思考专业行动的目的和手段是否正确，为什么要这样做，对涉罪未成年人有什么责任和义务；另一方面，是实践上的考虑，即如何开展专业行动，在与涉罪未成年人的工作关系中应秉持什么样的价值取向等。

本部分将着重梳理社会工作者在开展社会调查服务时应该秉持的主要价值理念，这些价值理念对于社会工作者开展专业服务至关重要。只有秉持专业的价值理念，才能够真正与涉罪未成年人建立专业关系，而只有涉罪未成年人能够接纳和信任社会工作者，他们才有可能配合完成社会调查工作，使社会调查内容全面、准确。

1. 尊重

尊重，指尊敬、重视。人的内心里都渴望得到他人的尊重，涉罪未成年人也是如此，他们也希望自己能够得到社会以及他人的尊重，认为自己是一个有价值、有独立人格的人，而不是一个无能的、有个人缺陷的失败者。因

① 路琦，席小华. 未成年人刑事案件社会调查理论与实务[M]. 北京：中国人民公安大学出版社，2012.

此，在社会调查服务开展的过程中，社会工作者对涉罪未成年人的尊重必须是无条件的，这意味着涉罪未成年人无论处于什么地位，具有这样的不良习惯，社会工作者都要尊重他作为社会个体的基本尊严。这不仅仅是出于社会工作者要平等对待服务对象的职业要求，也出于社会工作者的职业态度。[①]

2. 接纳

接纳，指社会工作者应将涉罪未成年人作为一个有独立思考能力和自我选择权利、受到尊重的服务对象来接受，承认其有独特的个性、观点、态度和行为等。社会工作者接纳涉罪未成年人的理念，首先表现在他们能够让涉罪未成年人自由地表达情感，对涉罪未成年人的诉说不批评、不阻止、不责备，而是真诚地聆听。[②]涉罪未成年人正处于不被主流社会接纳的位置，他们可能存在着许多主流社会所不能接受的思想和观念。例如打架吃喝就是生活、没钱就去盗窃抢劫、享受无业混玩的生活等。但对社会工作者而言，不让涉罪未成年人表达自己的思想、反映自己的需求，就很难真正认识和了解他们。因此，以接纳的态度，倾听涉罪未成年人的各种诉说至关重要。

3. 非评判

社会工作虽然是一种价值主导的专业实践，但社会工作者仍需避免将自己的价值观强加给服务对象，不应指责和批判服务对象的言行和价值观，更不应将自己的负面情绪发泄在服务对象身上。作为一种专业服务活动，社会工作者应该坚持与服务对象一起工作，共同分享对问题和需要的看法，一起探讨解决问题的策略和方法。在涉罪未成年人社会调查服务的实践过程中，“非评判”主要体现为社会工作者对涉罪未成年人的性格、性取向、生活方式、宗教、政治倾向等不做倾向性的批评和判断，尊重他们在观念和生活方式上的选择。社会工作者开展社会调查服务实际上是走入涉罪未成年人的生活乃至生命的过程。在此过程中，社会工作者必须保持非评判、不干

①② 张昱.矫正社会工作[M].北京：高等教育出版社，2008.

涉，做到只观察、了解、陈述事实，以保证社会调查的客观性、理性、科学性。

4. 个别化

每个人都应当有权利和机会发展个性，社会工作者应当尊重服务对象的个体差异，不应当使用统一的服务方法回应他们的独特需要，要充分考虑服务对象在性别、年龄、职业、社会地位、政治信仰、宗教等方面存在的价值差异及其与社会主流价值之间可能存在的冲突，尊重个性化需求，充分挖掘个人潜能。

只有坚持个别化的价值观念，社会工作者才能接受每个人独特的思想与需求，才能做到真正地了解涉罪未成年人，去除对他们的标签化。

5. 自决

自决，即自我决定，指尊重涉罪未成年人自己的决定。社会调查的开展可以服务于专业人员对涉罪未成年人的客观评估，从而制订个性化的帮教矫正方案，促进涉罪未成年人的成长与改变，帮助他们顺利回归社会生活。

社会工作者追求平等的专业工作关系，涉罪未成年人也希望拥有自己做出决定的权利和机会。“自决”强调涉罪未成年人具有自我选择、自我决定的权利，要求社会工作者在涉罪未成年人拥有自决的意志和能力的情况下，承认和尊重他们有自己选择和决定的权利与需要。因此，社会工作者可以在工作中适时地给予涉罪未成年人自己选择和决定的机会，特别是在后期矫正方案的制订过程中，可充分地与服务对象进行沟通与讨论。这种价值理念，暗含了对涉罪未成年人有能力成长、改变以及解决困难的信任。①

6. 保守秘密

保密，指社会工作者不得向任何人泄露涉罪未成年人的隐私和秘密，即涉罪未成年人的工作资料以及个人资料等。除非得到了涉罪未成年人书面形式的授权，或在某些情况下根据法律要求提供证明。严守保密原则的出发点，仍然是维护服务对象的尊严和权益。而我们面对的服务对象是涉罪

① 刘淑娟. 浅析社会工作伦理价值在社区矫正中的运用[J]. 社会工作下半月（理论），2008.

未成年人，未成年人刑事案件不公开审理，本就受到法律保护，因此对于社会工作者来说，保密就更加重要。

但需要注意的是，身为一名专业的社会工作者，我们还需要对法律、社会负责任。因此，如果遇到特殊情况必须透露有关信息时，例如有可能对他人人身安全造成损害的隐患，社会工作者有义务并且必须向有关部门报告，并告知涉罪未成年人有限度地公开隐私的必要性及相关保护措施。

四、涉罪未成年人社会调查服务的法律依据

相关立法是未成年人司法工作得以开展、改善的依据和准绳。因此，社会工作介入未成年人司法工作开展社会调查服务，需要对立法状况进行了解，符合国家法律的相关规定和要求。随着未成年人司法保护工作受到越来越多的重视，我国在立法方面也开始纳入社会力量介入未成年人司法工作的内容，特别是社会调查工作的内容，使社会工作者开展涉罪未成年人社会调查服务得到法律的支持和保护。

2000 年，最高人民法院出台了《关于审理未成年人刑事案件的若干规定》，其中第二十一条规定："开庭审理前，控辩双方可以分别就未成年被告人性格特点、家庭情况、社会交往、成长经历以及实施被指控的犯罪前后的表现等情况进行调查，并制作书面材料提交合议庭。必要时，人民法院也可以委托有关社会团体组织就上述情况进行调查或者自行进行调查。"

2003 年修订的《北京市未成年人保护条例》第六十条规定："在审理未成年人刑事案件的过程中，各级人民法院可以委托各级未成年人保护委员会或者其他组织聘请社会调查员。社会调查员对未成年被告人性格特点、家庭情况、社会交往、成长经历以及实施被指控的犯罪前后的表现等情况进行调查，并制作书面材料提交司法机关。"

最高人民检察院颁布的《人民检察院办理未成年人刑事案件的规定》〔2006〕第十六条规定："审查起诉未成年犯罪嫌疑人，应当听取其父母或者其他法定代理人、辩护人、未成年被害人及其法定代理人的意见。可以结合

社会调查，通过学校、社区、家庭等有关组织和人员，了解未成年犯罪嫌疑人的成长经历、家庭环境、个性特点、社会活动等情况，为办案提供参考。”

2006 年，最高人民法院《关于审理未成年人刑事案件具体应用法律若干问题的解释》第十一条规定：“对未成年罪犯适用刑罚，应当充分考虑是否有利于未成年罪犯的教育和矫正。对未成年罪犯量刑应当依照刑法第六十一条的规定，并充分考虑未成年人实施犯罪行为的动机和目的、犯罪时的年龄、是否初次犯罪、犯罪后的悔罪表现、个人成长经历和一贯表现等因素。”

2010 年，中央综治委预防青少年违法犯罪工作领导小组、最高人民法院、最高人民检察院、公安部、司法部、共青团中央颁布的《关于进一步建立和完善办理未成年人刑事案件配套工作体系的若干意见》中指出：“公安机关、人民检察院、人民法院、司法行政机关在办理未成年人刑事案件和执行刑罚时，应当综合考虑案件事实和社会调查报告的内容。社会调查机关应当对未成年犯罪嫌疑人的性格特点、家庭情况、社会交往、成长经历、是否具备有效监护条件或者社会帮教措施，以及涉嫌犯罪前后表现等情况进行调查，并作出书面报告。在社会调查过程中，公安机关、人民检察院、人民法院应为社会调查员提供必要的便利条件。”

2012 年 3 月，新修订的《中华人民共和国刑事诉讼法》第二百六十八条规定：“公安机关、人民检察院、人民法院办理未成年人刑事案件，根据情况可以对未成年犯罪嫌疑人、被告人的成长经历、犯罪原因、监护教育等情况进行调查。”①

2015 年，最高人民检察院出台了《检察机关加强未成年人司法保护八项措施》第三条规定，贯彻国家对犯罪未成年人“教育、感化、挽救”方针和“教育为主、惩罚为辅”的原则，坚持依法对涉罪未成年人“少捕慎诉少监禁”，落实专业化办理、法律援助、合适成年人到场、社会调查、亲情会见、附条件不起诉、社会观护、帮扶教育、犯罪记录封存等特殊保护制度，最大限度地促使

① 席小华，张洁. 涉罪未成年人社会调查实务指南[M]. 北京：中国人民公安大学出版社，2012.

涉罪未成年人悔过自新、回归社会。对于因年龄原因不负刑事责任的未成年人，应当与公安机关以及家庭、学校、社会保护组织等加强协调，配合，通过加强管教、社会观护等措施，预防再犯罪。第八条规定，大力支持青少年事务社会工作专业人才队伍建设工作，主动与青少年事务社会工作专业机构链接，以政府购买服务等形式，将社会调查、合适成年人参与未成年人刑事诉讼、心理疏导、观护帮教、附条件不起诉监督考察等工作，交由专业社会力量承担，提高未成年人权益保护和犯罪预防的专业水平，逐步建立司法借助社会专业力量的长效机制。①

上述法律规定明确了涉罪未成年人社会调查服务的重要地位，同时对社会工作专业在未成年人司法工作当中的重要作用给予了肯定，成为社会工作介入未成年人司法工作开展社会调查服务的有力依据。

五、涉罪未成年人社会调查服务的理论基础

社会工作专业以一系列科学知识和理论为专业基础，任何社会工作服务的开展都要以科学扎实的专业理论作为支撑，以保障服务的专业性和有效性，涉罪未成年人社会调查服务也是如此。针对未成年人刑事案件开展社会调查服务，其需要关注的核心问题是导致该未成年人实施犯罪行为的个体因素、社会因素以及两者之间的互动过程，从而对未成年人犯罪行为的原因做出准确分析，对再犯可能性做出科学的预测。因此，社会工作者在开展社会调查服务时，需要关注社会工作、社会学、犯罪学、心理学、生物学等学科领域的研究成果和理论，尽可能关注导致犯罪发生的所有风险因素，在此基础之上进行深入的调查和分析，以求获得相对客观和全面的认识与评价。

本部分笔者将对日常开展涉罪未成年人社会调查服务时，社会工作者常用的几种理论进行梳理，这些理论是诸多理论研究中的一部分，也是一线

① 中华人民共和国最高人民检察院. 检察机关加强未成年人司法保护八项措施[Z]. 北京：最高人民检察院，2015.

工作者在服务过程中常用、行之有效的理论支持。对于理论的梳理和应用能够帮助社会工作者尽可能全面地收集涉罪未成年人的相关信息，准确地理解导致未成年人犯罪的原因，对于社会调查服务的专业化、科学化发展非常重要。

（一）生态系统理论

生态理论是少数具有融合性和折中式的理论观点。该观点引用生物与环境关系这一理念，认为个人在与其栖息环境的交流过程中，必须在其适当成长的时间点获得足够的环境资源才能进行各项活动历程。为了维系生活历程的前进，人就会与其栖息环境保持适当的调和度以达到顺利地适应。也就是说，未成年人所遭遇的困难实际上是“生活中的问题”，而不是个人病态或者性格的缺陷所致。

生态理论包括以下几个基本假设。①

一、一个人与其所在的环境进行互动，能和其他人发生关系是与生俱来的能力。

二、基因以及其他生物因素经常被视为各种人与环境互惠性历程的结果。

三、人在情境中是一个联合的交流系统，人类与环境在次系统中相互影响，形成一种互惠性的关系。

四、相互调和度，是一种个人与环境间互惠性历程的结果，指的是经由一个适应良好的人在一个具有滋养性的环境中相互交流而获得的。

五、个人的行动是有目标取向的、有目的的，是为了适应者生存而竞争，因此发展的关键取决于环境给个人主观的主观意义内涵。

六、要理解个人，必须将其置于生长的自然环境及所在的情景之中。

七、个人的人格是个人和环境常年交流的长期发展成果。

八、个人的生活是可以产生正向改变的。

---

① （英）Roberta R. Greene and Paul H. Ephross. Human Behavior Theory and Social Work Practice. New York：Aldine de Gruyter，1991.

九、所谓的问题，是指生活中的问题，要了解个人的问题，就要将个人置于其所生活的整体空间来理解。

十、为了协助案主，社会工作者应该随时准备干预案主所在生活空间的各个层面。

社会生态系统理论认为，人的成长是个人与环境常年交流的结果，不是单一的个体因素可以主导的，受到各种因素的影响。因此，个人的行为源于家庭、团体、组织与社区之间的互动，其中也包含这些系统内的文化因素。社会工作者在面对涉罪未成年人时，应理解未成年人或其家庭问题的发生是来自环境资源的不足与障碍，是多项因素交互而成的。因此，应采用全人、整合的思考架构来理解未成年人的行为和问题，即从其生理、心理、社会、政治、文化等各个生态系统间的互动来了解和分析，以保证社会调查工作的客观性和科学性。

（二）认知行为理论

认知行为理论是心理学领域行为主义与心理分析两个不同流派发展的折中结果，深受学习理论、心理学感知和信息加工理论的影响。认知行为理论将认知理论应用在行为修正方面，强调内在认知对案主当前行为和未来行为修正的影响。

认知行为理论认为，在认知、情绪和行为三者当中，认知扮演着中介与协调的作用。认知对个人的行动进行解读，这种解读直接影响着个体是否最终采取行动，以及采取什么样的行动。因此，案主问题的产生是其自我效能不足或原来自动化思考形成的错误思想和错误假定，导致对外在环境事件的认知和解读的曲解和误判，故无法发展出正向的因应行为和正常运作功能的情绪。①

艾丽斯（Albert Ellis）提出的“ABC 情绪理论框架”理论是认知理论的重要组成部分。根据 ABC 理论，A 是真实发生的事件，B 是人们对真实发生事

① 宋丽玉，曾华源，施教裕，等. 社会工作理论：处遇模式与案例分析[M]. 台北：洪叶文化事业有限公司，2002.

件的认知，C 是人们的情绪反应。ABC 理论认为，导致（C）情绪反应发生的直接原因并不是（A）真实事件，而是（B）人们对事件的认知，而（B）是可以改变的。

因此，社会工作者在针对涉罪未成年人开展社会调查服务时，不仅应当看到未成年人面对情境、事件时所产生的情绪和行为反应，还要关注这些情绪和行为背后，存在着怎样的认知以及认知形成的原因，从而更加深入、准确地分析犯罪行为产生的原因。同时，当社会工作者对涉罪未成年人的行为问题进行干预的时候，也可以从错误的认知入手，帮助涉罪未成年人建立新的、正向的认知，从而做出新的情绪反应，改变原有的不当行为。

（三）马斯洛需求层次理论

马斯洛需求层次理论是人本主义的科学理论之一，它将人类需求像阶梯一样从低到高一共分为五类：生理需求、安全需求、社交需求、尊重需求和自我实现需求。其中，生理上的需求、安全上的需求和感情上的需求都属于低一级的需求，这些需求通过外部条件就可以满足；而尊重的需求和自我实现的需求是高级需求，它们是通过内部因素才能满足的。

马斯洛需求层次理论认为，每个人都有需求，某层需求获得满足后，另一层需求才出现。而在多种需求没有获得满足之前，需要首先满足最迫切的需求，当该需求被满足后，后面的需求才显示出其激励作用。

需求对人的行为有很大影响。例如当生理需求没有得到满足时，人们可能会出现“什么都不想，只想让自己活下去”的状态，思考能力、道德观明显变得脆弱。而当安全需求没有得到满足时，人们有可能会认为身边的事物是危险的，变得紧张、彷徨不安，并用自己的方式保护自己的安全。比如一个孩子，在学校被同学欺负、受到老师不公平的对待，有可能会变得不敢表现自己、不敢拥有社交生活（因为他认为社交是危险的），而借此来保护自身安全。

一般来说，某一层次的需求相对满足了，就会向高一层次发展，追求更高一层次的需求就成为驱使行为的动力。相应地，获得基本满足的需求就不再是一股激励力量。同一时期，一个人可能有几种需求，但每一时期总有一种需求占支配地位，对行为起决定作用。任何一种需求都不会因为更高层次需求的发展而消失。各层次的需求相互依赖和重叠，高层次的需求发展后，低层次的需求仍然存在，只是对行为影响的程度大大减小。

对于涉罪未成年人来说也是如此，犯罪行为的产生往往是由于未成年人某些需求没有得到满足。当这些需求占支配地位时，就有可能驱使未成年人选择犯罪行为以满足自己的需求。因此，当社会工作者针对涉罪未成年人开展社会调查服务时，需要有意识地了解该未成年人犯罪行为背后的哪些需求没有获得满足，从而更加准确地分析其实施犯罪行为的原因，使社会调查内容更加完善、准确。

六、涉罪未成年人社会调查服务的衔接机制与具体程序

社会工作介入未成年人司法工作开展社会调查服务，需要公安、检察院、法院等部门的高度配合与协作。尽管北京、上海等地区已形成了比较成熟的做法，积累了一定经验，但全国大多数地区仍处于摸索阶段，并未形成有效的沟通和衔接机制。例如公安机关没有承担起最初委托开展社会调查的职责，检察机关和人民法院重复进行社会调查，造成诉讼的拖延和司法资源的浪费等。因此，整合、共享社会资源，促进专业力量与公、检、法的全面合作，实现工作机制的对接，便显得尤为重要。

本部分将以涉罪未成年人社会调查服务的“北京模式”为例，介绍社会工作介入未成年人司法工作开展社会调查服务的衔接机制与具体程序，以期将社会工作专业与公安、检察院、法院等司法部门的配合、协作梳理清晰。

（一）社会工作介入未成年人刑事案件侦查阶段的社会调查

侦查阶段，即侦查机关立案侦查开始至案件侦查完毕移送到人民检察院审查起诉为止。在侦查阶段，侦查人员依照法定程序对已经立案的刑事案件进行侦查，收集、调取各种证据材料，准确、及时地查明犯罪事实，抓获

涉罪未成年人，并向检察机关提请批准逮捕。待检察机关做出决定后，侦查人员将对案件继续进行侦查，对证据材料进行补充，形成完整的证据链后，将案件移送至人民检察院审查起诉。①

在侦查阶段，涉罪未成年人社会调查服务包括以下几个部分。

1. 提请批准逮捕前阶段

(1) 接受委托。公安机关在办理未成年人刑事案件时，会在受理案件的三日内，与社会工作专业机构联系，出具委托书，进行案件社会调查的委托。社会工作专业机构在接受委托后，及时与办案人员联系，了解涉罪未成年人的基本信息，制作接案登记表，并将案件分派给一线社会工作者，每个案件由两名社会工作者负责。

(2) 访谈。社会工作者在接到委托后，需及时查看接案登记表，了解案件即涉罪未成年人的基本信息，并与公安办案人员联系，约定与涉罪未成年人单独访谈的时间。之后，社会工作者可在办案人员的协助下，到看守所内与涉罪未成年人进行初次访谈。

(3) 外围社会调查。在初次访谈结束之后，社会工作者从办案人员或涉罪未成年人处获得涉罪未成年人家庭成员、朋友、老师、工作单位负责人等重要他人的联系方式，并与他们取得联系，对涉罪未成年人的外围环境开展社会调查。

对于本地的涉罪未成年人，社会工作者需对其家庭、学校、工作单位等进行实地调查，或将涉罪未成年人的重要他人约至机构访谈室进行面谈。

(4) 与办案人员沟通。在初步社会调查工作结束之后，社会工作者需及时与办案人员联系，沟通涉罪未成年人的情况并了解案件进展。

(5) 出具《初次社会调查报告》。在访谈、外围社会调查等工作结束之后，社会工作者需撰写《初次社会调查报告》，并提交给公安机关。一般来说，报告出具时间为自委托之日起十个自然日内。

---

① 路琦，席小华. 未成年人刑事案件社会调查工作理论与实务[M]. 北京：中国人民公安大学出版社，2012.

2. 批捕阶段

公安机关提请人民检察院审查批捕未成年人刑事案件时，需将《初次社会调查报告》随卷移送至人民检察院。人民检察院认真审查报告，并作为衡量未成年犯罪嫌疑人是否具有社会危险性的参考依据。对于公安机关没有随卷移送《初次社会调查报告》的，人民检察院可以要求公安机关提供。

在这一阶段，社会工作者可跟进对涉罪未成年人进行社会调查，对批捕前阶段的工作进行补充。但由于批捕阶段工作时间为七天，时限较短，因此补充社会调查工作可延至捕后继续侦查阶段、审查起诉阶段乃至审判阶段，继续开展。

3. 提请批准逮捕后阶段

在公安机关向人民检察院提请批准逮捕后，人民检察院会对涉罪未成年人做出是否逮捕的决定。此后，案件将回到公安机关，进入继续侦查阶段。在这一阶段，社会工作者需要跟进对案件进行社会调查，对批捕前阶段的工作进行补充。

（1）跟进访谈。由于在公安机关继续侦查阶段，不同案件的办理时间不同，社会工作者需及时与办案人员联系，了解案件的进展情况，继续与涉罪未成年人进行访谈，深入了解、完善之前的社会调查内容。一般来说，约见频次为每两周至一个月一次。

需要注意的是，有些涉罪未成年人在这一阶段已经被取保候审，对于取保候审的涉罪未成年人，社会工作者可视服务对象生活现状的情况不同，选择将他们约至机构访谈室进行访谈或通过家访、电话访谈等方式开展工作。

（2）补充外围社会调查。在继续侦查阶段，案件办理时间相较于批捕前侦查阶段更加充裕。社会工作者可对之前未能取得联系的调查维度补充社会调查，并对已经取得联系的调查维度继续深入了解，以完善和补充社会调查内容。

（3）与办案人员进行沟通。当社会工作者对涉罪未成年人及其外围环境的调查有所补充后，需及时与办案人员进行沟通，使其了解涉罪未成年人的现状，并对社会调查内容进行更新。

侦查阶段的社会调查服务流程如图 2 所示。

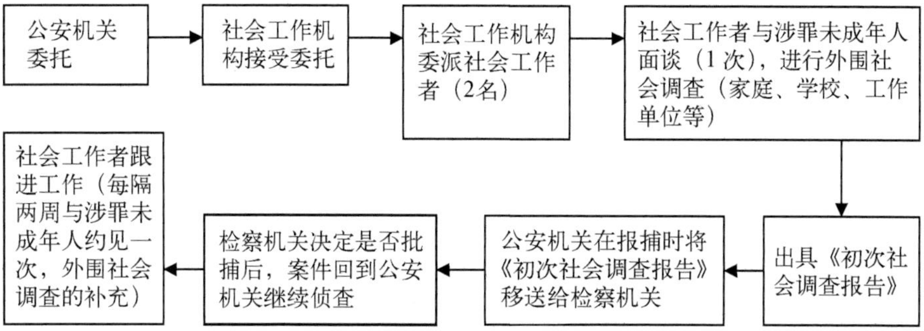

图 2　侦查阶段的社会调查服务流程

（二）社会工作介入未成年人刑事案件审查起诉阶段的社会调查

在审查起诉阶段，即检察机关收到公安机关移送的案件后，对案件进行审查办理，至案件审查完毕移送到人民法院审判为止。在审查起诉阶段，检察官将对所收案件进行进一步了解、调查，作出是否起诉的决定。对于不起诉的案件，检察机关将进行结案处理或制订考察帮教方案；[①]对于决定提起诉讼的案件，则会移送至人民法院进行审判。

在审查起诉阶段，社会调查服务的开展能够使检察官更加充分地了解涉罪未成年人的成长经历、家庭环境、社会交往情况等多方面的背景，更加客观科学地对案件作出处理。

审查起诉阶段的涉罪未成年人社会调查服务主要包括以下几个部分。

1. 接受委托

公安机关提请人民检察院审查起诉未成年人刑事案件，须将《初次社会

① 路琦，席小华. 未成年人刑事案件社会调查工作理论与实务[M]. 北京：中国人民公安大学出版社，2012.

调查报告》随卷移送至人民检察院。承办检察官认真阅读《初次社会调查报告》，并在受理案件的三日内联系社会工作专业机构，告知案件进展情况、出具委托书，委托其继续开展社会调查。社会工作专业机构在接到委托后，及时通知负责该案件的一线社会工作者，由一线社会工作者安排之后的跟进工作。

2. 访谈

在审查起诉阶段，检察官对案件的审查办理时间一般在一至三个月左右。在此期间，社会工作者可与涉罪未成年人约见至少三次，进一步与涉罪未成年人建立接纳、信任的专业关系，更加充分、详尽地了解涉罪未成年人的整体情况，补充开展社会调查工作。

3. 补充外围社会调查

在审查起诉阶段，社会工作者开展工作的时间更为充裕。因此，社会工作者可以针对之前不够完善的部分进行补充和完善。例如由于侦查阶段时间限制，未能到本地涉罪未成年人的家庭、学校、工作单位等地进行实地调查的案件，社会工作者可安排实地走访以深入了解情况。

4. 与承办检察官进行沟通

社会工作者在审查起诉阶段需要与案件的承办检察官保持沟通联系，将了解到的情况与检察官进行交流，使检察官及时了解涉罪未成年人的动态和情况。

5. 出具《社会调查报告》

在审查起诉阶段的社会调查工作结束之后，社会工作者需撰写《社会调查报告》，并向人民检察院提交，包括对涉罪未成年人成长经历、个体综合能力、家庭环境、社会交往情况等方面的事实呈现，以及对涉罪未成年人回归社会的保护性因素、风险性因素及犯罪原因等内容的分析。

6. 附条件不起诉的考察帮教

随着未成年人司法保护工作越来越受重视，司法分流在日常工作中被越来越多地实践，很多未成年人刑事案件被作出附条件不起诉的决定。也就是为涉罪未成年人设定半年至一年的考察帮教期，如果在考察帮教期内表现良好，涉罪未成年人最终将获得相对不起诉的决定。在考察帮教期内，社会工作者需每隔两周至一个月，与涉罪未成年人面谈或电话联络一次，对其现状进行了解，同时配合观护帮教服务的社会工作者，对涉罪未成年人开展观护帮教服务。

审查起诉阶段的社会调查服务流程如图 3 所示。

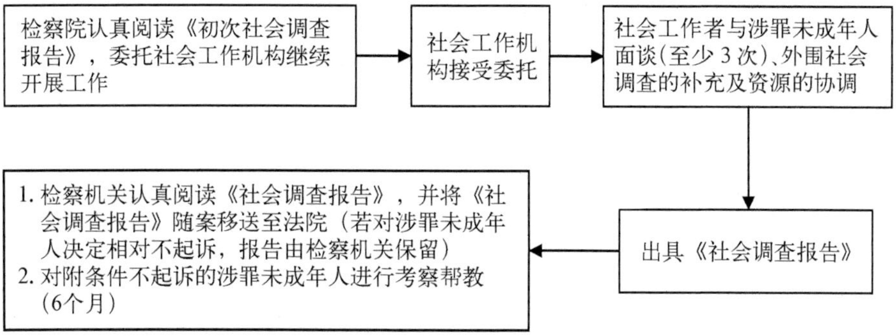

图 3　审查起诉阶段的社会调查服务流程

（三）社会工作介入未成年人刑事案件审判阶段的社会调查

审判阶段，即人民法院收到检察机关提起公诉的案件后，对案件进行审理并进行最终审判的过程。在审判阶段，社会调查的介入有助于法官在案情以外，更加深入地了解涉罪未成年人的多维度背景、犯罪原因、回归社会的有利及不利因素等，从而更加客观、科学地对涉罪未成年人进行量刑审判。[①]

在审判阶段，涉罪未成年人社会调查服务主要包括以下几个部分。

1. 接受委托

人民检察院向人民法院提起公诉时，需将《社会调查报告》随卷移送至人民法院。主审法官认真阅读《社会调查报告》，并在受理案件三日内联系

① 路琦，席小华. 未成年人刑事案件社会调查工作理论与实务[M]. 北京：中国人民公安大学出版社，2012.

社会工作专业机构，告知案件进展情况、出具委托书，委托继续开展跟进工作。社会工作专业机构在接受委托后，需及时通知负责该案件的一线社会工作者，由一线社会工作者开展后续服务。

2. 访谈

在审判阶段，社会工作者一方面可就前期的社会调查内容进行再次完善，另一方面需对涉罪未成年人面对即将到来的庭审而产生的负面情绪进行疏解。通常，这一阶段的访谈安排在庭审前一周之内，社会工作者需向涉罪未成年人讲解法庭上应遵守的纪律并缓解他们可能产生的不安、无措、焦躁、恐惧等负面情绪。

3. 补充外围社会调查

对于在前期未能进行有效社会调查的案件，如未能取得有效的联系方式或未能对本地涉罪未成年人进行家访等，社会工作者可继续尝试找寻联系方式，进行外围社会调查。此外，如果法官认为有哪些想要补充了解的在社会调查范围内的内容，社会工作者也可进行补充调查。

4. 出具材料

对于在审判阶段，对前期的社会调查有所补充和调整的案件，社会工作者需向人民法院提交社会调查补充材料，将完善的部分表达清晰。如果前期的社会调查内容已相对完善，则不需要出具此材料。

5. 与主审法官进行沟通

在审判阶段，社会工作者需与案件的主审法官保持联络，沟通涉罪未成年人及其外围环境的情况，使主审法官对涉罪未成年人有更为立体的了解。

6. 参与开庭

在所负责的案件开庭审理时，社会工作者需出庭参与审判。在法庭审判过程中，社会工作者需参与宣读《社会调查报告》以及法庭教育两个部分的内容。

审判阶段的社会调查服务流程如图 4 所示。

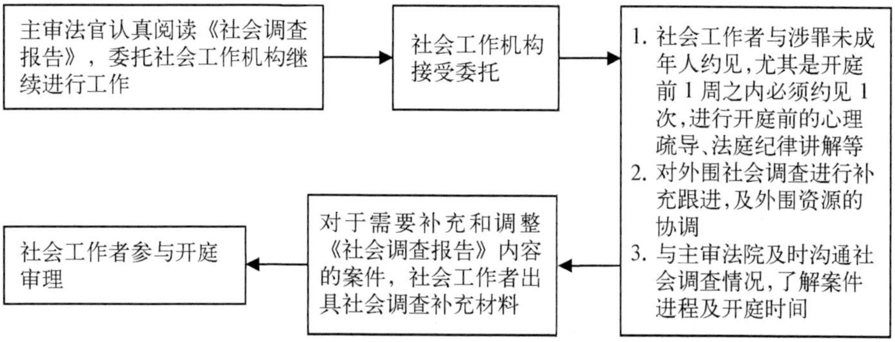

图4　审判阶段的社会调查服务流程

七、涉罪未成年人社会调查服务的基本内容

在公安、检察院、法院等部门的协作配合下，涉罪未成年人社会调查服务得以开展和推动。在针对涉罪未成年人开展社会调查服务时，社会工作者需要了解哪些因素影响了犯罪行为的产生，并对这些因素进行调查、收集，从而对涉罪未成年人的犯罪原因加以分析。以生态系统理论为基础，涉罪未成年人社会调查服务首先要调查的是涉罪未成年人本身，同时强调“人在情境中”，即个人行为是个人与外在环境互动的结果。也就是说，除了涉罪未成年人本身之外，还需对其外界环境，例如家庭、朋辈群体、学校或工作环境、社区等维度进行资料收集。也因此，涉罪未成年人的家人、朋友、同学、老师、邻里等也都是社会调查工作的对象。

具体到实际的工作当中，涉罪未成年人社会调查服务的基本内容包括以下几个维度。

（一）个体因素

在社会调查工作当中，涉罪未成年人系统的调查维度主要涵盖涉罪未成年人的成长经历、个体综合特质、个体认知、行为习惯等。

1. 成长经历

在个体发展的过程中，早年经历对涉罪未成年人人格、思维观念、行为等造成的影响至关重要。例如有关研究表明，在儿童时期遭受过家庭暴力的孩子长大后往往更容易实施暴力行为。因此，对涉罪未成年人成长经历的了解，可以发现其偏差认知、不良行为习惯等形成的原因，分析其实施犯罪行为的潜在因素，并为之后的介入干预提供帮助。

2. 个体综合特质

个体综合特质包括涉罪未成年人的综合能力，如理解与表达能力、人际交往的能力以及涉罪未成年人的性格特点等内容。据有关实践证明，脾气急躁、情绪稳定性较弱的青少年更容易实施暴力行为。对涉罪未成年人的综合能力、性格特点进行了解，有助于社会工作者分析涉罪未成年人犯罪行为产生的原因，从而制订更具有针对性的帮教矫正计划。

3. 个体认知

青少年时期个体心智尚不成熟，在受到外界影响后，很容易对事物产生偏差的认知，而这些认知是导致他们选择犯罪行为的重要因素。例如很多青少年对“哥们义气”存在偏差认知，认为所谓义气就是在朋友有难的时候“两肋插刀”，即帮朋友打架斗殴。因此，在社会调查工作中，对涉罪未成年人个体认知的了解和调整，也是社会工作者的工作重点之一。

此外，由于我们的服务对象是涉嫌犯罪的未成年人，因此在个体认知方面，也要重点关注涉罪未成年人对法律法规的认识水平，通过提高他们的法律意识，来避免违法犯罪行为的再次发生。

4. 个体行为习惯

很多实施违法犯罪行为的青少年都存在一定程度的不良行为习惯，例如夜不归宿、沉迷网络、打架斗殴等，而这些不良行为习惯正是引发严重犯罪行为的潜在原因。对涉罪未成年人日常行为习惯的了解，有助于社会工作者及时发现服务对象的偏差行为，并对犯罪原因进行有效分析。

（二）社群因素

在社会调查工作中，除了对涉罪未成年人的个体因素进行调查了解之外，还需对他们的社会群体因素进行相关资料的收集，包括涉罪未成年人的家庭、朋辈群体、学校、工作单位、社区等。

1. 家庭系统

家庭系统的社会调查包括以下内容。

(1) 家庭基本信息：家庭成员及其现状，是否存在违法犯罪记录，受教育程度如何等。

(2) 家庭经济情况：家庭成员职业、收入水平，能否为涉罪未成年人提供经济方面的支持等。

(3) 家庭互动关系：涉罪未成年人与家人的沟通情况，家庭教养方式及效果，家庭成员之间的感情状况等。

实践证明，家庭系统对涉罪未成年人犯罪行为的产生往往起着重要的作用。例如，很多实施犯罪行为的青少年来自监管过严或处于失管状态的家庭。对涉罪未成年人家庭系统的了解，有助于社会工作者发现涉罪未成年人家庭层面的问题，更准确地分析其犯罪行为产生的原因。

2. 朋辈群体系统

朋辈群体系统的社会调查包括以下内容。

(1) 群体范围，即涉罪未成年人朋辈群体的来源。

(2) 群体成员现状，即群体成员的发展现状，是工作、上学，还是赋闲等。

(3) 群体规范(群体亚文化)，即在涉罪未成年人的朋辈群体中存在这样的群体规范，认知、行为皆包含在内。

(4) 群体互动关系，即涉罪未成年人在朋辈群体中扮演着怎样的角色，朋辈群体对他影响的程度如何等。

3. 学校或工作单位系统

学校和工作单位系统的调查内容大致相同，主要包括以下几点。

(1) 人文环境：在涉罪未成年人的学校或工作单位中，是否存在偏差、恶劣、易给未成年人造成不良影响的人文风气。例如在打架现象严重的场域，未成年人更容易实施暴力行为，引发犯罪事件。

(2) 监管条件：即涉罪未成年人所处的学校或工作单位能否对他们进

行良好有效的监管和教育。例如采取松散、放任的管理方式，则有可能间接引发未成年人的偏差或违法犯罪行为。

(3) 融入程度：即学校或工作单位对涉罪未成年人的接纳程度，涉罪未成年人在这些场域当中是否能够获得归属感，这些场域是否愿意继续接受他们回归新的社会生活。

4. 社区系统

社区系统的社会调查内容包括以下几部分。

(1) 社区物质条件：主要包括社区的硬件设施和软件设施。前者是指活动设施建设，例如科技、体育、文化等活动场所；后者则是指各种丰富的业余活动和社区服务，例如实用技能培训、科普知识等活动。

(2) 社区文明程度：即社区内的邻里关系、精神气氛等。例如和谐融洽的社区环境有助于青少年养成文明守礼的行为方式，而邻里关系紧张、打架斗殴时常发生的环境，则有可能给青少年造成潜移默化的负面影响。

(3) 社区融入程度：即涉罪未成年人是否拥有稳定的社区，是否对社区存在归属感。这一维度对于外地户籍的涉罪未成年人尤为重要，属于流动人口的他们进入新的城市生活，需要在经济生活、社会生活、心理层面等方面全面适应和融入，这对他们来说无疑是困难的，因此也使得他们有可能成为城市的边缘群体。

社会调查服务的基本内容是整个服务的核心，清楚明确地把握这些维度，能够帮助社会工作者更加清晰、准确地了解与涉罪未成年人犯罪原因相关的资料、内容，从而提升服务的准确性和有效性。

八、涉罪未成年人社会调查服务的常用方法

涉罪未成年人社会调查服务的开展，需要以专业的工作方法作为支撑。专业有效的工作方法能够帮助社会工作者与涉罪未成年人建立良好的专业关系，全面、准确地收集相关资料，以保障社会调查服务顺利、有效地开展。

在实践工作当中，常用的工作方法主要包括以下几种。

1. 访谈法

访谈法是社会调查过程中最主要的工作方法之一，访谈过程实质上是社会工作者与涉罪未成年人交流互动的过程。在这一过程中，社会工作者可以与涉罪未成年人相互了解，掌握他们的信息，包括他们的价值观念、情感感受和行为规范，也包括他们过去的生活经历、重要事件，以及他们对这些事件的意义解释等。

访谈依照不同标准有多种分类方法。例如根据访谈者与被访者的交流方式，可分为面对面的直接访谈以及通过电话、网络等形式开展的间接访谈；按照访谈的内容，则可以分为结构式访谈和非结构式访谈。

深度访谈是访谈的其中一种类型，常被用于涉罪未成年人社会调查服务中。深度访谈又称临床式访谈，是为收集个人特定经验及其动机和情感资料所做的访谈。它选取所需调查的某些层面向服务对象提问，虽然访谈的结构相对松散，但侧重点却是聚焦的，因此也被称为聚焦式访谈。深度访谈是在对涉罪未成年人问题初步预估的基础之上，为了澄清和确认核心问题而进行的访谈。

需要注意的是，不论采用何种访谈方式，所有调查阶段开展的访谈都应形成书面的访谈记录。

2. 观察法

观察是对涉罪未成年人的直接感知和判断。社会工作者通过观察，判断涉罪未成年人的精神状态、专注度，以及完善其他基本信息。随着服务经验的积累，观察往往可以获得访谈达不到的效果。

按照观察者的角色，观察可分为置身观察物外的局外观察和亲身参与体验的参与式观察；根据观察程序不同，可分为有明确观察范畴的结构式观察和无明确观察规定的非结构式观察。[①] 在社会调查的过程中，社会工作者一般采用的是局外非结构式观察。这种观察方法，能够为社会工作者进

① 袁方.社会研究方法教程[M].北京：北京大学出版社，1997.

一步了解涉罪未成年人的行为、文化或环境以及后续工作的开展奠定基础。[①]

3. 问卷调查法

问卷调查法，又称书面调查法，是指用书面形式间接收集研究材料的一种调查手段。社会工作者通过向涉罪未成年人发出简明扼要的征询问卷或表格，了解他们所处的状态以及对相关问题的意见和想法。调查问卷的使用，可以帮助社会工作者比较容易地获取需要的信息。

问卷调查按照问卷填答者的不同，可分为自填式问卷调查和代填式问卷调查。其中，自填式问卷调查，按照问卷传递方式的不同，可分为报刊问卷调查、邮政问卷调查和送发问卷调查；代填式问卷调查，按照与被调查者交谈方式的不同，可分为访问问卷调查和电话问卷调查。

目前，涉罪未成年人社会调查服务中常用的问卷包括心理测评问卷、再犯风险评估问卷等，多以访问问卷调查方式进行。

4. 习作法

习作法是指在社会工作者与服务对象交流的过程中，会使用多种专业习作。这类辅助性工具，可以用于服务对象不能或不善于直接当面用语言表述个人观点的情况。同时，通过语言以外的表达方式来获取资料往往会得到访谈所难以获得的深层信息。习作法具有很大的灵活性，社会工作者可以从中获得更多有用的信息。在实践工作中，我们常用的习作包括原生家庭、自画像、家庭结构图、生命线、20 个我、我的五样等。本部分笔者仅对其中三种常用习作进行简要介绍。

(1)“原生家庭”习作

原生家庭习作采用表格形式，由服务对象在工作纸上将与自己关系密切的主要社会及家庭成员列出，然后分别写出他们的优缺点以及对服务对象本人的影响。通过这一习作，服务对象的生态系统可以更为直观地反映

① 袁方. 社会研究方法教程[M]. 北京：北京大学出版社，1997.

在社会工作者面前。同时,该习作也可成为社会工作者在后期为服务对象修复社会及家庭关系的重要参考依据。

(2)"20个我"习作

"20个我"要求服务对象以"我是一个……的人"为模板写出20个自我评价的词语或句子。该习作有助于社会工作者了解服务对象的性格特点,同时也可以帮助社会工作者了解服务对象的优缺点以及价值观。需要注意的是,社会工作者需要从优势视角出发,既看到服务对象的问题,也注重和肯定他们的优势。

(3)"我的五样"习作

"我的五样"习作由五个要素构成,即亲情、友情、爱情、健康和金钱。通过社会工作者的带领,案主需要确定逐一失去这五个要素的顺序,并对选择的原因进行阐述。据此,社会工作者能够了解到服务对象在日常生活中的价值判断,从而了解到他们的真实信息。

九、涉罪未成年人社会调查服务的成效与反思

通过多年的探索与实践,社会工作介入未成年人司法工作开展社会调查服务已经取得了一定的成效,积累了一些经验,可供初步推广与借鉴。但是任何事物的推动和发展都伴随着困难和问题。社会工作在介入未成年人司法工作开展服务的过程中,也遇到了各种各样的困难。对于成效、问题的梳理和总结,有助于我们发现过往工作中的优势和不足,探寻解决问题的路径,促进服务的发展和完善。

笔者将对社会工作在涉罪未成年人社会调查工作中应用所取得的成效及遇到的问题进行总结、梳理,并提出解决建议,希望可以激发社会工作者在未成年人司法保护实践工作中的信心,同时促进涉罪未成年人社会调查服务的进一步发展。

(一)涉罪未成年人社会调查服务的评估

社会工作评估,是指针对社会工作或社会服务而进行的评估,是用科学

的研究方法对社会服务项目的设计、策划、实施和效果等方面进行的测度、诊断和评价的过程。①

而在涉罪未成年人社会调查服务中，我们常用的评估则是指专业人员通过科学的方法制订可行的评估方案，对社会工作者在社会调查服务中所达到的效果进行分析与评价的过程。在该过程中的评估对象与在服务中对服务对象进行评估诊断不同，主要针对的是社会工作者的服务过程以及社工机构的配置条件，这种评估属于评价评估工作。评价评估工作既可以对社会调查服务进行考察评价，又能以此推动社会工作者能力的提升以及社会调查服务的规范化水平的提高。

目前，对涉罪未成年人社会调查服务的监督、制约、评估，主要来自社工机构内部以及购买服务的政府，如司法机关、团委等。社工机构内部的评估，即社会工作者以及服务督导，对社工制订的工作计划、社工开展社会调查服务的工作量、社会调查报告撰写的质量，以及时效、资料收集与原因分析的深入性和准确性等进行评估。购买服务的政府的评估，则包括社会工作者的专业资质，社会工作者的专业性建设，例如业务培训、社会调查报告撰写的质量等内容。

以现有经验来看，社工机构内部的评估可根据各机构情况不同，以每个案件、每个月、每个季度等频次进行，而政府的评估往往以年度大数据或案件抽查的形式开展。

（二）涉罪未成年人社会调查服务的成效

1. 解决司法需求，提升未成年人司法工作的规范化发展

随着未成年人司法“教育、感化、挽救”理念的提出，如何切实帮助涉罪未成年人回归社会生活，以教育替代惩罚，以温度替代严苛，成为司法机关必须重视、思考的问题。2012 年 3 月，新《刑事诉讼法》的出台，更使得涉罪未成年人社会调查服务成为国家法律对司法机关的要求，也成为未成年人

① 顾东辉. 社会工作评估[M]. 北京：高等教育出版社，2009.

司法工作者的迫切需求。

随着社会工作者的参与和介入，未成年人司法工作者在办理未成年人刑事案件时，除了以往对案件本身的侦查、审理以外，越来越多地关注、了解到未成年人犯罪行为背后的需求和原因。在处理未成年人案件时能够更加综合、全面地考虑多重因素，对未成年人加以更为客观的判断，处以更适用于他们的法律裁定。

也就是说，涉罪未成年人社会调查服务的探索和推动，不仅满足了司法机关在实现少年司法理念方面的迫切需求，也促进了未成年人司法工作的科学化、人性化发展，体现了未成年人司法工作的温度。

2. 促进司法分流，减少涉罪未成年人的羁押率

在与司法机关的合作过程中，社会工作者通过社会调查服务的开展，向司法机关出具社会调查报告，为司法人员对案件的处理和量刑等提供参考意见。例如，公安机关对未成年人进行羁押必要性的评估，检察机关决定是否将未成年人刑事案件提起诉讼，法院对未成年人刑事案件进行判决等。经过多年的合作，司法机关逐渐认可社会工作者的服务，社会调查报告的参考程度越来越高。例如，司法机关会根据社会调查报告所反映的内容，对涉罪未成年人羁押的必要性加以综合考虑，特别是对于再犯风险程度较低的涉罪未成年人，往往会减少羁押措施。以北京市海淀区为例，2014 年，在海淀公安分局办理的未成年人刑事案件中，直接被取保候审的未成年人比例为 61％，2017 年，这一数据提升为 78％；2014 年，在海淀人民检察院办理的未成年人刑事案件中，对 5％的未成年人作出附条件不起诉的决定，2017 年，这一数据增长至 10％。也就是说，涉罪未成年人社会调查服务的开展在一定程度上为减少涉罪未成年人羁押率、实现司法分流做出了贡献。

3. 促进帮教效果的提升，降低涉罪未成年人的犯罪率

目前，社会工作者介入未成年人司法工作开展社会调查服务，已经贯穿整个司法流程，从公安侦查阶段开始，直至法院审判阶段结束。贯穿整个司法流程，使得社会调查服务的时间更加充裕，调查评估更加准确，也更有助

于后期深入干预工作的开展，服务效果更加明显。

社会工作者的介入，可以在涉罪未成年人感到最茫然、害怕的时候走近其内心世界，了解他们最真实的感受、需求和困难，探究其犯罪行为背后的原因。在此基础之上，社会工作者可以帮助涉罪未成年人进行自我提升或环境的改善，促使他们回归新的社会生活，而避免违法犯罪行为的再次发生。以北京市海淀区为例，2014—2017 年，未成年人刑事案件的案件数呈逐年递减的趋势，2016—2017 年，未成年人刑事案件的犯罪率降低了近 10 个百分点。这些数据从侧面反映出社会工作介入未成年人司法工作所取得的成效。

4. 总结服务标准，推动服务模式的确立、形成

社会工作介入未成年人司法工作开展社会调查服务，经过多年的探索和提炼，已经形成相对完善、成熟的服务标准，明确了服务的理论基础、价值理念、工作流程、服务规范要求等内容。同时，也推动了司法机关、专业社工机构帮教联动机制的形成。以北京市为例，自 2012 年以来，北京市将涉罪未成年人社会调查服务全面推开，从审查起诉阶段向前延伸至公安侦查阶段，向后延伸至法院审判阶段，将公安机关、检察机关、法院以及专业社工机构联合起来，形成"未成年人刑事案件社会调查帮教联动机制"，成为社会工作介入未成年人司法工作中的重要成果。

5. 促进专业队伍建设，推动社会工作服务联盟的搭建

为了保证涉罪未成年人社会调查服务的专业性，社会工作者队伍的稳定性和专业化建设尤为重要。涉罪未成年人社会调查服务的全面铺开和推动，也促进了社会工作者队伍的培养和提升。以北京市为例，目前北京市各区县都配备了专门开展涉罪未成年人社会调查服务的社工机构或团队，承担相关服务的机构数量从 1 家已扩展至 14 家。目前，这 14 家机构已建立起合作联盟，相互支持、交流，共享培训资源，规范化和专业性稳步提升。

6. 实践与倡导并行，促进相关政策的出台

任何社会服务的发展，都要依靠相关立法、制度的支持和保障，涉罪未

成年人社会调查服务也是如此。涉罪未成年人社会调查服务的推动和发展，是一个从无至有、从下至上的过程。社会工作专业的介入，在其中发挥了重要的政策倡导和推动作用。通过不断的影响和推动，涉罪未成年人社会调查服务得到越来越多的认可和关注。

2015年，北京团市委联合市综治办、公安局、检察院、法院、司法局等相关单位，由首都综治委预防青少年违法犯罪专项组协调、专业部门牵头、相关部门全面参与合作，形成了涉诉未成年人"1＋6＋3"的服务保护体系。其中"6"是指六项工作制度，其中一项制度就是《关于对未成年犯罪嫌疑人、被告人进行社会调查工作的实施办法(试行)》。同年，最高检下发了《检察机关加强未成年人司法保护八项措施》，将社会调查服务纳入其中，并专门提出要大力支持青少年事务社会工作专业人才队伍建设工作，主动与青少年事务社会工作专业机构连接。通过多年的实践和倡导，社会工作在涉罪未成年人社会调查服务领域已经实现了对政策的倡导和推动。

（三）涉罪未成年人社会调查服务的反思与建议

1. 政策和制度保障仍需加强

涉罪未成年人社会调查制度是一项法律性、专业性很强的社会工作，需要有完备的法律、法规作为后盾。近年来，尽管涉罪未成年人社会调查服务已经越来越受到政府部门、司法机关的重视，也出台了一些法律规定和政策将其纳入其中，但仍然缺少明确的法律规定，将这项服务列为未成年人司法工作中必须完成的内容。例如2012年新修订的《中华人民共和国刑事诉讼法》第二百六十八条规定："公安机关、人民检察院、人民法院办理未成年人刑事案件，根据情况可以对未成年犯罪嫌疑人，被告人的成长经历、犯罪原因、监护教育等情况进行调查。"立法中的"可以"而非"应该"，有选择性而非必须开展，使得在有些地区，涉罪未成年人社会调查服务未能受到领导部门、司法机关的重视，只是敷衍了事，社会工作者在开展服务时受到阻碍，甚至有些地区并未开展相关服务。

因此，在未来的工作当中，仍需在实践服务的基础之上进行倡导和呼吁，促进相关领导、司法人员对涉罪未成年人社会调查服务的重视和关注，进一步推动立法和政策的出台，促进涉罪未成年人社会调查服务的稳定发展。

2. 缺少明确、稳定的资金来源

涉罪未成年人社会调查服务的开展需要稳定的资金来源作为支持，无论是社会工作者开展服务的劳务费、交通费，还是日常消耗的办公用品费用，都需要相应的经费保障。但是以目前的情况来看，全国各地区开展涉罪未成年人社会调查服务的经费来源各有不同，有的来自团委，有的来自司法机关，有的尚没有稳定的经费来源。此外，经费数目、拨付方式等也缺少明确的规定和规范。这使得很多社会工作机构的服务经费无法得到保障，有时会出现服务经费拖欠、延迟拨付，甚至不拨付的情况。

因此，建议各地区明确涉罪未成年人社会调查服务的资金来源、资金额度、拨付方式等内容，形成相应的规范化文件或标准，以促进该项服务的顺利开展。

3. 社会工作者专业水平参差不齐

目前，全国很多省市都已开展涉罪未成年人社会调查服务，但由于起步时间不同、委托机构资质不同、社会工作者资历不同等原因，各地区社会工作者的专业能力参差不齐，甚至有些地区的社会调查服务并不是由专业的社会工作者承担，而是由志愿者、团组织等承担。这样的情况导致各地区开展涉罪未成年人社会调查的服务效果差异较大，有些服务并不能切实满足司法机关和服务对象的需求，服务水平有待提升。

因此，需要注重社会工作者队伍的专业化建设，继续加强对社会工作者专业能力的培训，提供更多培训学习的资源和机会，促进社会工作者专业水平的提升。

4. 社会工作者的权益无法得到保障

社会工作者介入未成年人司法工作开展服务，需要法律制度的保障，这种保障不仅是对于服务机制、服务内容的推动，也应包括对社会工作者应享有的权利、应履行的义务等内容的规范和维护。然而目前在我国，这部分的法律规定仍处于空白状态，需要在立法层面进一步呼吁、完善。

十、总结

通过对涉罪未成年人社会调查服务的研究可以看出，目前社会工作在涉罪未成年人社会调查工作中的应用已取得显著成效，总结形成了相对全面、成熟的服务标准和服务模式，可在全国进行推广、复制。社会工作的介入使得未成年人司法保护工作更加有深度、更加专业、更加切实地满足了未成年人的内在需要。在未来的工作中，社会工作专业可以以现有的成效与问题为基础，巩固成果、解决问题，继续发挥专业优势，探索社会工作与未成年人司法工作的契合、嵌入路径，推动社会工作在未成年人司法工作领域中的进一步应用、发展与完善。

社会工作在涉罪未成年人观护教育中的应用

李　涵[①]

一、问题的提出

众所周知，未成年人犯罪对社会的影响之深远，并非是一般统计数据可以直观呈现的，无论在行刑、教育、回归社会方面的投入，还是在再次犯罪、弥合社会关系的成本上，未成年人犯罪对全社会的影响持续累积，其影响力较成年人犯罪而言更深入、广泛。此外，有研究数据证明，服刑人员在未成年时期有触法经历的比例近 3 成，其中存在不良行为习惯的已超过 6 成，[②]可见对未成年人犯罪问题进行干预具有极大的意义与效率。因此，在保障未成年人权益的前提下，为降低社会成本，只有将犯罪预防与教育矫正有效落实，才能根本解决未成年人犯罪问题。

---

① 李涵，首都师范大学北京青少年社会工作研究院校务部主任。

② 路琦，姚东，胡发清，等. 我国服刑人员未成年时期行为规范调查研究[J]. 青少年犯罪问题，2015.

近年来，未成年人司法保护领域得到了广泛关注，政府、学者、司法机构、专业社会组织均在呼吁健全未成年人司法保护的保障体系，即以降低未成年人再犯率为终极目标，全面保障处于刑事司法处境中的未成年人的基本权益的联动体系，并从不同角度阐释了针对涉罪未成年人进行司法保护的重要意义。开展未成年人司法保护的必要性毋庸置疑，而落实对涉罪未成年人进行的司法保护行动，特别是达成权益保护、犯罪预防的教育目的，目前还没有形成完整、统一、稳定、有效的方法与手段，急需多专业整合地有效实践与研究。

本研究的问题即是在刑事司法流程当中，针对涉罪未成年人的司法保护行动能否实现观护教育的目标？其行动过程是如何开展的？笔者将通过已开展的社会工作实践，探讨社会工作专业在涉罪未成年人观护教育中的应用，旨在总结实践经验，为未成年人司法保护的有效方法提供思路。

二、研究设计

（一）研究方法

本研究采用行动研究的路径进行，按照计划—行动—观察—反思—计划的循环的行动研究步骤开展行动研究，研究者按照计划开展行动，围绕涉罪未成年人开展的社会工作观护教育服务过程进行阐释，在行动中收集一切所呈现的资料，如互动过程、语言、行为等，并对其进行分析，将分析结果继续补充进行动当中进行调整，进而形成观护教育的行动研究成果。

在《国际教育百科全书》中，行动研究被定义为："由社会情境（教育情境）的参与者为提高对所从事的社会或教育实践的理性认识，为加深对实践活动及其依赖的背景的理解所进行的反思研究"（Husen，1985）。在行动研究中，被研究者不再是研究的客体或对象，他们成了研究的主体。通过"研究"和"行动"这一双重活动，参与者将研究的发现直接运用于社会事件，进而提高自己改变社会现实的能力。[①]

---

① 陈向明．质的研究方法与社会科学研究［M］．北京：教育科学出版社，2000．

行动研究内部有比较丰富的内容层次和方法类型，按照研究的侧重点，行动研究具有这一类特点：行动者是为解决自己在实践中遇到的问题而进行的研究。这种类型使用的不仅仅是统计数据等科学的研究手段，而且包括参与者个人的资料，如日记、谈话录音、照片等。研究的目的是解决实践中行动者面临的问题，而不是为了建立理论（郑金洲，1997）（见图1）。

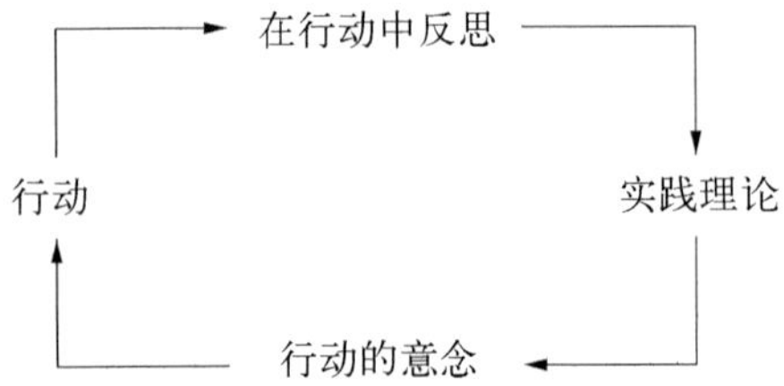

图1　行动与反思的循环

（资料来源：阿特莱奇特等，1997）

在研究步骤方面，克密斯（S Kemmis）认为行动研究是一个螺旋式上升的发展过程，每一个螺旋发展圈包括四个相互联系、相互依赖的环节。

1. 计划

以大量的事实发现和调查研究为前提，从解决问题的需要和设想出发，设想各种有关的知识、理论、方法、技术、条件及综合因素，以便使行动研究者加深对问题的认识，掌握解决问题的策略。计划包括研究的总体计划和每一个具体的行动步骤。

2. 行动

按照目的实施计划，行动应该是灵活的、能动的，包含有行动者的认识和决策。行动研究者在研究的过程中应该逐步加深对特定情境的认识，可以邀请其他研究者和参与者参与监督和评议。

3. 考察

对行动的过程、结果、背景和行动者特点进行考察。考察没有特定的程序和技术，鼓励使用各种有效的手段和方法。

4. 反思

对观察到和感受到的与制订和实施计划有关的各种现象进行归纳，描述出本循环的过程和结果，对过程和结果作出判断，对现象和原因作出分析解释，指出计划与结果之间的不一致性，形成基本设想、总体计划和下一步行动的计划。①

（二）研究框架

此处以 Rutter 在抗逆力运作过程研究中所提出的“环境——个体策略模型”为研究框架。前文已有提及，个体或环境中的保护因素是影响抗逆力形成和生命历程的决定性条件，Rutter 则从环境与个体两个方面对保护性机制进行分析，提出抗逆力应对具有四种方式（如图 1 所示）。Rutter 的研究成果再次印证，个体的抗逆力保护机制是环境与个体互动的结果，只有两者共同发生作用，才能减轻各类压力事件对个体产生的负面影响。

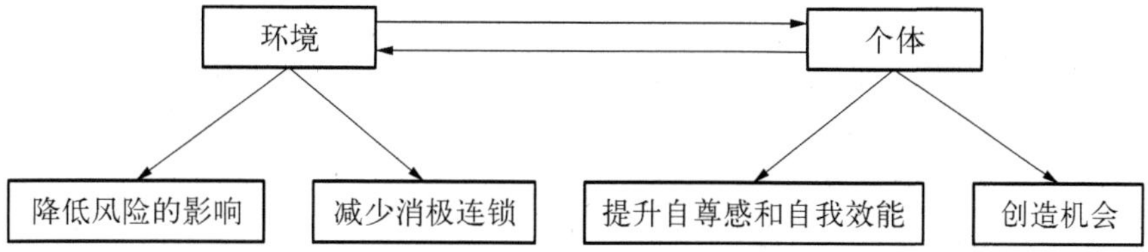

图 2　环境——个体策略模型②

根据 Rutter 的研究模型（见图 2），本研究对环境与个体的互动以及四种应对方式的运行机制进行分析，通过对降低风险影响，减少消极连锁，提升自尊感和自我效能，创造机会四项要素的形成、发展、运作的解析，呈现在行动研究中青少年抗逆力提升的具体过程中。(1) 降低风险的影响：改变对风险因素的评价和避免或减少与风险因素的接触。③ 对于已经受到风险因素影响的个体，一种补偿性的环境有利于缓解这种影响。(2) 减少由于承受持续风险而产生的消极连锁反应。对于风险因素已经造成的消极连锁反应需要采取补偿性措施，尽量减轻这种消极连锁反应的扩大化。(3) 提升自尊感和自我效能感。从个人角度看，只有增强应对风险因素的能力和自信，才

① 陈向明. 质的研究方法与社会科学研究[M]. 北京：教育科学出版社，2000.
② 田国秀，等. 当代西方五种抗逆力模型比较研究[J]. 华东理工大学学报(社会科学版)，2011.
③ 马伟娜，桑标，洪灵敏. 心理弹性及其作用机制的研究述评[J]. 华东师范大学学报(教育科学版)，2008.

能在逆境面前不产生畏惧。安全、和谐的社会关系，成功完成跟人的重要任务是提升自尊感和效能感的两种体验。(4) 创造获取经验的机会，减轻早期风险因素产生的影响。[①]

三、涉罪未成年人开展观护教育的法律依据

我国于 1990 年签署联合国《儿童权利公约》(以下简称《公约》)，一直将《公约》中有关司法保护的部分作为我国未成年人司法保护的宗旨。《公约》确立无差别歧视、儿童利益最大化、生存与发展、参与原则四项倡导性规定，明确“关于儿童的一切行动，不论是否由公司社会福利机构、法院、行政当局或立法机构执行，均应以儿童的最大利益为首要考虑。”[②]“缔约国确认被指称、指控或认为触犯刑法的儿童有权得到符合以下情况方式的待遇：促进其尊严和价值感并增强其对他人的人权和基本自由的尊重。这种待遇应考虑到其年龄和促进其重返社会并在社会中发挥积极作用的愿望。”[③]《公约》特别考虑了涉罪儿童的权利保护，并以儿童的成长发展、重返社会为最终目标。此外，《联合国预防未成年人犯罪准则》(以下简称《利雅得准则》)提出为适应青少年的特殊需要，应培训一些男女执法人员及其他有关人员，尽可能地使他们熟悉和利用各种方案和指引办法，不把青少年放在司法系统中处置。可以说，关于未成年人司法保护的国际共识都围绕在涉罪未成年人能够获得教育矫正的机会，而非单纯地进行监禁和惩罚。

我国未成年人立法与联合国未成年人立法一脉相承。根据《中华人民共和国刑法》《中华人民共和国刑事诉讼法》《中华人民共和国未成年人保护法》《中华人民共和国预防未成年人犯罪法》的相关规定，未成年人在参与刑事诉讼的过程当中，应当实行“教育、感化、挽救”的方针，坚持教育为

---

① 田国秀，等. 当代西方五种抗逆力模型比较研究[J]. 华东理工大学学报(社会科学版)，2011.

② 联合国《儿童权利公约》第三条第一款。

③ 联合国《儿童权利公约》第四十条第一款。

主、惩罚为辅的原则；必须以事实为依据，以法律为准绳，照顾未成年人的身心特点，尊重其人格尊严，保护其个人隐私，保障其合法权益。同时强调未成年人犯罪预防工作需要政府部门、司法机关、人民团体、有关社会团体、学校、家庭、社区等各方面的共同参与，各负其责，为未成年人身心健康发展创造良好的社会环境。2012 年《中华人民共和国刑事诉讼法》修改确定未成年人刑事案件诉讼程序专章，规定了未成年人"特殊程序"，以落实最大限度地挽救涉嫌犯罪未成年人，最大限度地预防未成年人犯罪，保障未成年人健康成长的目标。除立法外，中央综治委、公检法司、共青团等相关政府机关均以文件的形式对未成年人司法保护进行了规定。《关于进一步建立和完善办理未成年人刑事案件配套工作体系的若干意见》经过几年的落实完善，进一步在建立健全专门机构、全面保障未成年人合法权益、明确多部门协调机制、整合多专业资源等具体司法保护执行活动中提出要求。

四、社会工作专业开展观护教育的理论基础

本研究立足于对涉罪未成年人开展观护教育，进而达成保障未成年人权益、降低未成年人再犯罪的具体实践过程，下文主要呈现在实践中常用、适用、易用的理论。其中，生态系统理论为主要的分析理论，优势视角理论是指导实践的重要理念与理论基础，是社会工作者实施观护教育的指导思路，抗逆力理论与社会系统支持理论则是在个体与环境两个角度开展观护教育的干预理论，对具体干预提供了指导。

1. 生态系统理论

生态系统理论把人类成长生存于其中的社会环境（如家庭、机构、团体、社区等）看作一种社会性的生态系统，强调生态环境（人的生存系统）对于分析和理解人类行为的重要性，注重人与环境间各系统的相互作用及其对人类行为的重大影响，是社会工作的重要基础理论之一。社会生态学理论是系统理论的分支，它注重把人放在环境系统中加以考察，注意描述人的生态

系统如何同人相互作用并影响人的行为，揭示了家庭、社会系统对于个人成长的重要影响。[①] 生态系统理论把人的发展看作持续地适应环境，并与环境的众多层面进行系统交换的过程。他们能改变环境，也能被环境所改变，在人与环境之间形成交互性适应。[②]

生态系统理论向我们展示了两个重要的思路，第一是涉罪未成年人被他本身的生活经验、家庭、同辈等众多环境因素所影响，对于他目前的状态及所做出的行为选择，应当以生态系统的视角去看待，而非单纯地将行为结果与个体现状归结于未成年人个人的原因。第二是在针对未成年人的行为问题进行调整时，应当首先具有个人与环境互动影响的认识，通过分析未成年人及其所处环境的互动关系，找到关键因素实施干预。通过针对关键因素的调整促进未成年人、未成年人环境因素或未成年人与环境互动状态的调整，可以带动未成年人生态系统的调整，进而促进未成年人面对问题的解决能力的提升。

2. 优势视角理论

优势视角是一种关注人的内在力量和优势资源的视角，意味着应当把人们及其环境中的优势和资源作为社会工作助人过程中所关注的焦点，而非关注其问题和病理。优势视角基于这样一种信念，即个人所具备的能力及其内部资源允许他们能够有效地应对生活中的挑战。[③]

有学者认为，对案主最大的帮助就是协助其获得回应环境要求的能力，进而发挥人的潜能与价值而获得生活满足。优势视角就是一种助人自助的社工介入模式：从案主优势的角度来看待案主及其环境，“不再是鼓励地或专注地集中于问题”，而是“在创伤、痛苦和苦难的荆棘之中”引导希望和转

① 师海玲，范燕宁.社会生态系统理论阐释下的人类行为与社会环境[J].首都师范大学学报(社会科学版)，2005.

② 全国社会工作者职业水平考试教材编写组.社会工作综合能力-中级[M].北京：中国社会出版社，2015.

③ 王亚娟.社会工作视角下的农民工社区融入：以苏州市湄长社区为个案[D].苏州：苏州大学，2011.

变的种子。简而言之，其内涵就是"动员案主的力量来达到他们自己的目标和愿望"。[①]

优势视角本质上是一种社会工作介入的共同信念和假设系统，认为案主本身具有成长和改变的能力，也拥有外部的资源，在社工介入的情况下，主要是帮助案主面对难以逾越的危机，从某种意义上说，这种危机既是个人性质也是公开性质的，这两者可以互相转化。社会工作在案主的危机干预中要提升案主成长及发展的机会，因此，社会工作干预的重点应放在案主的优点和长处上，并增强他的优势的深度和范围，在此过程中，重点提升服务对象的参与程度，保证其自决和平等的权利。

优势视角理论为观护教育的社会工作介入提供了重要的介入理念。在介入过程中，社工围绕涉罪未成年人的不同个体需求，均以挖掘其自身资源为切入点，即首先认可未成年人具备重要的资源，使其能够维持生活现状而没有变得更糟糕，避免不断提示未成年人自身存在的问题、缺点和生活环境中无法轻易改善的缺憾，使未成年人形成无力感。这个自身资源既包括未成年人本人具备的，也有其环境因素的，将社工与未成年人的关系集中于增强其抗逆力和自我效能感上，激发其环境保护性因素和实现未成年人增权，促进未成年人自觉并主动运用资源，逐渐形成良性循环，达到对涉罪未成年人教育的目的。

3. 抗逆力理论

"抗逆力"一词是由英语 resilience 翻译而来，抗逆力另有"复原力""心理弹性""压弹"或"韧性"等翻译。这一概念主要源于压力应对，20 世纪 60 年代，研究者发现不同的人面对同样的逆境会有适应或不适应的反应，随后有学者研究了危险因子及保护因子，而后提出了"抗逆力"的概念。[②] 抗逆力作为优势视角的理论内核，是当个人面对逆境时能够理性地做出建设性、正向

---

① 杨涛. 优势视角下青少年成长困境的社会工作介入：以优势发展为核心的案例分析[J]. 青年探索，2012.

② 乔倩倩，贾志科. "抗逆力"研究现状述评与展望[J]. 社会工作，2014.

的选择和处理方法。抗逆力是个人的一种资源和资产，能够引领个人在身处恶劣环境下懂得如何处理不利的条件，从而产生正面的结果。同时抗逆力也是一个过程，可以通过学习而获得并且不断增强。抗逆力高的人能够以健康的态度去面对逆境。

个体自身或在环境中的保护因素是影响抗逆力形成和生命历程的决定性条件。多数研究者将保护因素分为两大类：内在保护因素和外在保护因素。内在保护因素指的是个体自身具有的能够应对危机情景、减少问题行为、帮助个体成功克服压力的心理能力和人格特质。外在保护因素指的是在个体以外的环境中所具有的促进个体成功调试、积极应对、克服危机、获得良性适应的条件与资源，主要涉及家庭、学校经验、同辈交往和社区。①

抗逆力理论极大地支持了对涉罪未成年人开展观护教育的干预思路与方法。通过对涉罪未成年人内在保护因素与外在保护因素的关注，可以为其设计适当的干预活动，如情绪管理、沟通能力等不同主题的小组活动，或亲职教育、社区保障等资源支持活动，逐步提升未成年人在应对压力、逆境时的适应力，训练促进未成年人在困境中的应对态度、应对方式等方面的选择能力，规避在逆境中未成年人不当选择的风险，减少危机情境的发生。

4. 社会支持理论

社会支持是由社区、社会网络和亲密伙伴所提供的感知的和实际的工具性或表达性支持。社会网络只是个人可以直接接触的一些人，包括亲戚、同事、朋友。这些人对于个人来说十分重要。亲密伙伴是个人生活中的一种紧密关系，关系中的人认同和期待彼此。工具性支持包括引导协助、有形支持与解决问题的行动等，表达性支持包括心理支持、情绪支持、自尊支持、

① 田国秀，等.抗逆力研究及对我国学校心理健康教育的启示[J].课程·教材·教法，2007.

情感支持、认可等。[①]

社会支持理论为围绕涉罪未成年人开展观护教育提供了重要视角。未成年人自身的社会支持程度就会影响他的个人发展与选择，若其社会支持程度不高，他可能得到的经验机会、可利用的社会资源网络等就相对较低，对其个体自尊程度、社会性等人格因素的影响则是负面的。因此，在对涉罪未成年人开展观护教育时，能够为其搭建社会支持网络，引导未成年人对社会支持网络进行积极地认识与互动，则有可能通过社会支持网络的搭建，彻底改变未成年人的风险状况与选择。

五、涉罪未成年人观护服务的具体内容

前文已有提及，抗逆力是未成年人成长发展中重要的资源与能力，而个体与环境中的保护因素则是影响抗逆力形成及作用过程的决定性条件。因此，本研究围绕涉罪未成年人的个体、环境两方面保护因素着手设计，以提升涉罪未成年人抗逆力为主要目标，并根据研究过程中产生的研究成果，继续在行动中验证其作用过程及效果。

根据研究框架，本文将就环境与个体两个层面的保护因素的干预行动进行阐释。

（一）未成年人环境保护因素的干预

1. 降低风险因素的影响

在实践中发现，涉罪未成年人通常处于较弱的社会系统支持当中，如家庭功能、社会支持资源、社群交往等方面的缺失或不完善，不能为未成年人提供必要的情感、安全、生存或发展方面的积极支持，使得未成年人因缺失受到了创伤或负面影响，甚至已经在认知、情绪、行为方面出现了偏差，或形成了违法犯罪行为。社工在一线服务中发现，在涉罪未成年人的成长经历

① 全国社会工作者职业水平考试教材编写组. 社会工作综合能力：中级[M]. 中国社会出版社，2015.

中，他们大多经历过被忽视、被否定、被欺辱等创伤，同时还存在贫困、辍学、缺少机会与资源等情况，使涉罪未成年人几乎无法挣脱现实环境的影响，不能降低风险因素的不断扰动。

为了达到降低风险因素影响的目的，社会工作者对涉罪未成年人开展的观护教育服务则以“搭建”和“替代”两种服务方式进行。第一，对社会支持系统存在缺失或不完善的，社会工作协助未成年人进行完善，链接未成年人所需要的政策、物质等资源，为未成年人的健康成长与顺利发展搭建支持系统。在观护教育过程中，社会工作者围绕未成年人的家庭功能、亲子关系、就学就业等方面开展服务，搭建起能够满足未成年人的生存、发展方面需要的支持系统，获得情感满足，提升未成年人应对类似压力困境的能力，避免重蹈覆辙。第二，对涉罪未成年人已经形成的认知观念、行为习惯及社会交往的互动模式，且难以摆脱环境中风险因素影响的，社会工作者通过观护教育促进未成年人避免或减少与风险因素的接触，积极促进保护因素的逐步形成，以替代风险因素。例如涉罪未成年人有机会体验到更稳定、更舒适的生活时，会对生活方式进行选择，便有可能为了向往的生活方式改变自己的认知与行为习惯，而观护教育需要提供的是使其进行体验的机会。在观护教育过程中，社会工作者对涉罪未成年人的具体需求进行评估，与其建立平等、轻松的专业关系，吸引未成年人愿意与社工互动，鼓励未成年人带领生活中的朋友一起与社工互动，也是一种“替代”。此时，“社工”对未成年人交往圈的介入，既增加了未成年人交往人群的维度，协助未成年人获得更多的开阔视野的机会，如“微信朋友圈”信息内容的扩展与更新，又能对其朋友群体进行积极影响，都能够逐渐促成积极、稳定、可控的保护因素替代具有负面影响的风险因素的目的。

2. 减少由于承受持续风险而产生的消极连锁反应

在对涉罪未成年人提供观护教育的实践中，社工发现进入刑事司法流程这一现实也成为涉罪未成年人的压力来源，这一压力事件激发了未成年人保护因素与风险因素的博弈。在这个过程中，未成年人体验了来自刑事司法的“震撼教育”，由被惩戒而引发的懊悔和对司法结果的恐慌对他们产生了巨大压力，这一压力甚至会持续许久，例如其前科记录随时可能对未成年人将来的社会活动造成负面影响，进而影响了未成年人的选择与机会。在涉罪未成年人的抗逆力条件下，他们可能选择逃避否认、自我放弃、排斥抗拒、敷衍应付等方式应对目前的压力，而这样的应对方式几乎可以被视作抗逆力适应不良的开始。

与此同时，未成年人也得到了“前所未有”的高度关注，即家庭、学校、未成年人办案警官、检察官、法官、社工等都试图为未成年人的“问题行为”进行教育，或者为未成年人的“健康成长”进行积极的建议与行动。这种关注无疑在短时间内满足了未成年人对被关心与被关注的需求，同时激发起未成年人进行自我约束、自我完善的内在动力，形成了未成年人的环境保护机制。

但是，未成年人在此过程中承受了从未有过的无形压力，应对这种压力未成年人毫无经验，因此这种新建的环境保护机制对于未成年人而言本身就可能属于一种“风险环境”，更重要的是，这种“高度关注”的持续性与韧性往往经受不住考验，反而容易使未成年人体验失望、愤怒、沮丧等情绪，影响了安全感、自信心、积极的自我评价等特质的良好形成。

本研究关注了对涉罪未成年人开展观护教育可能产生的消极连锁反应，经过观护教育的实践研究，对目前观护教育的运行机制进行了探索。在本研究中观护教育的责任主体为司法机关，实施主体为司法社工，由家庭、单位积极参与，共同对未成年人提供观护教育。司法机关具有起止观护教育的决定权，并召集参与方讨论、签署观护教育的相关协议，保障观护教育的有效实施。司法机关委托司法社工全权实施后，司法社工则需要与未成年人及其家庭、学校或单位同时开展服务，最终完成观护服务报告，提交给司法机关。

由司法社工统筹开展的观护教育，因具有社会工作专业的价值取向与方法特性，有效避免了观护教育缺少延续性与韧性的问题，并确保以未成年人身心健康成长为主的目标不偏离（见图 3、图 4）。

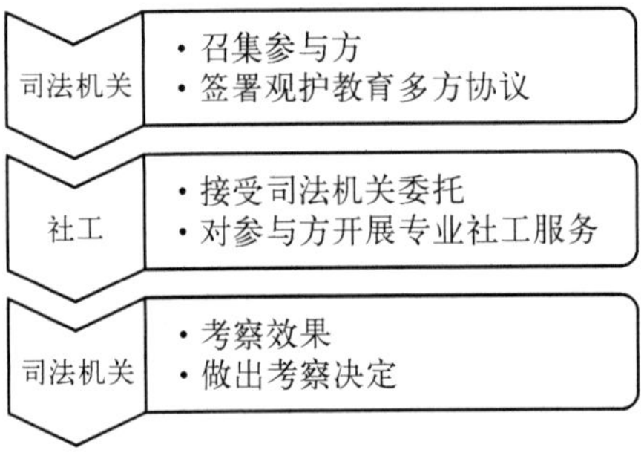

图 3　观护教育实施流程

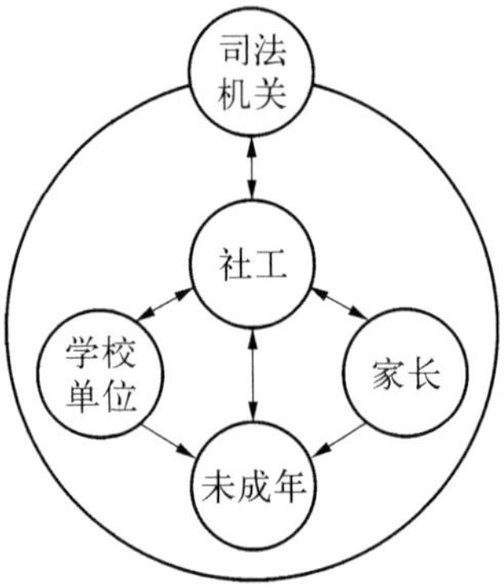

图 4　观护教育实施机制

（二）未成年人个体保护因素的干预

1. 提升自尊感和自我效能感

前文已有提及，涉罪未成年人在成长中经历过一些挫折，并且没有完善的家庭支持系统，使未成年人没有足够的机会获得自尊感、自信感、自我效能感等重要特质，例如在实践中发现涉罪未成年人大多初中辍学，在校期间成绩不佳、鲜少得到老师的关注与肯定，甚至没有得到过奖状等鼓励，也没有其他机会获得符合社会价值追求的、正式的肯定，如升学录取通知书，这些经历的匮乏极大地影响了未成年人在社会生活中应对困境的选择与能力。

在大量实践的基础上，通过“历奇辅导”的工作方法为涉罪未成年人提升自尊感和自我效能感的实践效果最佳。在本研究中，“历奇辅导”采取过徒步、登山、骑行、露宿等历奇形式，多为未成年人比较容易参与的户外、体力活动，贴近未成年人的特点，增加未成年人主动参与的积极性。本研究中的历奇辅导设计为系列小组活动，取名“城市历奇”系列小组，是通过组织涉罪未成年人参与、完成挑战，使之不用体验失败、自我怀疑等过程，就能够获得自信心、效能感、归属感的活动形式。

城市历奇系列小组共分 3 个阶段实施，第一阶段为团建、明确目标阶段。通过 2～3 次的活动，达成破冰、形成小组契约与小组凝聚力的目标，能够通过小组对挑战目标进行讨论，并形成小组的确定目标。第二阶段为挑战阶段，该阶段多包含4～5次活动，视总目标而定，但挑战次数不超过5次，累计完成。如城市历奇徒步挑战小组，经过讨论以徒步完成北京地铁六号线线路图为目标，则需在5次活动之内完成全程挑战，该挑战活动每次的分目标由活动成员分次具体决定。城市历奇活动的第三阶段为总结、评估阶段，即通过整理总结，巩固未成年人在挑战中所表现出来的优秀特质，如毅力、自控力、自信心等，以促进达成活动目标。在总结阶段，有三个维度进行效果巩固与评估。第一，通过照片、视频等活动资料的现场呈现，使未成年人可以直观地感受到自己所完成的挑战，使之形成自我认同；第二，通过现场邀请对未成年人重要的嘉宾，如检察官、家长、好友等，旁观总结活动，了解未成年人在活动中的出众表现，并有机会现场对未成年人予以肯定和鼓励，最后为未成年人正式颁发奖杯或证书；第三，现场设计简单、直观的环节促成参与活动的未成年人与社工进行分享，该分享一方面可以促进未成年人的反思与表达，形成效果评估的重要因素，另一方面也可以通过社工分享进一步巩固每位未成年人的活动效果。在总结活动结束后，未成年人与社工自己动手洗菜做饭准备一顿“庆功宴”，在大快朵颐之余，社工与未成年人得以深入交流，进一步促进未成年人的归属感形成。

2. 创造获取经验的机会

对于未成年人而言，除个别使未成年人留下深刻体验的间接经验外，他们获取经验的方式大多为直接经验，因此如城市历奇系列小组的设计，采取的也是促进未成年人获得成功的直接经验的方法，而他人的成功与失败经验，似乎对未成年人无法起到前车之鉴的作用。未成年人所具备的特点已经比较明晰，其在刑事司法程序后也终将步入社会，因而与其“苦口婆心”地教诲，不如为其创造直接体验的机会。

在观护教育期间，促进未成年人对社会道德规范与职业职场两个方面的直接经验的获取是十分重要的。第一，涉罪未成年人往往没有形成良好的规范意识，在以往的经历中与人交往也多归于学习、工作中认识的同龄朋友，他们同质性较强，且具有自己群体内部的沟通习惯与交往规范，往往不与社会交往规范相一致，甚至不以社会道德规范为价值准绳。在这样的基础上，未成年人将来进入社会后，难免不被社会排斥，或受到工作单位其他人员的嘲笑与冷落，或干脆难以得到老板的认可，频繁被辞退，这都将成为未成年人的风险因素。第二，未成年人在缺少直接经验时容易“想当然”，在完全没有工作经验的情况下，凭自己的“认识”对职业选择接纳与拒绝，实际上其“认识”很可能来自其他伙伴的道听途说，并无实际经验来源。因此对未成年人职业选择的引导往往遇到困难，需要未成年人能够获得实际体验的机会。

由此，观护教育的设计与实施需要进入更真实的社会情境，而非单纯训练其特质与自我探索的“温室”(如一些目标明确的传统小组活动)中。在本研究中，观护教育的实施包含诸多爱心企业形成的“观护基地”，他们依托自己的企业平台，如餐馆、工厂车间、游戏开发公司，为被观护教育的未成年人提供工作岗位、食宿支持、同薪同酬的工资，并设置专门的观护人员，在未成年人上岗后为其提供业务及生活支持。与此同时，社工作为观护教育的主体人员，通过现实工作与教育活动，促进未成年人对社会道德规范的认识与理解，引导其自发规范自身行为，为适应社会规范与价值取向奠定基础。

六、涉罪未成年人观护服务的成效与反思

(一) 社会工作服务在观护教育实践中取得的成效

本研究自进行探索以来已整整 2 年，共对 139 名涉罪未成年人开展了观护教育服务，通过大量的个案、历奇小组、亲子活动等专业服务，观护教育在涉罪未成年人个体及其支持系统方面均产生了积极影响。社会工作服务开展的观护教育，采取专业所长，形成社会工作、法律、企业等多专业及跨行业的整合，是对目前观护教育模式的积极探索，也是少年司法保护制度完善的重要补充。同时，作为观护教育的主体，涉罪未成年人在参与观护教育的过程中，不仅能够体验到法律的威严与震慑力，还能够切实接受法律教育，提

升规范意识，同时完成自我探索、自尊程度、自身能力、支持资源等方面的提升，真正得到个体化的教育，更好地达成“教育、感化、挽救”的目标，最大限度地避免再犯。

（二）观护教育的实践困境

1. 资源困境

在对未成年人开展的观护教育中，所需要的支持资源十分丰富，远非是目前所具有的十几家爱心企业能满足的。每个未成年人的特点与需求都有所不同，其成长背景与发展前景也多有区别，对企业类型、经营内容、岗位特性等具有非常多元的需求，目前的餐饮、工厂车间、游戏开发公司远不能满足未成年人的技能学习需求，甚至尚不具备同时接纳多名未成年人、等量接纳女性未成年人的条件。与此同时，除实体企业的资源链接外，未成年人在成长中对各专业资源也可能存在一定的需求，如其在劳动市场中需要的劳动保障方面的法律支持等。

一方面在资源存在巨大缺口的困境之时，另一方面也有一部分资源存在重复叠加运用不充分的情况。在观护教育阶段，有很多有意愿的志愿者参与观护教育活动，但其能提供的志愿服务十分简单，在观护教育过程中的志愿者管理、培训又没有落实，因而造成了一部分志愿者的流失与浪费。

2. 政策困境

在现行的少年司法保护政策倡导中，所有的政策目标直指教育目的，即少年司法保护的政策目标为保障未成年人的教育与改造，然而作为直接落实观护教育的机制，目前尚没有成形的执行法规或法律政策保障。在实践中，专业从事观护教育的机构缺少授权身份与财政保障、爱心加入观护教育的企业没有政策支撑或鼓励，甚至得不到劳动保障的合法性认可，使观护教育出现在实施过程中时遇到阻碍，也缺少持续性，形成一个虽能赢得喝彩，却难以为继的矛盾现状。

3. 专业困境

社会工作专业对涉罪未成年人开展专业观护教育的探索还处于发展阶

段，探索时间尚短，实践经验还需积累。以目前的实践基础而言，社会工作专业虽然发挥了超出预期的能量，但其规模较小，专业性还不足，实施标准与实施规范还需要充分研究，亟待大量实践积累经验，探索出规范化、效率高、效果好的社会工作介入模式。

社会工作在合适成年人服务中的应用

王徐晖①

一、研究背景

随着现代少年司法理念的变化与发展，保障未成年人的合法权益，贯彻教育、感化、挽救的方针，已经成为现代少年司法制度设计的指导思想。2012 年修订的《中华人民共和国刑事诉讼法》设置了未成年人刑事诉讼程序专章，规定了六项特殊制度以维护未成年人的合法权益，其中就包括合适成年人制度。合适成年人制度的适用，目的在于保障涉案未成年人个人权利，减少未成年人在案件过程中产生的各种负面情绪或者其他问题，提升办案效率和质量，促进未成年人司法保护工作的规范化、科学化。

合适成年人制度的适用与推广，除了未成年人的服务需求外，也源于司法机关自身的需求。北京市预防青少年违法犯罪工作考核细则、海淀区预

① 王徐晖，首都师范大学北京青少年社会工作研究院服务部项目主管。

防青少年犯罪与未成年人保护工作要点都规定了涉案未成年人的合适成年人服务标准，要求公安、检察院、法院等成员单位做到未成年案件中监护人未能到场的，须由合适成年人担任临时法定监护人。

截至目前，合适成年人制度作为刑事诉讼法中规定的必须开展的一项工作在我国已经施行多年，积累了一些实务经验，在全国不同地区形成了不同的合适成年人工作模式。北京超越青少年社工事务所是国内较早开展合适成年人工作研究和实务探索的专业社工机构。2009 年，海淀区检察院选择北京超越青少年社工事务所的司法社工作为“合适成年人”进入未成年人案件检察系统。2012 年底，事务所开始合适成年人工作全面探索，海淀区检察院的探索被海淀区委政法委在辖区内推广，公检法三机关统一适用的《关于办理未成年人刑事案件若干问题的意见》（以下简称《意见》）出台，事务所的司法社工与司法机关合作，参与未成年人案件诉讼全过程。至今，事务所的社工已累计开展合适成年人工作 2 900 多人次，积累了大量的实务经验。随着合适成年人制度的发展、推进，我们也希望将多年探索形成的工作模式与方法进行提炼和总结，更好地推进社会工作的理念与方法在合适成年人工作中的应用。

二、社会工作在合适成年人服务中应用的适切性

（一）合适成年人服务的有关概念

1. 合适成年人制度的定义

关于合适成年人制度的基本含义，曾有学者从合适成年人在场的刑事诉讼阶段角度，将其划分为狭义、中义、广义三层。狭义的合适成年人制度仅指在侦查讯问未成年人程序中，有合适成年人到场的制度；中义的合适成年人制度是指在未成年人接受审前讯问程序中（包括侦查阶段的讯问和审查起诉阶段的讯问），有合适成年人到场的制度；广义的合适成年人制度是指在审前讯问和审讯未成年人程序中，有合适成年人到场的制度。[①]

---

① 姚建龙. 论合适成年人在场权[J]. 政治与法律，2010.

合适成年人制度是西方刑事司法制度中维护未成年犯罪嫌疑人权益的一项重要制度。在我国学界，该制度又被称为“适当成年人介入制度”①“适当成年人在场制度”②“合适成年人参与讯问制度”③等，这些译名虽有不同，但其基本含义大致相同。

在我国法律中虽然没有“合适成年人”的概念，更没有确立西方式的合适成年人参与制度，但其中也有要求成年人参与的规定，并且这种规定在1962年12月公安部发布的《预审工作细则（试行草案）》中就已出现。公安部《预审工作细则（试行草案）》第21条明确规定：“对少年犯的讯问，在必要的时候，可以邀请他的父母或监护人或所在学校的代表参与讯问。”

在现行法律中，《中华人民共和国刑事诉讼法》对合适成年人制度作出了明确的规定。2012年3月，修订的《中华人民共和国刑事诉讼法》第270条规定：“对于未成年人刑事案件，在讯问和审判的时候，应当通知未成年犯罪嫌疑人、被告人的法定代理人到场。无法通知、法定代理人不能到场或者法定代理人是共犯时，也可以通知未成年犯罪嫌疑人、被告人的其他成年亲属，所在学校、单位、居住地基层组织或者未成年人保护组织的代表到场，并将有关情况记录在案。到场的法定代理人可以代为行使未成年犯罪嫌疑人、被告人的诉讼权利。”该条规定是对我国一直存在的成年人在场制度的完善。其中对法定代理人不能到场的情况，合适成年人的参与作出了明确规定，扩大了到场人即合适成年人的范围，完善了相关程序。第270条还规定：“询问未成年被害人、证人，适用第一款、第二款、第三款的规定。”

2. 与合适成年人制度相关的法律概念

（1）未成年人的法律定义

《中华人民共和国未成年人保护法》第2条规定：“本法所称未成年人是

① 姚建龙. 英国适当成年人介入制度及其在中国的引入[J]. 中国刑事法杂志，2004.

② 徐美君. “适当成年人”讯问时在场制度研究——以未成年犯罪嫌疑人为中心[J]. 现代法学，2003.

③ 刘芹. “中欧少年司法制度——合适成年人参与制度研讨会”会议综述[J]. 青少年犯罪问题，2003.

指未满18周岁的公民。”而合适成年人所服务的涉嫌犯罪的未成年人应该是指14周岁以上、18周岁以下，已达到承担刑事责任年龄的公民。

(2) 犯罪嫌疑人、被告人的定义

犯罪嫌疑人和被告人是指因涉嫌犯罪而受到刑事追究的人。根据1996年修订的《中华人民共和国刑事诉讼法》的规定，在公诉案件中，受刑事追诉者在检察机关向人民法院提起公诉以前，称为犯罪嫌疑人；在检察机关正式向人民法院提起公诉后，称为被告人。换言之，以检察机关制作正式的起诉书并向人民法院提起公诉这一诉讼活动为分界线，在此以前受到刑事追诉的人称为犯罪嫌疑人，在此以后受刑事追诉者称为被告人。[①]

(3) 被害人、证人的定义

被害人是指其人身权利、财产权利或者其他权益遭受犯罪行为直接侵害的人。[②]

证人是指除当事人以外了解案件情况而向公安司法机关作证的人。刑事诉讼中的证人必须具备一定的条件：一是证人必须是自然人，二是证人必须是在刑事诉讼活动开始之前了解案件情况的人，三是证人必须是能够辨别是非、正确表达的人。[③]

3. 合适成年人服务对象的特点

根据《中华人民共和国刑事诉讼法》的规定，可以基本明确合适成年人制度中主要涉及的服务群体是参与诉讼活动的未成年人，年龄主要集中在14周岁到18周岁之间。这其中既有罪错行为的实施者，也有不法行为的被侵害者，在特点上彼此存在共性和差异。

未成年人不同于成年人，他们在生理、心理上具有自身突出的特点：生理方面，未成年人身体的各种器官发育尚不完备，身体各部分的功能尚不健全，能力不足。青春期的未成年人身体发育速度加快，渐趋成熟，特别是性

---

① 程荣斌. 刑事诉讼法[M]. 北京：中国人民大学出版社，2009.

② 叶青. 刑事诉讼法学(第三版)[M]. 北京：北京大学出版社，2013.

③ 宋英辉. 刑事诉讼法学[M]. 北京：中国人民大学出版社，2007.

成熟所产生的性差别明确化及性本能的出现，身体各器官及功能急剧变化。这种生理变化使他们在适应社会方面常遇到困惑与冲突。心理方面，童年期的未成年人对成年人的依恋感、依赖性较强，角色意识、自我中心意识较强；青春期的未成年人心理上渐趋成熟，独立意识产生，对成年人的依赖性减弱，情感色彩强烈，易冲动。处在过渡和变化时期的未成年人，此时的心理矛盾性明显，心理处于较复杂的状态。

因此，可以说在这个发展阶段，未成年人的身心发育正处于一个由不成熟向成熟的过渡时期，他们的人生观、价值观、世界观等思想体系也正处在形成之中。在未成年人的能力还不能完全适应融入社会的需要时，非常需要成年人，比如家庭、学校、社会等方面给予特别的关爱，引导与帮助。所以，当未成年人进入刑事诉讼程序，面对陌生的司法人员和诉讼程序时，需要成年人在旁给予其特殊的照顾与帮助。

（二）社会工作理念方法与合适成年人服务的契合

社会工作专业是以利他主义价值观为指导，以科学的知识为基础，运用科学的方法助人的服务活动。联合国1960年出版的《国家社会服务方案的发展》指出，社会工作是协助个人及其社会环境，以使其更好地相互适应的活动。[①] 社工工作所追求的核心价值是提升人类的福利水平和促进社会的公平正义。

在合适成年人服务中，儿童利益最大化一直是服务参与者秉持的核心理念。社会工作者参与未成年人刑事诉讼程序，给予被讯问（询问）的未成年人良好的陪伴与支持，切实保护未成年人的合法权益和身心健康。通过合适成年人的服务，对未成年人提供良好的司法保护，这是保护儿童权益、提升儿童福利的内在需求。与社会工作助人的核心价值观不谋而合。

社会工作作为一门应用性较强的交叉学科，融合了不同专业的理论精华，例如社会学、心理学、教育学等领域的知识，理论多元且工作方法灵活多

① 全国社会工作者职业水平考试教材编写组. 社会工作综合能力初级[M]. 北京：中国社会出版社，2012.

样。成熟的社会工作者在专业教育的过程中，接受了系统的专业理论方法的学习与训练。从事青少年和司法领域社会工作服务的社工，在专业理论部分的学习还会涉及与青少年服务相关的心理学、犯罪学等方面的内容。经过良好专业训练的社工，在服务过程中能够更快捷、更准确地与青少年建立关系、发现需求、开展工作，良好的理论与技巧训练能够保障社工的服务符合青少年的需求，并取得良好的效果。

在合适成年人服务中，服务对象均是十八周岁以下的未成年人，多数处在青春期阶段。这一阶段的青少年具有特殊的身心特点和发展特征。这就要求合适成年人具备良好的心理学、社会学等方面的知识，了解青少年的特点和需求，能够与青少年迅速建立关系和有效沟通。同时，合适成年人所服务的青少年身处诉讼程序之中，需要合适成年人对相关法律知识有一定的了解。社会工作理论和专业教育的特点，正符合合适成年人服务中多学科的知识和技能的要求。

三、研究方法与框架

本研究采用的主要是质性研究方法中的行动研究方法。美国社会心理学家库尔特·勒温(K Lewin)将行动研究定义为："研究课题要来自实际工作者的需要，研究在实际工作中进行由实际工作者和研究者共同参与完成，研究成果为实际工作者理解、掌握和实施，研究以解决实际问题、改善社会行动为目的"，行动研究强调从实务工作者的立场和需要出发，对实务工作者本身所处的工作情境与内涵进行反省，结合研究的过程与步骤，找出解决或改变实务工作的困境与问题的解决方案和行动策略。一般而言，行动研究具有以下特征：研究者与参与者的合作，在一些情况下研究者即是参与者；探索实际问题的解决方法，以求改变实际状况。

行动研究的研究过程呈现出不断循环的阶段性。行动研究的一般模式可以概括为循环的四个阶段：计划—行动—观察—反思。在总结梳理社会工作介入合适成年人工作的过程中，笔者也遵循这样的行动过程。从 2012

年全面探索合适成年人社工服务开展，事务所的社工结合司法机关和未成年人的需求，从实际情况出发，制定合适成年人服务的工作流程、内容与衔接机制，定期总结反思，对已有模式中发现的问题进行调整完善，并投入实践进行检验，及时反思总结，如此循环发展。

四、社会工作介入合适成年人工作的法律依据

社会工作与司法部门开展合作，介入合适成年人工作，基础是对相关法律内容进行梳理，并找到社会工作介入司法领域开展合作的相关依据。

（一）国际条约

《儿童权利公约》是第一部有关保障儿童权利且具有法律约束力的国际性约定。《儿童权利公约》第三十七条规定："所有被剥夺自由的儿童应受到人道待遇，其人格固有尊严应受尊重，并应考虑到他们这个年龄的人的需要的方式加以对待""所有被剥夺自由的儿童均有权迅速获得法律及其他适当援助"。该公约第四十条规定："所有被指称或指控触犯刑法的儿童至少应得到下列保证：……要求独立公正的主管当局或司法机构在其得到法律或其他适当协助的情况下，通过依法公正审理迅速作出判决，并且须有其父母或法定监护人在场，除非认为这样做不符合儿童的最大利益，特别要考虑到其年龄或状况……"该条确立了"儿童最大利益原则"，为世界各国提供了建立合适成年人制度的国际法律依据。

另外，联合国于 1985 年制定通过的《少年司法最低限度标准规则》第 7.1 条规定："在诉讼的各个阶段，应保证基本程序方面的保障措施，诸如假定无罪指控罪状通知本人的权利、保持沉默的权利、请律师的权利、要求父亲或母亲或监护人在场的权利、与证人对质的权利和向上级机关上诉的权利。"该规则第 15.2 条规定："父母或监护人应有权参加诉讼，主管当局可以要求他们为了少年的利益参加诉讼。但是如果有理由认为，为了维护少年的利益必须排除他们参加诉讼，则主管当局可以拒绝他们参加。"此"说明"进一步阐释，"规则 15.2 中所述的父母或监护人参加的权利应被视为是对少

年一般的心理和感情上的援助，在整个程序过程中都是如此”“主管当局在对案件寻求适当处理时可能特别会从少年的法律代表（或少年可以而且真正信任的某个其他个人助理）的合作中获益”。

（二）《中华人民共和国刑事诉讼法》中的有关规定

《中华人民共和国刑事诉讼法》在合适成年人制度的规定方面经过了一系列的演变发展过程。1996 年旧《中华人民共和国刑事诉讼法》第十四条规定："对于不满十八周岁的未成年人犯罪的案件，在讯问和审判时，可以通知犯罪嫌疑人、被告人的法定代理人到场。"2012 年修订的《中华人民共和国刑事诉讼法》专门增加了未成年人刑事案件诉讼程序一章，其中第二百七十条规定："对于未成年刑事案件，在讯问和审判的时候，应当通知未成年犯罪嫌疑人、被告人的法定代理人到场。无法通知、法定代理人不能到场或者法定代理人是共犯的，也可以通知未成年犯罪嫌疑人、被告人的其他成年亲属，所在学校、单位、居住地基层组织或者未成年保护组织的代表到场，并将有关情况记录在案。到场的法定代理人可以代为行使未成年犯罪嫌疑人、被告人的诉讼权利。""到场的法定代理人或其他人员认为办案人员在讯问、审判中侵犯未成年人合法权益的，可以提出意见。讯问笔录、法庭笔录应当交给到场的法定代理人或其他人员阅读或向他宣读。""讯问女性未成年犯罪嫌疑人，应当有女工作人员在场。""审判未成年人刑事案件，未成年被告人最后陈述后，其法定代理人可以进行补充陈述。""询问未成年被害人，证人适用第一款、第二款、第三款的规定。"由此，我国刑事诉讼程序中正式确立了合适成年人制度，为合适成年人工作提供了法律依据。

《中华人民共和国刑事诉讼法》是全国人民代表大会通过修订的，除了宪法，其法律效力最高。新修订的《中华人民共和国刑事诉讼法》从基本法的层面实现了合适成年人制度在刑事诉讼法中的法律定位，在法律位阶上比其他的规范性文件更高一筹，使得合适成年人在实践中的工作更具有强制性和普适性。法条中明确了未成年保护组织代表可以成为合适成年人的组成部分，赋予社工参与合适成年人工作的法律身份与地位。

（三）相关文件法规

在公、检、法等司法机关各自的办案规范中，均对法定代理人或其他成年人到场参与审讯活动做出了相关规定。其中较为重要的是2010年8月，六部委联合发布的《关于进一步建立和完善办理未成年人刑事案件配套体系的若干意见》（以下简称《意见》）。《意见》中规定："在未成年犯罪嫌疑人、被告人被讯问或开庭审理时，应当通知其法定代理人到场。法定代理人无法或不宜到场的，可以经未成年犯罪嫌疑人，被告人同意或按其意愿通知其他关系密切的亲属、朋友、社会工作者、教师、律师等合适成年人到场。"《意见》首次引入了"合适成年人"一词，形成了合适成年人制度的基本雏形。

2012年，北京市各相关部门先后联合制定下发了《北京市建立和完善办理未成年人刑事案件配套工作体系的若干意见》。在相关文件精神的指导下，2013年北京市高级人民法院发布《关于在办理未成年人刑事案件中推行合适成年人到场制度的实施办法（试行）》。文件第二章第六条规定"合适成年人的来源包括共青团干部、司法社工、教师、居住地基层组织的代表、律师和其他热心未成年人司法保护工作的人员。"明确了社工作为合适成年人工作的主体地位。

五、社会工作介入合适成年人工作的理论基础

法律法规为社会工作者介入合适成年人工作提供了法律依据与保障，而在合适成年人服务的过程中，社工有效开展服务，确保服务目标和效果的达成，离不开科学理论方法的指导。在合适成年人服务过程中，社会工作者能够利用的理论和视角有以下几种。

（一）社会支持理论

有关社会支持的研究开始于20世纪60年代后期，人们探索生活压力对心身健康的影响研究（Homes、Rach，1967）。研究表明，相同的压力情景对不同的个体所产生的影响和作用是不同的。相对而言，受到来自家人或朋

友等较多支持的人比很少获得类似支持的人心理的承受力更强，身心也更健康。20世纪70年代初，精神病学文献中引入了社会支持的概念。研究者运用社会学和医学定量评定的方法，对社会支持与身心健康的关系进行了大量的研究。

社会支持理论认为，社会支持是人们在互动中形成并能够提供工具性和表达性资源的社会结构。在社会学研究中，社会支持具有三种含义。首先，个人拥有的与重要他人（如家人、朋友、同僚）之间直接或间接联系中在出现危机时可以发挥援助功能的社会关系，即社会互动关系。豪斯（House）认为："支持是一种出现于下列过程中人与人的交换过程：第一，情感、关怀；第二，工具性支持；第三，信息；第四，赞扬。"这一界定将支持作为资源交换的互动过程。这种资源不一定是物质的，也包括精神的、情感的，以及信息的；其次，个人对自己与他人联系的认知，即个人主观感受到的来自他人的关怀、鼓励、表扬等。这种观点强调当事人对他人提供的援助的满足感；最后，他人表现出的具有支持或援助意味的具体行为，即外在于被支持者的社会性活动。社会支持按照支持性质可以分为工具性支持（物资、金钱、时间和服务等）和情感性支持（理解、关心、爱和信任等）两种。从社会支持的主体划分，社会支持可以分为正式的支持网络和非正式的支持网络。通过社会支持能够为服务对象提供日常支持与危机支持。

在合适成年人服务的过程中，不论是未成年犯罪嫌疑人，还是未成年被害人、证人，当进入刑事诉讼程序，面对这些陌生的司法人员和未知的司法活动，未成年人通常会表现出较大的心理压力。同时，未成年人受身心发展水平、受教育程度、专业资讯获取途径等因素影响，对自己在刑事诉讼程序中享有的权利缺乏认识，无法有效维护自身的权益，需要他人的协助与支持。社会支持理论为社工介入合适成年人工作提供了工作视角和实务方法。社工机构作为非政府组织，能够给予未成年人工具性（实际）支持和表达性（情感）支持。同时，社工协调调动资源，通过司法机关或其他政府部门、未成年人保护组织为未成年人提供保护与支持。

（二）增权取向

增权，也称赋权、充权，它从 Empowerment 翻译而来。所罗门界定增权为：“社工针对案主所采取的一系列活动的过程，旨在减少基于污名群体成员的负面评价而形成的无力感。它涉及辨识导致这一问题的权利障碍和旨在减少间接权利障碍的影响和减少直接权利障碍的运作的特定策略的发展实施。”增权可以在三个层次进行，一是个人层次，个人感到自己有能力去影响或解决问题；二是人际层次，个人与他人合作促成问题解决的经验；三是政治层次，能够促成政策或政治层面的改变。所谓个体增权是指个体得以控制自身的生活能力以及对所处环境的融合与影响能力，包括实际控制能力和心理控制能力两个方面。

增权取向的社会工作实践主要致力于协助经济不足或受到政治压迫的弱势族群，致力于增加案主的权能以增进其适应环境的能力，努力改革压迫案主的环境或结构。增权并不是“赋予”案主权力，而是挖掘或激发案主的潜能。权力存在于案主之中，而不是案主之外。增权是一个动态的过程，不仅有微观层面的，也有中观层面以及宏观层面的。

身处刑事诉讼程序中的未成年人，虽然不是传统意义上“受压迫”的群体。但是受自身能力（包括行使权力的能力）等因素制约，未成年人在面对成年人、面对刑事司法时，自然地屈居于弱势地位。通过增权取向的指导，社工在刑事诉讼程序中，积极有效地陪伴未成年人，激发未成年人的自身能力，帮助他们了解和行使自己的合法权益，保护他们的权益不受侵害。

六、社会工作介入合适成年人工作的服务流程与内容

（一）服务流程

自 2012 年摸索开始，事务所与市、区两级司法机关开展合作，为涉案未成年人提供合适成年人服务，已形成一套相对完善、运转顺畅的服务流程与合作衔接机制。根据对合适成年人的工作程序的研究总结，合适成年人服务一般模式的工作流程分为五个阶段，依次是：委托、到场、参与讯问、签字、记录。

1. 委托

在委托阶段，合适成年人的工作可以分为四步。首先是接案，合适成年人负责人受理司法机关的委托，同时，合适成年人负责人需要对委托人进行简单的询问，了解被委托的涉案未成年人的姓名、性别、籍贯、涉案原因以及法定代理人无法到场的原因等基本信息与自然情况，然后合适成年人负责人根据初步了解的信息指派适合的合适成年人，最后由被指派的合适成年人与委托人联系确认服务时间、地点以及涉案未成年人的基本情况。

2. 到场

首先，合适成年人按照约定的时间到达服务地点，联络委托人办理相关出入手续，合适成年人需要携带身份证及《合适成年人服务记录手册》到场。在讯问开始前，合适成年人需要向涉案未成年人进行自我介绍，表明自己的身份和作用，告知其父母无法到场的原因，确认他是否已了解自己的权利和义务，并告知他可以与合适成年人沟通、表达疑问。

3. 参与讯问

参与讯问即在未成年人接受讯问或询问的过程中，合适成年人应履行自己的义务，保障讯问过程的正常进行。首先，合适成年人需要认真旁听办案人员与涉案未成年人的对话，因为事后还需要核对笔录中内容记录的准确性。在讯问、询问以及庭审的过程中，合适成年人需要监督办案人员的操作，以保证操作的规范性，从而保障涉案未成年人的合法权益。除此之外，合适成年人还需要帮助解决涉案未成年人提出的问题，安抚涉案未成年人，处理负面情绪，促使涉案未成年人与办案人员之间进行有效沟通。在讯问、询问过后，合适成年人可以在办案人员在场的情况下，对涉案未成年人进行必要的安抚和教育，帮助涉案未成年人调整认知，正确理解法律规定及诉讼流程。

4. 签字

在讯问、询问结束后，合适成年人首先需要保障涉案未成年人认真阅读笔录或相关告知文件，正确理解笔录中记载的内容与相关告知文件中宣布的内容，并确认笔录记录的内容与他们所述内容一致。待涉案未成年人在与自己所述内容一致的笔录上签字后，由合适成年人仔细阅读笔录或相关告知文件，确保笔录记载与涉案未成年人供述内容一致，然后再在笔录或相关文件上确认签字。

5. 记录

合适成年人需要向办案人员了解涉案未成年人的身份信息，完整填写《合适成年人服务记录手册》，并请办案人员确认信息并签字。合适成年人需要将《法定代理人到场通知书》和《合适成年人服务记录手册》妥善保存。

合适成年人能够及时到场，对涉案未成年人提供支持，离不开合适成年人与司法机关的有效衔接。经过多年的合作探索，事务所与海淀区公检法等司法机关，形成了一套有效的工作衔接机制。公安机关、检察机关、法院分别设立了专门机构办理未成年人案件，由专门承办未成年人案件的办案人员与社工对接。例如 2014 年 12 月，海淀分局预审大队挂牌成立未成年人案件审查中队。事务所在公安机关、检察机关的办案场所内设置了司法社工工作站，由社工 24 小时值班，确保合适成年人服务的及时开展。2015 年，海淀分局设立海淀区执法办案中心，将全区未成年人案件集中到执法办案中心办理，确保办案流程的规范化。为配合公安机关的调整，事务所在原有基础上，在执法办案中心增设司法社工站，社工 24 小时值守，开展合适成年人到场服务工作(见图 1)。

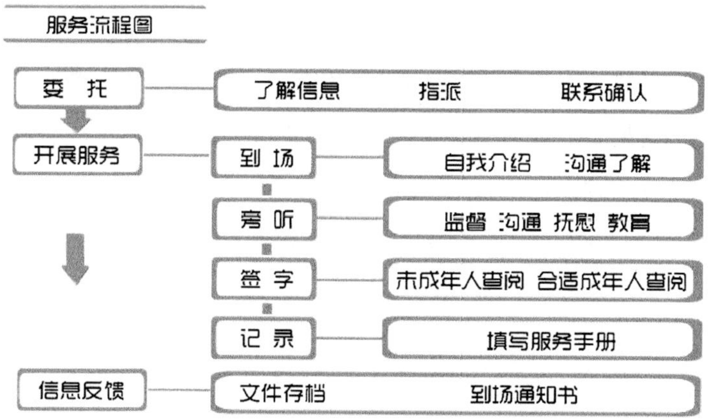

图 1　合适成年人服务流程

（二）服务内容

合适成年人服务是根据涉案未成年人的生理、心理特点，为涉案未成年人专门设计的一项权利保障服务。因此合适成年人主要承担的工作即是保护涉案未成年人的合法权益不受侵害。在涉案未成年人接受讯问和审判时，合适成年人的工作内容可概括为四项：一是监督办案人员在审讯和询问过程中是否有不当行为，避免对涉案未成年人造成心理及生理伤害；二是协助涉案未成年人与办案人员及时沟通，促进涉案未成年人与办案人员之间的相互理解；三是及时处理涉案未成年人的负面情绪，保证审讯和询问过程有效顺利进行；四是对涉案未成年人进行简单初步帮教，为后续审讯、询问、社会调查和社会帮教打下良好基础。另外，保护涉案未成年人隐私，避免隐私泄露增加未成年人的心理负担也是合适成年人重要的工作内容和守则。一言以概之，合适成年人应将自身定位为“积极的关怀者”，而非“消极的旁观者”。具体而言，合适成年人的工作内容如下所示。

1. 监督审讯

监督审讯主要指的是监督办案人员在审讯或询问过程中是否存在不同程度直接或间接侵犯涉案未成年人权益的违法或不当行为，监督的主要目的即保证涉案未成年人在严肃的司法环境下合法、正常、有序地接受审讯。通过笔者对社工、涉案未成年人的访谈了解，办案机关对未成年人的讯问方法相对较为规范，未发现有合适成年人在场时出现刑讯威胁或者辱骂等非法或不规范的讯问行为。不可否认，随着我国司法制度的不断完善，直接的刑讯威胁或者辱骂这类非法或不规范的讯问行为几乎消失，但是这并不表示办案人员在审讯过程中不存在间接侵犯涉案未成年人权益的不当行为，甚至某些行为对承受能力较低的未成年人来说，可能带来严重的心灵伤害。社工在作为合适成年人时需要时刻警惕。

2. 协助沟通

协助沟通主要是指办案人员在审讯、询问涉案未成年人的过程中，习惯性地使用法律用语，或者表达一些自己对涉案未成年人行为及个人的否定性评价，而涉罪未成年人也可能会因此不配合办案人员审讯，因此，合适成年人应协助涉案未成年人和办案人员双方进行有效沟通，保障审讯、询问过程的顺利进行。

社工在协助沟通的过程中，可以发挥社会工作的专业优势，有效运用个案工作中的沟通技巧，协助双方进行有效沟通。根据笔者的实践经验和了解，社工在合适成年人服务过程中，在处理沟通问题时，运用较多的沟通技巧包括：表达关注、倾听、摘要、澄清、聚焦等。

3. 抚慰情绪

处理情绪主要指在涉案未成年人参与讯问或询问和庭审过程中产生了低落、愤怒、抵触等不利于司法活动继续进行的负面情绪时，合适成年人安抚、慰藉涉案未成年人以达到缓解情绪的效果。

在严肃的环境下，未成年人接受审讯或询问都承受着巨大的心理压力，容易感到紧张和恐惧，甚至对办案人员产生抵触情绪，如果不加以及时的疏导和抚慰，不仅会导致审讯或询问过程难以顺利进行，还可能导致涉案未成年人受到伤害，甚至产生严重的心理问题。社工在服务过程中，需要敏锐捕捉未成年人的情绪，运用接纳、同感、倾听等专业技巧去抚慰未成年人的情绪，消除其无助感、焦虑感以及不稳定的情绪状态，对未成年人给予情感性支持。

4. 帮扶教育

对涉案未成年人的帮扶教育主要是指合适成年人在简短的时间内，在办案人员在场的前提下，根据涉案未成年人的具体情况与表现，与之进行有针对性的沟通，及时进行心理危机的预防和干预，调整其认知结构，帮助其解决因案件或诉讼过程与结果等因素引发的问题。帮教的主要目的是使涉案未成年人适应接下来的社会生活或者监禁生活。此外，对于有服务需求且具备帮扶条件的未成年人，社工可以运用个案、小组等工作方法，开展后续服务，例如情绪疏导、认知行为调整、资源链接等工作，为未成年人回归社会提供支持。

5. 保密

保密是一种专业规范和一种专业责任。它既是合适成年人秉持的专业精神，也是社会工作伦理倡导的基本准则。它要求合适成年人尊重未成年人的隐私，保证将与未成年人共享的或者与未成年人有关的信息不与第三方共享。尤其是当合适成年人工作有明确的法律依据后，合适成年人更应保持更高标准的保密，要时刻保持专业警惕性，对未成年人的私人信息进行保密。

未成年人的隐私不仅包括他提供给办案人员的相关信息，如个人家庭住址、父母联系方式、工作单位等，还包括未成年人透露给合适成年人的信息，如他与父母的关系、他与朋友相处情况、生活经历的重大事件等。即使合适成年人在工作过程中记录了一些信息，也只能将其用于更好地服务未成年人的目的上，不可用于其他途径。

七、社会工作介入合适成年人服务的成效

（一）服务评估

评估是服务工作和研究工作的重要组成部分。通过评估，一方面可以让服务的购买者、参与者看到服务产生的效果。另一方面，通过评估，让社会工作者进行反思，了解工作中的优势与不足，促进后期其他工作的完成与改善。

在社工开展合适成年人工作中，笔者与机构的社工主要运用访谈法和问卷法来开展评估工作。

访谈法是指通过工作者和受访者面对面的交谈来了解受访者的心理和行为的基本研究方法。根据访谈进程的标准化程度，可将它分为结构型访谈和非结构型访谈。在工作中，社工通过与涉案未成年人面谈的形式，收集服务对象在服务过程中的感受，以此评估服务的适切性和效果。

在运用问卷法进行评估方面，笔者设计了“合适成年人服务评价表”，对社工、服务对象、办案人员进行问卷调查，收集他们对服务过程及内容的评

价，了解服务的成效。

（二）服务效果

2012年至2017年，事务所与市、区两级多家司法机关合作，为涉案未成年人开展合适成年人服务2 954人次。社工作为合适成年人，参与司法机关的讯问、询问和审判过程，给予未成年人良好的陪伴与支持，切实保护了涉案未成年人的合法权益，服务取得了良好的效果，从以下几方面得以体现。

1. 社工服务有效保护了未成年人的合法权益与身心发展

在服务过程中，社工运用专业优势与能力，积极履行监督、沟通、抚慰、教育的职责，服务得到服务对象和司法机关的一致认可。在笔者收集的服务对象反馈中，没有未成年人对社工的服务过程提出否定和批评。笔者进行的问卷调查结果显示，社工提供的合适成年人服务得到服务对象的较高评价（服务评价总分6分，社工平均分值5.6分）。

2. 社工为大量的未成年人提供了专业服务，合适成年人服务体现和提升了少年司法工作的专业化、规范化、人性化

为了达到保护未成年人合法权益和身心健康的目的，要求合适成年人是“积极的参与者”，而不是“消极的旁观者”，这对合适成年人的参与提出了较高的能力要求。社工参与到合适成年人服务中，符合合适成年人这项未成年人特殊的权益保护工作的专业需求。社会工作助人的理念与情怀，也使得合适成年人服务更具“温度”。

3. 事务所与海淀区司法机关合作，合适成年人服务工作经过多年的探索，目前已经形成相对成熟稳定的服务模式

相较于其他地区合适成年人的工作模式，社工和专业机构介入合适成年人工作，为合适成年人队伍的人员稳定和能力发展提供了保障。

除了巩固完善已有的服务内容外，社工介入合适成年人服务的适用范围也得以拓展。事务所与海淀分局合作探索未成年人权益保护工作新领域、新机制，为违法未成年人的询问提供合适成年人到场服务。

八、经验与问题

（一）获得的经验

1. 社会工作的专业方法对合适成年人开展服务具有积极的作用

笔者在实务和督导的过程中，以及与合适成年人，尤其是社会工作专业的本科实习生的访谈中发现，善用社会工作的专业理念、方法和技巧，对合适成年人与服务对象建立关系、提供支持性服务具有良好的作用。

2. 合适成年人服务与社会调查、违法未成年人教育矫正、被害人救助等其他服务有效结合，能够提升对未成年人的服务效果

在实务过程中，承担合适成年人工作的社工，将自己服务过程中评估得到的内容，与后续社工、办案人员进行沟通，能够帮助他们更高效、准确地了解服务对象的情况与需求，能够使后续服务更深入、有效。

3. 在服务过程中，机构注重多方的沟通协作与服务经验和模式的总结，定期与司法机关进行相关的沟通研讨

在交流研讨中，通过对服务模式的梳理，促进双方服务的规范化，这对此项服务的深化和推广具有积极的意义。

（二）遇到的问题

合适成年人服务形式化的风险。就目前而言，司法机关对未成年人的讯问活动相对规范，合适成年人在实际服务过程中需要介入干预的情况较少出现。同时，经过长期的合作，社工与办案人员彼此熟悉。这些因素都给社工开展合适成年人服务提出形式化的挑战，需要不断加强社工的专业训练和自我觉察。

社会工作在违法未成年人教育矫正中的应用

王徐晖①

一、研究背景

在世界少年司法领域，少年司法对象大致可分为两类，一是犯罪少年，即已经违反刑法律法规定的少年，另一类则是存在各种不良行为，有可能会触犯刑法的虞犯少年。我国在《中华人民共和国预防未成年人犯罪法》中对未成年人的不良行为进行分类：违反社会公德秩序的一般不良行为和具有严重社会危害性但不够刑事处罚的严重不良行为。由于我国现行法律对未成年人的违法行为的处置属于“窄幅制”，很多青少年已经实施了违法行为，但由于未达到刑事责任年龄或者行为轻微等原因，不构成刑事犯罪，并未进入刑事司法流程内，而行政处罚不执行的结果通常导致对这类青少年的处罚是“抓了就放”。这一部分违法未成年人的人数要远高于涉罪未成年人的

① 王徐晖，首都师范大学北京青少年社会工作研究院服务部项目主管。

数量。仅以海淀区为例，2013 年海淀公安机关受理的未成年人违法案件有 454 件，而同期未成年人犯罪案件为 199 件。

相关犯罪学研究表明，未成年时期的违法行为与犯罪行为之间存在着密切的内在联系。如果未成年时期的违法行为不能得到及时教育和矫治，极易衍生出更严重的犯罪行为。北京超越青少年社工事务所自 2009 年开始，与司法机关开展合作，为大量涉罪未成年人开展服务。在实务过程中我们发现，众多涉罪未成年人此前曾出现一次或多次违法行为。这些涉罪未成年人早年实施了危害他人和社会的行为，但因免于法律处罚，而产生侥幸心理，难以正确认识自身行为，对国家法律失去敬畏感，罪错行为屡屡发生，直至实施犯罪行为，形成了“养肥了再杀”的局面。

为了改善违法未成年人教育矫正工作的现状，超越社工事务所于 2014 年与北京市公安局海淀分局（简称海淀分局）合作，开展“守护青春——违法未成年人教育矫正服务”项目，探索中国内地本土化违法未成年人教育矫正的举措，在违法未成年人被释放之前由民警对其进行警诫，并引入社工专业力量为其提供后期帮教服务，旨在协助违法未成年人正确认识自身行为，提升法律意识，调整偏差认知和不良行为习惯，构建积极的社会支持网络，帮助他们在违法之后获得改正和成长，降低违法犯罪行为再次发生的可能性。截至目前，项目开展的违法未成年人教育矫正服务已有三年多的时间，服务机制日趋成熟。

历经三年多的实践与探索，社工介入违法未成年人服务的理论、机制、内容等情况如何？需要从社会工作专业视角出发进行研究和提炼，因此本文围绕以上问题展开研究。笔者作为实践服务的参与者，希望通过对服务过程的观察，对违法未成年人教育矫正服务的探索发展过程进行梳理、总结与反思，为其他地区开展相关服务提供一定的借鉴。

二、研究方法与研究框架

（一）研究方法

此项研究主要采用了质性研究方法中的行动研究方法。美国社会心理学家库尔特·勒温(K Lewin) 于 1944 年提出了社会科学研究的新思路、新方法，就是研究课题要来自实际工作者的需要，研究在实际工作进行中由实际工作者和研究者共同参与完成，研究成果为实际工作者理解、掌握和实施，研究以解决实际问题、改善社会行动为目的，勒温把这一研究类型定名为“行动研究”。行动研究的特点是强调实际工作者的参与，注重研究的过程和实际工作者的行动过程相结合。研究的动力来自实践者本身，自己对自己进行研究，通过对自己的批判性反思，了解深藏在自己文化中的价值观念，并且找到解决问题的答案。

在本研究中，笔者作为社工，从项目的设计实施开始，直接参与了超越青少年社工事务所与海淀分局合作开展的违法未成年人教育矫正服务的全过程。在服务期间，笔者作为实践的参与者，接触服务了大量的违法未成年人，通过观察、访谈，收集了解服务对象的服务前后的状况，对服务过程有最直观的感受与反思。除此之外，笔者与开展教育矫正工作的基层民警、社工进行访谈，收集对服务流程和内容的建议。通过反思获得经验教训，笔者与机构、司法机关不断对已有服务流程与内容进行调整完善，提升对违法未成年人教育矫正服务的效果。

（二）研究框架

行动研究的过程虽然视不同课题的具体情境而定，但仍然有一定的研究模式和步骤。克密斯(S Kemmis)认为行动研究是一个螺旋式上升的发展过程，每一个螺旋发展圈包括四个相互联系、相互依赖的环节：计划—行动—考察—反思。

笔者根据螺旋式上升的发展过程的思路，对违法未成年人教育矫正服务发展过程进行梳理，发现违法未成年人教育矫正服务的行动脉络。在违法未成年人教育矫正服务推进过程中，超越青少年社工事务所与海淀公安分局借鉴香港地区“警司警诫”制度的成熟经验，结合实际情况，设计“守护青春”违法未成年人教育矫正服务项目，制定了训诫教育的服务流程与内容。在服务期间，双方通过对实践经验的阶段性总结与反思，针对服务中存在的问题与不足，对原有服务进行调整完善，再次投入实践。在这一过程中，违法未成年人教育矫正服务模式不断成熟，成为海淀区未成年人司法保护工作中的一项特色内容。

三、价值理念

社会工作介入违法未成年人教育矫正服务，目前仍处在探索发展阶段，在服务过程中存在大量的问题与挑战，正确明晰的价值理念与追求，是支撑和引领社工开展专业服务的内在力量。

在违法未成年人教育矫正服务中，儿童权益最大化一直是此项服务的参与者所秉持的核心理念。违法未成年人这一服务群体具有其特殊性，他们是对社会带来危害和不良影响的潜在风险，但同时也是具有特殊需求、身处特殊困境的青少年。对违法未成年人开展教育矫正工作，目的在于改善他们发生违法行为的认知、行为等方面的原因，提升社会适应性，促进他们顺利回归社会，实现良好的发展。在实际服务过程中，除了对违法未成年人的司法权益给予保护外，司法机关与社工也高度关注未成年人的生存、教育、就业等权益的保护与实现。

对违法未成年人开展教育矫正服务是促进未成年人健康发展、预防未成年人犯罪的重要一环。对违法未成年人开展教育矫正服务，“惩罚”与“教育”是缺一不可的内容。正如司法机关所说，“惩罚只是手段，教育才是最终目的”。所以，违法未成年人教育矫正服务强调社工与司法两个专业力量的整合，双方发挥各自的优势与能力，明确分工，共同促进违法未成年人良好地回归社会。

社会工作作为一项助人的专业和职业，尊重每个人的价值和尊严、相信每个人都具有潜能、促进社会的公平正义与和谐稳定，这些都是社会工作的基本价值理念和追求，同样适用于对违法未成年人开展的教育矫正服务。

四、理论基础

为达成良好的服务效果，除了正确的价值理念指引，也离不开科学的理论指导。不论是社会学、心理学、教育学还是犯罪学领域，都对违法青少年问题有过诸多研究。因此，当我们落实到违法未成年人的教育矫正问题上时，也有很多来自不同领域的理论可以借鉴和使用。在这里，仅就在工作中使用较多的理论进行简单论述，分别是生态系统理论、道德发展阶段理论和抗逆力理论。

（一）生态系统理论

生态系统理论是社会工作重要的基础理论，也是重要的实务理论。一般系统理论起源于生物学，主张所有的有机体都是系统，每个系统由不同的亚系统组成，同时又是更大系统的一部分。布朗芬布伦纳在《人类发展生态学》一书中，将生态学的知识引入到人类行为的研究中。布朗芬布伦纳认为，人在发展过程中与生态系统发生着千丝万缕的联系与互动，这些生态系统以各种方式和途径影响着人的发展。布朗芬布伦纳将生态系统划分为微系统、中系统、外系统、宏系统以及长期系统，构成了生态系统理论的系统模型。生态系统理论的发展，补充了一般系统理论在社会工作领域运用中"社会"的缺失，强调"人在情境中"。因此，要理解个人，必须将其置于环境之中。个人问题是生活中的问题，对个人问题的理解和判断也必须在其生活环境中进行。

生态系统理论提供了分析个人与环境互动关系的模型，如图 1 所示。

微观系统：此系统包括了影响个人的生物、心理和社会系统。这三个方面（生物、心理、社会）是独立的相互作用系统，持续地相互作用，影响人的行为与发展。

中观系统：此系统可以分为三个层次，第一个层次是指对个人有影响的小群体，它包括家庭、工作群体和社会群体；第二个层次是指这些小群体系统之间发生的联系与影响，如一个孩子的家庭系统和学校系统之间的关联；

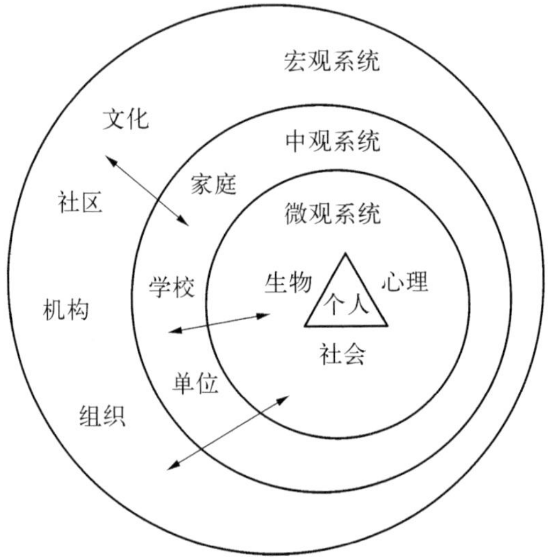

图1　生态系统理论中个人与环境互动关系的模型

第三个层次是指外层系统，是指个人并未直接参加但对他们的行为与发展产生影响的关联系统，如父母的工作场所。这些系统对个人的行为与发展都有直接或间接的影响。

宏观系统：此系统是指比家庭等中观系统更大的一些社会系统，包括文化、社区、机构和组织。宏观系统中的公共价值观和机构系统常常会对案主发生影响，他们决定着案主可以得到的或需要的资源。生态系统理论中各系统层次在更宏观的文化环境和社会环境中发生关联，很多微观和中观层次的行为都需要干预其所在的宏观环境。

在违法未成年人教育矫正服务中，生态系统理论提醒社会工作者在分析案主情况、帮助解决案主所处困境时，要将案主个人放置于他所处的环境中进行分析，注重案主所处各系统之间的关系，强调社会工作的实务目标是使个人、群体、家庭、社区以及服务组织能够协调适应。所以社工在开展服务期间不能仅仅聚焦在服务对象个人层面上，应该同时关注案主的家庭和社群中存在的问题与资源。

（二）道德发展阶段理论

科尔伯格是美国当代著名的发展心理学家，他认为道德认知发展过程表现出的就是道德逐步成熟的过程，主要体现在道德判断能力的发展上。他采用“道德两难论法”，通过实证研究，发现人的道德判断存在着一个渐进的发展过程，他把人的道德判断分为三种水平，每种水平各有两个阶段，共六个阶段。

1. 前习俗水平

处于该水平的儿童有一定的是非善恶的道德标准，但他们在做道德判断时，往往以自我为中心，是从行为的直接后果和自身的利害关系来判断行为的好坏是非。该水平有两个阶段。阶段一，惩罚与服从的定向阶段。该阶段的儿童认为绝对服从规则和权威就是对的，道德判断的理由是根据是否违反规则或服从权威，而不考虑规则和权威是否符合道德标准，可以说是为了服从而服从。阶段二，相对功利定向阶段。该阶段的儿童不再把规则看成是绝对不变的，判断行为好坏的标准以是否能满足自己利益和需要为主。统计分析表明，“大多数九岁以下的儿童、部分青少年、大多数少年犯和成年罪犯都处于前习俗水平阶段”。

2. 习俗水平

处于该水平的儿童能够关心别人的需要，同时也考虑社会的期望与要求，遵守并执行社会规范。该水平也有两个阶段。阶段三，“好孩子”定向阶段。处于该阶段的儿童总是考虑到社会和他人对“好孩子”的要求。判断一个人的行为好坏，主要是看该行为是否对他人有帮助，是否使他人愉快、受到他人的赞许。阶段四，法律和秩序定向阶段。该阶段的儿童以法制观念来判断是非，认为准则和法律是用来维护社会秩序的，人们应该遵守社会规范和公共秩序，尊重法律权威，使社会秩序得以维持。成人、大多数社会青少年都处于习俗水平阶段。

3. 后习俗水平

处于该水平的人，有自己内在的道德价值和道德准则，考虑的是人类的正义和个人的尊严，而不是世俗的法律和权威的标准。该水平存在两个阶段。阶段五，社会契约定向阶段。处于该阶段的人认为法律和社会习俗是一种大家商定的社会契约。法律的规定可以应大多数人的要求而灵活改变，并不是绝对不变的。认识到个人有应尽的义务和责任，同时也享受法律所规定的权利。阶段六，原则或良心定向阶段。该阶段的人主要是受人权平等、法律公正、人的尊严等人类普遍伦理原则所指导，在进行道德判断时，不受具体法律约束，更多考虑的是道德本质。处于后习俗水平的年龄大约为 20 岁之后，恰为大学时期。

科尔伯格认为，道德发展阶段反映的是个体道德认知由低级阶段向高级阶段发展的一般趋势。这种趋势是一个连续向前发展的过程，它不会后退，也不会越过某一阶段向前发展。文化和教育的作用，只是可以加快或延缓个体的道德发展，却无法改变其发展顺序。

从实务工作的情况来看，虽然多数违法青少年从年龄上看，应当已经进入习俗水平。但是，从实际沟通的过程中可以发现，他们的道德发展并没有随着年龄的增长而增长，而是普遍停滞在了前习俗水平，也就是惩罚和奖赏的水平。他们普遍只拥有比较朴素的正义观，而当这些朴素的正义观遇到了现实诱惑的时候，他们很难通过自我约束和道德标准要求自己进行更加适当的选择，而是会遵循本我的驱使，因而可能做出实际上不符合社会规范的选择。

这一点提醒社会工作者，在工作中，其一，要注意留意未成年人实际上所处的道德发展阶段，而不仅仅是通过对其年龄的判断来判断其道德发展水平，他们有可能因为各种原因，导致了道德发展水平的停滞。其二，注重与处于不同道德发展水平的违法青少年沟通时的工作着力点。对于一个处于前习俗水平的青少年，如果仅仅是讨论正义的问题、讨论社会规范，可能很难真正让他有所感悟，反而是仔细分析不同的行为可能带来的后果会起到较好的效果。在工作中要重视司法机关的训诫环节，以此促进青少年的道德发展水平。其三，是要注重协助他们发展自己的道德水平，道德发展水平是可以通过一些技术来推动发展的，如两难议题的讨论等，通过这样的讨论和辩论，提升他们的道德发展水平，有助于更好地促进他们面对纷繁复杂的实际生活，有能力做符合社会规范的选择。

（三）抗逆力理论

抗逆力理论源于积极心理学。近年来，心理学研究发生了重大的转向，从研究病态的个体转而研究正常的个体，不仅研究人们为什么会走向歧途，而且更多地研究人们是如何面对生活继续保有健康积极的心境的。

抗逆力理论认为，每个人在生活中都会遇到很多困境，影响我们的生活质量的不是困境本身，而是我们如何应对困境，在不停地应对困境的过程中，在不停地与社会环境的互动中，我们将会培养出一种能力，这种应对困境的能力就被称作抗逆力（也称作心理弹性）。

如今，学者们普遍认为，抗逆力包含三个要素："IBO"，即乐观感、归属感和效能感。也就是说，当面对困境的时候，一个人能否用积极的心态面对（乐观感），能否认可自己归属于某一群体（归属感），以及是否认为自己能够应对这样的困境（效能感），直接影响了他应对困境的能力和结果。

在实务过程中，社工发现，违法青少年普遍存在生活中有较多困境的情况，如父母感情不和、无法得到学校认可、生活学习面临挑战等。与此同时，他们的抗逆力水平也比较薄弱。当他们面对这样的困境时，很难很好地应对，而带来的后果则是在一次次的失败经验中，他们的"IBO"水平受到了打击，并没有因为应对困境而增长，反而减弱了，这导致他们在面临下一个困境的时候更加手足无措，如此就进入了恶性循环。

这就提醒社会工作者，在工作中，应当注重分析违法青少年所面临的困境，这一困境可能是现实的困境，也可能是违法青少年自己认为的困境，更重要的是要分析他们的抗逆力水平，看他们是否能够对抗这些困境。从改善他们生活境遇的角度来说，要协助他们分析自己的抗逆力水平，并注重从"IBO"三个角度分别入手，通过各种服务活动促进抗逆力水平的提升，进而促进他们用更加积极的、符合社会规范的方式来应对困境，改善自己的生活境遇。

在实际服务中，生态系统理论为社会工作者分析判断服务对象的问题提供了全面、多元的视角，以保障社工在问题的评估和目标的制定时能够准确，不会有所遗漏。同时，系统的观点要求社工在开展介入工作时，需要将对服务对象个体的工作与对服务对象环境系统的工作结合起来，例如家庭、学校、朋辈等。

生态系统理论将社工服务过程中个人与环境有机结合，而道德发展阶段理论、抗逆力理论则为社工开展微观层面的工作，促进个人对环境的适应提供了介入的策略与方法。在使用抗逆力理论开展介入服务时，社工需要充分挖掘案主的资源，这就离不开系统的视角，既要发现案主个人的资源，也要发掘环境的资源。所以在服务的过程中，理论的运用并非孤立。

五、社会工作介入违法未成年人教育矫正服务的法律依据

社工工作与司法部门开展合作的基础是对相关法律内容进行梳理，并找到社会工作介入司法部门开展合作的相关依据。

（一）治安管理处罚法

对于违反《中华人民共和国治安管理处罚法》（以下简称《治安管理处罚法》）规定的未成年人，在适用法律加以处罚的同时，国家也考虑他们是一个特殊群体，重视对未成年人合法权益的保护，在处罚上将未成年人和成年人加以区别。《治安管理处罚法》第十二条规定："对已满 14 周岁不满 18 周岁的人违反治安管理的，从轻或者减轻处罚。对不满 14 周岁的违反治安管理的，不予处罚，但是应当责令其监护人严加管教。"另外，《治安管理处罚法》第二十一条规定了应当给予行政拘留处罚，但不执行该行政拘留处罚的四种法定情形，其中两种针对未成年人的是"已满十四周岁不满十六周岁的"和"已满十六周岁不满十八周岁，初次违反治安管理的"。2006 年公安部发

布的《公安机关办理行政案件程序规定》第一百四十条也规定："违法行为人有下列情形之一的，依法应当给予行政拘留处罚的，应当做出处罚决定，但不送达拘留所执行：(一) 已满十四周岁不满十六周岁的；(二) 已满十六周岁不满十八周岁，初次违反治安管理或者其他公安行政管理的。"这是对《治安管理处罚法》具体适用时的规定。但是不执行行政拘留，并不意味着不采取措施。根据《公安机关执行〈中华人民共和国治安管理处罚法〉有关问题的解释》第五条的规定："被处罚人居住地公安派出所应当会同被处罚人所在单位、学校、家庭、居(村)民委员会、未成年保护组织和有关社会团体进行帮教。"

(二) 未成年人保护法和预防未成年人犯罪法

《中华人民共和国未成年人保护法》(以下简称《未成年人保护法》)是指导未成年人保护工作的重要法规。《未成年人保护法》中第一章总则第八条规定："共产主义青年团、妇女联合会、工会、青年联合会、学生联合会、少年先锋队以及其他有关社会团体，协助各级人民政府做好未成年人保护工作，维护未成年人的合法权益。"这对参与未成年人保护工作的责任主体作出了规定。其他有关社会团体中包括社会工作服务机构，因此社工机构具有开展未成年人保护工作，尤其是对违法未成年人这一类型特殊青少年群体开展介入服务的责任与义务。《未成年人保护法》第四章第二十七条规定："全社会应当树立尊重、保护、教育未成年人的良好风尚，关心、爱护未成年人。国家鼓励社会团体、企业事业组织以及其他组织和个人，开展多种形式的有利于未成年人健康成长的社会活动。"这对其他社会团体参与未成年人教育保护工作进行了积极的倡导。《预防未成年人犯罪法》第一章总则第三条规定："预防未成年人犯罪，在各级人民政府的组织领导下，实行综合治理。政府有关部门、司法机关、人民团体、有关社会团体、学校、家庭、城市居民委员会、农村村民委员会等各方面共同参与，各负其责，做好预防未成年人犯罪工作，为未成年人身心健康发展创造良好的社会环境。"也对社会团体参与预防未成年人犯罪工作进行了倡导。

在如何对违法未成年人开展教育保护工作方面,《未成年人保护法》第五章司法保护第五十九条规定:“对未成年人严重不良行为的矫治与犯罪行为的预防,依照预防未成年人犯罪法的规定执行。”在处遇方式上,《预防未成年人犯罪法》规定了责令父母严加管教、工读教育、收容教养和劳动教养等措施。虽然措施有限,但是可以看出立法的目的是为了通过针对性的手段,满足对违法未成年人开展教育矫正的需求。这也为社工机构介入违法未成年人教育矫正工作提供了可能。

（三）儿童权利公约

在对违法犯罪未成年人的权益保护方面,联合国《儿童权利公约》中第四十条第四点指出:“应采用多种处理办法,诸如照管、指导和监督令、辅导、察看、寄养、教育和职业培训方案及不交由机构照管的其他办法,以确保处理儿童的方式符合其福祉并与其情况和违法行为相称。”社会工作作为一项助人的专业和职业,能够运用其多元、独特的方法,为保护青少年的权益和发展提供帮助。

六、社会工作介入违法未成年人教育矫正的服务流程与内容

（一）服务流程

在超越社工事务所与海淀分局探索开展违法未成年人教育矫正服务的过程中,通过三年多的摸索,已初步形成具有相对完整的服务流程与合作衔接机制的“海淀模式”,服务流程包括训诫教育、跟进服务、训诫解除三个阶段。

1. 训诫教育

社工介入违法未成年人教育矫正工作的首要环节是参与违法未成年人的训诫教育。在民警对违法未成年人进行传唤、询问、取证、裁决等程序后,民警会依据《治安管理处罚法》和《预防未成年人犯罪法》的有关规定对违法未成年人进行训诫,社工参与其中。

在训诫教育环节,民警和社工有较明确的分工。民警主要依据相关法

律，从违法未成年人的违法行为情节及结果方面对其进行警示，目的在于提升违法未成年人的守法意识。可以说这是训诫教育过程中“严”的部分。相对民警而言，社工可以发挥“柔性”的部分，通过专业技巧与违法未成年人建立关系，补充开展教育引导。

在训诫教育之后，民警、社工、违法未成年人会签署三方的服务协议。社工首先对服务时限、服务内容形式、服务要求等内容进行介绍，在征询违法未成年人及其家长的意见并获得同意后，三方正式签署服务协议。

在签署服务协议之后，社工需要收集违法未成年人的有关信息与资料，开展需求评估，以便开展后续服务。在实际工作中发现，训诫之后，违法未成年人依照处罚结果，不执行行政拘留处罚将被释放。在违法未成年人释放之前，社工与服务对象开展调查评估访谈能够取得最佳的效果。所以在训诫教育之后，社工会在民警的协助下，与违法未成年人进行访谈，完成资料的收集和需求评估。

2. 跟进服务

借鉴香港等地区对违法未成年人开展预防和教育服务的经验，在签署服务协议时，社工开展跟进服务的时限一般为三个月，跟进服务的时间从违法未成年人被训诫并签署服务协议之日起算。

在跟进服务期间，依照服务协议的规定，社工每周要与违法未成年人联系并开展服务，服务形式包括个案工作、小组工作等。在服务过程中，社工可以根据服务对象的具体情况与需求，调整跟进服务的形式和频次。在实际工作过程中，社工发现在服务对象刚刚释放的两周时间内，较主动、频繁、非正式的联系有助于和服务对象建立关系。而在跟进服务后期，服务对象状况稳定的情况下，将服务频次减少，服务保证适当的强度，也有助于保持良好的专业关系。关于跟进服务过程中的具体服务内容，后面将做具体描述。

在服务期限达到或者服务目标达成后，跟进服务阶段基本告一段落，服务工作进入下一个阶段。

3. 训诫解除

在训诫解除阶段，对符合条件的服务对象组织开展"训诫解除宣告会"是社工重要的工作。组织开展"训诫解除宣告会"的目的是通过仪式感较强的活动形式，对服务过程和服务对象的变化进行总结，巩固对违法未成年人进行教育矫正服务的效果。

在训诫解除阶段，社工评估开展"训诫解除宣告会"的指标包括两个方面，一是服务期限，二是服务目标的达成情况，两者需要结合考虑。在实际工作中，服务对象比较重视服务协议中的服务期限，如果社工仅考虑服务目标的达成情况，很可能在超出约定的服务期限后，服务对象排斥或不配合社工后续工作。如果社工仅以服务期限为考量，这也背离社工开展服务的助人目的，为了结案而结案。所以，在组织开展"训诫解除宣告会"方面，时间节点是有限制而又相对灵活的。

在筹备"训诫解除宣告会"环节，社工将邀请服务对象、家长、办案民警参与。如果在服务过程中，违法未成年人的单位、学校或是其他未成年人保护组织的人员也参与其中，社工也将邀请他们参与"训诫解除宣告会"。在宣告会之前，社工会与服务对象进行沟通，帮助其了解宣告会的流程，梳理自己的收获体会，以便更好地表达自己的想法。

在"训诫解除宣告会"的过程中，各方按照顺序依次发言（见图 2），在总结服务过程和违法未成年人变化的基础上，除了加强法律教育之外，宣告会更重要的意义和目的在于鼓励违法未成年人肯定自己的改善与变化，增加与正向行为和正向群体的联结，以此巩固服务效果。

在训诫解除后，社工对违法未成年人的介入服务基本结束，个案转入跟踪回访（见图 2）。

（二）服务内容

在违法未成年人教育矫正工作中，社工开展相关服务的核心目标是为了"维护权益、促进发展"。围绕这一核心目标，社工服务大致可以划分为三

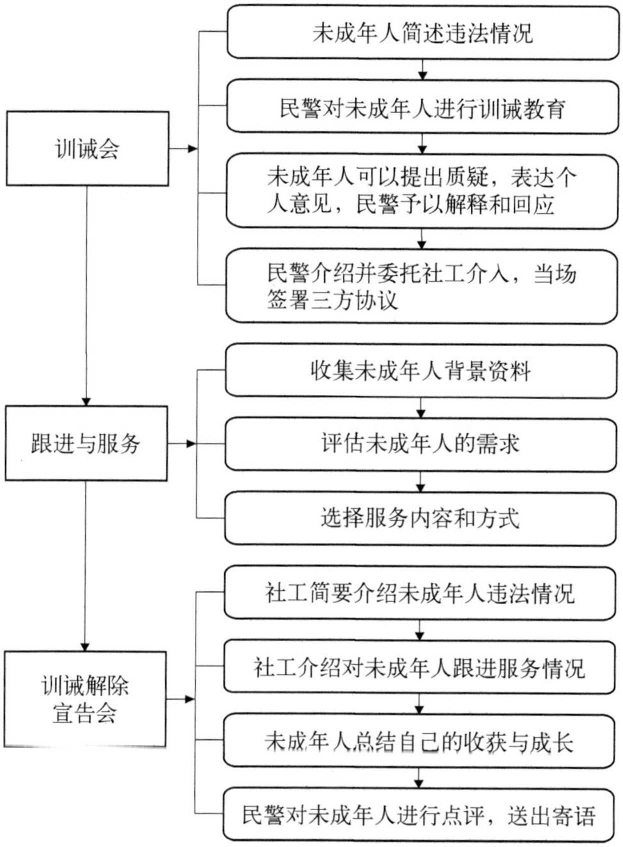

图 2　社工对违法未成年人的介入服务流程

类：处理危机情景、构建支持体系、促进社会适应。在具体服务中，社工运用个案和小组的工作方法，针对上述目标，对违法未成年人个体、家庭、社群开展介入，服务内容包括安置救助、家庭功能修复、社会资源链接、法律教育、认知行为调整、抗逆力提升等。

1. 安置救助

违法未成年人可以说是处于特殊困境中的青少年，其中生活危机是较常出现的困境。通过笔者的访谈了解，在违法未成年人教育矫正服务过程中，有众多违法未成年人在北京无依无靠、居无定所、衣食无着，这些都是诱发违法犯罪行为的风险因素，存在救助需求。面对服务对象基本的生存需求，社工依靠机构建立的观护服务基地，对未成年人进行短期安置，给予生活上的照料，满足其生存和安全的需要，避免他们因生活困境而实施违法犯罪行为。当然，社工的安置救助只是暂时性的，在安置期间社工会通过资源链接等其他工作方式，积极促进服务对象的能力建设，帮助其回归家庭、社会。

2. 家庭功能修复

家庭对未成年人健康发展的重要性无须赘述。通过实务我们发现，绝大多数违法未成年人的家庭，在教育方式和亲子关系方面存在不同程度的问题。在服务过程中，对于亲职能力存在问题的家长，社工通过个案、小组的方式，帮助家长调整教育理念、态度，改变教育沟通方式，提升家庭对违法未成年人的教育支持功能。

针对亲子关系存在问题的违法未成年人及其家庭，社工组织开展"爱不怀疑"亲子系列活动，目的在于促进亲子沟通与理解，鼓励家长承担教养责任，调整对立的亲子关系。

3. 社会资源链接

通过大量的服务案例，笔者发现要最终实现违法未成年人回归社会，相关支持资源的链接匹配是十分重要的。在实践中，违法未成年人反映出法律咨询、法律维权、就学就业等需求。在这些方面，机构联合司法机关、未成年人保护组织，整合建立了法律、心理、学校、就业单位等多专业多渠道的资源平台，建立完善了相关的资源链接程序（观护服务流转程序），以满足违法未成年人的服务需求。

4. 法律教育

由于违法未成年人的行为已经触犯了《中华人民共和国刑法》或《治安管理处罚法》的有关规定，社工在服务过程中开展法律教育工作，目的在于提升违法未成年人的规范意识，尤其是法律意识，避免违法犯罪行为的再次发生。这既符合司法机关预防和打击犯罪、维护社会稳定的要求，也是提升违法未成年人法律意识、学习适应社会规范的内在需求。

相较传统的释法说理，社工在个案过程中更多地通过情景带入、角色扮演等方式，与服务对象进行案例分析。透过情境，更能加深代入感，将服务对象的认识过程与自身行为相结合，更好地达到帮助服务对象了解违法行为后果、提升对违法行为认识的目的。

在实际工作中，违法未成年人经常表达自己缺少对法律的尊重，是因为自己的权益被侵害时，没有感受到法律的支持与保护。面对具有维权需求的服务对象，社工通过协助服务对象运用法律维护权益，提升服务对象对法律法规的认识，帮助他们认识到法律既是约束也是保护，提升对法律的尊重与敬畏。

除了个案之外，社工针对违法未成年人及其同伴在规范意识方面存在的不足，组织规范意识小组，运用未成年人感兴趣的游戏形式，例如以流行的桌游为工具，在小组中强调对规则的制订和遵守，内化和巩固对规范的认识与接纳，提升违法未成年人的规范意识。通过游戏体验的过程开展教育引导，相较于谈话式的教育活动更为未成年人所接纳，确保了服务取得良好的效果。

5. 认知行为调整

根据笔者的服务经验以及对民警、社工的访谈，违法未成年人多数存在不同程度的不良或越轨行为，而行为的背后往往存在偏差的认知，不良的认知与行为，两者相互影响。这些不良认知与行为均会对违法未成年人适应和回归社会造成不利影响。

在实际工作中，社工运用认知行为疗法、理性情绪疗法等工作方法，针对违法未成年人存在的偏差认知和行为开展教育引导，通过对不良认知的觉察、反思、代替，配合一些行为训练的内容，以达到帮助服务对象调整不良认知与行为，树立积极、利他观念与行为的目标。

在服务过程中，针对例如吸毒等成瘾行为的教育矫正，社工目前主要依托其他的专业力量开展工作，比如配合司法机关对吸毒的违法未成年人进行社区强制戒毒工作。

6. 抗逆力提升

违法未成年人在融入社会的过程中，不能积极应对生活中的现实困境，是发生违法犯罪行为的重要原因之一。为了帮助违法未成年人有效应对困境，社工通过历奇活动的形式，开展了多期“城市历奇”小组活动，以提升违法未成年人的抗逆力。活动中的社工与违法未成年人共同商讨制订挑战目标，通过徒步、骑行等未成年人喜欢的方式，在过程中克服体力、合作等困难，突破舒适区，完成挑战任务，获得对自身能力的积极认识与定位，提升成就感与效能感。同时，在挑战过程中，社工设计了服务他人的任务目标，通过服务活动提升未成年人对亲社会行为和主流社会文化的归属，以此达到提升违法未成年人抗逆力的目的。

七、社会工作介入违法未成年人教育矫正服务的成效

（一）服务评估

服务评估是服务工作开展的重要组成部分，通过评估，一方面可以对服务购买方提供依据，让其看到服务产生的效果。另一方面，通过评估的过程，让社会工作者看到自己工作所产生的效果，以及在工作中的优势与不足，促进后期其他工作的完成与改善。

在社工介入违法未成年人教育矫正服务工作中，社工主要运用观察法、访谈法和问卷法来开展评估工作。

观察法是指研究者根据一定的研究目的、研究提纲或观察表，用自己的感官和辅助工具去直接观察被研究对象，从而获得资料的一种方法。在实际工作中，社工通过服务记录的形式对服务对象状况进行记叙性描述，观察评估服务对象的变化。在个案和小组工作中，社工拍摄留存了大量的照片和视频资料，都可作为评估资料。

访谈法是指通过工作者和受访者面对面地交谈来了解受访者的心理和行为的基本研究方法。根据访谈进程的标准化程度，可将它分为结构型访谈和非结构型访谈。在工作中，社工通过与违法未成年人的面谈、电话访谈

等形式，收集服务对象对服务过程的感受，以此评估服务的适切性和效果。但是这样做存在一个问题，因为社工既是服务的提供者，又是评估访谈的资料收集者，存在对案主反馈的真实性、准确性的疑问。

在运用问卷法进行评估方面，社工在开展小组服务的过程中，针对服务对象抗逆力水平提升方面的主要指标设计了相关的问卷，在小组服务过程的前后阶段对服务对象进行问卷调查，以此收集了解服务目标的达成情况和服务对象的转变情况。

（二）服务效果

自 2014 年开展介入服务，截至 2017 年第三季度，北京超越青少年社工事务所与海淀分局开展合作，共计对 595 名违法未成年人（2014 年 125 名、2015 年 115 名、2016 年 134 名、2017 年 221 名）开展教育矫正服务。595 名违法未成年人均接受了民警与社工进行的训诫教育，并签署了服务协议。社工开展的个案、小组服务帮助服务对象解决现实中的生活困境，取得了积极的效果，促进违法未成年人平稳有序地回归社会、回归家庭。

1. 帮扶教育

通过民警与社工合作开展的训诫教育和法律教育，使所服务的违法未成年人对触法行为的严重性和法律后果有了更深刻的认识，对预防违法行为的再次发生起到良好的教育作用。部分违法未成年人经过服务之后，遇到问题时，会主动与社工联系，询问法律方面的建议，运用合法途径解决问题。另外，通过社工的回访，多数服务对象表示对法律法规的认识有所提高，尤其是会以法律作为行为准则的底线，不去触碰。

在服务期间，社工对 2 名面临生活危机的服务对象提供了安置救助服务，帮助他们度过生活中的困境。其中一名违法未成年人此前连续数次因生活困境而发生违法行为，在经过帮扶救助后，该名违法未成年人生活状态逐渐稳定，未再发生违法行为。

另外，通过社工开展的家庭支持和资源链接等服务，为违法未成年人回归社会构建了接纳、支持的良好环境，促进了服务对象回归正常的家庭与社会环境之中，避免因缺乏支持而再次发生违法行为。

据社工统计，在595名开展服务的违法未成年人中，再次发生违法犯罪行为的人数为26人每32人次（该统计仅限于海淀公安分局辖区内），在辖区内服务期间的再犯率为4.4%。由此反映，民警与社工开展的训诫教育，以及后续的跟进服务，对保障违法未成年人状况稳定、避免再犯具有积极的作用。

2. 机制探索

北京超越青少年社工事务所通过对服务经验的总结反思，以及与司法机关定期进行沟通研讨，使服务的各方衔接机制得以明确，服务模式不断完善。目前，违法未成年人教育矫正服务"海淀模式"已初步形成，并且固定下来，该项服务已经成为海淀未成年人司法保护工作的特色内容。

八、经验与问题

（一）获得的经验

1. 在对违法未成年人开展教育矫正服务的过程中，社工深切感受到专业合作的重要性

由于此项服务的服务对象绝大多数都属于困难的非自愿个案，社工开展的服务又不具有强制性和约束力，在服务期间得到公安机关的支持就显得尤为重要。在服务中社工也发现，办案民警的专业素养和教育理念是否能与社工的助人理念有效契合，对服务效果也会产生重要的影响。

2. 在服务过程中，超越青少年社工事务所注重多方的沟通协作与服务经验和模式的总结，定期与司法机关进行相关的沟通研讨

在交流研讨中，超越青少年社工事务所邀请了法学、社会学、社会工作领域的专家参与，专家在服务设计和政策倡导方面也给予了宝贵的建议，对服务的深化和推广具有积极意义。

3. 在服务深化推广的过程中，不能忽视宣传和职能部门领导的作用

2015年，公安部副部长、北京市公安局局长王小洪前往海淀分局视察调

研，在了解海淀分局与超越合作开展的违法未成年人教育矫正服务后，给予了高度的肯定。随后北京市各级公安机关先后到海淀交流学习，这对“海淀模式”的深化和推广具有积极的推动作用。

（二）遇到的问题

1. 在服务推进过程中，社工在与违法未成年人开展深度服务方面遇到较大阻力

社工接触到违法未成年人，从服务对象的受助意愿上来说绝大多数属于非自愿个案，将服务对象从非自愿转化为自愿个案，通常需要较长的时间来建立关系。但服务的现实情况往往要求社工在较短的时间内迅速与服务对象建立关系，这对社工开展此项服务提出了较高的专业要求。除此之外，违法未成年人服务的复杂性、多专业的交叉，也对社工的专业知识储备提出了较高的要求。

在专业能力建设方面，除了社工自身外，社工机构也面临着现实矛盾。由于目前政府缺少在违法未成年人教育矫正服务领域的制度设计，例如经费保障方面，机构所获得的服务经费仅能够维持正常服务的开展，难有余力拓展专业人员队伍和提升服务社工的专业化水平。

2. 在服务过程中，社工针对面临资源困境的服务对象开展服务时，感受到在儿童福利体系方面的欠缺，在整合调动资源方面缺乏能力和平台

在实际工作中，社工自身缺乏调动资源的能力，需要借助司法机关、政府职能部门的力量来协调调动有关资源。这一过程往往需要花费大量的人力、时间等成本。

3. 在违法未成年人教育矫正服务方面缺少相关法律法规也是限制服务效果的重要原因

目前我国没有专门针对儿童的福利法案，在司法层面也没有专门的少年司法制度，社工在开展教育矫正服务过程中缺少政策与法规的有力支持。通过此项目的推进，笔者也希望能够促进该领域相关政策和法规的制定。

社会工作在不良行为青少年群体中的应用

金超然①

一、问题的提出

2014年，北京超越青少年社工事务所在北京团市委的支持下，开展了关于北京市青少年不良行为相关问题的调研。在调研中，研究人员发现，在接受调查的233名京籍未成年犯罪嫌疑人中，所有人都曾经有过不良行为，其中，36.9%的受访者有过逃学、旷课、夜不归宿的经历，36.5%的受访者与社会不良人员有过联系，45.5%的受访者有过抽烟喝酒的行为，33.9%的受访者有过打架斗殴、辱骂他人的经历。同时，在受访的162名未成年犯管教所青少年中，74.1%的受访者在犯罪前有一般不良行为，其中，42.5%的受访者有2～5种不良行为。这些数字都清晰地指出，多数实施了违法犯罪的未成年人，在实施违法犯罪行为之前曾经有过一般不良行

① 金超然，首都师范大学北京青少年社会工作研究院研究部主任。

为或者严重不良行为，这样的研究数据与我们日常工作中观察到的情况也十分契合。以上数据提醒一线的社会工作者，在关注违法犯罪青少年的过程中，必须将服务向前延伸，针对有不良行为的青少年开展工作，从而做到防患于未然。

对此问题，教育系统早有警觉，主要通过学校的教育和专门学校教育来促进犯罪预防工作的展开。但是，随着近年来社会变迁节奏的加快，学校也纷纷表示，遇到的学生问题类型越发复杂，仅以学校之力，解决这些问题显得力不从心，急需更多社会力量的关注和介入，以更好地完成对不良行为青少年的教育矫正工作。

为实现犯罪预防的工作目标，在市教委和区教委的大力支持下，北京超越青少年社工事务所于 2013 年开始尝试针对具有不良行为的青少年开展服务，以协助他们转变已有的不良行为，更好地适应社会生活，进而实现幸福人生。在本文中，笔者对以上服务经验进行总结，以期更好地为具有不良行为的青少年开展服务打下基础。

二、相关研究文献

在不良行为青少年的教育矫正问题上，不同领域的专家学者从自己的专业视角出发进行过大量的分析和研究。这些过往的研究，是本研究的重要支持，据此，笔者将对国内部分研究文献进行整理和评述。

经梳理，国内的相关文献主要分为三个部分，首先是对青少年不良行为产生原因的分析，其次是对不良行为青少年教育矫正方法策略的建议与分析，最后是社会工作针对不良行为青少年教育矫正的服务与探索。

1. 青少年不良行为产生的原因分析

这一部分的国内研究主要从两个维度出发，一部分学者从青少年个体特征出发，讨论青少年的心理特征对不良行为产生的重要影响，另一部分学者从外部环境出发，讨论环境因素对于青少年不良行为的影响。

从青少年个体特征入手进行的研究中，周天林的观点颇具代表性，他认为：影响青少年产生不良行为的主要心理因素包括模仿心理、比较心理、逆反心理、从众心理、侥幸心理、惰性心理、自卑心理、厌倦心理、猎奇心理等。[①]与此同时，从已有的文献资料来看，更多的学者注重分析环境因素对青少年不良行为的影响。他们多数从家庭、学校、社会三个维度分析青少年不良行为的成因。在家庭方面，有学者认为父母的宠、教、管[②]的不当，长辈自我行为不良，言传身教差，教育不当，宽严失度，家庭结构破坏造成不良影响[③]等因素都导致了学生不良行为的发生。在学校教育层面上，一些研究者认为，德育处等部门对学生身上的一些不良行为无暇顾及，造成了管理的空隙和漏洞，教师只教书不育人，德育工作缺乏针对性、科学性和时效性[④]是影响青少年不良行为发生的重要因素，此外，少数教师思想素质、心理素质较差，不重视师德修养，不关心学生，不尊重学生，教育方式不当，忽视学生的个性差异和特点[⑤]等也是学校教育中容易诱发青少年产生不良行为的主要因素。从社会因素来看，一些研究者认为，社会文化生活中各种消极的、不健康的有害因素对学生常起腐蚀作用，社会上具有各种恶习的人[⑥]也会影响青少年衍生出不良行为。

除了这两种比较主流的研究维度之外，也有学者从其他的理论视角出发讨论青少年不良行为。谭晓鸥、张香兰在文章中用失范理论分析青少年不良行为的成因，认为社会道德规范与法律对青少年道德行为制约力不健全，单一的评价机制和人才培养模式限制了青少年合法实现自我价值的手段，意义缺席产生的青少年道德法律意识薄弱与社会不良风气和现象相互作用[⑦]，这些都是导致青少年产生不良行为的重要原因。

总的来说，对于青少年不良行为产生的原因，绝大多数研究者主要从个

---

① 周天林. 浅谈学生不良行为的心理及矫治[J]. 思想政治课教学，1989.

②③④ 窦忠伟. 浅谈学生不良行为习惯的溯源及矫正预防[J]. 现代交际，2009.

⑤ 黄文哲. 中学生不良行为的产生原因及矫正方法[J]. 南方论刊，2002.

⑥ 孟四清. 中学生问题行为的调查与原因分析[J]. 天津教育，2011.

⑦ 谭晓鸥，张香兰. 略论青少年不良行为的成因及防治对策——基于失范理论的分析[J]. 鲁东大学学报(哲学社会科学版)，2016.

体原因、家庭原因、学校原因、社会原因几个层面进行分析，也有部分研究者从失范理论的角度进行分析。虽然已经有研究者开始探索从生物学、心理学、社会学等多学科出发综合分析青少年产生不良行为的原因，但从国内研究的整体情况来看，大多数研究者对青少年不良行为原因的分析还处于割裂的状态，也就是说，国内的大多数研究者只关注了个体情况或者环境情况，很少有研究者同时分析个体和环境情况的影响，尤其是个体和环境之间的互动所造成的影响。谭晓鸥等学者尝试用失范理论进行成因分析，在当下分析角度单一的研究现状中，是一次很好的突破。

2. 青少年不良行为的教育矫正建议

基于对青少年不良行为的原因分析，不同的研究者也给出了相应的教育矫正建议，主要从个体、家庭、学校、社会几个层面入手。

从个体方面，有研究者提出，要提高青少年的心理素质，主要包括：提高青少年的认知能力、帮助青少年发展积极合理的需要、完善青少年的人格、帮助青少年树立正确的道德观念、帮助青少年锻炼坚强的意志等。[①] 也有研究者提出，要提高青少年的挫折耐受力，学习一些为人处世的技巧来避免不良行为的发生。[②]

从家庭角度来说，绝大多数的研究者都认同家庭对于一个孩子成长的重要作用，因此在谈及青少年不良行为的教育矫正时，很多研究者都提出要从家庭层面入手进行调整。一些研究者认为，家庭成员应当努力为孩子做好表率，成为孩子的良师益友，加强自身学习，对孩子的错误不袒护、不纵容、不自暴自弃，努力与学校、社会机构形成良好的配合。[③] 从学校教育的角度来说，研究者的建议主要是加强师德建设和对孩子的个性化的教育、支持与帮助。例如加强校园文化建设，重视和加强课外阅读工作，开设有利于中学生健康成长的科学、卫生、道德、法制等知识的教育，加强对不良行为学生

① 王淑兰. 谈谈青少年问题行为的预防与矫正[J]. 青年学刊，1994.
② 孙健蕾. 校园适应不良行为及其矫治[J]. 延边教育学院学报，2008.
③ 窦忠伟. 浅谈学生不良行为习惯的溯源及矫正预防[J]. 现代交际，2009.

的教育转化工作。[①] 从社会文化影响的角度上来说，研究者普遍认为需要为孩子们创建健康和谐的社会环境，[②]加强对文化市场的管理。

此外，基于失范理论对青少年不良行为问题的分析，研究者也提出了相应的教育矫正方案。主要的策略包括：强化社会道德规范和法律的外部制约力度、建立多元化评价标准和多层次教育体系、拓宽青少年实现自我价值的手段、强化青少年行为意义、净化社会风气等。[③]

总的来说，不同学者都给出了建议，但是这些建议多数忽略了青少年的自身动力，只是将青少年的改变放在外部环境因素上，在这个过程中，青少年成为被动参与者，其所拥有的能量并没有真正被看见和调动起来。除此之外，在干预策略中对家庭和学校普遍提出了较高的要求，尤其是在家庭层面。家庭对一个人的成长十分重要，但是，每个家庭都或多或少存在着自己的问题，而且每个家长身上负担的家庭、社会责任可能也使得大多数家长没有办法真正成为一个“完美”的家长，因此，现行策略中针对家庭调整的部分很多不具有较强的可操作性。

3. 青少年不良行为问题的干预

当下，很多针对青少年不良行为的干预策略已经运用于具体实践，包括一些社会工作者的探索，也包括其他主体的探索。

在政府层面，上海市探索了不良行为或严重不良行为青少年群体服务管理和预防犯罪工作的模式，在这个工作模式建立的过程中，注重从“再犯、临界和超界预防”三个方面来开展工作，社工进驻拘留所、看守所进行再犯预防，社工进驻学校开展临界预防，社工进驻商企市场开展超前预防。[④]

在社会工作专业层面，社会工作者开始尝试运用小组工作、个案工作的

① 窦忠伟. 浅谈学生不良行为习惯的溯源及矫正预防[J]. 现代交际，2009.

② 祁业明. 对初中生不良行为教育的若干思考[J]. 吉林教育，2009.

③ 谭晓鸥，张香兰. 略论青少年不良行为的成因及防治对策——基于失范理论的分析[J]. 鲁东大学学报(哲学社会科学版)，2016.

④ 邵世志，黄小力，王瑞鸿，等. 不良行为或严重不良行为青少年群体服务管理和预防犯罪工作模式研究——以上海市闵行区为例[J]. 中国青年研究，2013.

工作方法，在少数民族青少年群体中开展工作，[①]针对有暴力行为的青少年开展工作，[②]以家庭教育为切入点开展工作。[③]

由于具有不良行为的青少年经常在学校活动，也有部分社会工作者开始探索如何在学校中对具有不良行为的青少年进行教育矫正。很多研究人员对已经开展的实务工作进行总结，形成了针对不同群体的、特定的学校社会工作模式。例如针对留守儿童，王章华、戴利朝提出：一方面是直接针对留守儿童自身在教育中存在的问题进行社会工作介入，另一方面是对影响留守儿童教育的社会支持体系进行社会工作介入，通过介入改善教育条件，提供良好的学习环境，从而达到为留守儿童提供教育服务的目标。[④]

也有研究者直接探讨，如何针对青少年行为的不同问题提供社会工作专业的教育矫正方案。王韬和高岩关注小组工作在学校场域中的应用，并提出在小学阶段，应当通过小组工作的互惠模式进行干预，使学生的人际交往能力、思维能力、实践能力、创造能力等大幅度地提高。互助模式可以使小组成员相互学习、相互帮助，在小组活动中建立良好的人际交往能力，建立良好的团队精神。在中学，则侧重榜样示范和行为锻炼。在高等教育阶段侧重适应性问题的解决。[⑤]

但总的来说，这些策略还集中在如何运用一种工作方式针对某一具体问题进行干预，干预过程缺乏逻辑性和完整性，同时，在已有文献梳理的过程中，对于其所运用的理论和干预策略的描述不是十分完整，降低了已有研究文献对于现实工作的指导性价值。

综上，本研究将注重从不良行为青少年自身及其所处的社会环境两个层面上分析其不良行为产生的原因，并探讨如何在多个层面上共同开展工

① 韩爱雪.朝鲜族留守青少年一般偏差行为的社会工作介入——H市某隔代家庭个案过程探析[D].北京：中央民族大学，2013.
② 杨柏龄.青少年暴力行为的个案工作介入[D].吉林：长春工业大学，2015.
③ 芦婷.青少年偏差行为家庭教育因素与社工介入[D].内蒙古：内蒙古师范大学，2016.
④ 王章华，戴利朝.社会工作在农村留守儿童教育问题中的介入模式探索[J].现代教育管理，2009.
⑤ 王韬，高岩.浅析小组工作在学校社会工作中的介入模式[J].佳木斯教育学院学报，2012.

作，同时在这一过程中不能仅仅注重从环境中获取能量，更要注重为环境增能。

三、研究方法

在本研究中，笔者主要沿着质性研究的脉络进行研究。所谓质性研究，陈向明(2000)在书中指出“质的研究方法是以研究者本人作为研究工具，在自然情境下采用多种资料收集方法对社会现象进行整体性探究，使用归纳法分析资料和形成理论，通过与研究对象互动对其行为和意义建构获得解释性理解的一种活动。”在本研究中，笔者将自己作为研究工具，通过观察、文献等多种方式收集社会工作者在为不良行为青少年群体开展服务过程中的资料，使用归纳法分析这些资料，在此基础上说明社会工作专业理念与方法是如何运用在不良行为青少年群体中的。

1. 收集资料的方法

(1) 访谈法

一般认为，访谈是一种有目的性的、个别化的研究性交谈，是通过研究者与被研究者口头谈话的方式从被研究者那里收集第一手资料的一种研究方法。访谈法具有以下三个重要意义：第一，易于了解访谈对象的说法、看法；第二，可以在访谈中对访谈对象进行观察；第三，可以与观察相互印证。

在本研究中，笔者对开展服务的多名社会工作者进行了访谈，以期了解笔者所未见的在社工对不良行为青少年开展工作时所经历的事实，同时也用来弥补笔者观察视角的局限性。

(2) 参与式观察法

参与式观察是当代田野作业运用较广的调查方法，要求调查者深入实地和现场，全身心地投入到所调查研究的社群生活和文化环境中，长期或定期居住下来和当地人共同生活，参加他们的各种活动，学会他们的语言，在感情上融成一片，其中有的甚至作为该社群中的一个成员，以便从这个社会的内部来感受文化的氛围，考察人们的种种行为和方式，全面了解该社会和文化的现状。“在参与式观察中，观察者和被观察者一起生活、工作，在密切的相互接触和直接体验中倾听和观看他们的言行。”

本研究基于的实践场所是北京超越青少年社工事务所开展不良行为青少年教育矫正工作的几个主要场所，在实践过程中，笔者既是研究者，也是行动者。在近 4 年的实践过程中，笔者一方面作为行动者，参与了服务过程，在服务中记录了大量的、具体的服务信息，同时，笔者也作为研究者，对参与工作的社工、接受服务的青少年、青少年所处的多重社会环境中的重要人物进行了大量的访谈，这些访谈将作为本次研究的重要研究资料的来源。

2. 分析资料的方法

在研究中，笔者主要沿着情景分析和类属分析相结合的脉络来分析资料。笔者通过对已有的观察笔记和访谈笔记进行整理，通过详细阅读观察笔记和访谈资料，沉浸在资料之中，在回顾资料的过程中，整理驻校社工在学校落地生根的过程。在分析过程中，情景分析注重事件发生的时间脉络，着重沿着时间的序列来整理资料，而类属分析则对于时间脉络不是特别在意，更加强调按照材料之间的相关性来对资料进行分类，并按照类别进行分析。在本研究中，笔者沿着情境分析的思路，以时间为脉络进行分析。

四、介入理念与理论

理念与理论是指导实践的重要原则与基础，只有发现了适合这些孩子的理念与理论，才能确保服务的有效性。针对青少年不良行为的分析理论有很多，这里仅讨论在我们的实践过程中，发现的具有较高适用性的主要理论。

简单来说，服务以生态系统理论为基础理论视角，坚持助人自助的服务理念，在分析和干预的过程中，坚持从默顿的越轨理论及优势视角入手，从社会互动和个人能力两个方面来分析具有不良行为的青少年，在干预过程中，注重从抗逆力理论和家庭过程模式理论出发，挖掘青少年个人和系统中所存在的力量，注重调动系统中的所有力量，共同为青少年成长服务。

1. 服务的基础理论——社会生态系统理论

社会生态系统理论（Society Ecosystems Theory）在社会学、社会工作学界内往往被简称为生态系统理论（Ecosystems Theory），它是用以考察人类行为与社会环境交互关系的理论。该理论把人类成长生存于其中的社会环境（如家庭、机构、团体、社区等）看作一种社会性的生态系统，强调生态环境（人的生存系统）对于分析和理解人类行为的重要性，注重人与环境间各系统的相互作用及其对人类行为的重大影响，是社会工作的重要基础理论之一。社会生态理论还是系统理论的分支，它注重把人放在环境系统中加以考察，注意描述人的生态系统如何与之相互作用并影响人的行为，揭示了家庭、社会系统对个人成长的重要影响。①

生态系统理论带给我们两个重要启示，其一是每个身处生态系统中的个人都和他的环境相互影响，也就是说，他现在的状态和行为选择，都是他与环境互动的结果，在互动过程中，个人与环境的因素都十分重要。其二，生态系统内部是不断互动的，因而，生态系统内的任何一个部分的变化，都会影响其他的因素，导致其发生变化，也就是说，在生态系统内，是“牵一发而动全身”的，这就为我们的工作带来了一个全新的启示，在开展工作和服务的时候，可以尝试从环境中最容易改变的部分着手，进行调整和改变，进而推动整个系统发生变化，再通过系统的作用，影响系统中的每一个个体发生改变。

这一理念应用于不良行为青少年的工作中时，就提醒社会工作者：首先，青少年的问题不是青少年个体的问题，是他们与环境互动的问题。简单来说，当青少年个体特征存在一定问题时，若周围环境状况良好，并且个体与环境的互动状况良好，那么个体的问题就可以在与周围环境互动的过程

① 师海玲，范燕宁. 社会生态系统理论阐释下的人类行为与社会环境[J]. 首都师范大学学报（社会科学版），2005.

中得到有效解决。但反之,当周遭环境恶劣或个体与环境的互动过程不畅,就有可能出现恶性循环,加剧个体问题的严重性。而当个体无不良行为,但环境却不利于个体发展时,个体和环境的互动可能对个人的行为产生负面影响。如果此时环境能发生改变,或者某种因素积极介入互动过程,那么就能够减低环境对个体的影响,带领个体走向更积极的发展路径。

在分析每一个青少年不良行为成因的过程中,社工都需要同时注重其个体特征、周围环境特质以及互动情况这三个部分,只有对这三者有了比较完整的评估,才能够真正发现其产生不良行为的原因,并有针对性地开展工作。

其次,生态系统中的每一个要素都具有主观能动性,也就是说,每一个要素都有其自身的能量。在工作中,社会工作者经常会发现,一些案例中的青少年没有较大的改变动机,但是他又是我们的案主,此时,从生态系统出发,我们可以尝试去挖掘在其所处的生态环境中,具有较大的改变动力的要素,通过这些环节和因素的转变,来促进青少年的转变,进而推动整个系统的转变。在具体的工作中,这个可以改变的要素可能是父亲、母亲、小姨、老师、好朋友等,抓住这些要素,对于突破案主动力较小的个案有着十分重要的作用。

最后,帮助青少年建立起较好的生态系统网络,并促进其与网络的顺利沟通是实现助人自助这一核心目标的重要环节。助人自助是社会工作者在工作中的基础理念,也是我们工作的重要目标。所谓助人自助,就是指社会工作者希望能够陪伴和帮助案主,让他们发现和找到自身的资源和能量,帮助他们最终实现"自助"。在这一部分,生态系统理论为我们提供了非常好的解决方案。既然每个人都生活在生态系统之中,个体当下的状态和行为选择是其与生态环境互动的结果,那么在实际工作中,我们就可以通过陪伴、协助其修复自身的生态系统,修复生态系统中各要素的能量流动,来促进青少年获得更加适合他的生活环境和支持系统,进而实现自助的目标。因而在工作中,社会工作者不仅仅需要调动青少年的生态系统中的能量,更重要的是协助案主为各个要素充权、增能，促进其整个生态系统拥有更多的能量。

2. 分析和解决不良行为青少年问题的基本视角——越轨与优势视角

（1）默顿的越轨理论

越轨理论认为，当社会文化与结构之间存在冲突，即社会目标与实现目标的、社会认可的合法手段之间出现紧张或冲突时，越轨行为就可能发生。

默顿的越轨理论给了我们一个新的视角，来重新审视青少年的不良行为。通常我们认为他们的不良行为都是消极的，需要完全被改变的，但是，默顿的越轨理论让我们看到了，其实，对于一个青少年来说，他们的行为背后有着很强烈的希望得到肯定的动机。那么，从这样的理论角度来说，社工在工作中，就需要先找到其肯定的那种社会价值，找到其选择实现价值的路径（很多时候，就是实际上是其在表面上所表现出来的不良行为），并与其探讨，是否还有其他路径可以实现这样的期待。通过这样的方式，将不良行为青少年的问题行为转变成为积极行为。

（2）优势视角

优势视角是积极心理学的组成部分之一，优势视角强调，当我们观察每一个生命个体的时候，不能仅仅聚焦在他们的问题上，还应当更加注重他们的优势和能量，并通过调动这些优势和能量，更好地促进其全面发展。

这一点对于针对不良行为青少年开展工作来说尤为重要。在实际服务的过程中，社会工作者们经常发现，具有不良行为的青少年普遍拥有常年的失败经历，也就是说，在他们的成长中，多数是失败的、被人指责的经历，很多青少年自己都不相信自己有优势，不相信自己有能力，而这样的低自我效能感和低自我评价，将会让这些青少年在面对其他生活事件的时候，止步不前，进而形成恶性循环。优势视角提醒社会工作者们，在对不良行为青少年开展工作时，还应当注重用优势视角观察青少年，找到他们身上的优势和力量，通过调动这些优势和力量唤醒青少年内在的生命力，促进其更好地发挥自身能力，应对社会生活。

3. 解决青少年不良行为问题的主要理论——抗逆力与家庭过程模式

(1) 抗逆力理论

抗逆力作为优势视角的理论内核，是当个人面对逆境时能够理性地做出建设性、正向的选择和处理方法。抗逆力是个人的一种资源和资产，能够引领个人在身处恶劣环境下懂得如何处理不利的条件，从而产生正面结果。同时抗逆力的增强也是一个过程，可以通过学习而获得并且不断增强。抗逆力高的人能够以积极正向的态度去面对逆境。

从构成要素上，抗逆力有外部支持因素(I have)，内在优势因素(I am)及效能因素(I can)三个部分。

外部支持因素(I have)，即我们所生活的环境——尤其是在这个环境中与我们发生交互影响的那些人，能够帮助或者增强我们的抗逆力，构成了抗逆力的外部支持因素，包括拥有正向的连接关系、坚定清晰的规范、关怀支持的环境、积极合理的期望、有意义的参与机会等。内在优势因素(I am)包括完美的个人形象感、积极乐观感等。我们观察自己而得到的结论和从别人那里得到的反馈称为自我形象，这对青少年非常重要。效能因素(I can)包括人际技巧、解决问题的能力、情绪管理及目标制订等。人际技巧是指适应不同文化的灵活性、同理心、幽默感及沟通能力；解决问题能力是指懂得运用资源及寻求帮助的能力；情绪管理是指能察觉自己的情绪并正面表达出来；目标制订是指了解自己的目标，并具备制订计划的能力，从而达到自己的目标。

抗逆力理论提醒社会工作者，每个青少年在生活中都可能会遇到很多逆境，尤其是对出现不良行为的青少年来说，在他们的生命历程中，可能已经出现了很多困境，但是困境并不直接导致青少年发展出不良行为，而是对困境的不良应对，导致了问题行为的发生。因而，注重提升青少年的抗逆力是非常重要的工作内容。与此同时，他们外显的不良行为可能是其应对逆境的方式，他们有可能不知道如何用积极的方式来应对困境，因而选择用实施不良行为的方式来应对，虽然他们也可能知道他们这样的行为会带来一些不利的后果，但是面对当下的情境，这可能是他们在能力范围内能够想到的解决方案了。在实际操作的过程中，就需要去帮助他们发现自身具有哪些外部支持因素（I have）、内在优势因素（I am）和效能因素（I can），尤其是内在优势因素和效能因素，其所主要包含的乐观感和效能感的部分，对于不良行为青少年的教育矫正有着十分重要的作用。

（2）家庭过程模式理论

家庭过程模式理论是 Skinner 等人于 1980 年提出的。它把和家庭相关的不同概念有机地结合在一起，形成了一个全面而清晰的家庭功能的概念与结构。

家庭过程模式理论认为，家庭的首要目标是完成各种日常任务，包括完成危机任务。每项任务都需要家庭一起去应对。在完成任务的过程中，家庭及其成员得到成长，并使家庭成员之间的亲密度得到增进，维持家庭的整体性，发挥好家庭作为社会单位的各项功能。该理论提出了评价家庭功能的 7 个维度：任务完成、角色作用、沟通、情感表达、卷入、控制和价值观。任务完成是核心维度，任务完成的过程包括：确定问题、思考各种解决问题的办法、选择合适的解决方法并实施、评估解决的效果。其他 6 个维度围绕在任务完成这一维度的周围。要想很好地完成各项家庭任务需要家庭成员分配并各自承担不同的角色，角色的分配就需要沟通，沟通过程必然存在情感的表达，情感表达可以阻碍或促进任务完成和角色的承担，家庭成员相互卷入程度也对家庭任务完成有影响。控制是家庭成员相互影响的过程，家庭应该能够维持自己的家庭功能，同时在任务发生变化时去适应变化的需要。最后，家庭任务的确定以及家庭如何完成任务受到家庭成员的价值观和家庭规则，特别是家庭背景的影响，价值观和规则是家庭任务完成的背景。这样，7 个维度有机地联系在一起，共同评价一个家庭功能发挥的效果。

家庭对青少年的成长具有不可或缺的重要作用，这已经成为一个毋庸置疑的事实，那么，如何提升家庭能力，让家庭真正成为青少年成长保驾护航的重要一环呢？从实务工作的经验来看，仅仅和家长摆事实、讲道理是远远不够的。对于家长来说，其本身就拥有着繁重的工作压力和经济负担，在这样的压力之下，仅仅是教育家长应当如何去做，很显然很难真正被家长理解和接纳，此时，家庭过程模式理论就给社会工作者开展家庭工作提供了一个非常重要的途径和手段。家庭过程模式理论提醒社会工作者，家庭要想实现功能的发挥，核心是要完成日常任务。因此，要想发挥家庭功能，就需要促进家庭完成日常任务，甚至是创造环境完成日常任务，并在这个过程中着重改善和提升“角色作用、沟通、情感表达、卷入、控制和价值观”几个要素，通过这几个要素的改善和提升，促进家庭功能的发挥。

以上五个理论相辅相成，生态系统理论作为基础理论，为我们的工作提供了清晰的思路和脉络，要求社会工作者不论是在分析青少年的不良行为产生原因还是在分析教育矫正方案的时候，都充分考虑青少年所处的各层社会环境，着重分析改变的动力较大的那一层社会环境。默顿的越轨理论和优势视角理论为我们理解和分析青少年的不良行为提供了新的视角，越轨理论提示社会工作者注重从环境的角度出发，从青少年同环境互动、对环境的态度的角度出发，分析其不良行为产生的原因。优势视角则是非常重要的工作理念，要求社会工作者发现不良行为青少年身上所存在的优势与生命力，充分发挥其自身的生命力量，真正实现助人自助。在上述理论框架之下，很多理论都可以整合进来，用于解决青少年的不良行为问题，本研究主要阐述的是抗逆力理论和家庭过程模式理论。抗逆力理论提醒社会工作者，在工作中，针对不良行为青少年的具体特点，应当注重其乐观感和效能感的建设，以助力其更好地面对和应对生活中出现的各种困境；家庭过程模式理论则要求社会工作者为家庭提供完成日常任务的契机，并在完成日常任务的过程中，促进家庭功能的发挥。

此外，工作中还会运用多种不同理论来应对不同情况的不良行为青少年，这里就不再一一赘述，但不论如何，生态系统理论是分析的基础和源头，社会工作者的多年实践发现，同时注重个体特征、环境资源情况和个体环境互动情况，才能够更好地转变青少年的不良行为。

五、服务内容

1. 服务方式

在实际工作中，主要通过运用个案工作、小组工作两种方法开展工作。

个案工作是专业社会工作者遵循基本的价值理念、运用科学的专业知识和技巧，并以个别化的方式为感受困难的个人或家庭提供物质和家庭方面的支持与服务，帮助个人或家庭减小压力、解决问题和挖掘生命潜能。

在进行对不良行为青少年群体的工作中，社工将运用个案的方法为需要个别开展工作的青少年做一对一的服务。深入了解青少年个体成长经历、家庭环境、朋辈环境等信息，有针对性地进行服务，改善不良行为，更好地实现青少年的正面成长。

小组工作是在社会工作者的带领下，通过组员间的相互支持，充分互动和分享，激发组员的能力和潜能，改善组员的态度、行为，以提升他们的社会功能性，解决个人、群体、社区和社会问题，促进个人、小组和社区的成长和发展。在小组中，社会工作者积极观察参与者的表现，并鼓励相互分享以及在分享的过程中，从其他人那里获得理解、支持和经验。小组工作有很多变形的方式，除了传统的高结构的小组工作之外，社会工作者还积极运用单次活动、亲子活动等方式开展工作，也可能采用线上的途径开展小组工作，但无论形式如何多样，互动、分享、体验学习、小组动力都是小组工作永恒不变的主题。

除此之外，需要着重说明的是，在对不良行为青少年开展服务的过程中，非正式工作是非常重要的。所谓非正式工作，是指那些在传统的个案、小组工作之外，对孩子开展的工作。如果是在学校，这些工作可能发生在课间；如果是在校外，可能是发生在小组开始之前的半个小时，发生在微信或者QQ上，这些看似“闲聊”的工作，很多时候是社会工作者与不良行为青少年建立关系的重要契机，正是在这些非正式的工作中，社会工作者了解了放松情况下的青少年，为后面开展结构性的个案与小组工作打下了坚实的基础。

2. 服务内容

基于上述理论的指导以及在实务中的摸索，在具体工作中，社会工作者主要从提升不良行为青少年个人能力、提高不良行为青少年与周围环境的互动水平、促进社会支持系统的建立三个角度出发开展工作。

(1) 提升不良行为青少年个人能力

在实践过程中，社会工作者发现，具有不良行为的青少年在成长过程中会遭遇很多的困境，但是由于各种原因，他们没有办法真正地面对和克服这些困境，而是选择了不符合社会规范的方式来抵抗困境或者干脆逃避、屈服。因而，提升青少年抵抗困境的能力，是促进他们更好地应对社会生活的重要环节。从抗逆力的基础理论出发，就需要提升青少年的乐观感、归属感和效能感，发现我是谁(I am)，我所有用的能力(I have)以及我能做的事情(I can)，下文中将逐步阐述可以通过怎样的服务内容达成这些目标。

A. 发现 I am，I have 与 I can

服务 1：发现超人计划

发现超人计划是一个旨在让青少年发现自己的优势与长处的、封闭的、高结构的小组，在小组中，通过各种活动和体验，让青少年发现，他们自身也是有很多优势和长处的，并不是原来他们认定的、自己无力的样子，促使他们更加全面地了解自己。

服务 2：女生“悄悄话”小组

究竟你想要成为怎样的女生？这是该小组的核心主题。在实际工作中，社会工作者发现，很多具有不良行为的女生，都有经常出入夜店、酒吧等场所的情况，而当她们出现在社工面前时，也经常化浓妆、衣着不符合年龄特点等。究其原因是她们在寻找自己欣赏的女性形象。因而，“悄悄话”小组便通过撕纸拼贴、照片拼图等方式和女生们一起讨论，究竟在她们心中想要成为怎样的女性，以此来帮助她们澄清对于自我形象的期待，并规划未来。

服务 3：私房绘本

孩子们很多时候心中有想法，但并不知道如何表达，甚至他们心中本身也有着对于自己的美好期待，却并没有机会表露出来。私房绘本就是要为孩子们提供这样的平台，通过艺术创作的方式，让青少年可以看见自己的内心，看到自己的过往经历，看到对自己的期待，并逐步发展出自己未来的计划。

B. 提升乐观感和效能感

在社会工作者的实践过程中，大多数具有不良行为的青少年，在其过往的生活中，都体验过非常多的失败，他们或许曾经是失败者。这样的经验会让他们具有较强的挫败感，进而影响其面对其他的人生挑战。社会工作者希望能够为这些青少年提供一些其他的方式，让他们感受到他们自己的成功和生命意义。

服务 1：扎染和橡皮图章

这两者都属于艺术创作的方式，尤其是扎染，属于没有对错的创作，通常情况下，我们很难判断，扎染最后形成的花纹，是不是我们最初所设计的。此时一切都变得有可能，没有明确的对错，在这样的情况之下，很多青少年开始能够放弃原有的失败经验，开始挑战新的内容。而橡皮图章则是孩子们经过简单练习就能够完成的任务，因而，很容易帮助孩子们建立效能感，同时，橡皮图章的刻制还能够提升孩子们的专注力和肌肉控制能力。

服务 2：电影配音

社会工作者在服务过程中还发现，很多青少年羞于当众发言，甚至完全没有当着很多人发言的勇气和信心，因此，其很多观点也没有办法顺利表达出来。为了提升他们语言表达的勇气，社工设计了电影配音活动。这是一个半封闭的小组，每节课通过练习配音的方式，让青少年看到，他们其实可以发声，通过每节课形成的配音作品，来提升孩子们的效能感与乐观感。

服务 3：城市历奇

并不是所有的青少年都喜欢并且适合坐在屋子里的活动，尤其是对于具有不良行为的男生来说更是如此，处在这个年龄阶段的男生，通常更喜欢户外活动。城市历奇就是通过户外徒步历奇的方式，来提升孩子们的自我效能感，每次 10 公里左右的徒步挑战，用两个月的时间走完一条地铁线，这其中的辛苦和最后的收获，都能够促进孩子提升乐观感与效能感。

(2) 提高不良行为青少年与环境的互动水平

上文中已经提到，与环境的互动是每个人生命成长过程中不可或缺的环节，当我们形成与环境良好的互动，我们才能更好地从环境中获取能量，也能将我们的能量更好地释放在环境中，促进环境能量的积极流动。因而，社会工作者们也聚焦于通过提升青少年与环境沟通的能力，提升其与环境的互动水平，进而获得更多的生命支持。开展的服务主要以沟通能力提升为主题。

服务 1：人际交往小组

究竟如何与他人沟通？如何能够真正表达出自己的观点又让对方接受？这是困扰很多具有不良行为青少年的问题。开设这样一个封闭小组的目标，就是为了提升孩子们的人际交往能力，这个小组以非暴力沟通为主要理论，通过活动体验促使青少年学习与练习人际沟通的基本能力与技巧。

服务 2：一人一故事社团

语言是沟通交流的主要方式，但是，肢体动作也是不可缺少的方式。通过一人一故事社团，促进青少年从肢体动作理解他人的故事、表达自己的观点、演绎我们共同的故事。一人一故事是一个封闭的小组，与其他小组不同的是，一人一故事实际上是一个剧团，通过长期的培训，青少年可以成为一个个优秀的即兴话剧表演者，社会工作者为他们提供平台，鼓励他们和其他人演出自己的故事，促进效能感的提升，同时也搭建平台，让更多的人看到他们的故事，推动社会刻板印象的改变。

服务 3：游戏嘉年华

所有技巧的学习最后都将落实在实际的任务上。游戏嘉年华就提供这样的一个平台，通过游园会的方式，青少年需要和他人随机组成队员，并完成每个站点的挑战任务。社会工作者则可以通过观察和及时的发现，鼓励青少年将已经学习到的沟通技巧运用到自己的生活中来，促进青少年沟通合作能力的提升。

服务 4：墙绘

我们究竟要用什么样的方式表达自己，让其他人知道我们在想什么？这是纠结和困扰很多不良行为青少年的问题。在服务的过程中，为了让更多的孩子能够有表达自己想法的机会，社会工作者组织了墙绘活动。在活动中，每个青少年都可以拥有一块属于他们的墙，绘制出属于他们自己的精彩墙绘。并在这个过程中，学习用符合社会规范的方式表达自己的所思所想。

(3) 促进社会支持系统的建立

生态系统理论提醒社会工作者，环境与个人特质都十分重要，因而，在工作中，社会工作者也需要陪伴和支持青少年建立有助于其健康成长的社会支持系统，促进青少年从环境中获得更多的正能量。考虑到青少年的年龄和活动领域特点，在这一部分，主要考虑家庭支持的建设、班集体及学校支持的建设。

A. 家庭支持建设

毋庸置疑，家庭是青少年最为重要的支持系统，如何让家庭更好地支持青少年成长已经是社会主要关注的问题之一，社会工作者结合实际情况，主要通过以下方式促进家庭支持的建设。

服务 1：亲职教育小组

人们开玩笑说，这个世界上唯一一个不用持证上岗的职业就是父母，事实也确实如此，很多家长还没有做好要养育一个孩子的准备就已经踏上了这份光荣而艰巨的工作岗位，因而，支持家长，促进亲职教育能力的提升，是建设家庭支持的重要组成部分。而这里开设的亲职教育小组实际上是一个互助型小组。我们相信，在每个家庭中都有其独特的解决家庭纷争的方式方法，这些不同的方式汇聚在一起将产生巨大的火花，因而，在这个小组中，没有所谓的专家，社会工作者会鼓励大家相互分享经验，实现共同成长。

服务 2：家长讲座

与亲职教育小组不同，家长讲座则会邀请相关领域的专家学者进行讲解。打开家长们的视野，让家长们看到更新的理念与方法，促进家长运用这些理论与方法与青少年沟通，以实现更好的教育目标。

服务 3：家长线上小组

不容忽略的一个社会事实是，现在是“互联网＋”时代，社会工作者的工作也需要有这样的意识。在快节奏的北京，要求家长频繁地来参加学校组织的各项活动基本上是一件不可能的事情，因而，社会工作者们经过口头分享、报纸传递等方式，最终发现了使用公众平台发布信息的方式与家长们保持沟通是个不错的选择。而这个线上平台实际上也将成为另外一个让家长能够将自己的经验与大家分享讨论的线上小组。

服务 4：亲子活动

不论学习多少理论知识，最终还是要回归社会生活。家庭过程理论告诉我们，日常任务的完成对于一个家庭功能的发挥有着十分重要的作用。因而，社会工作者会将一些家庭日常任务搬到社会工作者的视线范围内来完成，通过这样的过程一方面在亲子沟通过程中发现家庭的沟通情况，另一方面也有利于家长应用自己已经学习到的理论与方法。

B. 班集体支持建设

对于仍在学校就读的具有不良行为的青少年来说，班级环境是他们接触到的第一个社会环境，每天在班级中生活，班集体的支持对不良行为青少年而言尤其重要。

服务 1：班级团队建设小组

这是一个封闭性高结构的小组设计，通过这样的小组活动，促进学生之间相互沟通和交流，形成平等友善的班级氛围，让青少年在班级中获得成长。

服务 2：躲避球小组

通过体育运动的方式，让青少年体会到规则的重要性。通常情况下，具有不良行为的青少年不愿意遵守各项规则，在他们的世界中，规则就是约束。但他们看不到规则带来的保护效应，也看不到规则对于秩序的强大作用。通过躲避球这项运动，可以让孩子们在活动中发现规则的保护作用，以推动建立更加和谐的规则，促使孩子们学会遵守规则，建立和谐有序的班级氛围。

C. 学校支持建设

对于青少年来说，学校是除家庭之外最重要的环境支持之一，如何促进学校更好地发挥教育功能，让学校更好地成为学生成长的重要支持力量，在不良行为青少年教育矫正的过程中，是不可忽视的重要因素。

服务 1：学校活动支持

很多班主任在工作中思考如何更好地开展班级活动，在这一点上，社会工作者有其特殊的优势，小组工作中的很多优势和理念都是很适合用在开展班级活动之中的，因此，社会工作者开展了“班主任活动支持手册”的服务，通过定期为班主任提供活动内容，支持班级工作的开展。通过这样的方式，平等、尊重、助人自助、优势视角、案主自决等观念就充分地融入班主任的工作之中。除此之外，社会工作者还开展了班级活动、学校的德育活动支持服务，在活动中，将社会工作的理念融入进去，进而建立更加支持的校园环境。

服务 2：班主任的情绪疏导

班主任是构建班级氛围、构建学校德育工作氛围的重要支持力量，一批积极阳光，能够从更加全面的视角了解和认识青少年的班主任，无疑将会为孩子们的成长提供强有力的支持。但实际情况是，绝大多数班主任在工作中面临着来自多方的压力，这些工作压力导致其自身很多时候面临情绪的困扰，更难以顾及向青少年提供支持。因而，在这一部分，社会工作者通过与班主任一起工作，疏导班主任的情绪问题，促进积极阳光的班主任群体的建设，进而改善不良行为青少年的生活环境。

总而言之，在工作中，需要从微观、中观、宏观三个角度入手，从不良行为青少年个人能力提升、个人能力矫正入手直接对青少年开展服务；从环境支持，家庭增能、学校增能入手，改善不良行为青少年所处的社会环境；从环境互动入手，促进系统之间的能量流动。上述所提及的只是在这个层面之下所开展的部分服务，而服务的核心目标则是“增能”，通过整体提升不良行为青少年所处的社会生态系统中的能量，来促进不良行为青少年的转变。

六、成效与反思

1. 服务成效

从数量上来看，自 2014 年以来，社工共开展个人成长类小组超过 40 个，有 1 500 余人次参与；开展促进环境能量流动类小组超过 30 个，超过 1 000 人次参与；开展系统环境支持类小组超过 20 个，超过 1 500 人次受益；开展系统支持线上讨论超过 5 000 次，有 4 000 余家长关注并参与了讨论。

从服务质量上来看，学生、家庭、学校教师都发生了改变。

从学生个体的角度上来说，抗逆力水平有所提升。通过个案工作和小组工作，学生们开始发现自己身上的闪光点，及平时不被自己注意的特点所带来的优势和能量。在小组“发现超人计划”中，孩子们的表达从“我觉得我没有优点”到“我从没想到，矮也有用”；在电影配音小组中，从“我不去汇报”到“能让我去吗”。在完成一个个看似不可能完成的任务的过程中，提升了孩子们的自我效能感，在“一起挑战吧”主题夏令营中，青少年自我效能感测评平均值提高了 2.8 分，其中提升幅度最大的达 24 分。总之，在服务中，青少年发现了自己的能量和优势，提升了自我效能感，增强了抗逆力，为后面更好地面对生活中的困难与挑战奠定了基础。

在人际关系层面，提升个人与环境互动的能力是最为重要的部分。通过个案和小组工作，社会工作者们推动孩子们共同制订需要遵守的规则，来保证沟通的良性、有序进行；发现他人的优势，来促进成员间的相互欣赏；学习非暴力沟通的方法和技巧，来推动学生更好地与他人沟通。在人际交往小组中，孩子们从不断地抱怨“你能不能放尊重点，会不会尊重人啊”，到自己建立班级公约；在强弱势学生共融小组中，从埋怨“干嘛让他也来啊”到

“没想到他这么牛”，不良行为青少年慢慢意识到，其实可以通过良好的沟通来解决问题，可以充分调动周围其实自己原本不认为是资源的资源来丰富自己的生活。

在构建环境支持的层面，通过亲职教育能力提升小组、家长在线讨论、亲子活动小组等活动，家长开始意识到和谐的家庭氛围的构建是家长和孩子共同努力的结果，家长也在亲子活动中发现孩子身上的专注与认真，而不是仅仅聚焦在孩子调皮淘气惹人生气的一面上。在线上家长小组中，家长表示“换种对话方式对早已形成习惯的成人来说很难，但确实应该试试改变”“以前从来没有考虑过怎么跟孩子说话，以后会注意说话的方式方法了”；在亲子活动中，家长表示“上一次和孩子拍合影是很多年前的事了”“我才发现，我儿子认真的时候特别帅”，通过这样的服务，让系统中的其他要素更加具有支持青少年成长的能力，也让他们更加欣赏和了解青少年，这样所构建的氛围才能够更好地支持不良行为青少年的健康成长。

从机制建设上，为了更好地开展不良行为青少年教育矫正工作，事务所与学校合作建立了社工站，建立了稳定的驻校社工服务机制。每天有两名专职社工与数十名志愿者在学校中为学生、家长和学校提供服务。在两年多的探索中，已经与学校德育领导、班主任、任课教师、学生家长建立了良好的合作关系与工作制度，积极稳步地推进服务。

2. 服务反思

第一，从工作焦点的角度上来说，不良行为青少年的教育矫正应当更加聚焦在其个人能力的提升、支持体系的建构上。从社会工作者实际工作中所发现的情况来看，当前很多针对不良行为青少年的工作是从管理的角度入手进行的，首要目的是保证其在这一段时间内不出现重大问题，虽然从工作效果上来看，这些青少年可能没有实施违法犯罪行为，但是从长远角度来看，他们也有可能在成人之后带来更大的风险，对其个人成长也有较大的不良影响。因而，在教育矫正不良行为青少年的问题上，应当转换视角，更多地从青少年的年龄特点出发，从青少年成长的角度出发，设计和开展服务。环境对于青少年的成长起着十分重要的作用，一般来说具有不良行为的青少年群体系统内各要素所拥有的资源比较薄弱，因而也应当聚焦在调动系统资源和为系统增能，从这个角度上助力具有不良行为的青少年的健康成长。

第二，从工作制度的角度上来说，现在对于具有不良行为的青少年的教育矫正还没有建立完善的体制保障。从社会工作者的实践上来看，由于具有不良行为的青少年多数还处在学校阶段，因而，在学校中进行干预，充分调动学校和家庭所拥有的资源，避免其进入更加复杂的社会氛围中，沾染更多、更严重的不良行为是十分重要的。但是，就现在的学校教育体系来说，随着近年来的社会变迁，学校已经承载了很多的工作压力和挑战，以教育学理论为基础的传统学校教育已经很难以学校自己的力量应对如此复杂的社会变迁所导致的青少年的不良行为问题，急需整合更多的专业力量，共同借助学校这个场域，来促进青少年的健康成长。从上文的论述中可以看到，社会工作作为社会学的应用学科，扎根在社会这片广袤的土壤之中，在处理和解决青少年不良行为问题上有着自己独特的优势和力量。但现在，在中国大陆，社会工作介入学校场域并没有成为常态，甚至还处于起步阶段。虽然自2008年汶川地震以来，中国大陆就开始了社会工作进入学校领域的探索，但是，从现实情况来看，这些探索步履维艰，至今也没能实现普遍化和制度化。反映在具有不良行为的青少年的教育矫正上，如果没有办法在他们集中存在的场域进行早期干预，教育矫正工作多少都有些隔靴搔痒、力不从心。因而，建立社会工作者进驻学校开展工作的长效机制，对于具有不良行为青少年的教育矫正工作的顺利开展、对于促进更多青少年的健康成长都有着十分关键的作用和迫切的需求。

第三，从人才队伍的角度上来说，由于每一个青少年的问题都是与环境相关的问题，也是只有接触其所在的环境才能解决问题，因而，这对开展工作的社会工作者们提出了更高的要求。他们必须站在更高的、全局的角度上来分析每一个孩子，发现孩子的优势和能量，发现系统中各要素的资源和动力。这就需要社会工作者们具有更加丰富的理论知识和实践技能，也需要更多的专业支持和团队合作。但从现阶段工作的情况来看，具有这样的专业能力的社工数量还远远不能满足服务需求，而能够提供专业支持的社工事务所更加数量有限。因而，为了更好地推进这项工作，必须大力推进驻校社工人才建设，从项目支持、资金支持、体制建设等方面促进具有专业性的社工事务所的发展，以培养更多符合专业需求的社会工作者，带动行业发展，才能形成稳定的人才库，助力青少年成长，从更大的范围上，更有效地对具有不良行为的青少年开展教育矫正工作。

第四，从制度设计上来说，对不良行为青少年的教育，在制度建设上还有很多需要完善的空间。从青少年教育的角度上来看，青少年教育的主阵地是家庭和学校，从家庭上来说，家庭教育已经越来越开始走进人们的视野，人们开始意识到家庭对人的成长所产生的巨大影响，但是，究竟怎样能够真正实现积极有效的家庭教育？这仍旧是一个难题，对家长的亲职能力教育暂时没有被纳入社会教育体系中来，家长们多数还处在摸着石头过河的阶段，因而，如何将对于家庭教育的关注转化为切实有效的提升家长亲职教育能力的可操作方案，是在制度层面上需要解决的一个问题。从学校角度来说，学校本身就面临着来自社会的巨大压力，教书和育人都是学校要承担和完成的重要使命。对于学校来说，要考虑到学生的升学压力，还有学生健康成长的压力，以现行教育体制来看，对于学校的“偏常生”很难真正有时间和精力坐下来好好分析和讨论，并提出具有个性化的教育方案并实施。而现行的专门学校教育与普通学校之间的衔接存在很大的障碍，真正需要转入专门学校接受专门教育的学生很难转入专门学校接受更加合适的教育，就导致一群具有不良行为的青少年或处在辍学状态的青少年闲散在社会上，或者即使在学校中也没有办法真正接受教育，不论哪一种状态，对这些孩子的成长而言，都是不利的。因而，如何完善顶层设计，让普通学校具有不良行为的青少年真正接受更加适合他们的教育，如何完善这样的工作制度和工作流程，是十分重要的。这一过程虽然艰难，但却是能够真正推动更多孩子健康成长的必由之路，值得我们花时间和心力仔细研究和推动。

社会工作介入未成年被害人救助服务的角色与功能

黄 霞 李 涵[①]

摘 要：本文通过对北京超越青少年社工事务所的未成年被害人服务项目的分析，讨论了社会工作者在介入过程中所承担的角色及功能。从研究发现来看，社工从个体、社区和司法三个层面介入，担任支持者、治疗者、协调者、倡导者、调解者、专家证人等不同角色，保障被害人及家庭的权益。文章认为，我国被害人社会服务尚未形成完善的服务体系和工作程序，社工囿于法律知识和专业能力的欠缺，在角色承担与功能发挥上也未得到充分的实现。在借鉴国外经验、结合本土实务的基础上，文章提出了我国被害人司法社会工作的政策与实务建议。

关键词：未成年被害人；司法社工；被害人服务；专家证人

① 黄霞，首都师范大学政法学院社会学与社会工作系讲师；李涵，首都师范大学北京青少年社会工作研究院服务部主任。

一、引言

司法社会工作发展至今，已有一百多年的历史。1970 年以来，关注加害人的矫正的司法社会工作遭到质疑与批判，认为“几乎没有证据显示，矫正哲学可以成功地帮助加害者改过自新”。与此同时，一向备受冷落与忽视的被害人服务与保护则引发更多关注。从美国的经验来看，1970 年之前，美国社会很少有倡议和关注被害人的权利，社区里也没有提供犯罪被害人服务及被害人服务/证人协助的方案。刑事司法体系、社会大众、社会福利政策制定者、社会工作实务者等，更多地关注加害者的需求，忽略了被害人的存在。1950 年至 1960 年间，以促使重罪犯人改变、进而可以成为以守法公民为目标的矫正方案，花费数百万美元。相形之下，被害人常常坐在法院灰暗的走廊上，承受被告的威胁及恐吓，在等待开庭的过程中，也没有办法和加害者隔离开来。当大量的矫正实务、教育及社会服务被提供给加害者时(Reborts, 1971,1974)，被害人及他们的家庭虽因被害而变得支离破碎，却无法获得任何服务(McDonald, 1976)。

1984 年，划时代的犯罪被害人法案(Victims of Crime ACT, VOCA)，为被害者提供诸多服务，确立了被害人服务工作的法律地位(Galaway, 1988)。在过去的十年里，最为罕见及最受争议的司法改革之一，即为推动被害人及加害人调节法案(Victim-Offender Reconciliation Programs, VORP)。“VORP”不是专为加害人设计的复健方案，也非专为被害人提供协助的方案，更确切地说，它是同时立基于被害人及加害人双方需求，在社区中以人性化过程践行公平正义，并增权双方且有效解决争端的一种方式。协助进行调解是社会工作实务目前的重点工作，并已取代传统的犯罪者复健导向。经过几年的发展，该方案显然已为社会大众普遍接受，并有助于改善被害人及加害人之间的关系(Bradit & Bouverne-De Bie, 2009;Gardon, 2012)。

随着被害人保护理念和实践的发展，未成年刑事被害人的权利保障问题越来越为人们所重视。《中华人民共和国刑事诉讼法》确立了被害人的诉讼权利，“人民检察院审查案件，应对听取被害人和被害人委托人的意见”，同时确立了被害人的民事诉讼权，“被害人由于被告人的犯罪行为而遭受物质损失的，在刑事诉讼过程中，有权提起附带民事诉讼”。2008 年，最高人民法院颁布了《人民法院第三个五年改革纲要(2009—2013)》，明确提出研究制定人民法院救助刑事被害人细则，对因犯罪侵害而陷入生活困难的受害群众，实行国家救助。

长期以来，我国对未成年刑事被害人的救助基本依附于普通刑事被害人救助制度，欠缺对未成年被害人身心特殊性的考虑，无法实现对未成年刑事被害人的最大救助。2015 年，最高人民检察院颁布《检察机关加强未成年人司法保护八项措施》(以下简称《八项措施》)，将检察机关的司法保护对象，从涉罪未成年人，进一步扩大到未成年被害人，以及检察机关办理所有案件过程中涉及的未成年人。《八项措施》明确提出，要依法保障未成年被害人各项诉讼权利，保护名誉权、隐私权等合法权利，最大限度地保护未成年被害人恢复正常的学习生活。这一规定的出台，弥补了我国法律中没有明确规定“未成年被害人”保护的缺失。

这些国家法律制度的出台，明确了被害人保护理念，将被害人的权益保护以法律法规的形式确立下来。同时，未成年人保护从注重加害人的保护与矫正，扩大到未成年被害人的司法保护，最高检《八项措施》从法律上保障了未成年被害人的基本权益。这是我国司法改革进程中的重大成果。

社会工作介入未成年刑事被害人的服务，一方面是保护未成年人，免受二次伤害；另一方面也是社会工作与法律的融合，社会工作服务成为司法过程中的一部分。本文将在经验研究的基础上，讨论社会工作者在未成年刑事被害人社会工作服务上的角色与功能，并从政策和实务两个层面来讨论其优势与不足。

二、文献述评与被害人社会工作

1. 被害人社会工作

通观各国被害人保护相关法律，美国和韩国均通过宪法形式保护被害人权利，这体现了国家对被害人保护问题的高度重视。对被害人立法保护的第二种方式是制定专门针对被害人的法律。以立法形式保障被害人权利的方式为社会工作介入被害人保护提供了法律上的有力保证。社会工作者的主要任务就在于，降低个人压力及无助的感觉，活化社会资源和建构有效因应策略。尤其是对未成年被害人来说，他们之所以独立于成年被害人，成为重点关注及保护的群体，主要基于其未成年性，自身身心发育不成熟。

未成年刑事被害人属于相对弱势的群体，应对侵犯及伤害的能力有限，分析判断自身危险情况的经验缺乏。犯罪侵害一旦发生，不仅会给未成年人生理、心理上留下种种创伤，还极有可能影响他们将来的生活。在遭受犯罪侵害后，如果不能及时给予有效的保护和救助，未成年刑事被害人有可能会再次遭受心理上的创伤。因此，在未成年被害人的社会工作介入方面，社会工作者的工作内容、工作方法和专业策略，显得尤为重要。减低犯罪侵害带来的伤害和负面影响，帮助被害人顺利度过创伤期，推动建立被害预防机制，是社会工作介入的主要目的和意义。从西方经验来看，未成年被害人社会工作救助的内容主要有以下几个方面，如表 1 所示。

表 1　未成年被害人社会工作救助的内容

服务方案	具　体　内　容
被害人服务方案	主要针对儿童虐待、性侵犯、抢劫等暴力犯罪及财产犯罪被害人，提供早期与即时的干预和协助，特别是案发 24 小时之内的危机干预
被害人与加害人调解方案	在调解员的帮助、引导和支持下，被害人通过讲述犯罪行为对自己造成的身体、情绪和经济后果，直接参与制订犯罪人向其偿还经济债务的赔偿计划，有效解决争端的一种司法实践方式。这不但为被害人提供了一个心理康复的过程，也有助于达成赔偿协议

续 表

服务方案	具体内容
被害人/证人协助方案	被害人/证人协助主要由检察院主导推动，服务内容包括帮助处理与诉讼过程相关的问题、帮助处理财务需求问题，提供各种服务的途径及协助处理与控诉相关的问题
审前和解	是在案件开庭审理之前，被害人、加害人、法官及必要的相关人士进行交涉和协商，由被害人和加害人双方自主解决纠纷，被害人和加害人以认罪、赔偿、道歉等方式达成谅解，国家专门机关便不再对加害人追究刑事责任或从轻处罚的一种案件处理方式
安全邻里/犯罪预防方案	安全邻里及犯罪预防方案是被害人运动的重要组成部分，它以恢复性司法理念为基础，将犯罪看作犯罪人对被害人和社区的侵害，会对社区成员的安全感、对社区安宁和社区成员间的关系造成不良影响，其根源在于失调的社会条件与社区关系。因此，犯罪的预防和控制需要社区成员广泛参与、相互配合，整个社区要采取行动，减少犯罪发生的原因
补偿方案	支持和帮助被害人，满足他们的需求并在弥补因犯罪对被害人造成的损失的同时，通过将犯罪人整合进社区，为他们提供修正不良行为的机会，可以通过补偿方案的方式实现

2. 社会工作者的角色与功能

社会角色概念在现实中的对应居于整个序列的中间，是个人和情境之间的连接点，角色概念可以用来诊断，具体的个案应该更加侧重个人目标还是情境目标。角色理论所对应的“人际”领域主要处理的是过程的动态变化，而不是个人的心理活动。角色研究关注的是人和人之间的互动过程，以及如何提高沟通效能和解决冲突。社会工作者为了减少在实际工作中的理论困惑，必须明确三个基本概念：个性结构（Character Structure）、角色（Role）和社会结构（Social Structure），以及三者与实践中所对应的领域，如个人内心领域、人际领域和系统领域之间的关系（Chescheir，1979）。因此，社会工作者在三个领域内承担不同的角色功能，分别是人际治疗（人际疗法）、调解（咨询）和社会改变（倡导），以促进个人改变和社会情境的改变。

RH Turner 认为，个体建构角色并在与他人的交往中告知对方自己在扮演何种角色，而环境中的他人好像也进行着明确的角色扮演一样，给了互动以共同的基础。他分别从角色的产生及其特性、角色作为互动框架、角色与行动者的关系、组织安排中的角色、角色与社会安置、角色与个人等方面，提出了一系列的主趋势命题。Morales 与 Sheafor 认为，提供照顾(Caring)、治疗(Curing)与改变社会(Changing the Society)是社会工作者存在的三个主要使命或宗旨(3C's)。照顾和治疗只是一种短期的、应急的目标，而社会改变则是长远的、可持续的目标。

社会工作者首先要成为一个司法社会工作领域的专业人士，具备专业知识和专业技能。司法社会工作教育的目标包括：(1) 学习与直接服务及计划、管理刑事司法系统中的社会服务机构相关的知识；(2) 通过专业实践获得刑事司法系统中工作的直接经验，发展专业技能；(3) 掌握跨专业合作和变革管理的技能；(4) 学习如何在刑事司法系统中，与各个专业人士一起形成团体动力，开展跨学科研究；(5) 学习与刑事司法系统相关的公共政策、项目设计、倡导和评估等方面的技能。只有经过系统的专业知识学习，社工才可能在司法社会工作领域提供专业服务。

社工作为最早接触被害人的专业人员之一，被称为是扮演支持性和关键性角色的"一线服务提供者"(Frontline Service Providers)。这就要求社工秉持专业的价值观，拥有系统的专业知识和审视实际环境的独特视角，掌握基本的沟通技巧，实施干预和驾驭转变的专业方法，为被害人提供全方位的专业服务。在为被害人提供服务的时候，要求社工能达到以下目标：(1) 能够立即敏锐地觉察并疏导被害人的情绪危机；(2) 鼓励被害人畅所欲言，完全地将情绪表达出来；(3) 适时干预及安慰，减少被害人的自责，以及防范被害人自我伤害的行为；(4) 确认被害人是否需要由精神医疗等专业人士作进一步的评估与治疗；(5) 增权处于困境的被害人采取可减低自卑情绪的行动；(6) 制作完整的记录，并视实际情况通报相关单位处理。

因此，回到被害人社会工作上，社会工作者的角色塑造是一个宏大的体系，是社会工作领域与司法领域的融合和建构，服务过程与实践环环相扣，需要社工同时具备法律知识和社会工作知识，以及跨领域开展服务的专业素质。

对被害人来说，社会工作者不仅是简单的服务提供者，还需要承担调解者、教育者、增权者、倡议者、专家证人等角色。在推动被害人相关方案时，社会工作者承担调解、倡议及仲裁的角色及功能，诸如在被害人及证人协助、安全邻里及犯罪预防、补偿制度、审前和解，以及被害人及加害人之调解等各类与被害者援助有关的方案，需要视实际状况调整不一样的角色。此外，社工人员在解决被害人与加害人冲突，以及调和彼此争议的过程中，也需承担调解、倡护及仲裁角色。社会工作者在提供服务的同时，更加注重推进不同被害人和其他社会成员，例如加害人及其家庭之间的沟通交流。

三、研究设计

本文有两个研究目的：其一，通过分析社会工作者开展未成年被害人社会服务的过程，获知社会工作者如何在实践服务中塑造并建构其角色；其二，通过对服务过程及效果的分析，讨论被害人社会工作服务的影响因素，探讨社会工作者的应对方法，试图分析社工在未成年被害人的社会工作服务中，所承担的角色与功能，以及哪些因素限制和影响了社工的角色及所发挥的功能。

本文依据解释主义范式和质性研究方法，实证分析资料是来自北京超越青少年社工事务所的未成年被害人服务项目。未成年被害人服务项目自2012年起开始探索、实施，社工针对被害人及其家庭所遇到的突发创伤开展个案服务，积极链接政策、专业、物资等相关资源，对其困境情境进行救助，至今已开展100例救助个案，并与公检法等少年司法部门建立了联动机制。本研究属于案例研究，分析资料主要是社工的服务记录和谈话记录。同时，因本研究作者之一就是该服务项目的社工，深度参与了项目的实施，有第一位的观察视角和过程反思，也帮助本研究补充了参与观察的分析资料。本研究主要采用主题分析方法。

四、社会工作者的多重角色

随着被害人保护理念和实践的发展，未成年刑事被害人权利保障问题越来越为人们所重视。建构未成年刑事被害人救助体系，一方面能够弥补被害人的各种损失，帮助被害人解脱困境；另一方面可以降低被害人报复社会的可能性，实现维护社会稳定的目的。未成年刑事被害人救助体系的构建能够抚平未成年刑事被害人在犯罪中受到的创痕，缓解受害方与加害方的矛盾和仇恨，对于维护社会安定以及促进社会和谐有重大意义。

恢复性司法强调被害人的利益，力求最大限度地恢复犯罪造成的损害以及安抚被害人受到的创伤。恢复性司法引入了未成年刑事被害人救助，引导加害人积极偿付，试图弥补救治未成年被害人效果的不足，提供了一种不同的视角去看待未成年刑事被害人救助，提供构建未成年刑事被害人救助体系的新思路。恢复性司法的主要目标就是通过道歉、赔偿、社区服务、生活帮助等多种恢复性手段，使未成年被害人被犯罪行为侵害的物质损害、精神损害得到修复，恢复未成年刑事被害人被犯罪破坏的生活安宁。恢复性司法理念强调对未成年刑事被害人损害的弥补以及对被犯罪行为所破坏的社会关系的修复，在这种司法理念下，未成年刑事被害人能得到最大程度的恢复，重获幸福生活，这才能真正达到救助未成年刑事被害人的目的。

司法社会工作者的工作属于“建构性”的活动，主要任务在于：利用自己与服务对象的接触，通过自己的观察和反思，一方面，寻得案件的公正解决途径；另一方面，则是树立一种司法公正的权威。社工的参与可以有效地避免纯粹运用法条所带来的诸种弊端，因为法律永远也无法涵盖社会生活的方方面面。司法社工作为最早接触到被害人的专业人员之一，被称为是扮演支持性和关键性角色的“一线服务提供者”(Frontline Service Providers)。这就要求社工秉持专业的价值观，以系统的专业知识和审视实际环境的独特视角，掌握基本的沟通技巧以及实施干预和驾驭转变的专业方法，为未成年被害人提供深度的专业服务。

（一）个体及家庭层面

在个体及家庭层面，社会工作者主要扮演支持者、治疗者与教育者的角色。未成年被害人相对来说，年龄低幼，对于侵害事件本身并不特别敏感，而后期的介入服务则需要注重避免对未成年人的二次伤害，避免加重事件带来的不良影响。

1. 支持者

社会工作者舒缓被害人的情绪并与之建立相互信任的合作关系；在舒缓被害人情绪的同时，对他们的认知、情绪与情感、社会支持、应对策略等进行评估；协助服务对象度过危机事件所引发的失衡状态，恢复平衡。在整个服务过程中，鼓励被害人进行情绪表达非常重要，这可以帮助他们舒缓症状并厘清情况，具有治疗功能；动员和运用实际存在和精神上的社会资源对化解危机有关键性作用。工作者在介入过程中要不断地为被害人注入希望，提高被害人的自信心和效能感。

从服务案例来看，在社工介入并被被害人及其家庭接纳之后，社工首先要评估被害人及家庭的状况，成为提供精神、经济和社会资源的支持者。例如介入13岁女童小草遭受性侵犯案件时，社工介入服务后，首先评估她的短期需求，一是离开收养家庭，进行监护权转移；二是需要入住观护中心；三是复学；四是解决经济困难。在10岁男童小京遭受父母亲虐待案件中，社工介入之后，评估小京的主要需求是医学鉴定伤情和治疗、复学、监护权转移。在服务过程中，社工始终秉持保护未成年被害人权益的理念，给予被害人最大的支持，也得到被害人的信任和依赖，这也让服务过程进行得更加顺利。

2. 治疗者

未成年被害人由于心智发展尚不健全，世界观和价值观体系并未完全形成，因此，相对成年人来说，更容易受到犯罪行为带来的心理伤害。在恢复方面，如果每月正确地引导，恢复的过程将比成年人更加漫长，效果也不尽理想，容易出现反复的情形。作为一种突发的应激性事件，犯罪行为会对被害人身体、心理和社会关系等方面造成不同程度的创伤。为减少加害事件对他们的不良影响，将短期及长期伤害降到最低限度，提供有针对性的危机干预服务被证明是有效的应对方法。以小京为例，他目前存在创伤后应激障碍，表现为情绪易出现波动，暴躁易怒，摔打东西，需服用医生开的抗抑郁和抗狂躁的药物来保持稳定。社工需要配合医生的治疗，从心理和精神上关注和安抚小京，帮助他尽快恢复健康。而校园欺凌事件受害人小珉，在遭受暴力和社会舆论压力初期，创伤应激反应较为激烈，表现为情绪波动较大，无法正常上学，不愿与外界沟通。同时，她父母的反应也较为激烈，对转学、司法处理等结果也不满意，积累了诸多负面情绪，这也影响了小珉的恢复。社工以家庭为服务对象进行介入，缓解小珉及其父母的创伤，了解其诉求，帮助他们释放压力和情绪，能够平和地看待和讨论欺凌事件，将关注点从事件本身转移到帮助小珉展开新生活上。

（二）社区层面

1. 协调者

链接社会资源是社会工作者的核心工作内容之一。未成年被害人及其家庭常常会感到资源匮乏，社会工作者需要协调政策保障、法律援助、教育发展、物质支持等各方面专业的社会资源，满足其基本需求。在小京被解救送往医院治疗期间，社工协调区民政部门垫付了15 000元的治疗费，及时帮助小京解决了治疗资金的问题，避免延误治疗。在服务性侵犯被害人小草的时候，社工介入服务之后，发现小草在临时寄养家庭遇到经济困难。因此，社工多次到访小草的临时监护人家庭，了解近期需求，并帮助小草书写一份面临困境与明确需求的文字材料，由社工转交给团区委相关部门，以达到为小草协调政策支持的目的。在社工的协调下，社工代表团市委向小草发放了3 200元生活补贴，用于在临时寄养家庭的生活开支，解决了小草的短期生活困难问题。同时，考虑到寄养家庭没有能力照顾小草，又将小草转到了观护中心进行照看。

未成年被害人在遭受犯罪行为之后，通常会因为创伤或其他问题，导致学业中断。帮助他们重返校园，也是社工的工作重点之一。为此，社工需要和学校、教委、社区、家庭多方面进行沟通，征求多方意见，链接多方资源，尽最大努力帮助被害人继续学业。例如校园暴力被害人小珉的诉求，就是转学，社工多次与小珉及其母亲就转学的诉求进行沟通，共同讨论转学的目标与现实的困难，并积极帮助他们与教委沟通，联系新学校，推进转学事宜早日实现。虽然最终小珉及父母对新学校并不十分满意，但他们也认可社工在这一过程中的帮助和支持。

2. 倡导者

倡导(Advocate)是"社会工作的核心"，能够帮助人们"觉知到自己的权利并实施这些权利，在未来的生活中卷入和影响决策的制定"。特别是对于性侵犯被害人来说，他们因为遭受犯罪侵害被贴上标签，不但要忍受身心痛苦，还要遭到来自社会的歧视、排斥及其他不公正的对待。对于社工来说，不仅是此时此刻对被害人的陪伴和关心，还应在政策、制度和社会环境方面进行倡导。从被害人表现来看，伤害他们的不仅是犯罪侵害，还包括社会环境与群体压力。以遭受校园暴力的小珉来说，造成她情绪反应激烈的除了创伤以外，还有社会舆论，以及不被社会关心的失望。性侵犯被害人小草，虽然本身是受害者，但也有被社会标签化、被歧视的压力。因此，一方面，社工需要安抚被害人，帮助他们认识到他们是完全的受害者，自身没有过错，不需要为此自责，应该积极开始新的生活；另一方面，也要进行社会倡导，引导社会舆论和社会关注，推动政策和制度上的改进。

(三) 司法层面

1. 调解者

审前调解指庭审前，被害人、犯罪人及相关人员在一种安全和有控制的环境中，在调解员的帮助、引导和支持下，被害人通过讲述犯罪行为对自己造成的身体、情绪和经济后果，直接参与制定犯罪人向其偿还经济债务的赔偿计划，这是一种有效解决争端的司法实践方式，不但为被害人提供了心理康复的过程，也有助于赔偿协议的达成。在这一服务中，社工一直陪伴在被害人身边，支持和安慰被害人，为被害人提供相应的信息并以她适合与接受的方式传递给她。

小珉是校园暴力的受害者。2015 年 4 月 10 日放学后，小珉在校门口用手机对着自己班级的男班长拍照，被正在和该班长说话的初三女生 A 误会。在小珉当场删除照片后，A 女生的不满情绪依然没有平息。4 月 16 日，A 女生纠集多人，在北京市某中学附近的小区截住小珉，对其进行殴打、辱骂，拍摄现场视频并传播至社交网络，引起广泛的舆论关注，后由司法机关介入。在社工介入沟通后，小珉和父母的诉求之一就是要求加害人召开道歉会，当面致歉。社工通过海淀预审，联系当事人并沟通对小珉进行道歉的具体事宜。社工同时邀请海淀检察院、团区委权益部相关单位参与。在道歉会的召开过程中，社工一直关注着小珉和小珉父母的状态，随时准备进行安抚和沟通。这次道歉会对于当事人双方（均为未成年人）是一次正面的沟通，对案情的和解起到了至关重要的作用。小珉和父母的创伤情绪在道歉会后也得到了一定的修复。

2. 专家证人

专家证人（Expert Witness）制度产生于 14 世纪的英国，一直以来都是英美法系国家证据法中特有的一种法律制度。专家证人是指对该问题或与该问题相关联的事宜具有知识或经验，能令其对该问题或该等事宜的意见可被接纳为证据的人。社会工作者作为专家证人的角色，在介入之前已经对相关问题进行了深入的了解和考察，这使他们在面对具体问题的时候能够更为清楚、合理地分析具体问题的基本情况。同时，详尽的案主服务记录和社工的具体分析，对司法程序的开展都是极为有益的。可以说，社工所承担的专家证人角色，不仅可以让社工深入整个案件，自始至终为被害人提供适当的服务，而且可以对司法领域产生深刻的影响，提供的记录资料也可以作为法庭判决的参考依据之一。

在实践中，司法机关会在证据不充分的情况下，要求社工出具“被害人救护评估报告”，报告中会呈现案件对被害人的种种负面影响，案发前后被害人的精神状态和生活学习状态的对比，以作为证据以外的支撑材料，帮助被害人获得更有利的司法审判结果。这就要求社工在开展服务的同时，要有翔实专业的谈话记录和服务记录，以便整理汇总成“被害人救护评估报告”，作为法庭庭审的举证材料。例如在小草的性侵犯案件中，社工深入调研了被害人小草的家庭状况，证明其养母刘某在知道小草多次遭受其同居男友、弟弟和儿子的性侵犯后，并没有及时报案，未尽到监护责任。这也为法庭剥夺刘某对小草的监护权提供了证明材料，帮助小草及时脱离养母家庭，避免了继续受伤害。

五、讨论与建议

从以上研究发现来看，司法社会工作者在被害人社会工作方面担负了重要的角色，从个体、社区和司法三个层面介入，为被害人及其家庭提供必要的支持与保护。但因为被害人社会工作在司法社会工作领域属于起步阶段，尚存在很多不足之处。本文根据实务经验，总结了所存在的主要问题。

1. 被害人社会工作的工作方法尚不完善

社工在从事被害人保护时，更多地凭借经验和同理心，而不是方法论。这一方面给社工提供服务带来了困难，对个体能力提出了更高要求，另一方面也隐藏着风险，即社工的服务很可能是不科学的，未经检验的，会给当事人带来负面影响。因此，被害人社会工作虽然属于新的实务工作领域，也亟须完善工作方法和工作流程，以为被害人提供科学而深入的服务与保护。

2. 社会工作者的法律知识和专业能力还有欠缺

此前我国台湾地区的被害人社会工作研究发现，被害人在刑事审判程序中的困境包括协助资源的缺乏、诉讼地位的弱势、司法知识的不足及不友善的司法环境等；而协助被害者的社工也因为专业能力的不足及专业自信的缺乏，难以在审判程序中展现应有的功能。从实务经验来看，社会工作者在提供服务的时候，更多地聚焦于被害人的心理辅导和情绪建设，对司法领域的介入还不够。同时，可以看出，社工的司法知识和专业能力还有欠缺，对于“专家证人”的角色还没有充分的认识和准备。根据国外经验，社工在法庭中扮演专家证人及辅佐人角色,前者的功能在为提出专家建议作辅证,后者则使被害人得以顺利参与诉讼。这都要求社工具备丰富的法律知识和专业知识,在法庭上成为被害人与检察官的桥梁,沟通双方意见,顺利完成诉讼过程。

3. 被害人保护志愿组织较少

从实务来看,目前我国还没有建立被害人保护志愿组织,共同参与被害人社会工作。迄今为止,美国与欧洲国家,如英国、德国已成立了数千家被害人救助组织,为被害人提供经济援助、医疗服务、心理咨询、法律援助等。这些社会组织的服务人员大多是专业的社会工作者,通过和司法机关的合作,共同推进被害人保护工作的开展和完善。因此,社工还应当倡导和推动被害人保护志愿组织的建立,发动社会力量,共同参与被害人保护和协助。

西方发达国家已形成较完备的针对性侵犯被害人的服务体系,司法社会工作者在被害人保护的各个方面都发挥着重要作用,全方位保护了被害人的合法权益及整个社会的和谐稳定。结合我国国情和特色,参考和借鉴西方国家及我国港台地区的被害人保护经验,探索我国的被害人保护制度和模式是司法和社工领域共同面临的挑战。

4. 推进我国被害人保护制度的建立

我国较为传统的刑事司法理念是以惩罚加害人的不法为中心的抽象的法秩序,保护的是潜在被害人的一般性、共同的利益。1996 年、2012 年修订后的新刑事诉讼法确立了被害人的诉讼当事人地位、对被害人的申诉权和起诉权予以确定、对抗诉请求权予以规定,除此之外,被害人国家补偿法也在积极制定之中。这些举措体现了我国刑事司法理念的重心转变和对被害人权利保护工作的重视。我国目前尚无有关被害人的保障制度,但出于对维护社会公平正义、惩处犯罪的要求,需要推进被害人尤其是未成年被害人保障制度的建立,维护被害人的权益,帮助他们尽快摆脱犯罪行为带来的损失和伤害。

5. 司法社会工作的充分发展

建构完备的被害人保护系统,需要社工具备专业的知识和技术。同时,因为要介入司法领域，如何在司法程序中保护被害人及其家庭权益，也是对社工的一个挑战。同时，需要提高跨机构间的协调合作效能。被害人社工机构需要与法庭、检察院、公安局、团委、教育部门、志愿组织等多个部门通力配合、相互协作才能达成工作目标。加强机构协作，发挥各方面的优势，对被害人需求做出快速并有针对性的反应，共同提升被害人保护工作的效能与质量。社工不可能单打独斗完成对被害人的保护，在加强本领域建设的同时，也需要社会环境的改变、各部门的通力合作，确认社工的服务位置，这也是我国司法社会工作充分发展的必要条件。

6. 打造专业的社会工作者队伍

目前我国未成年被害人的救助需求强烈，其权益保护议题也已引发社会关注。与此相对应的是，司法社会工作的发展处于起步阶段，司法社会工作者队伍薄弱，人才匮乏。因此，需要通过专业能力建设提升社会工作者的法律知识和专业能力，提升专业特色，以区别于其他领域的社工，为被害人提供专业、稳定的服务，成为被害人保护工作中的重要力量。就文中资料来源的北京市超越青少年社工事务所来说，所培养的司法社会工作者已经是我国青少年司法社工领域的排头兵，无论是专业素养还是服务能力，都表现出了较高水准。但从实务过程来看，仍然存在专业性不足的问题。这一点社工在个案记录里也进行了反思。未来需要加强司法社会工作的教育与培训，在 MSW 设立司法社会工作方向，通过培训和学习提升在职社工的专业水平，培养更加专业的社会工作者队伍，引领我国司法社会工作蓬勃发展。

社会工作在涉未民事观护服务中的应用

高　翔[①]

一、问题的提出

所谓涉未民事观护服务，是指法官本着儿童利益最大化的原则，在涉未民事案件中委托专业社会工作者对未成年人开展社会观护综合服务，其中包括对未成年人家庭教养环境开展社会调查，对当事人双方进行民事调解，在案件审理中出庭宣读社会观护报告并接受质询，在法律判决后进行延伸观护等工作。

在我国港澳台地区以及其他国家，已经在立法上支持法院委托专业人员对涉未民事案件进行调查、观护、调解等工作。我国台湾地区的高雄少年法院内设调查保护处，其中的调查保护官承担的就是对未成年人进行社会调查的任务。1996 年修改后的《台湾民法典》第 1055 条规定："法院在为子

---

① 高翔，首都师范大学北京青少年社会工作研究院服务部社工。

女确定监护人时，应依子女之最佳利益，综合斟酌各方面的情状，参考社工人员之访视报告做出裁决。”[①]一般情况下，父母离婚时，对子女监护权利义务的行使或负担由何人行使，均会要求县、市政府社会局指派社工人员，前去访视未成年子女，参考其访视报告来确定何人对未成年子女有利。[②]

在澳大利亚，家事法院聘有专门的家事调查员，在涉少案件中，深入未成年人生活居住的社区查证其家庭情况、经济情况、教育情况、成长经历等必要的事项，辅助法官搜集证据、发现案件的真实情况。[③] 在美国，从 20 世纪 30 年代就开始在家事领域推行调解，并将调解作为代替审判程序的手段。因从事家事调解的调解人多具有心理学方面的素养，“治疗”理念随之带入调解之中，具体而言，就是从事当事人正面认识到纠纷的根源在于感情上的争点，在调解人认为适当的场合，鼓励当事人继续维持（婚姻）关系。[④] 日本裁判所也十分偏重家事纠纷当事人之间感情和心理的治疗，为实现这一功能，还要求家事调停委员会灵活运用心理学、社会学、行为学、医学等专门知识，对纠纷提出妥当的调停方案。[⑤]

随着我国当代社会的快速转型与经济的快速发展，中国社会的婚姻家庭正面临着一场巨大的挑战，离婚率逐年攀升，各地区各级法院受理的与未成年、利益相关的民事案件数量居高不下，这些民事案件多因未成年、父母离异后抚养权、探望权、抚养费用等问题引发。20 世纪 80 年代联合国通过的《儿童权利公约》中确立的“儿童利益最大化原则和尊重儿童意见原则”指导了世界各国儿童权利保护工作的具体实践。而在我国的司法实践过程中，法官囿于自身专业知识和经验的局限，以及职业角色的特殊性，缺乏有效途径全面真实地了解未成年人性格特点、成长经历、家庭支持以及社会交往状况，并针对未成

---

① 杨飞雪. 民事审判中未成年人权益保护的问题及对策——以家事案件为视角[J]. 天府新论，2009.

② 宋豫，陈苇. 中国大陆与港、澳、台婚姻家庭法比较研究[M]. 重庆：重庆出版社，2002.

③ 林芳雅. 澳大利亚家事法院调解制度初探[J]. 东南司法评论，2013.

④ 范愉. 非诉讼纠纷解决机制研究[M]. 北京：中国人民大学出版社，2000.

⑤ 陈爱武. 家事法院制度研究[M]. 北京：北京大学出版社，2010.

年人身心发展需求提供针对性的引导与支持。在这一背景下，各级法院积极引入包括社会工作在内的专业社会力量开展民事观护服务并积累了相关经验。

笔者对社会观护服务在涉未民事案件中应用的相关文献进行了梳理，这些文献作者多为法律背景的专家以及司法审判人员，他们以国内部分地区已进行尝试的社会观护服务案例为基础，从法学的角度就该项服务的国内外经验、理论依据、工作过程、所遇困难以及对策建议等方面进行论述。而上述文献的不足之处在于，社会观护服务是社会工作嵌入涉未民事案件中进行专业服务的过程，该项服务的主体为具有专业资质的社会工作者，他们秉承专业的价值理念、运用科学的工作方法、遵循个案以及小组的服务规律、对服务对象进行个别化的服务，并不能仅单一地从法学的角度对该项服务进行梳理与评价。因此该项服务理应以社会工作专业的角度为切入点，以相关实践服务案例为基础，从社会工作专业的价值理念、衔接机制、工作过程、服务方法、服务成效等角度进行科学论述，从而梳理出社会工作在涉未民事观护服务中的实务框架。

二、研究方法与研究框架

（一）研究方法

本文运用行动研究的方法展开研究。关于行动研究的定义，在社会科学界有不同的看法。潘淑满老师认为，行动研究根源于实务工作者本身，后者对自身的工作情境或工作效益不满，希望通过研究，就现状的改善或问题的解决找出实际行动的方式，并期望缩短在理论知识生产过程中由于缺乏实务工作者的参与而导致的理论与运用之间的落差。在行动研究过程中，实务工作者可能是主要的研究人员，也可能是参与研究的成员之一；无论是研究的主要关键人或部分成员，在整个研究过程中都是基于平等参与的原则，积极参与整个研究工作的规划与行动。因此，潘淑满对“行动研究”的概括界定是：实务工作者对自身工作的反省并通过研究过程找出较适当的解决策略。①

① 范明林，吴军. 质性研究[M]. 上海：汉语大词典出版社，2009.

本研究的实施过程，即遵循上述行动研究的定义、特性以及操作过程，实务工作者直接或间接地参与了整个研究过程，在社会服务过程中以问题为导向，把服务场域当作研究场域，以问题为导向收集信息，然后通过对自身工作的反省与研究找出较适当的解决策略，从而形成了本文的研究成果。

具体而言，在本研究过程中专业的司法社会工作者接受相关司法机关的委托，按步骤进行涉未民事案件观护服务，在服务过程中观察服务对象的状态与表现，根据未成年人个体情况进行深入辅导并且链接社会资源，在完成相应服务后进行总结与反思。研究员即司法社会工作者参与了整个服务过程，与服务对象进行互动，完成服务后进行总结与研究，这一服务过程与行动研究的过程相对应，因此，此处的撰写以行动研究为研究方法。

（二）研究框架

根据行动研究的定义，在前期探索中对社会工作在涉未民事观护服务中的应用过程进行梳理。研究框架包括价值基础、法律依据、理论基础、服务目标、衔接过程、服务内容、服务成效、问题与对策八个部分，以价值基础为前提，对该项服务的法律依据、理论基础、服务目标、衔接机制、服务内容等内容进行总结，提炼服务成效和问题，提出建议和策略，以期推动该项服务的完善和发展。

具体研究框架如图 1 所示。

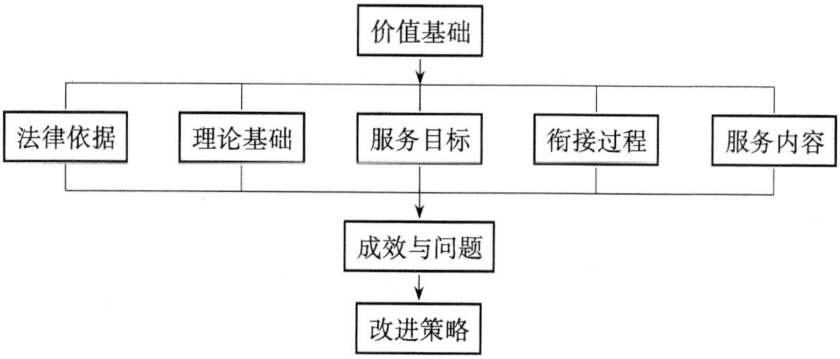

图 1　本行动研究框架

三、社会工作开展涉未民事观护服务所秉持的价值基础

在涉未民事案件中，未成年人作为社会观护与调查的主要对象，因为年龄较小与社会经验不足等因素，主观意愿常受到双方当事人意见的影响，容易影响社会观护员在调查过程中的客观性与中立性，从而影响到专业评估结果。而作为利益相关方的双方当事人，也常为了司法诉求片面地提供对自己有益的信息与情况，掩盖客观真实的抚养条件与抚养能力，甚至用各种方式直接或者间接地要求社会观护员对其进行有利的评估与判断。加之社会观护服务过程受到外界多方的关注，所以需要专业司法社工在服务过程中秉持平等、案主自决、价值中立、个别化以及保守秘密等价值理念，在社会调查过程中进行更加客观真实的评估，在观护过程中进行更加有利于未成年人健康成长的判断与介入。

（一）平等

平等，指政治、社会或经济地位处于同一水平，没有或否认世袭的阶级差别或专断的特权。我们在此所谓的平等，主要是从两个方面体现：一方面，是社会观护员的身份不同于审判人员，对民事案件没有管辖职权，无法干涉审判人员对案件做出的处理结果，因此社会观护员在工作过程中的政治地位与观护对象和当事人无明显区别；另一方面，平等也可以理解为一种尊重的表现，社会观护员为表示自己对服务对象的个体尊重，在工作过程中对服务对象使用平等的交流方式，这对工作效果有着直接的影响。

在实际服务过程中，当事人出于情感以及利益诉求，有时会强迫要求观护员按照他们的意愿进行资料收集与效果评估，把社会观护员当作维护他们利益诉求的工具；而有的当事人则把社会观护员当作“官老爷”，把自己摆放在弱势地位，乞求社会观护员帮助他们维护权益。类似以上这种不平等的专业关系，会对社会观护员的调查、评估与观护造成负面影响，因此维持平等的专业关系需要贯穿社会观护服务的始终。

（二）案主自决

自决，即自我决定，意指尊重调查对象的自我决定。在社会观护服务开展过程中，社会观护员追求与未成年人以及双方当事人平等的专业关系，未成年人和双方当事人也希望有作出自己决定的权利和机会，而不是受到社会观护员、司法人员以及其他利益相关方主观意愿的影响。因此，社会观护员在服务过程中应坦诚深入地了解服务对象的主观意愿，将对方真实的意愿进行陈述，切实保证未成年人以及当事人的合法权益。值得一提的是，此项服务旨在最大限度地保障未成年人的法律、健康、经济、就学等多项基本权利，而当事人双方因为对立的人际关系以及利益诉求的矛盾，经常忽略甚至歪曲未成年人独立的意见和态度，因此社会观护员在服务过程中秉承“案主自决”原则听取未成年人自身真实的意愿和选择显得尤为重要。

在实际服务过程中，经常出现当事人为了获得更多的利益，在诉讼过程中提出远高于自身需求的标准，并且还询问社会观护员提高到何种程度可以更为充分地满足其需求，此时社会观护员作为案件外的第三方人员，应让服务对象自己做出选择，防止因为其他因素破坏与服务对象间的专业关系。

（三）价值中立

价值中立，指在开展服务过程当中社会观护员要保持客观、实事求是的态度，不带偏见，这一过程是观护员走进调查对象生活乃至生命的过程。价值中立的观念需要观护员经历一个“融进去”，再“跳出来”的过程，即先走进当事人的生活，进行全面的了解，再从对方生活中抽离出来转换为调查者的角色，在这一过程中观察、了解、陈述事实，以保证调查结果的客观性、理性、科学性，即保持价值中立。

在调查过程中，社会观护员常发现当事人在行为习惯、生活作风以及人际交往方面存在偏差行为，容易带入个人的情感和性别的差异，以道德的标准进行评价。面对这种情况观护员应警醒自身保持价值的中立，明确自己作为第三方的中立立场，遵循所收集资料的客观真实性，避免带入个人情感，进行客观中立的评估判断。

（四）个别化

个别化原则要求社会工作者在助人过程中始终把服务对象视为独立的个人或群体，它要求把服务对象同独立的个人或群体联系起来，而不是将服务对象的特性视为某一类群体的简单典型。① 在社会观护服务当中，观护员只有坚持个别化的价值理念，我们才能关注每个未成年人真实的个体需求，了解双方当事人独特的思想与诉求，从而真实深入地了解观护对象，去除标签化，真正有的放矢地进行评估与介入的服务。

（五）保守秘密

保密原则，要求社会观护员不得向任何人泄露调查对象的秘密，即调查对象的工作资料与个人材料，除非得到了调查对象的授权，或者在某些情况下根据法律要求提供证明。这一价值理念的出发点，就是维护未成年人以及当事人的尊严与权益。在民事观护过程中，未成年人作为主要工作对象，私人信息理应得到观护员以及司法机关严格的保密。而有些当事人的身份较为敏感，或为国家机关工作人员，或为社会知名人士，加之当代社会自媒体的应用较为发达，所以出于对他们个人生活与工作隐私的保护，社会观护员也理性严格遵守保守秘密这一价值理念，防止因案件外的因素对未成年人以及当事人造成负面影响。

四、社会工作参与涉未民事观护服务的政策与法律依据

无论在国际还是国内，未成年人司法保护都是司法机关以及社会各界关注的重要议题。从国际来看，20 世纪 80 年代联合国通过的《儿童权利公约》，确立了儿童利益最大化原则和尊重儿童意见原则，指导了世界各国儿童权利保护工作的具体实践，其内涵大致包括以下四个方面：(1) 将未成年人作为独立的权利主体，尊重他们的独立人格，赋予他们一定的能动自治；(2) 将“利益最大化原则”作为处理未成年人事务的准则，在一切与未成年人

① 许莉娅. 个案工作(第二版)[M]. 北京：高等教育出版社，2013.

有关的行为和权利实现中都要被考虑；(3) 杜绝对未成年人的歧视和权利的漠视，将未成年人权利纳入决策视野，在家庭没有看护好未成年人利益时，由国家公权力担当起“养父母”的角色，在具体决策中充分尊重和保障未成年人利益；(4) 在未成年人成长的全过程中实现利益最大化，而非仅在未成年人权利受到侵害时才去保护。该项原则在涉未民事诉讼程序中主要体现为，整个诉讼活动强调对未成年人的保护而非诉讼主体之间的对抗；法官需要通过适当的司法干预，依职权调查当事人提出的或者未提出的案件事实，如未成年人的家庭环境、监护人的财产状况及人格品质等，作为司法裁判参考；在处理涉及未成年人切身利益的抚养、监护、探望等问题时，充分探询未成年人的真实意愿，畅通未成年人的诉讼表达渠道。①

在我国，《中华人民共和国未成年人保护法》第五十条规定：“公安机关、人民检察院、人民法院以及司法行政部门，应当依法履行职责，在司法活动中保护未成年人的合法权益。”《中华人民共和国未成年人保护法》第五十二条还具体指出：“人民法院审理离婚案件，涉及未成年人子女抚养问题的，应当听取有表达意愿能力的未成年人子女的意见，根据保障子女权益的原则和双方具体情况依法处理。”

最高人民法院2010年下发的《关于进一步加强少年法庭工作的意见》第二十一条规定：“各级法院应当坚持‘特殊、优先’保护原则，大胆探索实践社会观护、圆桌审判、诉讼教育引导等未成年人民事和行政案件特色审判制度，不断开拓未成年人民事和行政案件审判的新思路、新方法。”2014年，最高人民法院、最高人民检察院、公安部、民政部联合出台的《关于依法处理监护人侵害未成年人权益行为若干问题的意见》第三十四条规定：“人民法院根据案件需要可以聘请适当的社会人士对未成年人进行社会观护，并可以引入心理疏导和评测机制，组织专业社会工作者、儿童心理问题专家等专业人员参与诉讼，为未成年人和被申请人提供心理辅导和评测服务。”另外，最

① 吴菲.未成年人民事司法保护问题研究[D].福建：厦门大学，硕士学位论文，2014.

高人民法院已起草完成的《关于审理未成年人民事案件若干规定》(征求意见稿)规定:"人民法院审理未成年人民事案件,经当事人同意,可以引入心理干预机制,组织具有国家心理咨询师执业资格的专业人员参与诉讼""人民法院审理未成年人民事案件适用社会观护的,庭审时应当出示社会观护员提供的调查报告,听取当事人意见,社会观护员应当出席庭审,并就调查报告的形成过程做出说明。"

可见,社会工作专业介入涉未民事案件进行专业调查与观护服务,得到了相关的法律保障,为后续服务的深入探索和全面拓展奠定了坚实的法律保障。

五、社会工作开展涉未民事观护服务的理论基础

社会工作是一个科学的、专业的以助人为核心的实践科学,作为一个专业的存在与发展,指导其进行实践的理论依据必不可少。在前期的试点服务过程中,我们发现社会学、心理学、教育学以及管理学等理论的支持对保证我们服务的专业性和有效性起到了不可替代的作用。缺少科学理论的指导,我们的服务不仅无法完成工作目标,甚至容易对案件审理起到负面的作用。以下几个理论是我们开展涉未民事观护服务所依据的基础性社会学理论。

(一)生态系统理论

生态系统理论是用以考察人类行为与社会环境交互关系的综合性理论,该理论把人类成长生存于其中的社会环境(如家庭、学校、社区)看作一种社会性的生态系统,强调生态环境对于分析和理解人类行为的重要性,注重人与环境间各系统的相互作用及其对人类行为的重大影响,它注重把人放在环境系统中加以考察,注重描述人的生态系统如何同人相互作用并影响人的行为,揭示了家庭、社会系统对于个人成长的重要影响。[①] 生态系统

① 许莉娅.个案工作(第二版)[M].北京:高等教育出版社,2013.

认为，个人所在的各个系统层次是一个层层相扣的巢状结构，大致可以分为三个系统。

1. 微观系统

这个系统是指个人在亲密情境下的人际关系活动形态与角色扮演，它包括了影响个人的生物、心理和社会系统。

2. 中观系统

这个系统是指对个人有影响的小群体。包括家庭、工作群体和社会群体。中观系统分为两个层次，一为中间系统，即两个以上的系统间发生关联，例如一个孩子的家和学校；二为外在系统，即两个以上的关联系统，在同一个间接的外在系统中发生关联，例如父母的工作场所。这些系统的关联构成一个在个体所处微观系统之外的中观系统。

3. 宏观系统

这一系统是指比家庭等中观系统更大的群体和系统。影响个人的四个重要宏观系统是组织、机构、社区和文化。各系统层次在更宏观的文化环境和社会环境中发生关联，很多微观和中观层次的行为都需要干预其所在的宏观环境。例如个人的行为就是源于家庭、群体、组织和社区的，经过这些系统模塑而成，因此即使服务对象是以个人身份前来求助，干预其所在的宏观环境也是非常重要的，特别是与服务对象有关的社会支持网络建构的议题。

在社会观护服务过程中，社会观护员首先需要进行客观、中立、全面的社会调查的工作。在社会调查的维度方面，针对上述理论所述的微观系统，需要了解未成年人个体的成长经历、身心状况以及其他个体特质；在中观层面上需要了解未成年人所在学校或幼儿园的教育条件，双方当事人的经济情况、家庭氛围、工作状态以及社会关系，重要监护人的相关条件与能力；在宏观层面上需要了解社区、社会福利组织、政府部门等社会支持系统的情况。在社会调查过程中，社会观护员不仅要依据生态系统理论对三个系统进行真实的描述，还要细致地分析未成年人与各个系统间的互动关系，评估哪些系统与维度更能满足未成年人的成长需要，更有利于未成年人的健康成长，从而为法官提供可靠的参考依据。

（二）赋权理论

“赋权”是现代社会工作理论的重要概念，简单地说，就是指赋予或充实个人或群体的权力，挖掘与激发服务对象潜能的一种过程、介入方式和实践活动。在现实生活中，由于社会利益的分化和制度安排等原因，处于社会底层或社会边缘的弱势群体总是缺乏维权和实现自我利益主张的权力和能力。如要改变这种状况，就必须对权力进行再分配、走赋权的途径。这里的“权力”是指个人或群体拥有的能力，是对外界的控制力和影响力，强调的是人们对他人，组织或社会的拥有、控制和影响。赋权应该主要指从人本身的能动性出发，唤醒其权力观念，增加其权力和能力，从而达到改善其状况的目的的过程。在这种不断地唤醒和持续地赋权进程中，扩大同一赋权的人群规模，从而逐渐改变整个社会的权力结构，最终使整个社会的权力结构达到一种稳定和均衡。①

在民事审判程序中，未成年子女囿于生理条件和法律规定的限制，往往很少参加诉讼，难以表达自己的真实意愿与权利要求。社会观护员通过深入的个案访谈，可以耐心倾听并了解未成年人内心真实的选择与想法，鼓励他们伸张自己所拥有的法律赋予的权利，而帮助未成年人行使知悉权和意见表达权，使他们充分理解并正确行使自己的诉讼权利。除此之外，现实社会中隔代抚养的情况较为普遍，经常出现长辈（未成年人的爷爷奶奶或者姥姥姥爷）为了自身的利益与情感需求唆使当事人进行民事诉讼并且左右当事人对案件的主观态度。面对这种情况，社会观护员也应为当事人讲清法理与事理，鼓励他们承担起对未成年人的法律责任与教育责任，综合家庭情况表达内心真实的法律诉求，从而切实承担起相应的法律后果。

（三）社会支持网络理论

社会支持网络理论认为，个体在其生命历程中的每一个阶段都有其要

① 陈树强.增权：社会工作理论与实践的新视角[J].社会观察，2004.

完成的生命任务，而人们需要依靠社会网络得到物质、情绪与精神资源，需要获取服务与机会实现愿望与满足需要，来完成生命任务。该理论提供了动员社会资源的框架和网络分析的方法，激活、链接静止的网络资源，调整具有伤害性、破坏性、压力性等负面支持的网络资源为正面的支持网络资源，并帮助服务对象提升使用资源的能力。①

社会支持网络理论是社会工作的重要理论，社会支持网络理论启发社会工作者关注以下三个相互关联的领域：个人能力、人和环境之间的关系、改革环境。社会支持网络理论重视人对社会的适应性问题，强调人在社会环境中的感受，重视个人对周围环境中资源的利用。将个人的发展与适应性问题的个人因素和环境因素结合起来，认为人与环境中的各种系统（家庭、教育、商品和服务、就业、政治、宗教等）是相互作用的，认为个人通过对社会资源的广泛利用可以改善目前的生活状况。通过制定一系列的行为模式，实施相应的干预行动，在一定程度上缓和个人社会适应问题，为个人的成长和潜力的发挥提供一定的支持，也在一定程度上为改善个人的生活状况提供资源。

涉未民事案件大都涉及家事纠纷，如果无法妥善处理，双方当事人的恩怨将对未成年人成长以及身心健康带来负面影响。因此，在家庭教育方面，社会观护员在对双方进行调查评估的基础上在亲子间教育与沟通方式上建议，帮助未成年人构建良好的家庭支持网络，并且对双方当事人进行矛盾调解，在解决纠纷的基础上更好地保障未成年人的基本权利。除此之外，在社会观护服务的实际案例中，还经常遇到陷入生活与教育困境的未成年人。例如，有的未成年人因为身体疾病缺乏医疗资源，当事人家庭也因病致贫；有的未成年人的监护人涉嫌犯罪甚至身患重病，无法对未成年人尽到养育责任；有的未成年监护人存在暴力、酗酒甚至性侵害等不良及违法行为。以上这些未成年人都需要更多的社会支持资源，其中包括来自社会保障和民

① 许莉娅. 个案工作（第二版）[M]. 北京：高等教育出版社，2013.

政部门，以及相关社会团体，如工会、共青团、妇联以及其他社会组织的支持。只有充分调动社会资源，才能在社会观护服务中更多地维护案件中困境未成年人的各项权益。

（四）危机介入理论

危机，是对一个事件或者一个情境的感知或者体验，感觉该事件是一个不堪承受的困难，超出了人们现有资源和应对机制的范围。危机具有意外性、聚焦性、破坏性、紧迫性的特点，可分为发展性危机、意外性危机、存在性危机。我国台湾学者曾华源综合了专家的意见，将案主危机状态的判断要素归纳如下。①

一是影响个人突发的事件或者情景，使个人认为生活重要目标的达成上受到严重阻碍。

二是有明显的严重懊恼情绪。

三是此时，个人不能系统地解决问题，心理上高度脆弱，防卫性降低，或者影响日常生活功能，但无能力处理问题和因应事件。

四是在这一时间内，个人一定要选择和设法取得平衡。

危机介入以广泛的人类行为治疗理论为基础，目标是在短期时限内以密集式服务方式提供支持性的协助，帮助案主恢复以前的平衡状态，并且在处理问题的能力上得到长期改善。

在涉未民事观护服务过程中，经常遇到未成年人失学、失管甚至因缺少资源身心疾病无法及时医治的情况。对于双方当事人来讲，较多的因为双方利益纠纷以及婚姻存续期间的人际矛盾而出现情绪失控的状态，甚至扬言要通过极端手段来应对人际矛盾与司法矛盾。面对未成年人以及双方当事人紧急的情绪与生活危机，社会观护员应成熟运用危机介入理论，耐心听取对方表达感受，就危机事件进行理性讨论，寻找合理和积极的方式进行应对，满足他们在危机情况下的基本生活需求，从而使他们情绪、行为状态以

① 宋丽玉，曾华源，施教裕，等.社会工作理论：处遇模式与案例分析[M].台北：洪叶文化事业有限公司，2002.

及人际关系逐渐适应当时的生活情景，将危机状态妥善地进行处理。

六、社会工作参与涉未民事观护的服务目标

在涉未民事案件中，因为双方当事人的利益冲突与感情纠葛，容易在日常生活当中对未成年人的身心健康造成负面影响。不论在案件审理前还是案件判决后，社会观护员均可对未成年人的成长与生活需求进行关注与观护，减少家庭矛盾以及案件审理对他们造成的伤害。另外，法官在案件审理过程中需要更全面地了解未成年人的利益诉求以及双方当事人真实的抚养条件，社会观护员作为第三方可以通过实地走访为法官提供客观真实的信息，帮助他们对案件进行更为公正的裁决。

（一）满足未成年人的成长需求，切实维护未成年人的合法权益

离异家庭未成年子女受到父母离婚事件的影响，容易出现不良心理状态及偏差行为。北京市高级人民法院调研发现，2010 年以来，在全市未成年人犯罪案件中，有 900 余名未成年犯来自离异、继亲家庭。这类家庭的父母也因缺乏单亲家庭子女教养经验，容易出现教育失范等问题。因此，如何在诉讼中及时给予未成年人心理关怀与援助，协助父母提高教养子女的能力，是司法实践亟待解决的问题。然而在实践中，司法机关囿于自身专业知识和经验，以及职业角色的特殊性，缺乏有效途径全面真实地了解未成年人性格特点、成长经历、家庭支持以及社会交往状况，从而进行后续观护服务。社会观护服务的介入，为上述问题的解决提供了有效的办法，为身处特殊环境下的未成年人提供了极大的帮助，实现了儿童权益司法保护与社会保护的互补。

（二）进行客观中立的调查评估，为法官判决提供重要的参考依据

北京市高级人民法院调研发现，在家庭离异引发的抚养探望民事纠纷中，父母常将未成年人作为自身利益最大化的筹码，掩盖其真实利益诉求。在司法实践中，法院又受制于法律规定的诉讼模式，缺乏主动有效的调查手段，查明未成年人真实的家庭处境及个人意愿，父母真实的监护能力、监护

意愿及人格品质等，进而难以准确判断未成年人健康成长的有利和不利因素，妥善处理相关事宜。涉未民事案件诉讼过程可以借助专业社会工作者的力量，深入家庭内部，全面客观真实地了解未成年人的生活信息，协助法院做出最有利于未成年人健康成长的司法裁判。相较于法官亲自调查，这种第三方参与的监护条件评估体系，更加客观公正，更易为当事人接受。

（三）监督民事判决执行情况，对未成年人健康成长进行延伸观护

家庭离异引发的抚养探望民事纠纷是区别于普通成人之间民事纠纷的显著特点之一，需要依法开展判后延伸工作。该项工作的开展，需要司法机关、共青团、妇联等多部门联动配合才能实现。然而在实践中，由于未成年人民事诉讼特别程序机制发展相对缓慢，社会支持体系平台缺失，法院内部审判资源有限，导致案件审结后，对裁判文书履行、执行情况的跟踪了解工作开展不够，对结案后未成年人权益保护情况缺乏考察，进而丧失及时干预家庭内部监护人不当履行监护职责或侵害未成年人权益行为的有利时机。在法院做出裁判后，社会观护员仍然可以参与到对未成年人及其家庭的持续观护中，为司法延伸工作搭建起社会支持平台，以实现对诉讼程序终结后的未成年人合法权益的延伸保护。

七、社会工作开展涉未民事观护服务的过程分析

在前期涉未民事观护服务的实践探索中，北京超越青少年社工事务所依托北京市高级人民法院未成年人案件审判庭，获得稳定的服务对象来源，在服务过程中与委托案件的法官进行对接与沟通，进行社会观护服务、提交报告、参与开庭，对有需要的案件进行延伸观护服务。我们将具体工作的衔接过程总结为如图 2 所示。

八、社会工作开展涉未民事观护服务的具体内容

根据涉未民事观护服务的开展过程，以及我们前期的服务经验，我们将该项服务的具体工作内容总结如下。

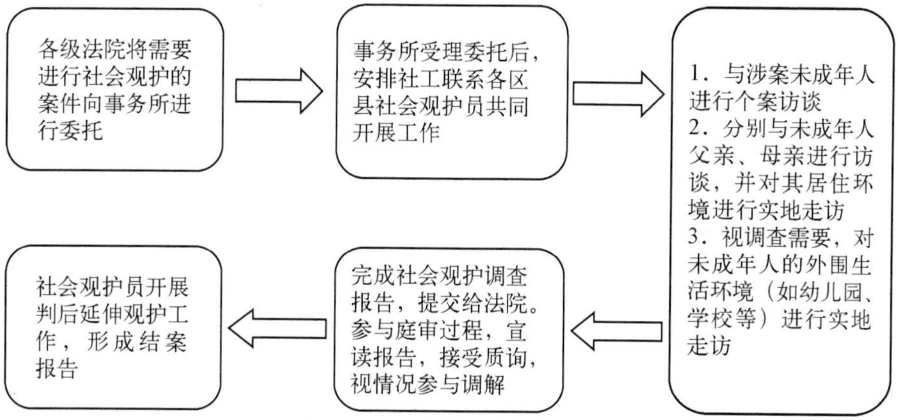

图 2　社会工作开展涉未民事观护服务的衔接过程

（一）进行专业社会调查，提交社会观护调查报告

社会观护员运用专业的社会工作方法（如个案访谈、家庭走访）开展专业的社会调查，即在法院开庭前，调查未成年人及其主要社会关系的基本情况及权益保护现状，了解未成年人的成长环境、随父或母生活以及探望方面的个人真实意愿，监护人监护能力、人格品质等，并形成书面社会观护调查报告，为法院裁判提供参考。

（二）进行判前调解，参与庭审过程

在涉未民事案件判决前，社会观护员会对双方当事人进行调解，调解时间可根据司法流程选择在开庭前或者开庭后。社会观护员会参与庭审过程，其间向法庭宣读社会观护调查报告，详细介绍社会调查的状况，分析未成年人个体能力和生活环境中的风险性因素及保护性因素，并接受出庭人员的当场质询。

（三）判后延伸观护工作

法院开庭后，社会观护员跟踪考察生效裁判文书履行情况；发现存在性侵害、出卖、遗弃、虐待、暴力伤害未成年人，教唆、利用未成年人实施违法犯罪行为，胁迫、诱骗、利用未成年人乞讨，以及不履行监护职责严重危害未成年人身心健康等情形的，及时向有关部门报告，并进行适当的社会干预和保护;将上述情况形成结案报告,提交法院。

九、社会工作参与涉未民事观护服务的成效

自2016年以来,北京市共青团与北京市高级人民法院未审庭共同开展了涉未民事案件社会观护服务百例试点工作,委托北京超越青少年社工事务所对北京市各中院以及各区县院未审庭有需求的案件进行调查、调解与观护工作,该试点工作在全国范围内率先开启了在涉未民事案件中全面引入社会工作专业服务的先例,取得了显著的司法效果与社会效果。

(一)未成年人的法律权益得到有效保障,成长需求得到更多的关注与支持

在涉未民事案件当中,双方当事人为了自身的利益和需求,往往掩盖未成年子女真实的成长需求与内心愿望,不仅影响法官对未成年人真实意愿的判断,也对未成年人法律权益的保障造成负面的影响。社会观护员在实地走访的过程中,利用专业的个案访谈技巧,逐渐与未成年人建立起彼此信任接纳的专业关系,在温馨轻松的访谈过程中,了解未成年人本人真实的意愿与诉求,通过社会观护员这一途径向法官进行表达,保障了他们的合法权益,也帮助法官对未成年人真实意愿进行了解与判断。

在涉未民事案件判决生效后,经常出现双方当事人因沟通不畅或者人际矛盾,导致其中一方无法履行探望权,或者无法按时收取未成年人的抚养费。此时社会观护员接受法院的委托进行延伸观护工作,既可以对双方当事人履行判决的情况进行监督,调查未成年人的利益和需求是否得到保障,也可以及时跟进了解未成年人本人的学习、生活与身心发展情况,对其在成长过程中的困惑进行深入解答。

(二)社会观护服务过程的衔接机制逐渐完善、成熟

社会工作专业服务是一个科学的、系统的、高效的服务过程,保证这一服务过程进行的基础是整个服务过程衔接机制的完善与成熟。在服务过程方面,在涉未民事案件社会观护服务试点工作中,已逐渐形成从案件委托、

接案、分案、走访调查、开庭、调解、延伸观护、评估到结案的科学服务流程，保证了一线服务高效地实施。在衔接机制方面，该项服务逐渐形成了以社工事务所为核心的同法院、社会观护员、双方当事人、重要监护人、社会支持群体以及其他社会支持资源的沟通衔接机制，保证了从调查、调解、开庭到延伸观护的工作流程，整合了更多的社会资源来维护未成年人的合法权益。该项服务过程与衔接机制的完善成熟，既提高了工作效率与服务效果，也可以向其他地区进行复制，从而推广此项服务在其他省市地区实施。

（三）社会观护调查报告为法庭提供了客观、真实、可靠的参考

在涉未民事案件当中，法官囿于自身专业知识和经验的局限，以及职业角色的特殊性，缺乏有效途径全面真实了解未成年人的身心状况、成长环境以及双方当事人家庭生活的真实情况。社会观护员作为第三方机构委托的专业人员，更容易被当事人接受，在服务过程中秉持客观、中立、公平的价值观，深入到双方当事人的家庭以及未成年人的学习生活环境（学校、社区等），针对未成年人性格特点、成长经历、家庭支持以及社会交往状况进行深入的社会调查与评估工作，出具社会观护调查报告，参与开庭过程宣读报告，并接受双方当事人的质询。社会观护调查报告所提供的信息为法庭提供了客观、真实、可靠的参考，对双方当事人的抚养条件进行了客观评估，为法官判决提供了重要的参考依据。

（四）有利于对双方当事人的突出矛盾进行调解

在涉未民事案件当中，很多当事人在婚姻存续期间产生了复杂而多样的矛盾、冲突与创伤，对对方及家庭产生了愤怒、对立、仇恨、报复的心理，甚至动用暴力等过激行为应对双方的矛盾，这种冲突关系的存在不利于案件的妥善解决，对未成年人身心健康的伤害也不言而喻。社会观护员作为专业社会工作者，利用社会学、心理学、教育学等专业优势，运用理性情绪、康和调解等工作方法，缓解双方当事人负面以及对立的情绪，帮助他们搭建有效的沟通平台，妥善处理双方在抚养、探望以及生活费用等方面的分歧，从而达成一致意见。这样既有利于达到司法和谐与社会和谐的服务效果，也

有利于为未成年人营造一个温馨和睦的生活环境。在已完成的73例社会观护服务中，共有12例民事案件在社会观护员的服务后双方当事人达成了民事调解协议，为化解家庭纠纷与社会矛盾起到了积极的作用。

（五）在家庭教育与亲子方面进行合理的建议

在社会观护服务过程当中，社会观护员发现部分监护人存在吸烟、酗酒、暴力等不良行为，甚至存在吸毒、虐待、遗弃等违法犯罪行为。为了给未成年人营造积极健康的家庭生活氛围，社会观护员会针对上述行为与当事人进行交流，引导他们调整不良行为习惯，鼓励他们为未成年人树立生活上的榜样，从而对未成年人的成长起积极的作用。另外，当社会观护员发现父母在教育过程中出现溺爱、放任、冷漠、专制、暴力等教育方式时，都会给予他们相应的合理建议，以期他们能够跟未成年人维持和谐稳定的亲子关系。

十、社会工作参与涉未民事观护服务存在的问题与对策

（一）社会观护员的专业能力需要继续提升

在社会观护服务过程中，未成年人及双方当事人会表达出多种多样的需求与诉求，尤其在调解过程中，双方当事人或因经济利益或因感情纠葛，加之部分当事人理解与沟通能力有限，导致调解工作无处着手。因此为了能让更多的双方当事人的矛盾化解在萌芽状态，从而为未成年人营造健康的生活环境，社会观护员在专业能力与工作方法方面还需进一步的培训与提升。

（二）困境未成年人缺少相应的社会支持资源（经济、医疗、教育等）

在前期的试点服务过程中，社会观护员主要进行调查、调解以及延伸观护的工作。而在实际服务过程中的案例，有多名身患重病（孤独症、营养不良等）的未成年人家庭陷入经济困境，并且缺乏相应的医疗资源，甚至出现未成年人因患病父母对其进行遗弃的情况。这些困境未成年人无疑需要社会观护员以及其他社会资源的支持，但就目前的情况来看，针对这些未成年人的社会支持资源偏少，并且需要更多的政府部门形成联动机制，对于我们

民事案件中的困境未成年人进行精准救助。

（三）社会观护员需要更多的安全保护与法律保障

就目前国内的法律背景而言，仅鼓励司法机关委托专业机构进行社会观护服务，但尚未对社会观护员的责任、权利、义务以及保障等问题进行明确规定。加之社会观护服务是一项崭新的工作，实践中存在当事人对这项服务接纳度不高、隐私保护意识较强的情况，不愿让社会观护员介入案件的审理，导致社会观护服务的开展受到阻碍，在一定程度上影响了服务效果。

另外，因为涉未民事案件与双方当事人的利益息息相关，加之双方对立情绪激烈，在实际服务过程中多次出现当事人将负面情绪过度向社会观护员宣泄的情况，为了自身的利益对社会观护员进行恐吓、要挟，甚至通过电话以及到工作单位对社会观护员进行骚扰。因此，我们认为不论从制度建设还是具体实践过程出发，都应通过多种手段对社会观护员的人身安全进行保障。

（四）对于开展此项服务缺少持续与稳定的资金支持

社会观护员从庭前调查、出庭、调解到判后观护均需要耗费一定的劳务、交通以及办公用品的费用。但社会观护经费保障机制尚未建立，法院受办案经费的限制，对社会观护服务的物质支持不很充足。目前北京市开展的涉未民事案件社会观护服务百例试点工作是由北京市共青团提供经费支持，而对于后续的资金支持还需要持续性的保障。

第四章

青少年司法社会工作服务案例研究

涉罪未成年人社会调查报告案例

——小宇司法社会调查报告

王璐倩①

一、基本情况

小宇，男，出生于×年×月×日，事发时 17 岁，身份证号为×××××，民族汉，籍贯山东，户籍所在地为×××××，文化程度高中，事发时正就读于北京某教育机构。

二、案情概述

2014 年 10 月某天 1 时许，犯罪嫌疑人小宇在北京市海淀区，以非法占有为目的，盗窃一个黄色钱包（内有人民币 3 000 元左右，事主身份证）、一个灰色钱包（无牌，灰色，2014 年 8 月购买，价值人民币 1 000 元左右。内有人民币 2 000～3 000 元，事主身份证）和一部 iPad，后被抓获。经讯问，该人对

① 王璐倩，首都师范大学北京青少年社会工作研究院国际交流部主任。

上述事实供认不讳，并交代了 2014 年 12 月某日在出租房盗窃一部黑色诺基亚手机、100 多元人民币和一串钥匙的犯罪事实。

三、成长经历

小宇出生于山东，自幼学习成绩较为优异、稳定，直至初中一年级。随着年龄的增长，小宇开始对外界环境感到好奇，希望可以多接触些新鲜事物和朋友，逐渐失去对学习的兴趣，开始将大部分时间用于和朋友玩乐。面对这样的情况，小宇的父母感到非常焦急，曾在小宇出现逃课情况时对其进行打骂，然而此举反而增强了小宇的叛逆情绪，与家庭渐行渐远。在小宇上初中二年级时，父母将小宇送到一个青少年训练营，希望可以通过为期半年的军事化管理训练使小宇变得听话懂事，改变其逃课、上网等不良行为习惯。父母的做法让小宇产生了反感、甚至憎恨的情绪，认为父母不理解他，心中更加反叛。从训练营回来之后，小宇如父母所愿回归了正常学校生活，但只坚持了一年左右，在初中三年级时再次出现贪玩、旷课等情况，并为此休学。小宇所在地区为小学五年、初中四年制教育，初四时需要面临中考。因此，当时已休学的小宇回到学校参加了中考，并考入了县里的一中。面对这一成绩，小宇的父母较为欣慰，亲子间关系有所好转。然而，在高一上了一年左右后，小宇再次厌倦了校园生活，逃离学校开始在老家附近打工。小宇称自己先找了一份手机销售的工作，半年后离职，开始了终日闲散的生活。在此期间，小宇脱离了家庭的管教，留宿在网吧或朋友家中，几乎很少回家，很少与家人沟通联络。一年后，小宇听从朋友劝说，认为自己如果想要过上相对自由的理想生活，首先要自己有本事，于是产生了继续就学的想法。与父母沟通后，小宇来到北京市某教育机构就学，希望可以考取本科自考文凭，以获得更好的发展。在北京就学期间，本案案发。

纵观小宇的成长经历，他曾在初一、高一、到京后等三个求学阶段中产生认真读书的愿望，并尝试为此付出努力，但均未能长时间坚持。对此，小宇表示较为困惑，“我真的想坚持，但学一段时间就觉得没意思了”，缺乏坚持的动力，也未曾体验过通过坚持努力而获得成功的经历。

四、个体状况

1. 个体综合特质

小宇自称双眼高度近视，除此之外身体健康、目前未见异常。在个体特征方面，小宇具备良好的思维及表达能力，能够对所经历事件进行较为主动的反思，反思态度积极，反思能力较好。小宇正值青春期，对外界环境产生好奇心，自我意识强烈，渴望拥有个人空间，向往自由自主的生活方式，对来自家庭、学校的管教和约束比较排斥、厌恶。然而，他缺乏自我控制能力，对生活也缺乏明确的目标和规划，生活状态较为散漫。

2. 个体生活习惯

在行为习惯方面，纵观小宇的成长经历，尽管他断断续续处于就学状态，但未能专心学习，整体生活状态比较散漫，曾将大部分时间用于网吧、酒吧等娱乐场所，存在出入网吧、流连酒吧、夜不归宿、逃课等不良行为习惯。

3. 法律法规认知状况

小宇知道盗窃是违法犯罪行为，属于知法犯法。然而，对于盗窃行为需要承担的法律后果，例如被羁押在看守所、完整的司法流程、将要面临的司法结果等缺乏了解，法律认知水平偏低。

此外，小宇在事发时并未想过自己会被抓，特别是在第一次偷盗成功之后，更是加强了他“感觉没什么事儿”的想法，侥幸心理较为强烈。

目前，小宇对自身行为供认不讳，认罪态度较好。在悔罪方面，小宇能够理解法律存在的含义，认识到自身行为给事主、家人及自己等诸多方面造成的影响，表现出悔恨与歉疚之情。同时，小宇通过本案的发生开始对自己过往的生活状态及行为方式进行反思，态度较为积极，并呈现出积极改正的态度。总体来说，悔罪态度较为真诚。

五、家庭及社会关系状况

1. 家庭状况

小宇出生在一个三口之家，家中有父母和小宇本人，家庭结构完整。

在经济条件方面，小宇的父亲在当地×部门工作，母亲开了一间×机构，家庭经济情况良好，可以维持日常生活以及小宇的就学消费。

在家庭互动关系方面，由于小宇在青春期的反叛情绪和表现较为强烈，与家人关系逐渐疏离，尽管期间因为学业的好转有所缓和，但总体而言亲子间关系较为疏远、缺乏有效沟通。对于父母的教养方式，小宇表示，父母曾经的打骂以及将他送到训练营的举动，使其一度对父母较为怨恨。尽管现在能够理解父母的做法，但在当时，这样的管教方式并未真正实现对小宇的有效监管。通过与小宇父亲的访谈，社工发现当小宇出现厌学、逃课、偷盗等一系列不良行为习惯后，小宇的家长开始以问题视角看待小宇，并认为其存在严重的心理疾病，将其标签化，因此采取较为简单粗暴的方式对其进行教育，教养方式存在问题。

2. 社会关系状况

小宇的朋友圈较为广泛，有其上学各阶段的同学，也有在社会上闲散期间通过游玩认识的朋友。小宇大多时间与朋友待在一起，共同到网吧、酒吧等场所娱乐，朋友圈对彻夜不归、逃课、饮酒、玩网络游戏等行为的认同，强化了小宇的认知，使其沉迷于此类生活不能自拔。

据小宇称，在他的同伴中，曾有人因打架被司法机关处罚。

总体而言，小宇的朋友圈存在不良甚至违法行为，并对其造成了负面的影响。

六、回归社会状况

1. 本人对今后发展的期望

小宇本想参与2015年的自考，但由于处于司法流程中，无法实现这一目标，于是产生参与明年高考的想法。但是对于如何就学、如何参与考试，小宇尚无具体计划，希望可以与父母沟通，获得父母的支持。同时小宇表示，如果自己不能成功就学，找寻工作学手艺也是自己的发展路径之一，但具体如何选择还希望可以参考父母的意见。总体而言，小宇对未来发展较为积极，希望可以通过努力获得新的生活，尝试对自身行为进行严格约束。

2. 家庭对其将来回归社会的支持态度

小宇的家庭对其持接纳和支持态度。本案发生之后，小宇在看守所内与父母进行亲情会见，双方情绪均比较难过，表达对彼此的思念，亲子间具备感情基础。小宇感受到父母的关爱，开始对过往与父母之间的对抗状态进行反思，回忆父母对自己的教导，表示能够理解父母的想法和做法，对自己的激烈态度表示愧疚。小宇的父亲也能够对自己的问题化教育方式进行反思，愿意转换视角，以优势视角看待小宇，帮助他获得成长和改善。

目前，小宇的父母正积极帮助小宇处理相关事宜，表示今后愿意协调资源帮助小宇就学或就业。

七、综合评估意见及帮教矫正建议

（一）此次违法行为因素分析

通过与小宇本人及其父亲的访谈，本报告认为小宇实施此次违法犯罪行为的原因有以下几点。

1. 小宇月生活费 2 000 元，但他缺乏消费规划，每月都会超额花销，入不敷出，在经济需求无法被满足的情况下，实施了盗窃行为。

2. 小宇生活状态闲散，经常出入网吧、酒吧等娱乐场所，消费习惯与自身经济能力不相符，因此时常出现入不敷出的情况。可见，闲散的生活状态加之无规划的消费习惯，是其实施此次违法犯罪行为的重要原因。

3. 据小宇称，他曾多次产生想要认真学习的意愿，但缺乏自我约束能力，难以长时间坚持。而纵观小宇的成长经历，他从未体验过长期坚持努力而获得成功的经历，缺乏自我管束和坚持的动力，导致其始终处于较为闲散的生活状态。

4. 小宇在实施偷盗行为时并未想过自己会因此被抓，而第一次偷盗行为的成功，也强化了他“偷东西没什么事儿”的认知，使其对国家法律产生较为强烈的侥幸心理，因而多次实施偷盗行为。

5. 小宇处于青春期，向往无拘束的生活，对玩乐事物充满好奇。而其所在朋友圈的生活方式也都如此，强化了小宇对于出入网吧酒吧、夜不归宿、逃课等行为的肯定，更加减弱了其对自身行为的约束。可见，朋友圈的不良导向间接导致了本案的发生。

6. 小宇的家庭缺乏对小宇的有效教养方式。自小宇出现不良行为之后，小宇的父母选择以问题视角看待小宇，对其采取比较简单粗暴的教育方式，导致小宇对父母日渐怨恨，亲子间关系疏离。一方面，父母的教养方式未能帮助小宇获得改善和成长；另一方面，父母无法及时了解小宇的生活动态，使得小宇处于半失管状态，间接导致了本案的发生。

（二）回归社会的不利因素

1. 小宇生活状态比较散漫，做事缺乏长性，自我约束能力较弱，不利于其获得稳定的生活。

2. 小宇的家庭教育理念存在问题，容易将小宇问题化，缺乏有效的沟通教养方式，不利于促进小宇的改变和成长。

（三）回归社会的有利因素

1. 小宇对法律知识的了解有所增加，能够认识到违法犯罪行为后果的严重性以及给他人造成的损失和伤害，法律意识得以提升。

2. 小宇能够对自身问题进行积极反思，表现出愿意改正的态度。目前，小宇能够在看守所内设定坚持的目标，并约束自己克服懒散以实现目标，开始尝试进行自我调整和约束。

3. 小宇的家庭对他持接纳和支持的态度。一方面，小宇的家庭成员间具备感情基础，本案发生之后小宇对家庭的责任感得到提升。另一方面，小宇的父亲能够对过往的教养方式进行反思，表现出愿意调整和改善的态度。总体而言，家庭具备为小宇提供成长和发展支持基础。

八、帮教过程及效果

（一）帮教问题

小宇生活状态比较闲散，自我约束能力较弱。他表示，在他的成长过程中，曾在初中、高中、到京读书等三个阶段中产生想要积极读书的意愿，并且努力了一段时间，但最终未能坚持到最后，缺乏长性。而纵观其成长经历，小宇从小并未体验过因坚持努力而获得的成功，缺乏坚持的动力，缺乏来自外界的支持鼓励，容易半途而废。

（二）介入过程

20××年×月×日，小宇第一次访谈：初步建立关系，对小宇的成长经历、个体认知、行为习惯、家庭情况、社会交往情况等维度进行初步社会调查。

20××年×月×日，小宇父亲电话访谈：对小宇的成长经历、家庭情况进行社会调查，重点了解小宇家庭教养方式、亲子间沟通情况等内容。

20××年×月×日，小宇第二次访谈：对小宇在看守所内的生活情况进行了解，缓解他因思念亲人、不适应监禁环境等原因产生的负面情绪。由于临近春节，小宇的情绪比较难过、激动，社工对其进行正向支持，鼓励他积极面对现有处境。

20××年×月×日，小宇第三次访谈：了解小宇在春节期间的感受和经历，对其进行情绪支持。在情绪缓解的基础之上，与小宇就本案发生的原因进行深度访谈，引导小宇对自身行为进行反思，并从生活状态、家庭教养等方面进一步开展社会调查，对初次社会调查进行补充、完善。

20××年×月×日，小宇父亲电话访谈：在与小宇的交流过程中，社工发现小宇的家庭看待小宇在成长中产生的偏差行为时，多以问题视角，并采取强硬粗暴的手段干预，存在问题。社工就此与小宇的父亲进行交流，将小宇愿意积极反思的状态告诉父亲，并鼓励他以优势视角看待小宇的偏差行为，为小宇提供成长和改善的空间。

20××年×月×日，小宇第四次访谈：小宇认罪悔罪态度良好，能够通过本案的发生对自己此前的生活状态和行为方式进行反思。在此基础之上，社工以法律存在的意义与偷盗行为的危害性为内容，与小宇进行深入交流，巩固他对国家法律的正确认知。在交流的过程中，小宇进一步对自己闲散的生活状态、与父母之间的矛盾冲突等内容进行主动反思，表现出想要改善的意愿。

20××年×月×日，小宇第五次访谈：以小宇难以约束自身行为、做事缺乏长性为主题与小宇进行访谈，深度了解他在初中、高中、在京读书等三个阶段中想要努力但未能坚持的原因。通过访谈社工发现，小宇并未经历过通过努力而获得成功的体验，因此未能产生积极坚持的动力，容易产生半途而废的想法。对此，社工鼓励小宇以在看守所内能够完成为标准设立目标。在小宇选择体育锻炼的基础上，与之共同讨论目标的可操作性，对目标进行调整，约定其每天完成俯卧撑100个、仰卧起坐50个，将实施情况记录下来，若未能完成，则将未能实施的原因记录下来。

20××年×月×日，小宇第六次访谈：与小宇分享其十天内的锻炼情况，小宇完成情况良好，对此社工引导他反思在过程中遇到的困难以及自己当时的情绪、最终的解决方法等，鼓励他关注过程中的细节，将成功的经验复制到以后的生活中。

20××年×月×日，小宇第七次访谈：回顾与小宇前六次的访谈内容，引导他反思自己发生的变化，并对其进行支持和肯定，强化小宇的正向改变。同时，社工与小宇约定定期将锻炼记录以书信的方式进行交流，争取通过不断的坚持获得成功的体验。

（三）帮教效果

小宇自我反思状态较为积极主动，能够对自身行为进行比较深刻的反思，认识到偷盗行为的严重性和危害性。同时，小宇能够对过往的生活状态进行比较清晰的厘清和思考，产生积极的改变意愿。对于自己难以坚持实现目标的状态，小宇已经开始以在看守所内进行体育锻炼为形式，尝试设立目标、约束自己，希望可以找寻成功经验，并复制到今后的生活中，使自己获得成长和改善。

涉罪未成年人社会调查服务案例

——“为车生，为车死，为车奋斗一辈子”

王璐倩[①]

事件回顾

张晋(化名)，十七岁，是一位北京的高中生，就读于××中学。和大多数男孩子一样，张晋贪玩好动，与众不同的是，张晋极热爱与摩托车有关的事物。2011年，张晋和他的朋友结伙盗窃了一辆价值人民币1 600元的轻骑牌150CC摩托车，当时被小区物业工作人员抓获。在这之前，张晋于2010年曾伙同他人盗窃摩托车被拘留15日。

此事之后，张晋被海淀分局取保候审，社工工作持续了一年时间，直至张晋取保候审法定期限届满，自动解除取保候审强制措施。目前，张晋就读于北京某大学。

① 王璐倩，首都师范大学北京青少年社会工作研究院国际交流部主任。

赴汤蹈火的爱——为车生

初次与张晋在看守所见面时，我只觉得他像个有钱人家的小少爷，身在福中不知福，还动不动就对家人发脾气，任性到不顾一切。很快，张晋被取保候审，我们在外面又见面了。这次，我眼前一亮，脱去了看守所号服的他干净利落，衣着得体，还尽显潮流时尚，唯独发型在看守所里变成了圆寸，有些不太搭配整体的风格。我提到发型，张晋瞬间腼腆起来，很是不好意思。

几经交流，我发现张晋的家在某小区里，环境安全、舒适，他的父亲在××机构工作，母亲就职于一家医疗用品公司，父母工作稳定，收入可观，其家庭能够给予张晋较高水平的物质生活，所以张晋近乎无忧无虑，单纯地享受着生活的美好，追求着自己的喜好。

张晋和许多中学生一样，非常喜欢摩托车，认为摩托车是一种潮流的象征。其绚烂的外观十分拉风，可以提升回头率，另一方面其超快的速度可以带来难得的刺激感受。因为未满十八岁的学生考不了驾照，买不起汽车，摩托车则成为方便他们的代步工具。

在我所接触过的摩托车车迷中，张晋无疑成为我印象最深刻的人。他几乎每天都会在网上观看有关摩托车改装或者竞技比赛的视频，摩托车的品牌、产地、性能、价位等，他都能倒背如流。张晋经常和车友们一起骑车郊游，畅聊有关摩托车的话题。他酷爱骑车，享受速度与激情，他热爱和摩托车在一起，他告诉我有时候自己闲得没事，跟摩托车说说话都能让他轻松和愉快。此次事件之前，张晋曾有过四辆摩托车，他还与车行交往密切，参与摩托车及摩托车改装的交易。他身边的朋友，无一不知道他是个“视车如命”的人，完全沉浸在摩托车的世界中。

因爱生恨——为车死

青年人都有着自己的爱好与追求，热爱摩托车本身并没有什么错，时尚炫酷的东西大家都会喜欢，但并不是所有人都盲目、执迷，为了热爱不顾一切，甚至是死。

张晋共有两次盗窃摩托车的经历，中间间隔了一年的时间。当时我很好奇，已经有过四辆摩托车的人，为何还要偷车？他拥有的车都是偷来的吗？答案出乎我的意料。

张晋的父母对他比较溺爱，可以说是“有求必应”，张晋说想买车，父母最多拖一阵子，但也会买给他，没有阻挠过张晋的爱好。但是，张晋却不能理解父母的担心，两次盗窃都是面对父母阻拦他买车骑车的对抗行为。原来，张晋第一次盗窃，是因为他想要买一辆一万多元的摩托车，父亲拒绝，张晋很不高兴，产生了强烈的逆反心理，“父亲不让买我就偏要有”，于是盗窃。拘留十五天的惩罚并没有留给张晋深刻的教训，父亲担心他再次盗窃，便妥协给他买了车。此次，张晋父亲听闻近期交警对无照驾驶摩托车处罚严厉，因此将张晋的摩托车没收，十八岁前不再允许他骑车上路，张晋与父亲多次协商无果，于是再次采用了盗窃的方式，以对抗父亲。正是由于对摩托车的挚爱，父亲的阻止令张晋心中生恨，他再次选择赴汤蹈火，但这一次，张晋没有那么幸运，因为盗窃被抓进了看守所。

爱的升华——为车奋斗一辈子

我联想到近期看到的一个电视节目，一位母亲为成全儿子的所有追求，在儿子十几岁时送了他一辆宝马轿车，在节目中，这位母亲称孩子有自己的思想和追求，而家长的做法是表示对孩子的“尊重”。遵照我国法律法规规定，未满十八周岁的未成年人无法考取驾照，无照更是不得上路行驶，这位母亲连国家的法律法规都漠视不管，何来“尊重”孩子一说？反倒是弃孩子的安全于不顾，对孩子不负责任，也对社会不负责任。

爱子心切，众人皆可理解。但是，再炽热的爱也应当是理智的，是非分明的，而不是盲目、放肆的。青年人应该有自己的喜好，有独立的思想，有个性的追求，但是在爱与追求的道路上，要懂得使用正确的方式方法。张晋也需要明白这个道理，将他对摩托车的爱升华为一种理智的追求。

我和张晋的约见总共有五次，另外通过互联网交流过四次左右，回顾这个阶段，我更像个普通的姐姐一样陪伴他走过。在这期间，我有意和他畅谈摩托车，虽然我了解得不多，但是张晋却愿意为我讲他与摩托车的故事，借助这些话题，我会表达自己的体会和见解，张晋也更容易接纳和吸收。

我和张晋分享了我对摄影的热爱，并且对他讲述了我曾经为买一颗镜头而付出几年劳动收入的经历。聊起在爱好中的投入，我们有很多共同的经历和体验，彼此分享和学习。社工也好，朋友也罢，张晋的片面和不正确的认知体系都还需要我帮助他矫正，对于我们面对追求爱好受阻时所采用的解决方式的差异，我引导张晋对自己的方式进行反思，学会理智地处理自己的需求和现实之间的矛盾。

在对自己过去的盗窃行为达成相对清晰的认识以后，我和张晋便自主地聊到未来规划。一直生活在父母身边从未进入社会的张晋还没有考虑过自己今后的人生，他不曾想过何时开始工作，何时独立生活，何时通过自己的劳动换车、改车，他理所当然地依靠着父母的经济支持，享受生活和娱乐，缺乏上进心。我借助“生命线”习作，引导张晋憧憬未来的美好生活，并促使他规划十年以内的生活，在这一过程中，换位思考也是我们讨论最多的话题。张晋并非自私自利，他是个重感情、重情义的人，只是曾经的生活安全而舒适，父母的宠爱令他越发得寸进尺，而他却不曾体会过父母的辛苦。

一天，张晋突然在网上发来消息：“我准备找个学上，现在就上班，以后没前途。”我看到觉得惊喜，觉得张晋一瞬间就长大了。他告诉我最近他看了一部名叫《父亲》的微电影，看完便醒悟了，他认为自己曾经的所作所为和电影当中的人物一样，不懂得体会父亲的良苦用心，还一直在伤害深爱自己的父亲。之后，张晋就很少出去瞎玩了，大多数时间留在家里，奶奶来到北京，他还主动提出带奶奶四处转转，令家人倍感欣慰！

不久后，张晋过了十八岁生日，第二天他便在父母的支持下报名学习摩托车，顺利考取了摩托车驾照。如今，张晋已经正式成为了一名具有资格的摩托车驾驶者，他向我“炫耀”，我也为之骄傲。

目前，张晋已经在父母的帮助下进入了北京某大学学习，他开始思考着自己以后的发展，我坚信，张晋会通过这样一次机会，为自己的梦想付出努力，继续履行自己的诺言——“为车奋斗一辈子”。

反 思

青年人本该拥有青年人的特点，张扬也罢，异想天开也罢，沉浸在自己的爱好中也罢，爱车无错，难得一位青年人能够在某一类事情中投入全部的精力，这样的精神是值得鼓励的。但不能盲目地热爱，执迷般不顾一切地赴汤蹈火，可能每个青年人在生活中都会遇到困惑，阻碍了自己的追求，于是他们年少轻狂地、自以为是地去解决这些困惑，甚至不惜采用不合理的手段，这样很不成熟，也很不负责任。

成长是一个过程，可能是漫长的，也可能像张晋一样，一夜之间顿悟，无论时间长短，我都不认为打压青年人的爱好和梦想是个好方法，我也有梦想，我也曾有无数的幻想，这些梦对我而言是美好的，拥有过它们让我觉得很幸福，所以我也愿意呵护每一位青年人的梦，保护他们现在拥有的爱好和梦想，并带领他们将内心的热爱升华，在追求梦想的路上奔跑。

涉罪未成年人观护帮教服务案例

李　涵[①]

一、基本资料

小旭，男，汉族，文化程度小学。小旭案发前在北京市无固定住址，处于无业状态，自2015年起，小旭伙同他人多次盗窃超市内食品、洗面奶等物品，后被抓获。自2014年起，小旭曾因盗窃被司法机关行政拘留3次。小旭出生不久后母亲离家，被父亲一人抚养长大，父亲已年过70，父子间沟通很少。小学毕业后，小旭因家庭经济条件及自身学习兴趣的问题选择辍学，在家赋闲一段时间后，年仅14岁的他独自一人来北京打工，从事多种临时性工作，其间伴有多次盗窃行为。2016年，小旭被北京市海淀检察院处以附条件不起诉决定，现已顺利完成考察期，海淀检察院对其作出不起诉决定。

---

① 李涵，首都师范大学北京青少年社会工作研究院服务部主任。

二、环境系统

1. 家庭支持系统

小旭的母亲是智障人士，流落到村里与时年 50 多岁的小旭父亲生下了小旭，在他三四岁的时候母亲就跑了，再也没有回来。因此在小旭的成长过程中，父亲一直照顾他的日常生活，但父亲至今已经 70 岁了，年纪较大，没有工作，现在在家休养。

关于小旭的家庭经济状况，村主任称，“小旭家的经济情况在村子里属于比较差的，所以我们村对他们家也尽量照顾。小旭父亲是退伍军人，有一些补贴，加上村里边为他们家申请低保，所以各项补贴加起来每个月可以为小旭父亲提供 500 元生活费，钱虽然不是很多，但可以维持父子两人基本的生活”。

关于家庭教育和家庭关系，小旭称，“我从小没怎么见过母亲，父亲每天照顾我。我们俩的关系挺好的，他会教育我好好做人，但因为他岁数比较大，所以有时管不了我，2013 年我跑出来之后也没有跟他打电话联系过，我在北京也没有任何亲戚，所以他也不知道我现在的生活情况”，可见小旭在北京打工生活期间，家庭无法在教育、经济以及感情方面对小旭提供积极的支持，未能预防其违法行为的实施。

2. 社群系统

关于社会交往情况，小旭在北京工作变动很大，十分不稳定，所以他没有关系特别亲密的朋友，只有几个同龄人关系还不错，工作之后在一起娱乐，其中就有人开始带着他偷东西，后来他就学会自己去偷，可见小旭的朋友圈存在盗窃的不良习惯，在观念以及行为上对小旭造成了不良影响，也是其实施此次行为的间接原因。

关于小旭家的亲属关系，村主任表示，“小旭父亲为人比较有个性，一辈子都没有结婚，跟小旭母亲在一起也没有正式的手续，并且他和自己的兄弟姐妹的关系也不太好，相互之间没有什么来往，这些亲戚听说小旭偷东西犯罪都觉得是件挺丢人的事情，这些亲戚年岁也都很大了，都有自己的生活，也没有办法帮助他们”。

三、需求与评估

1. 个体

小旭表示，“之前没想到法律这么严厉，这次被关押了这么久很难受，以后肯定不会再偷东西了。我在北京没有亲戚朋友，今后想回家和父亲生活在一起，种植一些农作物，也可以打一些零工，来获得一些经济收入。虽然偷东西的习惯不好改，但我相信自己有能力用劳动来获得经济收入，不再犯同样的错误”。

另外，小旭表示如果今后有可能，愿意到社工指定的帮教基地进行工作，这样在基地观护员的指导和社工的引导下，学习一门职业技能，为未来求职做准备。

2. 家庭

父亲表示，“如果小旭愿意回来见我，我还会见他，但我岁数大了，不太能管他了，另外家里的条件不好，所以希望他能在外边好好生活，希望检察官和社工能帮助他改造并给他更多的支持”。可见父亲在对小旭的监管和教育方面处于力不从心的状态。

3. 综合评估

(1) 小旭自幼流浪在外，在成长中缺少基本的教育与照料，因此他在是非观、人生规划、个人能力、行为控制等诸多方面都缺少应有的基础，存在较多认知、行为方面的问题。目前，小旭正处于是非观、人生观等形成期，是对其开展教育的重要时机，若不能及时进行教育，则难以避免其再次违法犯罪。

(2) 小旭家庭的支持能力较弱，他也不具备任何其他社会支持，以致他会陷入生活无着落的困境，急需帮他构建支持体系，以便他在回归社会的过程中不会再次因缺少支持、没有生活来源的情况而陷入困境，实施违法犯罪行为。

四、服务目标

1. 总目标

提升法律意识，养成良好的生活习惯与行为习惯，提升自信心与自尊感，构建支持体系，促进融入社会，以降低再犯风险。

2. 分目标

(1) 提升小旭的法律法规意识，增进其对法律法规的理解与认识，并有意识地以法律法规为自己言行的准则。

(2) 促进小旭良好生活习惯的养成，改善风险行为的习惯，提升小旭的自信心与效能感，以鼓励小旭对生活存有积极追求。

(3) 协助小旭获得社会支持，学习生存技能，避免其再次陷入衣食无着的困境。

五、服务计划

1. 组织小旭参加超越社工事务所开展的小组活动，通过在活动中沟通与渗透，开展法律意识提升、认知行为调整的工作。

2. 通过个案、小组活动的方式，帮助小旭进行行为训练，改善其言行方面存在的风险，提升其自信心与个人能力，助其顺利回归社会。

3. 调动资源为小旭提供支持，修复家庭支持能力，为其提供生存条件，进行技能训练，避免其再次陷入困境，降低再犯风险。

六、服务过程

1. 小旭参与“城市历奇”系列小组活动 18 次。

超越社工事务所开展的城市历奇系列活动以提升成就感和效能感为主题，活动中既需要完成体能方面的挑战，又需要完成“公益服务”任务，通过挑战与任务的设计，使小旭能够感受到自身的能力与价值，从而获得效能感。在活动中，小旭出勤状况良好，遵守活动约定，能够逐渐融入小组，并积极表达自己的观点。在活动中，小旭通过社工的肯定与自我认识的提升，较好地达成了提升效能感的初期目标，并且提升了自尊心、自信心，在沟通能力等各方面均有提升，为其将来顺利回归社会打下了良好的基础。

2. 附条件不起诉结束后，小旭在超越社工事务所的观护基地申请住宿4天4夜，并接受观护基地的工作资源链接服务。

为了对小旭开展更有效的教育与支持，在附条件不起诉期间，小旭一直在政府指定的观护基地“X餐馆”工作，观护期满后，小旭面临失去食宿地点和工作的现状，为了降低风险，他申请具有食宿条件的观护基地的住宿，并着手寻找下一个工作岗位。在附条件不起诉期满以前，小旭曾寻找送外卖、送快递等工作，但在面试时，因需要调查其违法犯罪记录，他主动放弃该工作。在观护基地住宿期间，为了让小旭有更好的技能培训与个人发展，超越机构为其介绍了一家日本劳务派遣公司，通过学习日语，可到日本工作三年，并获取相应技能，赚取可用于将来生活的劳动资本。经帮他介绍、实地走访，小旭自行决定在北京工作，放弃去日本工作的机会。社工尊重小旭的选择，并继续与小旭探讨寻找工作的方向，鼓励小旭发挥自己的能动性，最终小旭找到了一家餐馆，工作至今。

七、目标达成情况

超越社工事务所组织开展的城市历奇系列活动以提升成就感和效能感为主题，活动中会有具体的活动规则要求，对于小旭而言需要严格约束自己并挑战自己的能力限制。在活动中，小旭能够坚持每周参与活动，并按照活动要求不迟到、不早退、尊重他人、不骂人等，对其理解、尊重他人与提升规则意识有所助益，也让小旭体验到了自身可以进行自我约束。

在服务期间，小旭通过在观护基地的工作掌握了一定的生存技能，也遇到了前所未有的挑战，如在一个环境中稳定长达8个月的时间、与同事及领导进行积极沟通促进理解等。小旭逐渐提升了沟通能力，能够理解他人的想法，并学会了表达自己的想法，也逐渐适应了工作环境，掌握了一项生存技能。以上能力的提升为其将来顺利回归社会打下了坚定的基础。

目前，小旭一改以往四五年不稳定的生存状态，能够通过自己的劳动换取生活资本，并且能够积攒一部分工资，为以后的学习与发展做储备。值得一提的是，小旭在服务期内曾 2 次回家看望自己的父亲，并给父亲留下了一些钱作为对父亲的回报，相较于此前他 4 年多不与父亲联系且一次不回家，小旭的变化有目共睹。

八、跟进建议

小旭的父亲已年逾七十，且经济能力较差，亲职教育能力很弱，将来能为小旭提供的支持几乎为零，因此小旭必须依靠自己的能力立足社会，需要对他进行支持，鼓励其逐步获取稳定的支持来源，如一技之长、稳定的朋友圈等。

合适成年人服务案例

——一次简短而不简单的道歉

雷晓桐[①]

合适成年人制度确立目的是更好地保障未成年人的合法权益，我们作为合适成年人时，不仅要在未成年人被讯问时提供支持，还要对未成年人回归社会后进行帮助。在此，我想向大家讲述我和案主小陈的故事。

作为合适成年人，我经常在海淀公安分局执法办案中心的社工站工作。在工作时，从违法未成年人进入前台登记、存物、信息采集、体检、讯问等相关流程，我都会作为合适成年人在旁陪同，起到见证、保护的作用。同时，我也会利用这些工作的间隙和未成年人沟通，争取和他们尽早地了解和建立关系。

那天在前台，我见到了小陈，小陈的个子很高，很消瘦，留着长头发，看上去是一个挺帅气的男孩。事先我向民警了解到小陈的父母不能及时到

① 雷晓桐，首都师范大学北京青少年社会工作研究院服务部社工。

场，交流中我首先向小陈介绍了自己，说明了身份，让他了解我会临时作为他的法定代理人参与讯问，保护他的合法权益，同时有需要帮助的可以和我说。随后我询问了小陈最近的生活状态，小陈不愿过多提及，我又问了小陈家里的情况，小陈依然沉默不作答，双手紧紧地握在一起，从中我感觉到小陈处于紧张和焦虑的状态，在这种状态下很难和小陈建立关系。我尝试转移话题，从一些轻松的话题开始，试着与小陈沟通。于是我问小陈："你平常休息的时候都喜欢玩什么？"小陈说："我喜欢骑车郊游。"我和小陈讲述了我骑车的一些经历以及游玩的地方，当提到我们都去过的地方时，小陈也会打开话匣，说说自己的游玩经历和对景点的看法，慢慢地我又从小陈口中了解到他所去过的地方、他平日里的喜好和生活习惯。随着聊天的进行，小陈不再那么紧张害怕，开始接纳作为合适成年人的我。为了明确他对我的认识和巩固关系，我再次和小陈详细地介绍了我来的目的，这次的介绍小陈听得更仔细了，我和他的关系算是初步建立起来。对我来说，这是和小陈开展工作非常重要的一步，和小陈建立良好关系很重要，良好的关系才能帮助我更好地了解他和帮助他。

前期我和小陈建立了良好的关系，在讯问开始前我尽力帮助他了解接下来他要面临的讯问等司法流程。良好的沟通也使小陈不像刚进入办案中心时那么紧张焦虑，所以当小陈在面对民警讯问时，他端坐并且双手自然地搭在座椅上，冷静地和民警讲述事发过程，其间没有表现出不良的情绪，可以清楚准确地讲述事发经过，如实地接受讯问。其间我一直在旁陪伴、观察，也会用眼神对他进行鼓励和肯定。讯问进行得很顺利，讯问结束后，民警和我一起对小陈进行了训诫教育。民警首先从法律方面说明了小陈此次违法行为的严重性，警示他要引以为戒。我也询问了小陈当时的想法和认识，小陈讲述是因为自己和QQ群里的朋友发生了矛盾，随后和朋友约好了地点，自己只是想和朋友解释清楚，见面后无意中将朋友的手臂划伤，小陈表示自己很后悔那么做，不应该那么冲动，以后要冷静地处理问题。

在小陈离开办案中心前，我和小陈签署了"守护青春"观护帮教协议，告知小陈会有社工对他进行为期三个月的跟进服务。为了使后续服务更有针对性，我利用他等待处罚结果的时间，和小陈进行沟通，了解、收集他更多的信息。在和小陈的沟通中我了解到，他的老家在河南，三年级的时候随父母来到北京，此后就在北京上学，但是仅仅上了一年小陈就和父母商量辍学，辍学后他一直处于赋闲在家和打零工的状态，文化程度比较低。小陈先后做过工地装卸工、电焊工、安装机组工人、厨师以及电子厂工人，有一定的工作经验，也比较能吃苦，但是与人交流的能力比较弱。最近两年，小陈都是自己在北京打工，父母不在身边。在京期间，他很少给父母打电话，和父母沟通较少，同时自己的朋友也很少，基本就是独来独往，平时有事也没有商量的人。所以这次和朋友发生冲突后，小陈在人际沟通方面的不足就表现出来，不能很好地化解矛盾，导致违法行为的发生。在小陈离开前，我鼓励小陈在日常生活中学习文化知识，以及遇到突发事件时要冷静地处理。

我和小陈的工作到此并没有结束。过了几天，我给小陈打了电话，跟进了解他释放后的情况，我得知他回到工作单位继续上班，工作和生活都很稳定。几天后小陈又给我发了微信，表示自己想去朋友家里道歉，但又很迷茫，不知道该怎么做，自己在北京没有亲人和朋友，所以想让我陪同。我肯定了小陈想表达歉意的想法，和小陈一起商量和朋友当面道歉的一些细节问题。为了稳妥起见，我和小陈沟通，由我先与被害一方联系，了解对方的意愿，之后再作决定。很快，我和对方取得了联系。十分凑巧，小陈的朋友此前参与过机构社工组织的活动，对我们社工比较了解，省去了建立关系的周折。在我说明小陈想当面表达歉意的想法后，朋友的爸爸对我们也很接纳，表示我们去当面道歉，对他儿子此次受伤的心理创伤也是一种抚慰。

在做了一些心理和话语上的准备之后，当天小陈买了水果，和我一起来到朋友家里。双方都是大男孩，性格直来直去，在我帮忙说明来意后，大家便直奔主题。当着朋友的面，小陈说："对不起，我不应该把你划伤，你的伤还疼吗？"他得到了积极的回应，朋友说："没事，已经好了。"虽然言语很短，我能看出小陈是很诚恳地向朋友表示歉意。之后，小陈和朋友互相说出了自己的心里话，以及事发当时的想法，两人都表示以后不会那么冲动，聊着聊着两个人笑了起来，似乎忘记了之前发生的事情。离开时，小陈对朋友说有什么事可以给自己打电话。通过小陈释放之后和道歉过程的表现，我也更加地放心小陈不会再犯类似的错误。

经过这一系列的事情，我开始成为他在北京生活中的一点点支持。在道歉后的一周，又一次小陈出门忘了带钱包，向我借了20元钱。我询问了小陈借钱的用途后借给了他，并和他约定好了还款日期，以此来约束小陈，鼓励他养成良好的习惯，后来小陈如约归还。现在通过电话、微信，我们也时常联系，了解他的情况。这就是我和小陈的故事。

违法未成年人训诫教育案例

王徐晖[①]

一、个案来源

公安机关委托的违法未成年人训诫教育个案。

二、个案信息

小航(化名),性别男,案发时 16 周岁,籍贯吉林,文化程度初中。案发前小航已在京工作两个月,从事服务员工作,辞职准备返回老家。小航在京无亲戚朋友,也无固定住所。

三、案件信息

小航于 2016 年 8 月某日凌晨,在海淀区一家网吧内意图盗窃他人手机,后被抓获。因小航案发时属于未成年人,其盗窃财物数额未构成刑事犯罪,

① 王徐晖,首都师范大学北京青少年社会工作研究院服务部项目主管。

公安机关对其作出行政拘留(不执行)的决定。

在作出处罚决定后,办案民警与社工一起对小航进行了训诫教育,并签署了为期三个月的服务协议,随后社工对小航开展服务。

四、需求评估

1. 小航自述此次实施盗窃行为的原因是从打工的单位离职,想要回家,但是所剩的金额不够支持他回家,所以才想通过实施盗窃行为满足自身需求。所以小航有获得经济支持方面的需求。

2. 小航此次被抓获后释放,但是他在京没有任何亲属,身无分文,从办案单位离开后衣食无着,缺乏支持资源将使其面临生存危机,极有可能再次发生越轨或违法犯罪行为。

3. 据社工了解,小航此次来京打工前系高一年级学生。经过外出半年多的工作和生活体验,小航有继续上学的想法,但自己处于内心的困惑选择中,对未来的发展目标没有明确的想法。

五、服务理念与理论

1. 马斯洛需求层次理论:马斯洛把需求分成生理需求、安全需求、爱和归属感、尊重和自我实现五类,依次由较低层次到较高层次排列。

在小航此次违法行为中,他表现出满足其生理和安全的需要。而他被释放后独自在京,现实中同样存在着满足基本生理需求和安全需求的问题。

2. 埃里克森人格发展八阶段理论:埃里克森认为,人要经历八个阶段的心理社会演变。这些阶段包括四个童年阶段、一个青春期阶段和三个成年阶段。每一个阶段有这些阶段应完成的任务,并且每个阶段都建立在前一阶段之上,这八个阶段紧密相连。青春期阶段是 12 岁至 18 岁之间,这一阶段的主要任务是完成自我同一性的探索。在这一阶段发展的主要冲突是自我同一性和角色混乱的冲突。

小航此前高中辍学打工受到周围人的影响,自己对学习缺乏信心,他也想出去闯荡试试，不想被学习和父母束缚。但是在经历了工作和生活的体验后，小航感到迷茫，不知道自己今后该做什么，处于困惑之中。小航面对的问题和青春期培养自信，完成自我同一性探索的过程十分一致。

六、服务目标

1. 危机介入：针对小航释放后无处可住、衣食无着的困境，为他提供短期住宿的临时观护服务。

2. 与小航进行沟通，了解其后续的去向，设法帮助其寻找工作或是回家，获得良好的支持监管环境。

3. 针对小航此次发生的违法行为进行法制教育，帮助其认识自身行为的危害，调整偏差认识。

4. 与小航进行沟通，帮助其对今后的发展路径进行利弊分析，明确日后发展目标的选择。

七、服务计划

1. 针对小航临时住宿的需求，社工安排好观护基地住宿生活的相关事宜，陪同小航在观护基地短期住宿，计划3～5天。

2. 在住宿期间与小航沟通，明确他的想法，从联络与他能力相应的工作单位和联络其家人两方面做准备。

3. 让小航参加机构开展的小组活动，通过在活动中渗透和个案访谈，开展法制教育和协助自我同一性探索的工作目标。

八、服务过程

2016年8月某日，社工先是在海淀分局执法办案中心为小航违法案件的询问过程提供了合适成年人服务，在这一过程中与小航初步建立关系。在小航被作出行政拘留不执行的决定后，社工配合民警对小航进行了训诫教育并签署了帮教服务协议。社工主要介绍了能够为其提供的支持与帮助。

次日上午，小航被释放后主动联系社工，社工及时开展工作，在地铁站接到小航，将他带到机构的观护基地开展临时观护服务。社工安排了小航的食宿，帮助他熟悉观护基地环境和其他社工。下午，小航在旁观摩了社工组织的桌游小组活动，之后社工与小航进行了访谈，了解到如果有合适的单位他愿意留下工作，如果能联系上朋友他也愿意回家。社工之后一方面联络和了解能为小航提供工作的其他观护基地情况，另一方面帮助他用 QQ 设法与姐姐、朋友联系。

第三天上午，小航参与了社工组织的足球小组活动，在活动中小航比较投入。在活动中和活动后，社工与小航进行了访谈。下午，社工将联系工作单位的情况和小航进行了沟通，他在权衡之后决定还是回家，打算日后继续上学。所以，社工向机构申请了小额救助金，用于支持小航购买车票和路费回吉林老家。

第五日，社工陪同小航前往北京站，协助他办理了临时身份证，并且购买了前往吉林的火车票，在小航进站后，社工对小航的观护和帮教工作暂告一段落。

从小航返家后，社工和他一直保持着 QQ 和电话联系。期间为了确保其回到家中，小航发来了他和家人、朋友在一起的照片。

根据帮教服务协议规定，社工对小航开展的服务工作为期 3 个月，至 11 月止。小航返家后社工通过微信、QQ 等方式联系开展工作，支持他返家后就学就业。由于小航身处外地并且短期没有来京打算，所以训诫解除宣告会没有召开。社工目前对小航的个案转入跟进回访阶段，主要通过 QQ 和电话了解其现状，确保其安全稳定。

九、服务成效

1. 在小航想要回家但自身缺乏能力和资源、在京生活没有着落的困境下，社工调动机构内外的资源，为小航提供了有力的支持。小航在社工的协助下在京平稳过渡，现在顺利返家，行为表现良好稳定，没有再出现因为生活困境而发生越轨或罪错行为。

2. 在法制教育方面，社工通过开展的训诫教育、小组活动和个案访谈，帮助小航理解此次行为的违法后果，加深法律意识。小航在释放后愿意主动联系社工，这能够反映民警、社工对他进行的训诫教育起到了良好的作用，他能够通过正向渠道寻求支持和帮助。在访谈中小航也表示："自己太冲动，没有想过后果会这么严重，自己也丢过手机，换位思考的话自己也不愿意东西被偷。"

3. 在自我同一性探索、明确发展目标方面，在足球小组和桌游小组后，小航同社工分享感受，他表示："以前觉得自己学习不行，学习又辛苦，身边的朋友都上班挣钱，有钱又自由。但是现在再想想，干什么事情都不容易，就像学踢球也不容易，我觉得我自己还是有能力好好学习的。"所以小航明确了回家继续上学的想法，也初步树立了对学习的信心。社工在访谈过程中和后来 QQ 联系时也不断肯定小航的能力，激发他的自信心。

十、总结反思

1. 在小航的个案中，机构不同服务部门的社工很好地对接，发挥了合力的作用。前期开展训诫工作的社工，在建立关系和介绍服务方面所做的努力为后续开展服务创造了良好的基础。

2. 在小航的服务过程中，社工调动了多种手段开展工作，运用了小组、个案的形式，同时也充分调动资源为案主提供支持，所以取得了良好的效果。

3. 由于案主返回老家，服务过程只聚焦在短短的几天时间里，后续开展的服务在力度和效果上都不如前期工作取得的成效，所以服务形式对服务效果还是有比较直接的影响。

4. 在服务过程中，社工主要在个体和支持环境方面开展了工作，但是对服务对象的资料收集和评估工作所做不多，尤其是在获得家庭资料和开展服务工作方面存在缺失。

不良行为青少年教育矫正案例一

——个案服务

金超然[1]

一、服务背景

小美的基本信息：女，接案时就读高中一年级。其父亲在河北老家卖水果，有高血压、心脏病，一个人生活，母亲在京生活，无固定工作，无固定收入，孩子在校的费用多由老师资助，其他开销靠男友，母亲有时候也会给小美提供一定的生活费。在学校里，小美很少有女性朋友，多数是异性朋友，在校外有六七个关系较好的朋友，校内外关系也集中在与异性的交往上。

小美是学校转介的个案，班主任觉得小美成绩很好，在学校表现也挺好的，而且不在校外惹事。教师期待通过社工服务来改善其社会交往，促使其自食其力。

① 金超然，首都师范大学北京青少年社会工作研究院。

二、需求评估

自述：期待从社工身上学到更多的东西。

家人描述：期待能与案主有更多的沟通和交流。

校方描述：期待其能改善社会交往，经济独立。

社工评估：促进其提升发现自己身边的资源并利用资源解决生活中的问题的能力。

案主本人的需求描述是一个比较直接的描述，这也是案主本身的能力之一，案主能够和比自己大的人比较快地建立关系，并从他们身上收获知识。但是在家庭关系中，案主与家人，尤其是与妈妈的真正深入的沟通比较少，与妈妈之间也存在较多的冲突。由于家庭经济的原因，案主平时的生活比较拮据，而与母亲关系的紧张也更加使案主不愿意从母亲那里要钱，这可能也是其能够在家庭和学校之外较快地与年纪较大的人建立关系的原因之一，有一段时间，案主与其男友的交往比较紧密，而且有金钱的往来，这是学校教师较为关注的。这样看起来，虽然案主自述的需求、家人描述的需求和校方描述的需求不尽相同，但是，案主有一个非常突出的能力——建立关系。因而，秉持着助人自助的原则，社工将本次个案的目标定义为促进其提升发现自己身边的资源并利用资源解决生活中问题的能力。案主已经有很好的建立资源网络和使用资源网络的基础，而社工期待在本次个案中，进一步提升这一能力，进而推动案主自行解决上述家长和学校提出的困扰。

三、服务理念与理论

核心理念：助人自助。在这一个案中，助人自助是最核心而且体现最明确的理念。助人自助要求我们相信案主自身的力量，同时也要求社工，不能仅仅提供实际的帮助，更重要的是让案主提升自己的能力，提升自己寻求资源和寻求帮助的能力，以达到自我帮助的目标。当然，助人自助也是分层次的，对于个人能力比较不足的个案，需要社工比较多的介入，提供较多直接的帮助，为案主进行很多铺垫来提升其自助能力。而对于自我能力较强的个案，则需要社工将更多关注的焦点集中在自助的勇气的鼓励和能力的提升上，来促进案主自觉调动身边资源来改善自己的生活。

四、服务目标

1. 短期目标

(1) 陪伴案主舒缓人际压力、与其共同探索求职过程中可能遇到的问题与应对方式；

(2) 在服务过程中，逐渐让案主体会到将社工作为资源来解决面临的困扰的方法和好处。

2. 长期目标

促进案主学会自行挖掘资源来解决问题。

五、服务计划

1. 建立关系

通过融入案主平时的生活来建立关系。采取与案主一同上校本课程、陪案主练习校庆舞蹈的方式，融入案主生活，建立专业关系。目标为建立较好的依赖和信任关系，让案主意识到，有困扰的时候，社工是可以寻求的资源之一。

2. 其他情绪和人际困扰的解决

通过聊天、陪伴等方式来促进案主倾诉和解决情绪及人际问题。解决即时面临的问题，贯穿服务的整个过程。

3. 寻找资源能力的提升

社工平时会留意观察案主的生活，但并不主动提及社工发现的在案主生活中遇到的困难，而是等待案主自行发现问题，并将社工作为解决问题的资源来进行使用。同时，鼓励其运用学校和社会中的其他资源来共同解决问题。目标为促进案主意识到社工是可以调动的资源，还有其他资源可以建立和调动，并开始与社工降低依赖关系。

六、实际服务过程

实际共开展正式访谈11次，其他时间的非正式场合服务若干。总的来说，前三次的个案访谈焦点集中在建立关系和了解案主情况。第四次、五次、六次、七次主要解决案主的人际关系压力。第八次、九次、十次主要解决求职困难问题，第十一次开展初步的结案工作。

建立关系与构建信任可靠的氛围，这也是促进案主将社工作为资源的第一步。在建立关系的过程中，社工主要通过参与案主的校本课程和舞蹈排练进行。社工与案主第一次见面是在案主的讲解员评选活动中，在讲解员评选中，案主表示有很多压力，表现不是很理想，最终结果也没有被选入讲解员队伍，案主有一些情绪困扰，那时候，案主的人际压力也开始初步显现。在后面两次见面中，社工利用案主舞蹈排练的时间，来陪伴案主，让案主感觉到社工是经常出现在她身边的、稳定的可利用的资源。案主也开始和社工讨论一些比较深入的话题。

解决即时发生的人际压力问题。人际压力的爆发源于一次案主在班级中的不愉快的合作经历。一天中午，案主跑到社工的办公室来。案主表示由于在班级中老师交给了她一项工作，但是班级中的另外一名同学并没有在这个工作中付出很多，但是在老师出现的时候，正好看到这个同学在努力工作，就认为是那个同学比较辛苦，付出比较多，还夸奖了那个同学，这件事让案主觉得很委屈和不公平，因为自己也有很多付出，只是老师没有看见，而老师好像也没有认可案主的付出。此外，案主与那个同学自小学开始就是同校同学，两人之间一直存在着竞争关系，关系一直比较紧张，这也让案主对这件事情比较在意。社工与案主讨论了关于教师评价的问题。显然，案主非常在意教师的评价，期待通过自己的努力来获得教师的认可。但是，她也表示，她并不喜欢另一个同学经常与老师撒娇的行为，虽然案主觉得那个同学通过这样的行为获得了教师的认可。但案主仍旧不想这样做。案主习惯自己解决问题，而让别人看到自己优秀的一面，看到很好的劳动成果。而有些时候，劳动成果并不如案主所想的那样好，也并不是所有时候劳动成果都能得到老师的认可，这让案主觉得委屈又苦恼。社工与其简单地讨论了关于选择和责任的问题，也就是说，我们必须为自己的选择负责，既然我们选择要努力工作，通过工作来获得认可，就要承担有可能工作得不到认可的结果。当然，这一问题的核心在于，我们应当逐渐充实自己，从外部评价转向自我评价，社工就此问题也与案主有一些讨论，但是，由于其正处在这样的自我形象构建的过程中，处于这样的年龄阶段，这也是其必须面临的困境，社工也期待案主能够在一件一件的事情中逐步建构自我形象，完成自我整合和自我认同的问题。在后期的工作中，案主又一次出现类似的情况。在练习舞蹈的过程中，她已经很努力了，但是由于本身身体比较僵硬，总是不能达成柔美的感觉。同时，近期腿部有受伤，而且由于她和班级中其他练习舞蹈的女生的关系不是很好，也出现过通知了练习时间但并没有人告知她的情况。此时，她觉得老师对她有很不满的情绪。同时，学校新来了实习老师，排练舞蹈的老师也让实习老师参加了排练，这让案主感到了很强的委屈和不被信任的感觉。案主觉得学校让实习老师来参加排练，就是因为想要实习老师顶替掉她，因而，她一方面觉得很委屈，另一方面也觉得老师并没有和她明说而觉得伤心难过。在这里，社工又一次和案主讨论了关于选择和责任，以及自我认同的问题。

共同探索求职过程中可能遇到的问题与应对方式。找工作的问题也是案主自己提出来的需求。在服务过程中，案主提出，临近假期了，也想寻找一些工作来补贴家用，但是并不知道从何下手，有很多困难，主要是自己也不敢去面试等。在这个部分，社工推荐案主自行登录一些招聘网站，和案主一起完善个人简历信息，教授案主识别招聘信息真伪的主要方法，并尝试投递一些简历。

七、专业反思

其一，促进转介来的非自愿案主向自愿案主转变。小美本身是学校转介而来的非自愿案主，非自愿案主在改变的意愿、动力等方面相较于自愿案主较差，同时，也由于案主本身的需求和学校提出的需求之间有比较多的差距，而容易产生服务重点不聚焦的问题。在评估了这个案主的具体情况之后，社工决定尝试让其转变为自愿案主。在服务的过程中，社工并不过分强调自己的身份，虽然案主其实可能知道她是学校转介来的个案，但是社工本身并不强化这一观点，而仅仅不断地出现在她身边，最开始，在其面临较小困扰时提供支持和帮助。此时，社工与案主之间建立了比较好的信任关系。此时，社工的不断出现也给案主提供了一个暗示，也就表明，这个社工是安全的、能够提供帮助的，当然，社工也不断提供一些这样的暗示，包括给出很小的建议等。因而，当其面临比较大的困难和困扰的时候，也愿意来寻求社工的帮助。通过这样的方式，社工可以将一个非自愿的案主，转变为自愿的案主，同时通过提升自助能力的方式，来达成学校、学生、社工几方的需求。

其二，走进案主的生活空间。社工也是第一次在学校中开展个案，因而，也不是十分了解应当如何更好地在有限的时间内开展工作。尤其是这个个案开展的时间是学校积极准备校庆工作的时间，案主本身有很多彩排，还有学习任务，时间比较紧张。在这样的情况下，社工应当如何开展工作呢？在与督导沟通讨论后，社工决定主动走进案主的生活圈子。案主几乎每天中午都在舞蹈教室彩排，社工会按照其彩排的时间到舞蹈教室陪她彩排，并抓住中间的时间开展工作，也利用彩排的时间观察其与他人的互动情况。“山不过来我过去”，其实也就是这样的道理。学生们在学校中本身也有很多任务，时间安排得很紧张，腾出单独的时间来接受社工服务对于学生本身就是很大的压力。因而，社工采用走进案主生活空间的方式来推进服务。

其三，社工之间的配合。小美是笔者和社工 A 两个人共同的个案。当我们共同进行个案服务的时候，也发生了很多不一样的情况。笔者发现，小美会和社工 A 讨论更多的情绪和感情问题，而与笔者讨论更多的是知识技能层面的问题。有了这个发现后，社工进行了积极的讨论，社工发现，这与社工本身的性格特征有很多的关系，笔者比较冷静理智，更多的像理智的大姐姐，给人以稳重的安全感，因而，案主愿意和笔者讨论比较知识理性层面的问题，而社工 A 比较像是亲和的大姐姐，相对更加亲切温暖，因而，案主也比较喜欢和社工 A 讨论情绪的困扰。这样的分工本身也很好，两个社工本身的性格特点都很明显，差别也比较大，当这样的两个社工共同服务于一个个案的时候，则能够从不同的方面了解案主的信息，开展针对性的服务。

八、服务成效

总的来说，社工的长期目标和短期目标都已经基本达成。

社工的短期目标是陪伴案主舒缓人际压力、与其共同探索求职过程中可能遇到的问题与应对方式。在服务过程中，社工抓住了案主遇到个人压力的契机，与其共同讨论责任和个人成长、自我认同等相关问题，舒缓其面临的人际压力。在求职的问题上，社工与案主讨论了关于求职的途径、其中可能遇到的困难等问题，基本上也开始推动案主求职的工作。

社工的长期目标是促进案主学会自行挖掘资源来解决问题。在这一问题上，社工通过很好地将自己的角色定位在案主资源的角色上，促进案主在社工身上学习寻找和应用资源的方式，促进了案主自助能力的提升。

九、尚需改善

在后期的求职探索的问题上，由于案主假期回到老家治疗腿部疾病和看望爸爸，没有做很多假期的跟进，如果能够在假期的职业问题上有较好的跟进，并提供一些工作机会，可能对案主的成长有更多的帮助。

不良行为青少年教育矫正案例二

——小组工作服务：电影配音

金超然[①]

一、服务背景

（1）社工在之前的服务过程中发现，孩子们有自我实现的愿望，但是没有找到积极表现自己的方式，再加之其原来在生命过程中（尤其是在家庭和原来的学校体制中）有可能遇到了很多的打击和阻碍，使得孩子们将自我追求自我实现的愿望深埋，并以其他不符合和不适应社会要求的方式表达自己的愿望。因而，让孩子们发现其在正式体系中也能够获得自我实现和成就感是十分重要的。

（2）孩子们有时候会通过搞怪来吸引关注和为自己争得存在感，主要的行为表现在发出奇怪的声音、模拟奇怪的动作等，然而这些行为通常是不符合社会规范的。在这些行为背后，我们可以看到孩子们正在为获得关注而

① 金超然，首都师范大学北京青少年社会工作研究院研究部主任。

进行着不断的探索和努力。同时,这些搞怪的行为也可以被积极引导,促使其在社会规范的范围内发挥作用。

二、理论依据

1. 越轨理论

默顿的越轨理论认为,社会显然提供了成功的目标和定义,同时也提供了达到这些目标的手段,如上学、工作、机会等。但是,当我们从个人视角来看问题的时候,就会发现:社会提供的目标与手段是外在的,各个人适应的情况并不一样。默顿的研究认为,官方认可的关于成功的文化目标同达到这些目标合法的制度化手段之间存在断裂。也就是说,人们认可这些社会文化所定义的目标,但是,对于所提供的达到这些目标的手段,并不是所有人都能够适应,而当人们无法通过官方认可的制度化手段来达成目标的时候,就会采用其他方式来达成目标,而这些其他方式则包含五种:遵从、创新、仪式主义、隐退和反叛。

在专门学校的场域中,我们可以发现,当孩子们无法通过官方规定的制度化手段(考试、活动组织、积极表达)等方式来达到人们认可的社会文化目标(好学生)的时候,他们则通过其他的方式(主要是遵从和反叛)来试图实现这样的目标。

当我们对孩子们的行为做这样的解读的时候,我们会发现,孩子们的行为很多都是在追求社会普遍认可的价值和目标,只是没能选择合适的途径。因而,当我们要转变孩子们的越轨行为的时候,可以提供和鼓励其通过合适的途径来满足对社会目标的追求。

在电影配音的课程中,社工积极调动孩子们希望达成社会认可的目标心态,以及活跃的性格特点,促进同学们模仿电影、动漫中的不同声音,在滑稽搞笑、轻松愉悦的过程中,调动孩子们的能量,配合课下的视频材料制作和后期的配音作品欣赏,让孩子们看到自己在制度化的途径中也可以获得成就感,进而减少孩子们的越轨行为。

2. 社会学习理论

班杜拉的社会学习理论中有一个非常重要的观点——观察学习。观察学习的观点认为，人们的学习过程不仅仅包括直接学习，还有很多的知识是通过观察学习得来。通过观察其他人的行为，及其行为所带来的后果，我们也可以学习这个行为是否可行，应当如何行动。

在电影配音的过程中，影片本身也是社工开展服务的重要媒介和资料。在影片选择中，社工一方面考虑影片要符合孩子们的喜好，不能是太过深沉的文艺片，基调尽可能轻松活泼，同时选择一些动漫作品来吸引孩子们的注意力。另一方面在影片内容上，选择具有积极正能量的影片，选择影片中人物气质鲜明，具有积极能量的人物形象来进行配音。这样在不知不觉中，促进孩子们在观察中学习这些人物身上的积极品质。

3. 班杜拉的自我效能理论

班杜拉认为，自我效能是个体对自己实施某一行为的能力的主观判断，即对自身行为能力的推测。自我效能感理论认为，人的行为既受结果期望的影响，更受自我效能期望的左右，自我效能是人类行为的决定性因素。笔者多年在专门学校的观察发现，专门学校的学生普遍存在着自我效能感低的情况，具体表现为行为退缩、不自信、用看起来嘲讽（“这有什么可做的”“这东西我小学三年级就会了”）的方式回避等。但是，他们并非真的存在能力上的不足，只是过往“丰富”的挫败经验让其形成了低自我效能感的状态，因而其丧失了对于自己能做好一些事情的判断。因此，在工作中，为了减低学生的退却、不自信、嘲讽等行为，就要增强其自我效能感，树立对自己能力的自信，以矫正不良行为。

三、服务计划

1. 服务总目标

提升学生们的自我效能感，引导其通过正式途径获得自我效能感。

2. 分目的

(1) 促进学生愿意并敢于自我表达

有勇气表达是开始的第一步。对于很多孩子来说,在正式的场合中(包括课堂、活动等)积极表达自己的意见和想法是一件非常困难的事情,尤其是很多学生在原来的学校一直得不到认可,会自觉地进行自我否定,认为自己不行。而这无疑是一个恶性循环,打开这个恶性循环的第一步就是要开始尝试积极表达。

(2) 学会以积极的心态欣赏自己的成果和作品

由于社工的服务对象经常通过不符合社会规范的方式来满足自己的需求,因而,其行为也经常得不到肯定和支持,而此时,其自己对于自己的行为也很难真正认可。尤其是对于孩子们来说,外界的认可很重要,但是,自己对于自己的认可则更是人生的必修课。因而,在活动中,让孩子们开始看到自己的优势,自我认可是十分重要的。

(3) 鼓励学生克服困难,获得成就感

学生在学校中确实获得了一些成就感,但是不难发现孩子们还是缺少成就感。具体来说,缺少那些经历了困难而获得成就感的满足。因而,本次小组的目标之一就是促进孩子们经历困难,从而获得更加真实且厚重的成就感。

3. 流程安排

拟开展10周的课程。课程主要采用讲授和练习的方式进行,同时辅助一定时间的课下辅导与交流。每节课程的主要流程为:回顾上次配音成果、观看相关影片节选、分配角色、尝试练习、录制完整音频。每节的主题如下所示。

第一节:了解配音的台前幕后;

第二节:开始接触电影配音——简单的角色;

第三节:尝试为单独的人物配音;

第四节:小组规范明确和制订;

第五节：练习多人的配音配合；

第六节：练习多人的配音配合；

第七节：练习多人的配音配合；

第八节：修正之前的配音片段；

第九节：修正之前的配音片段；

第十节：修正之前的配音片段；

第十一节：确定最终的展示汇报，结束小组。

四、实施过程

1. 促进学生了解电影配音的台前幕后

在整个小组开始的第一次中，社工会寻找相关的配音片段，不仅包括配音的合成视频，还包括配音过程的录像视频，通过这样的视频片段的播放，让孩子们对电影配音这件事情有一个比较全面的认识和了解。由于视频中能够看到，为电影进行配音的演员，都是十分卖力，而且有很多夸张的肢体动作，也让孩子们意识到，这并不是一件容易的事情，激发了学生们的热情。

2. 在每节小组中，采用观看视频、配音练习两个主体部分

每节小组的历程基本上是一致的，首先观看本节课程中要进行配音的片段，而后，发放纸质版的台词，然后进行分工，熟悉台词，最后合成配音。这个过程是确定的。这种确定性的过程让孩子们对于活动的进行比较有安全感，也就是说，他们知道他们即将面对的四十分钟是如何度过的，这对于活动的推进起到了很好的作用。

3. 小组中期，共同商讨对于走神的解决方案，开放视频欣赏环节

小组运行到中期，社工发现孩子们走神的情况比较严重，主要是两个方面：其一，由于孩子们来自不同的年级，平时能够见面的机会并不多，因而，在电影配音的小组中，孩子们会寻找各种机会聊天；其二，小组中有三对半小情侣，平时的生活中，他们没有时间在一起聊天，因而在小组活动中，他们会寻找各种各样的机会粘在一起。作为社工可以理解他们的行为，但是这

样的情况严重影响了小组进程。社工用了一节小组的时间和大家讨论如何应对这样的情况。最终社工与小组成员达成一致意见，在每节小组开始之前，社工寻找一个十分钟左右的短片为孩子们播放，孩子们可以选择观看视频或是聊天。这样的决定使得孩子们能够更好地在课程中专注。在后面的小组进程中也发现，孩子们会将注意力放在视频上，从而忘记了聊天。而后期也有孩子反应过来，但并没有聊天，专注看视频了，但由于这个是事先大家共同的约定，因而孩子们也没有出现消极的情绪。

4. 小组后期，回顾精炼小组配音

为了提升孩子们的自我效能感，社工与孩子们商定，最终要形成几个精品的配音片段。精品片段的形成是通过共同欣赏大家一起完成的配音合成版本，共同发现其中需要重新录制的部分，再进行录制。在这个过程中，由于要出精品，因而大家都比较专注，对于同一个片段也会进行多次的练习，促进了孩子们体验经历困难的成功感。

五、服务总结

1. 从服务使用者的角度

直接接受这项服务的共有 11 个学生，来自学校初二、初三两个年级。这 11 名学生在最开始对课程的接纳程度、投入程度、影响程度上都有所不同。下面主要通过几个片段介绍课程中孩子们的变化。

(1) 再来一次——愿意面对不断尝试和挑战

在配音的过程中，有很多片段并不能一次就完成，由于段落本身的难度和配合的问题，经常会出现接不上，需要重新来过的情况。通常，在这种情况下，孩子们很难坚持，至少在表面上看来是这样。社工通常的处理方式是不论他嘴上说什么，仍旧鼓励他继续，并直接将视频片段调整到他需要配音的部分。通常，孩子们虽然嘴上说不愿继续了，但是等到他的部分，他仍旧会继续。但是，在这学期的小组中，在这个问题上出现了更进一步的发展，也就是说，当遇到这样的情况的时候，在小组后期，已经不需要社工进行鼓励，而是大家会自觉地继续练习。这里有两个小片段。

其一，在一次配音中，小南有一段比较长的独白，内容比较拗口，也有点长，要求配音者对这段内容十分熟练，并带有感情地完成这段配音，这对于小南来说是一个比较大的挑战。最开始的时候，小南只是随便糊弄过去并不上心，可是，她对多次都是在她这里没有办法完成台词这件事情还是有很大压力的。社工会发现，小南一面说着，“这也太长了，我配不了”，一面自己私下在不停地念叨这一段台词。直到最后，小南可以用特别熟练的语言完成这一段配音。

其二，在最后对已经配好的片段进行修正的过程中，大爽和大成有一段需要配合的片段。第一次配音的时候，大爽走神了，到他的台词的时候，他没有进入。而后在配音的过程中，两者的语速和表达，总是无法很好地配合。按照之前课堂上孩子们习惯的表现，这时候就容易出现一方嘴上不停说着想要放弃，虽然他并不会真的放弃，但是在这一次配音的过程中，他们两个都没有这样的表现，而是一遍又一遍地练习，在配音到第六次的时候，终于完整地呈现了这一片段。

从这两个片段中我们能够看到，一方面，孩子们在遇到困难的时候，容易选择放弃，此时，他并不是想真的放弃，其实只是为了给自己的不成功找一个借口，“并不是我不行，而是我不想干了，我要是想干，我肯定行”。这时，社工通常会选择无视孩子们的借口，只是坚定地继续放视频，孩子们自然会跟上来，继续尝试。另一方面，在小组后期，孩子们的这种找借口的行为方式也在不断减少，在小组进行过程中，在面对多次失败的时候，孩子们有信心一定可以克服，所以即便是由于对方的问题而导致配音过程没有成功，也仍旧愿意一次又一次地尝试。

（2）到底谁去汇报？——有勇气站在众人面前

在小组刚刚开始的时候，孩子们是羞于表达的，而且从社工平时对孩子们的了解来看，在社工小组中的孩子们平时很少有在公开场合发言和表达自己的机会，同时，也是害怕当众发言的。而在小组进行到倒数第二节的时候，欣和社工表示她要去做最后的小组汇报，爽惊讶地问欣，是已经定了吗？欣不置可否。这个时候，冲就表达说，我要最后去汇报！炜也做了同样的表示。

从最开始的拒绝上台展示，不好意思张嘴模仿，到后面的积极愿意去汇报，这个变化令社工十分欣喜。这也意味着，在小组进行过程中，孩子们的自我效能感在逐步地提升，愿意相信自己有能力当众进行表达和展示，也愿意并有勇气作为一个积极正面的形象出现在大家面前。

(3) 我不要脸——愿意展示积极正向的自己

社工和孩子们讨论，最后完成的配音作品通过怎样的方式留给大家，孩子们就提到了可以传到网上。这个时候，爽惊奇地问，“是那种可以在网上看到的那种吗?”然后反复确认，在网上搜索能搜索到吗？后来，孩子们就确定了愿意将视频放到网上。此时，社工就开始和孩子们讨论，是否要显示名字和正脸。这里出现了一些分歧，孩子们都同意出现自己的名字，但是有一些孩子对于视频中出现自己的正脸是犹豫的。这个时候，那些愿意露脸的孩子就不停地说服不愿意露脸的孩子，在一番说服之后，只有一个孩子还是不愿意露脸。有一些孩子开始气馁了。就开始说，那就他不要脸，我们都要脸。后来，经过和不愿意露脸的同学反复地沟通，该同学终于同意露脸。

这里有两点，其一，能够看到孩子们非常期待自己的作品能够出现在网络上，能够被很多人看见，能够被很多人看见那个积极正向的自己。这本身对于他们就是一个很大的突破。在平时的工作中，社工通常看到的是，他们是不愿意展示那个积极正向的自己的，因为这样一来，他们就和其他的孩子不一样了，就没法在他们的次团体中生存了，自然其中也有对主流文化的反抗。但是，在这一期的小组活动之后，他们开始愿意展示那个积极正向的自己。其二，对于展示自己，他们还是犹豫的，暴露是有程度的，从愿意有声音，到愿意有名字，再到愿意有自己的正脸。这是一个一步步深入的过程。也是一个逐步打开自己的过程。而即便是最后一个答应露脸的同学，在整个讨论的过程中，所展现出来的不是非常的勉强和不愿意，更多的是害羞和犹豫不决，这一点更加验证了社工平时的观察，孩子们不是真的不愿意展示那个正向的自己，更多的是害羞和纠结。

(4) 每节课前十分钟——讨论、选择和责任

社工在小组中发现，孩子们每次都要用很久的时间来聊天。主要原因有两个，一个是有平时见不到面的好兄弟，一个是有平时见不到面的男女朋友。社工可以理解因为平时见面不容易，见面的时候喜欢聊天，但是，这样的状况不利于小组整体的推进。后来，社工与孩子们讨论，就有了每次小组前的十分钟。

这十分钟换来了意想不到的效果，在这十分钟内，社工还是会努力寻找那些孩子们喜欢的动画片的片段进行播放。最初对孩子们而言，这是放松的用来聊天的十分钟，后面，孩子们的注意力就被动画片吸引了，会将注意力集中在动画片上。在小组后期，也有同学在看完视频后反馈，说光把时间用来看视频了并没有聊天，可是这个时候也并没有人真正呼应他，而他其实也只是说说而已。

从这里可以看出，孩子们需要的是被尊重和被理解，在这里，是指有自我选择和自我决定的机会。其实，不论是孩子们要一起聊天，还是要借着小组的机会和男女朋友相处，其中的一方面也是要突破大人们给的界限，自己做选择。而社工提供的十分钟机会，是一个双方讨论的结果。不是由成年人单方面决定的，是在尊重孩子们的需求的前提下制订的。因而，即便最终没有实现聊天的目标，但是孩子们仍旧能够较好地接受这样的情况。

(5) 感人的哪吒和不愿面对的孙悟空——流露出的那个积极正向的自我

有一次，在十分钟的聊天、视频环节中，社工给孩子们播放了《十万个冷笑话——哪吒篇》，在这一篇目中，其中有一个镜头是，哪吒自裁以安慰龙王。虽然，动画片已经尽可能地简化了这个部分中的感情色彩，更多地用比较诙谐幽默的方式来呈现，但是在观看这段视频的过程中，很明显大家都很专注，更重要的是，大爽看哭了，但是他的表现是偷偷抹掉眼角的眼泪，然后

还自嘲地说,“还挺感人”;松也哭了,他的表现是偷偷地抹掉眼角的眼泪,然后再悄悄看有没有人注意到。

这一点和上面的自我表达的部分类似,在孩子们的眼中,被动画片感动,尤其还是被这种如此正能量的片子感动,本身是一件不合群,甚至是丢脸的事情,但是,他又确实被片子感动了,因而,他会用自嘲、偷偷擦掉眼泪等方式来掩盖自己被感动的事实,同时,也深埋下那个积极正向的自己。

相似的例子还出现在《十万个冷笑话——西游篇》内容中,在这个视频中,有一段描述孙悟空学艺归来,遇上了一个超级大坏蛋,他也打不过大坏蛋,眼看着就要被大坏蛋打死了,这个时候,屏幕戛然而止,直接跳出未完待续的字幕,孩子们的情绪一下子就崩溃了,说这个片子无聊,不看了,再就是问社工,能不能继续看下一集。后面,视频峰回路转,未完待续只是中间的插曲,这一集还没有结束。当他们看到孙悟空打败大坏蛋的时候,所有的信心和热情就又都出现了。

从越轨理论的视角来进行分析,孩子们是认可部分社会定义的目标的,比如舍生取义是高尚的、感人的;比如,正义应当战胜邪恶。但是他们平时不愿意将这一面表达出来,即便不小心流露了,也要好好掩饰。

(6) 破坏性的告别——逃离别离

在小组进行到最后一次的时候,孩子们的状态明显比之前几次都要差。开始无法集中注意力,频繁和其他人聊天,讨论假期的安排等。这里面固然有因为要放假了的兴奋,但社工从中还看到了不舍和别离。这种不舍和别离是多重的,一面是结束了小组的课程,另一面则是小组中有一些成员面临毕业。但是,当面临这样的情况的时候,孩子们的反应不是建构性的而是破坏性的,不是珍惜最后一次的小组,而是破坏、冲淡自己的别离的情绪。

2. 从社工工作的角度

从社工工作的角度而言,一方面相信孩子们有积极正向的能量,也有积极正向的自我,但是,在平时的生活中,因为各种原因,孩子们并没有将这一面表露出来。另一方面则是成功感的培养是一个漫长的过程,对自己的期待、对困难的预估都是获得成功感的重要因素。而在这个小组中，另外一点体现的是要想获得足够的、真实的成功感，非常重要的一点是要面对挑战，当成功的过程经历了困难，成功的感觉也越发深刻。

六、服务评估

总的来说，本次校本课程的服务基本上达到了提升学生自我效能感的目标。促进了学生积极表达自我、欣赏自己的作品，整体来说提升了学生的自我效能感。

在最后一次课程的时候，社工让孩子们用一个词语来表达自己对这门课程的感受。

七、尚需改善

1. 在本学期的此小组中，相较于上一期的小组，由于社工的时间安排和精力问题，没有安排学生更多地参与到视频制作和剪辑的过程中来，在后面的小组中，应该重新拾起这部分的内容。

2. 社工个人在视频音频处理的问题上，专业技术有待提升，需要提高工作效率。

3. 在课程设计上，可以尝试引进更加专业的配音演员作为资源，以促进学生更好地投入。

4. 如果能在录音棚中进行专业录音，可能对于提升自我效能感会有较大的帮助，但是需要更多的时间进行排练。

刑事被害未成年人救助服务案例

——我是一棵有人关爱的小草

李　涵[①]

2017年10月，北京市海淀区人民法院发布了一条"海淀区法院审结北京市首例民政部门申请撤销监护人资格案件"的消息，宣告着一个涉及刑事被害与民事观护的未成年人被害救助案件的终结。这个由公安、检察、法院、团委、民政、法律援助组织、社会工作组织等跨三区县，多部门，多专业协调介入的未成年人危机救助个案，历时整整一年零四个月，在开展危机干预、生存安全保障、临时安置、法律援助、恢复教育等全方位的权益保护工作后，终于在判决生效的法槌声中暂时告一段落。当然，这是一个多部门协调的经典案例，但却并不应当是完结，因为"小草"的生命经历值得用更完善的未成年人权益保障政策的方式铭记。

① 李涵，首都师范大学北京青少年社会工作研究院服务部主任。

一、接案

2016年6月，北京市海淀分局未成年人案件审查中队警官致电北京市超越社工事务所称，“有一名被家庭成员性侵的未成年被害人需要救助，为了保护被害人，现在她不能再回到家里了，下一步怎么办你们还得想一想办法！”随后，超越社工跟随海淀分局承办警官一同接小草（化名）和报案人王芹（化名）到公安机关配合取证，为了避免重复收集资料会给小草造成二次伤害，社工作为合适成年人旁听了整个询问过程，并在结束后向小草和王芹介绍了社工的救助服务，希望她们能够接纳社工的工作，让小草感受到支持与关怀。在初次会面中，社工通过旁听询问和访谈了解了很多的信息，小草的经历令人唏嘘。

小草自出生就被遗弃，18天时被刘华（化名）捡拾后领养。小草的养母刘华多年前离异，后与男友张林（化名）长期同居，因为张林没有婚育，刘华收养小草意图作为她与男友张林的女儿，养大了给张林“养老送终”，因此虽然张林与刘华没有办理结婚手续，但小草自幼便称张林“爸爸”，称刘华“妈妈”。

小草被养母收养后便被送至报案人王芹家抚养，刘华聘王芹做“保姆”，但是王芹也慢慢察觉到刘华对小草的生活并不上心，因此十分同情小草，悉心照料到2岁多，后因双方有一些不愉快，刘华便不再委托王芹照顾小草。因双方居住地较近，王芹常关注小草的近况，曾听说小草养父张林品行不佳，经常打骂小草，还曾当着小草的面“看黄片”，王芹还是觉得放不下小草，又与刘华沟通，将小草接到自家中照顾，直至小草上小学。小草离开王芹后，与王芹及其家人一直偶有联系，王芹也偶尔会资助小草购买文具。

根据小草回忆，自7岁暑假开始，养母的儿子刘朗（化名）开始对她实施猥亵、强奸，小草多次向养母求助，却遭到忽视甚至打骂。“哥哥”的行为毫无收敛，小草又在初中后多次遭受父亲张林以及舅舅的性侵害，陷入困境的小草无法得到养母的支持，也无法向任何人求助。

然而这一切并非小草唯一的悲惨遭遇。小草称养父母对她十分不好，父亲喝酒后或母亲情绪不好便会对她实施打骂行为，对她购买文具或零用钱等方面也十分严格，她有时连基本的文具需求都不能获得满足。放学后，小草经常会被父母要求捡拾垃圾至清晨，或凌晨到河里钓鱼，或独自坐车全城送保健品，用这些方式为父母赚取钱财，以至她白天上课没有精神，严重影响了学习。

小草说，她自幼遭受虐待时就很沮丧、难过，时常怀疑自己不是亲生的，小学时她似乎发现了自己的收养证，向父母询问得到否定的答案，并骗她说那不是她，她自此心中埋下疑问。在报案前，小草再次受到父母的打骂，她感到十分委屈，再也不想忍受，便离家出走，向一直有联系的王芹一家人寻求帮助，在向王芹表述了自己隐藏多年的经历后，王芹带她向公安机关报案。在公安机关立案侦查小草遭受犯罪侵害的过程中，刘华首次承认小草的养女身份，经过恐惧与理性的斗争，小草最终决心不再回到刘华身边。

此外，小草向王芹求助后，一直暂时居住在王芹家里，但刘华已经开始骚扰王芹一家，试图将小草带走，小草与王芹都处于极大的压力之中。

二、需求评估

1. 小草自述：与刘华脱离收养关系；严惩施暴者；找到自己的亲生父母；生活、成长在一个对自己好的家庭。

2. 王芹描述：严惩施暴者；保护自己不受到刘华一方的骚扰与责任的追究；政府尽快落实小草的生活、监护、教育等问题。

3. 委托方描述：小草的安全与生存存在风险，不能回到原家庭中生活，缺少生存保障；寻求专业救助，对其可能存在的创伤与日后得以生存发展进行干预。

4. 社工评估：小草的人身安全存在风险；小草系刑事犯罪被害人，其法律关系的监护人又是相关利益人，小草的临时监护与基本权益保障亟待解决；小草被爱心家庭临时救助，她的生存、成长、教育等基本问题的解决存在迫切需求；小草自幼年起长期经受虐待与犯罪侵害，对其心理发育、人格、认知行为的影响十分深刻，需要长期的专业干预。

三、服务目标

1. 协调资源保障小草的基本生存权益，避免出现安全与生存危机；

2. 调动资源支持小草的维权过程，争取合法合理的成长资源，避免其受到不公正的待遇以及权益侵害，如司法维权、继续接受教育、被合法照料的权利；

3. 安抚小草的情绪，陪伴其渡过此段艰难的时期，为她所承受的压力与创伤进行专业干预，降低事件对她造成的持续影响或避免二次创伤的出现。

四、服务计划

1. 向儿童权益保护相关部门汇报小草案件的情况，调动可能的资源为其生存、生活照料等权益的保障提供支持。

2. 向青少年法律援助公益机构申请支持，为其刑事案件与民事监护权转移方面的专业法律资源提供支持。

3. 在服务过程中协调司法机构、儿童权益保护部门、法律等专业力量支持，为其寻找政策支持，并对小草进行详细解释，保证其理解与自主决定的权利。

4. 与小草建立信任的工作关系，评估小草的创伤状况，适当时为其提供专业个案服务。

五、救助服务过程

1. 个案服务部分

通过3次服务与小草及王芹建立社会工作服务专业关系，初次访谈收集资料，进行需求评估。社工评估小草长期遭受家庭虐待及犯罪侵害，受到了极大的心理创伤。当然，小草当前最迫切的需求是安全、生存、法律支持，避免继续受到家庭侵害，并能够通过司法流程维护权益。

自接案到2016年10月，在近4个月的时间内，超越社工通过多次专业服务，关注小草的生理健康与心理健康，对小草遇到的突然困境与政策支持，生活变化，重要决定进行救助、解释、疏导、澄清等个案服务，陪伴小草度过整个生活改变与司法过程，支持她情绪稳定与能力提升。

2017年10月，小草被安置在北京市×救助站后，超越社工事务所将个案转介给救助站社工，此后超越社工定期到救助站做跟进服务，在小草适应过程中提供支持，评估其需求与现状，协助小草与外部资源进行沟通。

2. 资源链接部分

接案后，超越社工向儿童权益保护部门汇报个案情况，联络法律援助中心，为其寻求资源支持。同日，儿童权益保护部门建立司法机关、律师、民政、妇联、社工等未成年人保护相关部门的个案协调小组，并召集联席会议，商讨对小草开展生活救助、专业救助、法律救助与教育救助的各项事宜。

小草缺少家庭支持，暂住在爱心人士王芹家中，超越社工向北京市团市委权益部申请生活救助金，对小草进行生活补贴，并为小草购买衣物等重要生活物资。

小草在救助站安定下来，由救助站社工对她进行照料和专业服务，她也正常回到学校顺利融入。至此，一个紧急救助的个案终于取得了初步成果，小草没有再次受到收养家庭的侵害，也没有因安置过程受到新的创伤。然而，对小草的救助还远远没有结束。刑事案件顺利判决、监护权转移起诉程序顺利启动并开庭审理、小草健康成长的个案介入……这背后有许多人的身影，是一个多部门救助的范本。但小草还会迷茫，不知道未来是什么样子的；小草还会恐惧，不知道伤害会不会随时袭来；小草还没有痊愈，成长的疤痕还那样刺目……

六、服务成效

1. 通过资源协调与调动，小草在案发初期得到了爱心人士王芹的稳定照顾，其爱心照料的行为得到了法律保障，王芹和小草在最恐惧时获得了及时的安全感。

2. 通过协调资源为小草提供了较好的支持系统，在法律案件、经济支持、复学、临时安置等方面进行了推动落实。

3. 通过沟通与实践取得了王芹和小草的信任，与之建立了较好的专业关系，因而安抚了她们的情绪，避免其再次因无助而寻找媒体等行为，降低了小草由于本事件而引发的负面影响。

4. 通过评估，小草的幼年经历需要对其开展系统服务，但应当首先处理其基本的生存需求，并将前期评估情况详细转介给后续社工。

七、总结与反思

1. 在推进协调的过程中，也是社工对儿童权益保护与福利政策了解的过程，本案的个案服务大量着眼于资源链接，该过程极其艰难，由超越社工事务所和法援律师机构两个公益组织为主进行串联与协调，一方面体现出社会组织的重要作用，另一方面也浪费了大量的精力与资源，体现出进行过程中的儿童权益保护部门的缺位与政策的不完善。

2. 回顾个案历程，海淀分局警官遇到小草后委托社工介入是对小草开展救助的重要基础，这有赖于海淀分局和超越社工事务所开展的刑事犯罪未成年被害人救助制度。本案例用实践证明，对未成年被害人的救助，不仅是以往司法救助以经济救助为主的方式可以覆盖的，未成年被害人的救助可能涉及民事司法、刑事司法、生存、教育、权益保护等多元化的救助模式。

涉未民事案件社会观护服务案例

张秋雪[①]

案情介绍

2016 年 9 月底，社会观护员受海淀法院的委托，对小泽一案进行观护调查。通过海淀法院提供的案情介绍，社会观护员了解了原告（小泽的父亲）并向海淀法院提起诉讼，请求法院判令原被告（小泽的母亲）婚生子小泽改由原告抚养。

工作准备期

在社会观护员接到委托后，与负责案件的法官进行了交流，通过法官了解到小泽为 2012 年出生，在小泽一岁多时，小泽的父亲经常对母亲实施家暴，小泽的母亲向朝阳法院提起诉讼与小泽的父亲离婚，最终朝阳法院判决小泽的父母离婚，小泽由母亲抚养。而小泽的父亲不服从朝阳法院的判决结果，上诉至北京市第三中级人民法院，最终三中院驳回上诉，维持了原判，

① 张秋雪，首都师范大学北京青少年社会工作研究院服务部社工。

但小泽的父亲没有履行判决结果，把小泽交由母亲抚养。小泽的母亲多次向朝阳法院申请强制执行判决结果，朝阳法院多次要求小泽的父亲执行判决结果未果后，法院按照法律规定将小泽的父亲进行行政拘留 15 天且把其纳入失信名单，但小泽的父亲仍没有把小泽交由其母亲抚养。小泽的父亲两次向海淀法院提起诉讼要求变更小泽的抚养权。

此外，社会观护员分别与小泽的父母进行电话沟通，介绍了社会观护员的身份、介入到该案件中的目的等，观护员与原被告双方进行了初步的沟通，目的为与双方建立关系，为后续的家访工作得以顺利开展打下基础。

工作开展期

起初社会观护员到被告小泽母亲的居住地进行了实地走访，并与小泽的母亲及其姥姥、姥爷进行了面谈。小泽的母亲、姥姥表达了对小泽父亲的诸多不满，从小泽父母婚姻存续期内小泽父亲对小泽母亲的暴力行为，到离婚后不交出小泽的抚养权，也不准许小泽的母亲对小泽进行探视，导致小泽已经两年多未与母亲见过面，社会观护员对此进行了专注的倾听，帮助她们排解负面情绪。此外，社会观护员了解到，小泽的母亲曾尝试与小泽的父亲、家人沟通，或找一些双方能信服的长辈、亲朋好友帮助协助沟通均没有结果。社会观护员通过与小泽母亲沟通，了解到小泽的母亲极为期待与小泽见面，希望在社会观护员介入案件后通过调解可以实现自己的愿望。小泽的母亲向社会观护员透露关于小泽父亲原生家庭的情况，小泽的奶奶较为强势，在小泽父亲年幼时，经常打骂小泽的父亲，导致小泽的父亲较为敏感、多疑。

而后社会观护员到原告小泽父亲的居住地进行了实地走访，与小泽的父亲及其爷爷、奶奶进行了访谈。通过访谈社会观护员了解了小泽父亲的基本情况、经济条件等。小泽的父亲向社会观护员表达他会不惜一切代价争得小泽的抚养权，“我就不交出孩子，法院至多每年拘留我 15 天，我不在乎，我更希望能够和我儿子一起生活”，通过与小泽父亲的沟通，以及看到小泽父亲购买了很多关于养育孩子的书籍，社会观护员能够感受到，小泽的父亲很爱小泽，希望小泽能够健康成长。社会观护员尝试与小泽的父亲从缺失母爱不利于小泽成长的角度与小泽的父亲进行了沟通，起初小泽的父亲认为他能够尽力把小泽缺失的母爱靠一己之力补足给小泽，社会观护员没有急于与其进行争论。社会观护员与小泽父亲的第一次访谈宣告结束。而后，社会观护员通过短信、电话、微信的方式与小泽的父亲进行沟通，同时推荐了一些文章、书籍给小泽的父亲，这些文章主要是关于原生家庭对孩子的影响，缺失父爱、母爱对孩子的影响等。

在此期间，小泽的母亲希望能够探视小泽，但社会观护员考虑到，因为小泽已经两年多没有见过母亲，他意识里没有母亲这个角色。母亲很久没有见过孩子，初次见面可能会情绪激动，两人贸然相见，可能会对小泽造成伤害。社会观护员与小泽的母亲沟通第一次见面先尝试远观，不与孩子接触。社会观护员的提议得到了小泽母亲的认同，同时社会观护员在家访时，拍了一些小泽的近照，给小泽的母亲看，目的是帮助她缓冲突然见到小泽造成的心理冲击。同时社会观护员与小泽的母亲沟通，一定不能做出过激的举动，例如想要强行带走孩子等，这样的行为既不利于孩子成长，也不利于调解工作的顺利开展。

此后，社会观护员与小泽的父亲沟通，希望能够在社会观护员的见证下，由社会观护员陪同小泽的母亲到幼儿园远距离探视小泽。小泽的父亲称他担心小泽的母亲强行带走小泽，因此不同意小泽母亲去学校探视小泽，社会观护员针对小泽父亲的顾虑做出了解释，但小泽的父亲仍不同意，社会观护员尊重了小泽父亲的想法。而后，社会观护员表达需要小泽的父亲提供幼儿园的地址及老师的联系方式，社会观护员需要到此进行走访，通过小泽的父亲提供的地址与联系方式，社会观护员找到了小泽幼儿园的老师，与小泽的老师介绍了身份及相关案情，取得了老师的接纳，同时了解了小泽在幼儿园的表现及小泽父亲在幼儿园参与亲子活动时的表现等。

在观护期间，社会观护员与小泽的父亲一起针对一些文章进行了探讨。探讨了儿童发展的心理需要，孩子目前4岁，能够对其进行控制，现阶段他不会表达自己的需要，一旦进入青春期，对孩子强行控制可能造成不良后果等。在不断与小泽的父亲建立关系后，社会观护员也鼓励小泽的父亲对他曾经失败的婚姻进行反思，鼓励他对自身进行探索。经过一个多月的努力，社会观护员提议在开庭前安排小泽母亲进行一次会面，此提议得到了小泽父亲的同意。

工作成果

2016 年 11 月，在社会观护员的见证下，小泽的母亲在两年后与小泽再次见面。起初小泽与母亲关系较为生疏，在小泽母亲不断与小泽交流后，小泽与母亲慢慢熟悉，开心地玩耍了近两个小时，离别时小泽露出了不舍的眼神。社会观护员在开庭前安排的探视，对双方关系起到了破冰的作用，观护工作取得了阶段性的成果。